江苏省地方志编纂委员会

江苏省志·人物志（三）

凤凰出版社

江苏省志·人物志

目 录

（一）

概　述 1

人物传（夏商～公元1911）

彭　祖(生卒年不详) ………… 31	黄　歇(？～前238) ………… 38
太　伯(生卒年不详) ………… 31	项　燕(？～前223) ………… 39
仲　雍(生卒年不详) ………… 31	项　伯(？～前192) ………… 39
专　诸(？～前515) ………… 32	徐　福(生卒年不详) ………… 39
阖　闾(？～前496) ………… 33	召　平(生卒年不详) ………… 39
伍子胥(？～前484) ………… 33	项　梁(？～前208) ………… 40
季　札(前576～前485) ……… 34	周　苛(生卒年不详) ………… 41
孙　武(生卒年不详) ………… 35	项　羽(前232～前202) ……… 41
姬夫差(？～前473) ………… 35	虞　姬(前约232～前202) …… 42
范　蠡(生卒年不详) ………… 35	钟离昧(？～前200) ………… 42
老　子(生卒年不详) ………… 36	韩　信(？～前196) ………… 43
言　偃(前506～前443) ……… 37	刘　邦(前256或前247～前195)
干　将(生卒年不详) ………… 37	………………………………… 44
莫　邪(生卒年不详) ………… 37	萧　何(？～前193) ………… 45

曹　参(？～前190) …………… 46	张　纮(152～211) …………… 64
樊　哙(？～前189) …………… 46	张　鲁(生卒年不详) ………… 65
王　陵(？～前181) …………… 47	陈　琳(156～217) …………… 65
吕　雉(约前241～前180) …… 48	鲁　肃(172～217) …………… 66
夏侯婴(？～前172) …………… 49	陆　绩(187～219) …………… 67
陆　贾(约前240～前170) …… 49	张　昭(156～236) …………… 68
周　勃(？～前169) …………… 50	徐　宣(168～236) …………… 69
刘　濞(前215～前154) ……… 51	严　畯(生卒年不详) ………… 70
枚　乘(？～前140) …………… 51	陈　矫(？～237) ……………… 70
枚　皋(前156～？) ………… 51	陈　骞(212～292) ………… 70
刘　安(前179～前122) ……… 52	朱　桓(177～238) …………… 71
严　助(？～前122) …………… 53	顾　雍(168～243) …………… 72
朱买臣(？～前115) …………… 53	葛　玄(164～约244) ………… 73
严　忌(约前188～前105) …… 54	陆　逊(183～245) …………… 73
董仲舒(前179～前104) ……… 54	步　骘(？～248) ……………… 74
刘细君(约前123～？) ………… 55	孙　权(182～252) …………… 75
刘解忧(前119～前49) ……… 55	吕　岱(161～256) …………… 76
刘　彻(前156～前87) ………… 56	支　谦(生卒年不详) ………… 77
严延年(？～前58) …………… 57	韦　昭(204～273) …………… 77
严彭祖(生卒年不详) ……… 57	陆　抗(226～274) …………… 78
刘　向(约前77～前6) ………… 57	吴　普(生卒年不详) ………… 79
龚　胜(约前69～约10) ……… 58	周　处(240～297) …………… 80
刘　歆(前53～23) …………… 59	陆　机(261～303) …………… 80
周　纡(？～97) ……………… 59	陆　云(262～303) …………… 81
徐　淑(约98～？) …………… 60	顾　荣(？～312) ……………… 82
徐　璆(生卒年不详) ……… 60	张　翰(？～319) ……………… 82
张　婴(？～145) ……………… 61	司马睿(276～322) …………… 83
张道陵(34～156) …………… 61	纪　瞻(生卒年不详) ………… 84
臧　旻(生卒年不详) ………… 61	郭　璞(276～324) …………… 84
臧　洪(160～196) ………… 61	卞　壸(281～328) …………… 85
陈　登(生卒年不详) ………… 62	刘　隗(273～333) …………… 85
华　佗(？～208) ……………… 63	王　导(276～339) …………… 86

葛　洪(约283~363) …… 87	刘　勰(约465~约532) …… 108
王羲之(303~379) …… 88	陶弘景(456~536) …… 108
谢　安(320~385) …… 89	萧子显(489~537) …… 109
戴　逵(？~396) …… 89	萧子云(487~549) …… 109
徐　邈(344~397) …… 90	刘孝绰(481~539) …… 109
刘牢之(？~402) …… 90	刘令娴(生卒年不详) …… 109
顾恺之(约345~409) …… 91	张僧繇(生卒年不详) …… 110
刘　毅(约362~412) …… 92	任孝恭(？~548) …… 110
法　显(约337~约420) …… 93	萧　衍(464~549) …… 111
刘　裕(363~422) …… 93	刘孝仪(484~550) …… 112
檀道济(？~436) …… 94	侯　景(503~552) …… 112
戴　颙(378~441) …… 95	萧　绎(508~554) …… 113
刘义庆(403~444) …… 95	陈霸先(503~559) …… 113
何承天(370~447) …… 96	刘　璠(510~568) …… 114
臧　质(生卒年不详) …… 97	顾野王(519~581) …… 114
沈　璞(生卒年不详) …… 97	徐　陵(507~583) …… 115
鲍　照(414~466) …… 98	陈叔宝(553~604) …… 115
鲍令晖(生卒年不详) …… 98	张　荟(约560~605) …… 116
萧道成(427~482) …… 98	巢元方(生卒年不详) …… 117
陆探微(？~约485) …… 99	管　崇(？~613) …… 117
臧荣绪(415~488) …… 100	沈法兴(？~620) …… 118
萧子良(460~494) …… 100	李子通(？~622) …… 118
王敬则(435~498) …… 101	陆德明(约550~630) …… 119
谢　朓(464~499) …… 102	陆柬之(585~638) …… 120
祖冲之(429~500) …… 102	孙过庭(生卒年不详) …… 120
陈伯之(生卒年不详) …… 103	曹　宪(约541~645) …… 120
江　淹(444~505) …… 103	刘德威(？~652) …… 121
范　缜(约450~约510) …… 104	法　融(594~657) …… 121
宝　志(418~514) …… 105	上官仪(约608~664) …… 122
僧　祐(445~518) …… 105	道　宣(596~667) …… 122
萧　宏(473~526) …… 106	王义方(615~669) …… 123
萧　统(501~531) …… 107	李　善(约630~689) …… 123

李 邕(678~747) …… 123	赵 幹(生卒年不详) …… 145
张若虚(约660~约720) …… 125	李 昇(888~943) …… 145
刘知几(661~721) …… 125	沈 斌(?~945) …… 147
周 广(生卒年不详) …… 126	刘仁赡(900~957) …… 148
张 旭(658~747) …… 126	李 璟(916~961) …… 148
杨惠之(生卒年不详) …… 127	韩熙载(902~970) …… 150
王昌龄(约698~约756) …… 127	徐 锴(920~975) …… 150
萧颖士(709~760) …… 128	徐 铉(916~992) …… 150
鉴 真(688~763) …… 129	周文矩(约917~?) …… 151
储光羲(707~约766) …… 130	鱼崇谅(903~977) …… 152
皇甫冉(约717~约770) …… 131	李 煜(937~978) …… 152
独孤及(725~777) …… 132	刘 福(生卒年不详) …… 154
颜真卿(709~785) …… 132	徐 熙(生卒年不详) …… 154
戴叔伦(732~789) …… 133	刘承规(949~1012) …… 155
韦应物(约737~约791) …… 134	丁 谓(966~1037) …… 156
吉中孚(约740~798) …… 135	苏舜钦(1008~1049) …… 156
沈既济(约750~约800) …… 135	范仲淹(989~1052) …… 157
权德舆(761~818) …… 135	胡 瑗(993~1059) …… 157
张 籍(约766~约830) …… 136	沈 起(生卒年不详) …… 158
蒋 防(792~835) …… 137	胡 宿(996~1067) …… 159
刘禹锡(772~842) …… 137	刁 约(生卒年不详) …… 160
白居易(772~846) …… 138	欧阳修(1007~1072) …… 160
张 璪(卒年不详) …… 139	卫 朴(?~1077) …… 161
李 绅(772~846) …… 139	程 颢(1032~1085) …… 162
王 起(760~847) …… 140	王安石(1021~1086) …… 163
李德裕(787~850) …… 141	孙 觉(1028~1090) …… 163
李 珏(784~853) …… 141	沈 括(1031~1095) …… 164
赵 嘏(806~854) …… 142	朱长文(1041~1098) …… 165
庞 勋(?~869) …… 143	王 观(1035~1100) …… 166
许 佶(?~869) …… 143	王 觌(1036~1103) …… 166
许 浑(生卒年不详) …… 144	王俊义(1036~1103) …… 166
陆龟蒙(?~约881) …… 144	秦 观(1049~1100) …… 166

苏　颂(1020～1101) …………… 167
王　存(1023～1101) …………… 167
范纯仁(1027～1101) …………… 168
苏　轼(1037～1101) …………… 168
刘　庠(生卒年不详) …………… 169
陈师道(1053～1102) …………… 170
郑　亶(1038～1103) …………… 171
米　芾(1051～1107) …………… 171
邹　浩(1060～1111) …………… 172
徐　积(1038～1114) …………… 173
张　耒(1054～1114) …………… 174
霍端友(1056～1115) …………… 174
杨　介(生卒年不详) …………… 175
俞　栗(生卒年不详) …………… 175
陈　东(1086～1127) …………… 176
宗　泽(1059～1128) …………… 177
蒋　猷(1063～1129) …………… 177
杨邦乂(1085～1129) …………… 178
赵　立(1094～1130) …………… 178
王资深(生卒年不详) …………… 179
　王　洋(生卒年不详) …………… 179
李　纲(1083～1140) …………… 180
胡世将(1085～1142) …………… 181
岳　飞(1103～1142) …………… 182
张　守(1084～1145) …………… 183
胡松年(1086～1146) …………… 184
秦　梓(？～1146) …………… 185
叶梦得(1077～1148) …………… 185
韩世忠(1089～1151) …………… 185
　梁红玉(？～1153) …………… 185
许叔微(1080～1154) …………… 187
秦　桧(1090～1155) …………… 188

魏　胜(1120～1164) …………… 189
汤鹏举(约1087～1165) ………… 190
张　纲(1083～1166) …………… 190
张孝祥(约1132～1169) ………… 191
曾　怀(约1106～约1174) ……… 192
范成大(1126～1193) …………… 192
尤　袤(1127～1202) …………… 193
丘　崇(1135～1209) …………… 193
吴柔胜(生卒年不详) …………… 194
　吴　渊(1190～1257) …………… 194
　吴　潜(1196～1262) …………… 194
卫　泾(1159～1226) …………… 196
周　虎(？～1229) …………… 196
杨妙真(生卒年不详) …………… 197
　李　全(？～1231) …………… 197
刘　宰(1165～1233) …………… 198
刘必成(生卒年不详) …………… 199
赵　葵(1185～1266) …………… 199
马光祖(生卒年不详) …………… 200
李庭芝(1219～1276) …………… 201
陆秀夫(1238～1279) …………… 202
文天祥(1236～1283) …………… 204
蒋　捷(生卒年不详) …………… 205
朱　清(1237～1303) …………… 205
龚　开(1222～约1304) ………… 206
彻里燕只吉台氏(1258～1305)
　………………………………… 207
汤　垕(生卒年不详) …………… 208
睢景臣(约1264～1330) ………… 208
芝麻李(？～1352) …………… 209
黄公望(1269～1354) …………… 209
萨都剌(1272～约1355) ………… 210

朱德润(1294～1365) ………… 211
张士诚(1321～1367) ………… 211
陈祖仁(1314～1368) ………… 213
顾　瑛(1310～1369) ………… 213
施耐庵(1296～1370) ………… 214
倪　瓒(1301～1374) ………… 215
高　启(1336～1374) ………… 216
刘　基(1311～1375) ………… 216
韩　政(？～1378) …………… 217
汪广洋(？～1379) …………… 218
宋　濂(1310～1381) ………… 219
王　履(1332～？) …………… 219
李文忠(1339～1384) ………… 219
徐　达(1332～1385) ………… 220
滑　寿(1304～1386) ………… 221
沈万三(生卒年不详) ………… 222
宋　克(1327～1387) ………… 222
李善长(1314～1390) ………… 223
谢应芳(1296～1392) ………… 223
杨　靖(1360～1397) ………… 224
朱元璋(1328～1398) ………… 225
方孝孺(1359～1402) ………… 226
朱允炆(1377～1402) ………… 226
朱守仁(？～约1403) ………… 227
王　绂(1362～1416) ………… 228
姚广孝(1335～1418) ………… 229
卜元亨(1328～1419) ………… 229
刘　荣(？～1420) …………… 230
陈　济(1363～1424) ………… 231
鱼　侃(生卒年不详) ………… 231
　钱　昕(生卒年不详) ……… 231
虞　谦(？～1427) …………… 232

陈　瑄(1365～1433) ………… 233
郑　亨(？～1434) …………… 234
夏　升(1365～1435) ………… 234
郑　和(1371～1435) ………… 235
费　信(1388～？) …………… 235
　巩　珍(生卒年不详) ……… 235
金　纯(？～1440) …………… 236
况　钟(1383～1443) ………… 236
张　洪(约1361～约1444) …… 237
周　忱(1381～1453) ………… 238
高　谷(1391～1460) ………… 238
金　濂(？～1461) …………… 238
李信圭(生卒年不详) ………… 239
胡　濙(1375～1463) ………… 240
杜　堇(生卒年不详) ………… 241
夏　昶(1388～1470) ………… 241
徐有贞(1407～1472) ………… 242
颜　彪(？～1475) …………… 242
蒯　祥(1398～1481) ………… 243
王　竑(1414～1489) ………… 243
叶　淇(？～1496) …………… 244
徐　溥(1428～1499) ………… 244
庄　昶(1437～1499) ………… 245
白　昂(1435～1503) ………… 246
吴　宽(1435～1504) ………… 246
沈　周(1427～1509) ………… 247
徐祯卿(1479～1511) ………… 247
于　湛(生卒年不详) ………… 248
储　巏(1457～1513) ………… 248
徐　恪(？～1516) …………… 249
胡　琏(生卒年不详) ………… 250
靳　贵(1464～1520) ………… 250

陶　成(生卒年不详) …………… 251	皇甫濂(1508~1564) ………… 269
陈　铎(约1488~约1521) …… 251	文徵明(1470~1559) ………… 269
毛　澄(1460~1523) …………… 252	文　彭(1498~1573) ………… 269
王　鏊(1450~1524) …………… 253	邱　陞(?~1559) …………… 270
唐　寅(1470~1524) …………… 254	卢　翊(生卒年不详) ………… 271
祝允明(1460~1526) …………… 254	魏良辅(生卒年不详) ………… 271
邵　宝(1460~1527) …………… 255	沈　坤(1507~1560) ………… 272
杨　果(1473~1529) …………… 256	唐顺之(1507~1560) ………… 272
左　唐(生卒年不详) …………… 256	宗　臣(1525~1560) ………… 274
杨一清(1454~1530) …………… 257	顾可久(1485~1561) ………… 274
王　磐(1470~1530) …………… 257	沈　启(1490~1563) ………… 275
王　宠(1494~1533) …………… 258	徐九思(1481~1566) ………… 275
安　国(1481~1534) …………… 258	钱　薇(约1506~约1570) …… 276
仲　本(?~1536) …………… 259	归有光(1506~1571) ………… 277
陆　采(1497~1537) …………… 260	薛应旂(1500~1572) ………… 278
顾鼎臣(1473~1540) …………… 260	华　察(1497~1574) ………… 278
王　艮(1483~1541) …………… 261	汤克宽(?~1576) …………… 279
林　春(1498~1541) …………… 262	陆　治(1496~1577) ………… 280
蔡　羽(?~1541) …………… 263	丁士美(1521~1577) ………… 280
杨循吉(1456~1544) …………… 263	吴承恩(约1500~约1582) …… 281
盛　仪(约1487~?) …………… 264	严　讷(1511~1584) ………… 281
曾　铣(?~1548) …………… 264	李春芳(1511~1585) ………… 282
仇　英(约1501~约1551) …… 265	海　瑞(1514~1587) ………… 282
席上珍(?~1555) …………… 266	汤应曾(约1530~约1588) …… 284
王　铁(1514~1555) …………… 266	王世贞(1526~1590) ………… 284
崔　桐(1478~1556) …………… 267	梁辰鱼(约1521~1594) ……… 286
刘景韶(生卒年不详) …………… 267	王　樵(1521~1601) ………… 287
曹　顶(1514~1557) …………… 268	陆西星(1520~约1601) ……… 287
薛　己(约1488~1558) ……… 268	冯应京(?~1607) …………… 288
皇甫冲(1490~1558) …………… 269	陆子冈(生卒年不详) ………… 288
皇甫涍(1497~1546) ………… 269	卢廷兰(生卒年不详) ………… 289
皇甫汸(1498~1583) ………… 269	王　衡(1561~1609) ………… 289

王锡爵(1534~1610) …………… 290
沈　璟(1553~1610) …………… 290
顾宪成(1550~1612) …………… 291
张凤翼(1527~1613) …………… 292
王肯堂(1549~1613) …………… 293
翁　遂(生卒年不详) …………… 294
申时行(1535~1614) …………… 294
朱　梓(1542~1616) …………… 295
刘　绖(？~1619) ……………… 296
李士达(1500~1620) …………… 297
焦　竑(1541~1620) …………… 297
张贞观(生卒年不详) …………… 298
许自昌(1578~1623) …………… 299
朱之蕃(1548~1624) …………… 299
高攀龙(1562~1626) …………… 299
周顺昌(1584~1626) …………… 300
缪希雍(1546~1627) …………… 301
计　成(1582~？) ……………… 301
陈实功(1555~1636) …………… 302
孙慎行(1565~1636) …………… 302
文震孟(1574~1636) …………… 303
卢象昇(1600~1639) …………… 303
程国祥(1580~1641) …………… 304
徐霞客(1587~1641) …………… 305
徐　燿(1592~1641) …………… 306
张　溥(1602~1641) …………… 306
徐上瀛(生卒年不详) …………… 307
王鸣鹤(生卒年不详) …………… 308
于仕廉(1559~1645) …………… 308
史可法(1601~1645) …………… 309
阎应元(1607~1645) …………… 310
沈宠绥(？~1645) ……………… 311
周遇吉(？~约1645) …………… 311
冯梦龙(1574~1646) …………… 312
朱由崧(？~1646) ……………… 312
时大彬(1573~1648) …………… 313
　徐友泉(1576~1643) ………… 313
吴　炳(1595~1648) …………… 314
堵胤锡(1601~1649) …………… 314
瞿式耜(1590~1650) …………… 315
薄　珏(生卒年不详) …………… 316
董小宛(1624~1651) …………… 316
万寿祺(1603~1652) …………… 317
江千里(生卒年不详) …………… 318
智　旭(1599~1655) …………… 318
陈贞慧(1604~1656) …………… 318
吴有性(1587~1657) …………… 320
徐常遇(生卒年不详) …………… 320
毛　晋(1599~1659) …………… 321
金圣叹(1608~1661) …………… 321
孙云球(1630~1662) …………… 322
孙　榘(生卒年不详) …………… 322
沈　汉(生卒年不详) …………… 323
钱谦益(1582~1664) …………… 323
吕　宫(1603~1664) …………… 324
柳如是(1618~1664) …………… 324
史德威(生卒年不详) …………… 325
朱佐朝(生卒年不详) …………… 325
马世俊(1609~1666) …………… 326
庄臻凤(1624~1667) …………… 326
杨廷鉴(生卒年不详) …………… 327
孙一致(生卒年不详) …………… 327
徐　祺(生卒年不详) …………… 328
　徐　俊(生卒年不详) ………… 328

柳敬亭(1587~约1670) ……… 328	张 弨(1625~1691) ……… 351
李　玉(1591~1671) ……… 329	徐元文(1634~1691) ……… 351
冯　班(1602~1671) ……… 330	髡　残(1612~1692) ……… 352
冯　舒(生卒年不详) ……… 330	陆　舜(1617~1692) ……… 353
袁于令(1592~约1672) ……… 331	陆儋辰(1777~1842) ……… 353
吴伟业(1609~1672) ……… 331	笪重光(1623~1692) ……… 353
陆世仪(1611~1672) ……… 332	冒　襄(1611~1693) ……… 354
钱邦芑(1600~1673) ……… 333	徐乾学(1631~1694) ……… 355
归　庄(1613~1673) ……… 334	陈圆圆(1623~1695) ……… 356
玉琳琇(1614~1675) ……… 335	胡简敬(1631~1695) ……… 356
王大经(生卒年不详) ……… 335	朱柏庐(1627~1698) ……… 357
王　鉴(1598~1677) ……… 336	张竹坡(1670~1698) ……… 357
李枝翘(生卒年不详) ……… 336	李　蟠(生卒年不详) ……… 358
吴三桂(1612~1678) ……… 337	朱　㸌(生卒年不详) ……… 358
阎尔梅(1603~1679) ……… 338	钱　曾(1629~1701) ……… 359
薛鼎臣(1630~1679) ……… 339	宋　曹(1620~1702) ……… 359
李香君(生卒年不详) ……… 340	严绳孙(1623~1702) ……… 360
王时敏(1592~1680) ……… 340	尤　侗(1618~1704) ……… 361
李　渔(1610~1680) ……… 341	阎若璩(1636~1704) ……… 361
江之菔(生卒年不详) ……… 342	邵长蘅(1637~1704) ……… 362
顾炎武(1613~1682) ……… 342	韩　菼(1637~1704) ……… 363
陈维崧(1625~1682) ……… 344	石　涛(约1642~约1707) ……… 363
王锡阐(1628~1682) ……… 345	潘　耒(1646~1708) ……… 365
李　清(1602~1683) ……… 345	毛宗岗(生卒年不详) ……… 365
吴嘉纪(1618~1684) ……… 345	徐秉义(1633~1711) ……… 366
吴兆骞(1631~1684) ……… 346	张玉书(1642~1711) ……… 366
万　树(1625~1687) ……… 347	徐正明(生卒年不详) ……… 367
宋德宜(1626~1687) ……… 347	曹　寅(1658~1712) ……… 368
张大复(生卒年不详) ……… 348	曹雪芹(约1715~约1764) ……… 368
龚　贤(1618~1689) ……… 349	顾贞观(1637~1714) ……… 369
汪　琬(1624~1690) ……… 349	王原祁(1642~1715) ……… 370
恽南田(1633~1690) ……… 350	禹之鼎(1647~1716) ……… 370

姓名	页码
王 翚(1632～1717)	371
吴 历(1632～1718)	371
孔尚任(1648～1718)	372
僧传悟(1619～1719)	373
彭定求(1645～1719)	373
赵申乔(1644～1720)	374
陈厚耀(1648～1722)	374
张符骧(1663～1727)	376
刘 智(1660～1730)	376
蒋廷锡(1669～1732)	377
蒋 溥(？～1761)	377
倪瑞璿(1702～1732)	378
杨名时(1661～1737)	379
李 卫(1686～1738)	379
嵇曾筠(1670～1739)	381
蒋 衡(1672～1742)	382
王 澍(1668～1743)	382
叶天士(1667～1746)	383
任兰枝(1677～1746)	383
袁 江(约1671～约1746)	384
高凤翰(1683～1748)	384
王维德(1669～1749)	385
边寿民(1684～1752)	385
潘思榘(1695～1752)	386
甘凤池(生卒年不详)	386
浦 琳(生卒年不详)	387
梁魏今(生卒年不详)	387
张 肱(生卒年不详)	388
高 翔(1688～1753)	389
李方膺(1695～1754)	389
吴敬梓(1701～1754)	390
马曰琯(1688～1755)	391
马曰璐(1697～1766)	391
华 喦(1682～1756)	392
王安国(1692～1757)	392
王念孙(1744～1832)	392
王引之(1766～1834)	392
惠 栋(1697～1758)	395
惠周惕(生卒年不详)	395
惠士奇(1671～1741)	395
顾栋高(1679～1759)	396
汪士慎(1686～1759)	396
庄培因(1723～1759)	397
浦起龙(1679～1762)	397
李 鱓(1686～1762)	398
金 农(1687～1763)	399
史贻直(1683～1764)	400
秦蕙田(1702～1764)	400
李 葂(1705～1764)	401
郑 燮(1693～1765)	402
黄 慎(1687～1766)	403
沈德潜(1673～1769)	404
薛 雪(1681～1770)	404
邹一桂(1686～1772)	405
徐大椿(1693～1772)	405
钱维城(1720～1772)	406
吴玉搢(1689～1773)	406
沈金鳌(1717～1776)	407
秦大士(1715～1777)	408
乔 林(1731～？)	408
于敏中(1714～1780)	409
黄景仁(1749～1783)	410
杨潮观(1710～1788)	411
庄存与(1719～1788)	412

任大椿(1738~1789) …… 412	焦　循(1763~1820) …… 435
缪遵义(1710~1793) …… 413	卢　顺(？~1820) …… 437
潘恭寿(1741~1794) …… 414	王卫均(生卒年不详) …… 437
汪　中(1745~1794) …… 414	孙长源(生卒年不详) …… 438
任　瑗(约1715~1796) …… 415	戴联奎(1751~1822) …… 439
黄文旸(1736~？) …… 416	许桂林(1779~1822) …… 439
吕又祥(生卒年不详) …… 416	赵怀玉(1747~1823) …… 440
袁　枚(1716~1797) …… 417	汪　椿(1760~1825) …… 441
王鸣盛(1722~1797) …… 418	汪廷珍(1757~1827) …… 441
毕　沅(1730~1797) …… 418	高朗亭(1774~1827) …… 442
王贞仪(1768~1797) …… 419	李汝珍(约1763~1828) …… 443
王周士(生卒年不详) …… 420	徐　碌(1775~1829) …… 444
管干贞(1734~1798) …… 420	刘逢禄(1776~1829) …… 444
程得龄(生卒年不详) …… 421	骆绮兰(1756~约1830) …… 445
罗　聘(1733~1799) …… 421	徐开业(1788~1831) …… 445
王文治(1730~1802) …… 423	张　琦(1764~1833) …… 446
沈起凤(1741~1802) …… 423	恽　珠(1771~1833) …… 446
张惠言(1761~1802) …… 424	吴甸华(1733~1834) …… 447
刘台拱(1752~1805) …… 425	吴　璪(1758~1836) …… 448
李毓昌(1771~1808) …… 425	瞿绍基(1772~1836) …… 449
洪亮吉(1746~1809) …… 426	瞿　镛(1794~1876) …… 449
凌廷堪(1755~1809) …… 427	石韫玉(1756~1837) …… 449
钱伯炯(1738~1812) …… 428	唐汝明(生卒年不详) …… 449
赵　翼(1727~1814) …… 428	顾广圻(1770~1839) …… 450
段玉裁(1735~1815) …… 429	陶　澍(1779~1839) …… 450
伊秉绶(1754~1815) …… 431	潘德舆(1785~1839) …… 451
恽　敬(1757~1817) …… 432	王希文(1766~1841) …… 452
李　锐(1768~1817) …… 432	李兆洛(1769~1841) …… 453
李　斗(？~1817) …… 433	骆腾凤(1770~1841) …… 454
郭大昌(1742~1818) …… 433	关天培(1781~1841) …… 454
孙星衍(1753~1818) …… 434	海　龄(？~1842) …… 455
程伟元(？~约1818) …… 435	邹　澍(1790~1844) …… 455

邓廷桢(1776~1846) …… 456	季芝昌(1791~1860) …… 478
张成龙(1775~1847) …… 457	赵振祚(？~1860) …… 478
徐子容(1782~1847) …… 458	石寿棠(生卒年不详) …… 479
阮　元(1764~1849) …… 458	彭蕴章(1792~1862) …… 480
林则徐(1785~1850) …… 459	徐　鼒(1810~1862) …… 480
胡翘汉(约1796~1850) …… 461	鲁一同(1805~1863) …… 481
胡盍朋(1826~1866) …… 461	贝青乔(1810~约1863) …… 482
卢　栋(？~1850) …… 462	石达开(1830~1863) …… 482
丘心如(1804~1851) …… 463	洪秀全(1814~1864) …… 483
许乔林(1775~1852) …… 463	洪仁玕(1821~1864) …… 484
王　相(1789~1852) …… 464	李秀成(1823~1864) …… 485
甘　熙(1798~1852) …… 465	陈坤书(？~1864) …… 486
程开聚(生卒年不详) …… 465	施志远(？~约1864) …… 487
程立炜(？~1870) …… 465	李世贤(1834~1865) …… 488
程立昕(？~1869) …… 465	张积中(1800~1866) …… 488
余保纯(1775~1853) …… 466	许联镖(1801~1867) …… 489
汤贻汾(1778~1853) …… 467	蒋春霖(1818~1868) …… 490
臧纡青(1797~1853) …… 468	陈　森(1796~1870) …… 490
刘文淇(1789~1854) …… 468	吴熙载(1799~1870) …… 491
刘毓崧(1818~1867) …… 468	史致谔(1802~1872) …… 492
刘寿曾(1838~1882) …… 468	曾国藩(1811~1872) …… 493
吴文镕(1792~1854) …… 470	冯桂芬(1809~1874) …… 493
包世臣(1775~1855) …… 470	丁　晏(1794~1875) …… 494
刘宝楠(1791~1855) …… 471	吴　棠(？~1875) …… 495
韦昌辉(1823~1856) …… 472	庞钟璐(1822~1876) …… 495
杨秀清(1823~1856) …… 472	马如飞(1817~？) …… 496
魏　源(1794~1857) …… 473	龚振麟(生卒年不详) …… 496
陈玉标(？~1857) …… 474	刘熙载(1813~1881) …… 497
华秋苹(1785~1858) …… 475	吴昆田(1809~1882) …… 498
朱骏声(1788~1858) …… 476	陆增祥(1814~1882) …… 498
杨凤翾(生卒年不详) …… 476	梅巧玲(1842~1882) …… 499
冯道立(1782~1860) …… 477	梅雨田(1865~1912) …… 499

李光炘(1808～1884) …… 500	马建忠(1845～1900) …… 523
徐 寿(1818～1884) …… 500	时小福(1846～1900) …… 524
汪 蘩(1832～1884) …… 501	裔步銮(1838～1901) …… 524
费伯雄(1810～1885) …… 502	何嗣焜(1844～1901) …… 525
左宗棠(1812～1885) …… 503	徐建寅(1845～1901) …… 526
金 和(1818～1885) …… 504	成肇麐(1846～1901) …… 527
金运昌(？～1885) …… 504	张大烈(1821～1902) …… 527
吴师机(1806～1886) …… 505	华蘅芳(1833～1902) …… 528
高延第(1823～1886) …… 506	吴大澂(1835～1902) …… 529
胡恩燮(1825～1888) …… 506	恽祖翼(1838～1902) …… 530
潘祖荫(1830～1890) …… 508	丁立钧(1854～1902) …… 530
李金镛(1835～1890) …… 508	赵海仙(1829～1904) …… 531
秦 焕(1818～1891) …… 509	翁同龢(1830～1904) …… 532
董 恂(1807～1892) …… 510	欣澹庵(1846～1904) …… 534
卞宝第(1824～1892) …… 510	裘毓芳(1871～1904) …… 534
徐小香(生卒年不详) …… 511	马培之(1820～1905) …… 535
洪 钧(1839～1893) …… 511	范当世(1854～1905) …… 536
吴友如(1850～1893) …… 512	杨宗濂(1832～1906) …… 537
左宝贵(1837～1894) …… 512	陈玉澍(1852～1906) …… 538
薛福成(1838～1894) …… 513	李宝嘉(1867～1906) …… 538
裴荫森(1823～1895) …… 514	俞 樾(1821～1907) …… 539
黄振均(1826～1895) …… 515	余思诒(1835～1907) …… 540
杨泗洪(1847～1895) …… 516	王得胜(1822～1908) …… 540
陈崇光(1838～1896) …… 516	陆宝忠(1850～1908) …… 541
王仁堪(1850～1896) …… 517	张鹤龄(1867～1908) …… 542
王 韬(1828～1897) …… 518	甄遇都(生卒年不详) …… 543
张联桂(1838～1897) …… 519	张之洞(1837～1909) …… 544
万青选(？～1898) …… 519	刘 鹗(1857～1909) …… 545
吴凤柱(1833～1899) …… 520	杨士骧(？～1909) …… 545
江 标(1860～1899) …… 521	杨士琦(1862～1918) …… 545
李厚坤(生卒年不详) …… 521	杨宗瀚(1842～1910) …… 546
殷自芳(1820～1900) …… 522	熊成基(1887～1910) …… 547

杨文会(1836~1911)	548	阮　式(1889~1911)	551
端　方(1861~1911)	549	阮德山(1885~1911)	552
卞　赓(1875~1911)	550	华金元(1889~1911)	553
陶骏保(1878~1911)	550	徐国泰(1889~1911)	554
赵　声(1881~1911)	551	孙天生(？~1911)	555
周　实(1883~1911)	551		

（二）

人物传(1912~1949.9)

白雅雨(1868~1912)	557	周祥骏(1870~1914)	569
王少华(1876~1912)	558	范鸿仙(1882~1914)	570
江来甫(1878~1912)	559	刘天恨(1888~1914)	571
曹俊鹏(生卒年不详)	559	陆润庠(1841~1915)	572
王锡祺(1855~1913)	560	丁凤山(1842~1915)	573
陈　范(1860~1913)	561	刘清韵(1842~1915)	573
王仁俊(1866~1913)	561	马为瑷(1849~1915)	574
徐宝山(1866~1913)	562	许鼎霖(1857~1915)	574
黄　人(1866~1913)	563	沈缦云(1869~1915)	575
杨　冰(1871~1913)	564	陆镜若(1885~1915)	577
李楚江(1881~1913)	564	徐血儿(1891~1915)	578
林述庆(1881~1913)	565	许　珏(1843~1916)	579
朱葆诚(1889~1913)	566	盛宣怀(1844~1916)	579
刘旦诞(1826~1914)	566	李映庚(1845~1916)	582
俞菊笙(1839~1914)	567	朱守成(1858~1916)	583
黄思永(1842~1914)	567	林肇灿(1864~1916)	584
吕谷金(1855~1914)	568	杨保恒(1873~1916)	584
颜承烈(1866~1914)	568	吴子敬(1874~1916)	585

黄　兴(1874～1916) …… 585	李　仁(1868～1922) …… 611
臧在新(1882～1916) …… 587	孙毓修(1871～1922) …… 611
伏　龙(1884～1916) …… 588	韩　恢(1887～1922) …… 612
顾锡九(1885～1916) …… 589	范　冕(1841～1923) …… 613
马继增(？～1916) …… 589	魏筱泉(约1850～1923) …… 613
叶昌炽(1849～1917) …… 590	周舜卿(1852～1923) …… 614
王以昭(1855～1917) …… 591	张　勋(1854～1923) …… 615
丁宝铨(？～1917) …… 592	李涵秋(1874～1923) …… 616
徐致靖(1844～1918) …… 592	许指严(1875～1923) …… 617
汪凤藻(1851～1918) …… 593	陈撷芬(1883～1923) …… 618
郑文焯(1856～1918) …… 593	曾玉良(1886～1923) …… 619
恽毓鼎(1863～1918) …… 594	周甘尘(1889～1923) …… 620
孟昭常(1871～1918) …… 595	盛延祺(1894～1923) …… 621
龙　璋(1865～？) …… 596	黄葆年(1845～1924) …… 622
缪荃孙(1844～1919) …… 597	段朝端(1844～1925) …… 623
沈云霈(1854～1919) …… 598	王鸿寿(1850～1925) …… 623
黄山寿(1855～1919) …… 598	孙中山(1866～1925) …… 624
刘师培(1884～1919) …… 599	汪文溥(1869～1925) …… 626
赵念伯(1887～1919) …… 601	张文生(1872～1925) …… 626
特莱克(1890～1919) …… 602	顾正红(1905～1925) …… 627
陈作霖(1837～1920) …… 602	张　謇(1853～1926) …… 628
陆廉夫(1851～1920) …… 603	祝大椿(1856～1926) …… 630
李瑞清(1867～1920) …… 604	朱宝奎(1861～1926) …… 631
李广德(生卒年不详) …… 605	丁甘仁(1865～1926) …… 632
邹嘉来(1852～1921) …… 605	郁芑生(1873～1926) …… 633
屠　寄(1856～1921) …… 606	吴介璋(1875～1926) …… 634
姚锡光(1857～1921) …… 606	柳伯英(1884～1926) …… 635
李　兰(1862～1921) …… 607	丁祖庚(1890～1926) …… 635
彭诒孙(1864～1921) …… 608	毕倚虹(1892～1926) …… 636
宗　仰(1865～1921) …… 608	周水平(1894～1926) …… 637
沈　寿(1874～1921) …… 609	汪伯乐(1900～1926) …… 638
尤先甲(1843～1922) …… 610	冯　煦(1843～1927) …… 639

金泽荣(1850～1927) …… 640	钱振标(1896～1928) …… 670
李平书(1854～1927) …… 641	仇一民(1897～1928) …… 671
沙元炳(1864～1927) …… 641	叶天底(1898～1928) …… 672
陈为倚(1871～1927) …… 642	姚佐唐(1898～1928) …… 673
王荷波(1882～1927) …… 643	沈　毅(1900～1928) …… 673
李更生(1883～1927) …… 644	陈乔年(1902～1928) …… 675
陈君起(1884～1927) …… 645	罗亦农(1902～1928) …… 676
钱涤根(1887～1927) …… 646	史砚芬(1903～1928) …… 678
胡明复(1891～1927) …… 647	徐　玮(1903～1928) …… 678
谢文锦(1894～1927) …… 647	吴宗鲁(1904～1928) …… 679
夏　霖(1895～1927) …… 648	苏德馨(1904～1928) …… 679
侯绍裘(1896～1927) …… 649	沈肇洲(1857～1929) …… 680
黄竞西(1897～1927) …… 650	吴观岱(1862～1929) …… 681
孙逊群(1897～1927) …… 651	陈庆年(1862～1929) …… 681
张太雷(1898～1927) …… 652	薛南溟(1862～1929) …… 682
陈延年(1899～1927) …… 654	郑　谦(1876～1929) …… 683
郭伯和(1900～1927) …… 656	倪天荣(1881～1929) …… 684
张应春(1901～1927) …… 657	过探先(1887～1929) …… 685
赵世炎(1901～1927) …… 658	巴玉藻(1892～1929) …… 686
徐梦影(1901～1927) …… 660	吕彦直(1894～1929) …… 686
万　益(1902～1927) …… 661	彭　湃(1896～1929) …… 687
文化震(1902～1927) …… 661	茅学勤(1900～1929) …… 689
刘重民(1902～1927) …… 662	徐芳德(1901～1929) …… 690
乔心全(1905～1927) …… 663	顾仲起(1903～1929) …… 691
许金元(1906～1927) …… 664	吴亚苏(1907～1929) …… 691
张佐臣(1906～1927) …… 665	吴亚鲁(1898～1939) …… 691
秦　起(1907～1927) …… 666	俞粟庐(1847～1930) …… 693
李寿铨(1859～1928) …… 666	程德全(1860～1930) …… 694
龚其伟(1865～1928) …… 667	蒋炳章(1864～1930) …… 695
江潄芳(1867～1928) …… 668	顾麟士(1865～1930) …… 695
潘月樵(1869～1928) …… 668	丁传靖(1870～1930) …… 696
孙津川(1895～1928) …… 669	褚玉璞(1874～1930) …… 697

谢荫昌(1877~1930)	698	季子莞(生卒年不详)	723
周应时(1884~1930)	699	恽雨棠(1902~1931)	723
俞庆恩(1885~1930)	699	李　文(1910~1931)	723
何　坤(1898~1930)	700	高小生(1903~1931)	725
范希曾(1899~1930)	701	武同儒(1904~1931)	725
陶　烈(1901~1930)	702	吴长来(1905~1931)	726
王树璜(1901~1930)	702	李超时(1906~1931)	727
孙文源(1901~1930)	703	曹起潜(1906~1931)	728
姜景义(1903~1930)	703	颜　辉(1906~1931)	729
周存朴(1901~1930)	703	于　咸(1907~1931)	730
赵龙云(1902~1930)	704	夏凤山(1907~1931)	731
马　伦(1903~1930)	704	孙耀宗(1910~1931)	732
黄瑞生(1904~1930)	705	段鸿谟(1853~1932)	733
陆　骧(1905~1930)	706	黄以霖(1857~1932)	734
黄祥宾(1905~1930)	707	方　还(1866~1932)	735
吕励之(1907~1930)	707	魏荫塘(1866~1932)	735
李维选(1908~1930)	708	庄蕴宽(1867~1932)	736
曹沧洲(1850~1931)	709	卢瀚荫(1868~1932)	738
吴荫培(1851~1931)	709	项尧仁(1872~1932)	739
李　详(1859~1931)	710	朱锡梁(1873~1932)	740
廉　泉(1868~1931)	711	张　蓁(1880~1932)	740
曾　鲁(1874~1931)	712	萧万才(1880~1932)	741
毛乃庸(1875~1931)	712	刘天华(1895~1932)	742
沈卓吾(1887~1931)	713	孟昭珮(1902~1932)	743
邓演达(1895~1931)	714	蒋　云(1903~1932)	743
恽代英(1895~1931)	715	潘家辰(1904~1932)	744
李　林(1896~1931)	717	李耘生(1905~1932)	745
何孟雄(1898~1931)	718	李桂五(1905~1932)	747
朱杏南(1899~1931)	719	施　简(1906~1932)	747
吴丽石(1899~1931)	720	孙小宝(1907~1932)	749
解慕唐(1899~1931)	721	朱虞生(？~1932)	749
杨光銮(1901~1931)	722	杨葆寅(1858~1933)	750

张相文(1867~1933) ………… 751
陈去病(1874~1933) ………… 752
赵　石(1874~1933) ………… 753
汪荣宝(1878~1933) ………… 753
叶玉森(1880~1933) ………… 754
谈荔孙(1880~1933) ………… 755
王无能(1893~1933) ………… 756
张腾龙(1898~1933) ………… 756
刘煜生(1900~1933) ………… 757
陈原道(1901~1933) ………… 758
李耀晶(1904~1933) ………… 759
徐　德(1904~1933) ………… 760
葛耀山(1904~1933) ………… 761
王世元(1906~1933) ………… 762
孙秉焘(1908~1933) ………… 762
黄家骏(1909~1933) ………… 763
王谢长达(1848~1934) ……… 764
韩志正(1865~1934) ………… 764
韩达哉(1867~1934) ………… 765
吴芝瑛(1868~1934) ………… 766
张少南(1870~1934) ………… 767
杨瑞文(1870~1934) ………… 768
陶懋立(1870~1934) ………… 769
蔡　寅(1873~1934) ………… 769
史量才(1880~1934) ………… 770
蒋汝坊(1880~1934) ………… 771
刘半农(1891~1934) ………… 771
陈阿金(1898~1934) ………… 772
何复生(1902~1934) ………… 773
吴静焘(1904~1934) ………… 774
张绩之(1905~1934) ………… 775
宗益寿(1907~1934) ………… 775
魏云岭(1909~1934) ………… 776
吴双热(1884~?) …………… 777
陆文椿(1861~1935) ………… 778
陆尔奎(1862~1935) ………… 778
曾　朴(1872~1935) ………… 779
孙德谦(1873~1935) ………… 780
赵锡蕃(1873~1935) ………… 780
袁励准(1877~1935) ………… 781
恽铁樵(1878~1935) ………… 781
葛节支(1879~1935) ………… 782
李竟成(1880~1935) ………… 783
刘永康(1883~1935) ………… 784
戈公振(1890~1935) ………… 785
陈半亭(1892~1935) ………… 786
瞿秋白(1899~1935) ………… 787
曾中生(1900~1935) ………… 789
许包野(1900~1935) ………… 790
戴蔚霞(1904~1935) ………… 791
孙凤鸣(1905~1935) ………… 791
　崔正瑶(约1911~1935) …… 791
娄培儒(1905~1935) ………… 793
潘洪烈(1908~1935) ………… 793
裴义理(?~1935) …………… 794
徐绍桢(1861~1936) ………… 795
唐保谦(1866~1936) ………… 796
章太炎(1869~1936) ………… 796
杨殿玉(1874~1936) ………… 798
董永成(1876~1936) ………… 798
丁文江(1887~1936) ………… 799
俞　锷(1887~1936) ………… 800
于以振(1904~1936) ………… 800
张春帆(?~1936) …………… 801

邓星伯(1862~1937) ………… 802
洪承点(生卒年不详) ………… 803
巴泽宪(生卒年不详) ………… 804
章　钰(1865~1937) ………… 804
蔡缄三(1868~1937) ………… 805
曹亚伯(1875~1937) ………… 806
秦毓鎏(1880~1937) ………… 806
脱希曾(1881~1937) ………… 807
张栋梁(1887~1937) ………… 808
徐枕亚(1889~1937) ………… 808
萧山令(1892~1937) ………… 809
薛福基(1894~1937) ………… 809
路景荣(1902~1937) ………… 810
吴继光(1903~1937) ………… 811
尹　杰(1908~1937) ………… 812
王洁予(1909~1937) ………… 813
郭纲琳(1909~1937) ………… 814
陈处泰(1910~1937) ………… 815
陈志正(1910~1937) ………… 816
韩师愈(1911~1937) ………… 816
赵凤昌(1856~1938) ………… 817
金兰升(1865~1938) ………… 818
姚承祖(1866~1938) ………… 818
孟　森(1868~1938) ………… 819
管凤龢(1868~1938) ………… 820
马锡簪(1870~1938) ………… 821
庄曜孚(1870~1938) ………… 821
唐　驼(1871~1938) ………… 822
顾述之(1872~1938) ………… 822
荣宗敬(1873~1938) ………… 823
秦仁金(1879~1938) ………… 825
胡笔江(1881~1938) ………… 826
朱文鑫(1883~1938) ………… 827
刘仁航(1884~1938) ………… 828
胡文臣(1888~1938) ………… 828
阎海如(1889~1938) ………… 829
释常惺(1896~1938) ………… 829
郁仁治(1905~1938) ………… 830
陈怀民(1916~1938) ………… 831
孙世实(1918~1938) ………… 831
马相伯(1840~1939) ………… 832
邓邦述(1868~1939) ………… 833
胡石予(1868~1939) ………… 834
华　瑾(1869~1939) ………… 834
祝丹卿(1871~1939) ………… 835
马锦春(1874~1939) ………… 836
王家驹(1878~1939) ………… 837
吴光新(1881~1939) ………… 837
吴　梅(1884~1939) ………… 837
王陶民(1894~1939) ………… 839
朱文中(1894~1939) ………… 840
江小鹣(1894~1939) ………… 840
董亦湘(1896~1939) ………… 841
李旸谷(1899~1939) ………… 842
冷启英(1901~1939) ………… 843
陈　文(1902~1939) ………… 844
吴志骞(1904~1939) ………… 845
胡发坚(1906~1939) ………… 845
吴　焜(1910~1939) ………… 846
王文彬(1911~1939) ………… 847
江上青(1911~1939) ………… 849
吴甲寅(1911~1939) ………… 850
龙树林(1911~1939) ………… 851
王　赤(1913~1939) ………… 851

张芳久(1913~1939) …… 852	刘勋麟(1879~1941) …… 875
瞿犊(1914~1939) …… 853	吴楠(1880~1941) …… 876
王进(1920~1939) …… 853	袁桂生(1881~1941) …… 877
汤曙红(1915~1939) …… 854	徐天啸(1886~1941) …… 877
肖国生(1917~1939) …… 854	冯子和(1888~1941) …… 878
吴郁生(1854~1940) …… 854	汪同尘(1891~1941) …… 878
胡玉缙(1859~1940) …… 855	袁兆瑞(1898~1941) …… 879
沈伯溥(1860~1940) …… 856	喻兆琦(1898~1941) …… 880
印光(1862~1940) …… 856	朱松寿(1900~1941) …… 881
罗振玉(1866~1940) …… 857	方强(1901~1941) …… 882
罗振常(1875~1942) …… 857	巫恒通(1903~1941) …… 884
蔡元培(1868~1940) …… 858	廖海涛(1903~1941) …… 884
刘柏森(1869~1940) …… 860	朱廉贻(1904~1941) …… 886
郭坚忍(1869~1940) …… 862	陈中柱(1906~1941) …… 886
罗鸿慈(1870~1940) …… 862	刘保罗(1907~1941) …… 888
陶湘(1871~1940) …… 863	周苏平(1909~1941) …… 888
瞿启甲(1873~1940) …… 864	丘东平(1910~1941) …… 889
马玉仁(1875~1940) …… 864	周木斋(1910~1941) …… 891
顾子扬(1875~1940) …… 866	罗忠毅(1910~1941) …… 892
王开疆(1890~1940) …… 866	裴励(1910~1941) …… 893
管有为(1900~1940) …… 867	许晴(1911~1941) …… 894
李守维(1901~1940) …… 867	顾民元(1912~1941) …… 895
朱爱周(1902~1940) …… 868	李增援(1913~1941) …… 896
王丰庆(1907~1940) …… 869	苏光华(1913~1941) …… 896
张大烈(1911~1940) …… 870	郭猛(1913~1941) …… 897
沈其生(1912~1940) …… 871	刘惠馨(1914~1941) …… 897
顾永田(1916~1940) …… 871	吴载文(1914~1941) …… 898
柳流(1918~1940) …… 872	张新华(1916~1941) …… 899
章辅(1918~1940) …… 873	陈振东(1917~1941) …… 899
王同愈(1856~1941) …… 874	朱真(1918~1941) …… 900
张鸿(1867~1941) …… 874	陈宗平(1919~1941) …… 901
贝寿同(1875~1941) …… 875	柳肇珍(1920~1941) …… 901

艾　侠(1921~1941) …………… 902	程瞻庐(1879~1943) …………… 928
刘群先(1907~?) ……………… 903	胡汀鹭(1884~1943) …………… 928
韩国钧(1857~1942) …………… 904	王　预(1886~1943) …………… 929
李厚基(1869~1942) …………… 906	胡抱一(1890~1943) …………… 930
赵椿年(1870~1942) …………… 907	高　阳(1892~1943) …………… 931
宋泽夫(1872~1942) …………… 908	冯肇传(1895~1943) …………… 931
江　谦(1875~1942) …………… 909	朱穰丞(1901~1943) …………… 932
周小农(1876~1942) …………… 910	王光夏(1904~1943) …………… 933
李毅士(1886~1942) …………… 910	董正香(1904~1943) …………… 934
王柏龄(1889~1942) …………… 911	苏同仁(1905~1943) …………… 935
卢秉枢(1902~1942) …………… 912	孙明瑾(1907~1943) …………… 935
李贞乾(1903~1942) …………… 913	保三娘(1911~1943) …………… 936
金维映(1904~约1942) ………… 914	索家凤(1928~1943) ………… 936
周奎麟(1905~1942) …………… 915	符竹庭(1912~1943) …………… 937
姚竹修(1906~1942) …………… 915	童世明(1912~1943) …………… 938
唐雨生(1906~1942) …………… 916	解舜臣(1912~1943) …………… 939
范子侠(1908~1942) …………… 917	田守尧(1915~1943) …………… 940
常德善(1908~1942) …………… 918	彭　雄(1915~1943) …………… 941
朱启勋(1909~1942) …………… 919	杨瑞年(1916~1943) …………… 941
瞿　淑(1912~1942) …………… 920	李云鹏(1920~1943) …………… 942
陈国权(1916~1942) …………… 920	刘　鹏(1928~1943) …………… 943
强　博(1918~1942) …………… 921	沈恩孚(1864~1944) …………… 943
周　喆(1921~1942) …………… 922	王伯沆(1871~1944) …………… 944
岳荣烈(1921~1942) …………… 922	张一鹏(1871~1944) …………… 945
朱　平(1922~1942) …………… 923	赵得臣(1872~1944) …………… 946
张　明(1920~1943) ………… 923	姚锡舟(1875~1944) …………… 947
程善之(?~1942) ……………… 923	钱振锽(1875~1944) …………… 947
崔聘臣(1860~1943) …………… 924	凌文渊(1876~1944) …………… 948
张一麐(1867~1943) …………… 925	汪精卫(1883~1944) …………… 949
欧阳渐(1871~1943) …………… 926	徐明富(1890~1944) …………… 950
徐岫青(1873~1943) …………… 926	史蔚馥(1891~1944) …………… 951
若　舜(1879~1943) …………… 927	郭乐三(1891~1944) …………… 951

顾明道(1897~1944) ……… 952	梅思平(1896~1946) ……… 981
王洪章(1898~1944) ……… 953	缪　斌(1899~1946) ……… 982
缪谷稔(1905~1944) ……… 953	李公朴(1902~1946) ……… 982
彭雪枫(1907~1944) ……… 954	秦邦宪(1907~1946) ……… 985
沈　侠(1910~1944) ……… 956	余　慎(1910~1946) ……… 986
王汉勋(1911~1944) ……… 957	梁化农(1911~1946) ……… 987
徐国灿(1914~1944) ……… 957	张国运(1912~1946) ……… 988
陈发鸿(1915~1944) ……… 958	李其祥(1916~1946) ……… 988
朱　前(1916~1944) ……… 959	周　山(1917~1946) ……… 989
江　村(1917~1944) ……… 959	刘桂英(1918~1946) ……… 990
白桐本(1920~1944) ……… 960	杨学富(1918~1946) ……… 991
武同举(1871~1945) ……… 961	叶邦瑾(1925~1946) ……… 991
仇　垾(1873~1945) ……… 962	马　林(1860~1947) ……… 992
范旭东(1883~1945) ……… 962	董　康(1867~1947) ……… 993
蒋自明(1896~1945) ……… 963	汪筱川(1870~1947) ……… 994
龚继成(1900~1945) ……… 964	金松岑(1873~1947) ……… 995
费　巩(1905~1945) ……… 966	柏文蔚(1876~1947) ……… 996
韦一平(1906~1945) ……… 967	高　鲁(1877~1947) ……… 997
潘　琰(1915~1945) ……… 968	贺老太(1885~1947) ……… 998
申德辉(1917~1945) ……… 969	太　虚(1890~1947) ……… 998
张道平(1917~1945) ……… 970	杨芷江(1890~1947) ……… 999
许午阳(1918~1945) ……… 970	俞颂华(1893~1947) ……… 1001
徐佳标(1926~1945) ……… 971	孟心如(1902~1947) ……… 1002
谷振之(？~1945) ……… 972	郝鹏举(1903~1947) ……… 1003
朱　荣(1860~1946) ……… 973	郭培师(1903~1947) ……… 1004
马士杰(1863~1946) ……… 974	赵敬之(1907~1947) ……… 1005
林嘉美(1868~1946) ……… 974	震　华(1909~1947) ……… 1006
魏钰卿(1879~1946) ……… 975	麦　新(1914~1947) ……… 1006
纪振纲(1885~1946) ……… 976	王　倬(1915~1947) ……… 1007
刘伯厚(1886~1946) ……… 977	尚承文(1916~1947) ……… 1008
叶楚伧(1887~1946) ……… 978	田　古(1921~1947) ……… 1009
陶行知(1891~1946) ……… 979	马世和(1922~1947) ……… 1010

王世兰(1924~1947) …………… 1011	颜秀五(1892~?) …………… 1030
钱　毅(1925~1947) …………… 1012	陈为轩(1869~1949) …………… 1031
高凤英(1925~1947) …………… 1013	张伯英(1871~1949) …………… 1031
王　华(1929~1947) …………… 1013	谭德钟(1876~1949) …………… 1032
杨味云(1868~1948) …………… 1014	吴待秋(1878~1949) …………… 1033
闻兰亭(1870~1948) …………… 1015	孙绍陶(1879~1949) …………… 1034
王季同(1875~1948) …………… 1016	江杏溪(1881~1949) …………… 1034
夏慕尧(1885~1948) …………… 1017	汪逢春(1884~1949) …………… 1035
萧　禹(1890~1948) …………… 1018	汪懋祖(1891~1949) …………… 1035
朱自清(1898~1948) …………… 1019	严　朴(1898~1949) …………… 1036
汤景延(1904~1948) …………… 1020	陈治平(1898~1949) …………… 1037
朱　瑞(1905~1948) …………… 1021	吴绮缘(1899~1949) …………… 1038
周发乾(1905~1948) …………… 1022	吴伯超(1903~1949) …………… 1039
薛　斌(1911~1948) …………… 1023	宋绮云(1904~1949) …………… 1041
殷绍礼(1913~1948) …………… 1023	徐林侠(1904~1949) ………… 1041
植品三(1913~1948) …………… 1024	宋振中(1941~1949) ………… 1041
黄思珍(1915~1948) …………… 1025	朱慕萍(1912~1949) …………… 1044
毛培春(1917~1948) …………… 1026	徐冠苏(1915~1949) …………… 1045
萧　璞(1920~1948) …………… 1027	李锡佑(1917~1949) …………… 1046
程步凤(1921~1948) …………… 1028	莫香传(1919~1949) …………… 1047
沙培琛(1926~1948) …………… 1029	钱相摩(1920~1949) …………… 1048

（三）

人物简介

陈　婴(生卒年不详) …………… 1049	丁　兰(生卒年不详) …………… 1050
卢　绾(生卒年不详) …………… 1049	施　雠(生卒年不详) …………… 1050
任　敖(?~前179) ……………… 1050	褚少孙(生卒年不详) …………… 1051

蔡千秋(生卒年不详) ………… 1051	耿 询(约558~约618) …… 1064
毋将隆(生卒年不详) ………… 1051	刘行本(生卒年不详) ………… 1065
史 崇(生卒年不详) ………… 1051	来 济(610~662) …………… 1065
度 尚(?~166) …………… 1052	释僧伽(628~710) …………… 1065
陈 球(118~179) …………… 1052	张怀瓘(生卒年不详) ………… 1066
陈 容(?~195) …………… 1053	张怀瑰(生卒年不详) ………… 1066
吕 布(?~198) …………… 1053	桓彦范(生卒年不详) ………… 1066
皇 象(生卒年不详) ………… 1053	灵 一(725~761) …………… 1067
康僧会(?~280) …………… 1053	湛 然(711~782) …………… 1067
刘 伶(生卒年不详) ………… 1054	关盼盼(生卒年不详) ………… 1067
刘 颂(?~约301) ………… 1055	王 播(759~830) …………… 1068
苏 峻(?~328) …………… 1055	徐 温(862~927) …………… 1068
尸梨密(?~335) …………… 1055	冯延巳(903~960) …………… 1069
朱龄石(生卒年不详) ………… 1056	董 源(?~约962) ………… 1069
徐 广(352~425) …………… 1056	巨 然(生卒年不详) ………… 1069
佛驮跋陀罗(359~429) ……… 1056	王齐翰(生卒年不详) ………… 1070
谢灵运(385~433) …………… 1057	张 纶(生卒年不详) ………… 1070
范 晔(398~446) …………… 1058	石延年(994~1041) ………… 1071
裴松之(372~451) …………… 1058	赵师旦(1011~1052) ………… 1071
求那跋陀罗(394~468) ……… 1058	丁 锡(生卒年不详) ………… 1072
到 沆(476~506) …………… 1059	姜仁惠(984~1056) ………… 1072
任 昉(460~508) …………… 1059	姜 谔(1025~1059) ………… 1072
顾宪之(436~509) …………… 1060	王 令(1032~1059) ………… 1073
陶季直(约436~511) ………… 1060	吴遵路(约1000~1065) ……… 1073
沈 约(441~513) …………… 1061	罗 适(生卒年不详) ………… 1073
钟 嵘(469~518) …………… 1061	单 锷(1031~1110) ………… 1074
到 溉(477~548) …………… 1062	周邦彦(1056~1121) ………… 1074
到 洽(478~527) …………… 1062	张叔夜(1065~1127) ………… 1075
陈庆之(484~539) …………… 1062	陈 禺(1076~?) …………… 1075
庾 信(513~581) …………… 1063	邱 砺(1090~1161) ………… 1075
孔 奂(生卒年不详) ………… 1063	魏良臣(1094~1162) ………… 1076
诸葛颍(539~615) …………… 1064	周麟之(约1117~约1163) …… 1076

姓名	页码
李　植(生卒年不详)	1077
蔡　洸(生卒年不详)	1077
陈　造(1133~1203)	1078
叶　适(1150~1223)	1078
蒋重珍(1183~1237)	1079
匡　才(1188~1252)	1079
嵇　安(1189~1262)	1080
陆子遹(1178~?)	1080
胡应炎(1249~1275)	1081
张孝忠(?~1276)	1081
周应合(1213~1280)	1081
罗　璧(1240~1306)	1082
郭　畀(1280~1335)	1082
张　铉(生卒年不详)	1083
李　二(?~1352)	1083
俞希鲁(生卒年不详)	1083
韩　准(生卒年不详)	1084
李　新(?~1395)	1084
王　规(生卒年不详)	1085
茅　诪(1349~1402)	1085
齐　泰(?~1402)	1085
麻那惹加那乃(?~1408)	1086
解　缙(1369~1415)	1087
陈　珪(1335~1419)	1087
翟　善(生卒年不详)	1087
王　振(生卒年不详)	1088
史　常(生卒年不详)	1088
钱　贵(生卒年不详)	1089
丁元吉(生卒年不详)	1089
贺　霖(生卒年不详)	1089
贝　琳(?~1499)	1090
倪　岳(1443~1501)	1090
刘　宁(?~1504)	1090
吴　伟(1459~1508)	1091
吉　棠(生卒年不详)	1092
李绍贤(?~1519)	1092
周　振(生卒年不详)	1093
黄　瓒(生卒年不详)	1093
潘　埙(生卒年不详)	1094
王守仁(1472~1528)	1094
徐　蕃(1463~1530)	1095
韩叔阳(生卒年不详)	1095
韩邦宪(1541~1575)	1095
韩仲雍(生卒年不详)	1095
张　羽(1467~1536)	1096
张　癕(1478~1555)	1096
陈道复(1483~1544)	1097
张守约(生卒年不详)	1097
丁效恭(?~1557)	1098
贺邦泰(生卒年不详)	1098
张文卿(生卒年不详)	1099
王　同(生卒年不详)	1099
供　春(生卒年不详)	1100
张　荣(生卒年不详)	1100
陈斗南(生卒年不详)	1100
夏　雷(生卒年不详)	1101
应　星(生卒年不详)	1101
汤　用(生卒年不详)	1101
胡应嘉(?~1570)	1102
裴天祐(生卒年不详)	1102
王　来(生卒年不详)	1102
郭师吉(生卒年不详)	1103
傅仁宇(生卒年不详)	1104
朱　笠(1512~1574)	1104

喻文伟(生卒年不详) …… 1104	徐光启(1562~1633) …… 1120
邱　度(生卒年不详) …… 1105	蒋如奇(？~1643) …… 1121
朱　恕(生卒年不详) …… 1105	陶贞怀(生卒年不详) …… 1121
凌　儒(生卒年不详) …… 1106	丁　凤(生卒年不详) …… 1121
赵邦秩(生卒年不详) …… 1107	王元标(生卒年不详) …… 1122
包柽芳(约1520~约1580) …… 1107	司石磐(1617~1645) …… 1122
刘　效(生卒年不详) …… 1108	冷之曦(1621~1645) …… 1122
杨瑞云(生卒年不详) …… 1108	冷士楣(1628~1710) …… 1122
盛时泰(1519~1578) …… 1108	印司奇(生卒年不详) …… 1123
樊兆程(生卒年不详) …… 1109	孙振先(生卒年不详) …… 1123
王之城(生卒年不详) …… 1109	阮大铖(约1587~约1646) …… 1124
李　贽(1527~1602) …… 1109	陈函辉(1589~1646) …… 1124
刘觐文(1570~1607) …… 1110	马士英(约1591~1646) …… 1125
利玛窦(1552~1610) …… 1111	杨文骢(1596~1646) …… 1126
古　心(1540~1615) …… 1112	黄毓琪(1579~1648) …… 1126
福文明(生卒年不详) …… 1112	唐志契(1579~1651) …… 1127
沈　琮(生卒年不详) …… 1113	唐志尹(生卒年不详) …… 1127
汤显祖(1550~1616) …… 1113	李之椿(1600~1651) …… 1127
唐鹤徵(1538~1619) …… 1114	邢　昉(1590~1653) …… 1128
张　斗(生卒年不详) …… 1114	崔宗泰(生卒年不详) …… 1128
陆　弼(生卒年不详) …… 1115	陆奋飞(约1592~约1657) …… 1129
朱一冯(生卒年不详) …… 1115	葛维垣(1592~1657) …… 1129
李一阳(1552~1624) …… 1115	杨正经(生卒年不详) …… 1130
严　澂(1547~1625) …… 1116	张养重(生卒年不详) …… 1130
曾　樱(生卒年不详) …… 1116	郭允观(生卒年不详) …… 1130
缪昌期(1562~1626) …… 1117	甘文堂(生卒年不详) …… 1131
李应升(1593~1626) …… 1117	王云冈(生卒年不详) …… 1131
顾起元(1565~1628) …… 1118	王岱舆(约1580~约1658) …… 1131
王其勤(1531~？) …… 1118	嵇宗孟(约1616~？) …… 1132
张朝瑞(生卒年不详) …… 1119	仲云鸾(1574~1661) …… 1132
张　玮(生卒年不详) …… 1119	吴　甡(生卒年不详) …… 1133
徐复祚(1560~？) …… 1120	胡正言(1582~1672) …… 1133

姜　垓(？～1673)……… 1134	陈鹏年(1662～1723)……… 1148
宫伟镠(1611～1680)……… 1134	姜任修(生卒年不详)……… 1149
宫梦仁(1632～1713)……… 1134	俞　瀔(生卒年不详)……… 1149
计六奇(1622～约1687)…… 1135	俞　梅(生卒年不详)……… 1149
蒋　伊(？～1687)……… 1135	陆　遙(？～1729)……… 1150
汤　鹏(生卒年不详)……… 1136	郑显正(？～1730)……… 1150
汪懋麟(1639～1688)……… 1137	缪　沅(1673～1730)……… 1151
邱俊孙(1609～1689)……… 1137	贾国维(生卒年不详)……… 1151
邱象升(1631～1690)……… 1137	周振采(生卒年不详)……… 1152
邱象随(？～1701)……… 1137	刘培元(生卒年不详)……… 1152
邓汉仪(1617～1689)……… 1137	金秉祚(生卒年不详)……… 1153
黄虞稷(1629～1691)……… 1138	阎　圻(生卒年不详)……… 1153
魏正心(生卒年不详)……… 1139	储大文(1665～1743)……… 1153
许嗣隆(生卒年不详)……… 1140	方　苞(1668～1749)……… 1153
吴　绮(1619～1694)……… 1140	仲鹤庆(生卒年不详)……… 1154
张　埙(1640～1694)……… 1140	于　振(生卒年不详)……… 1154
乔　莱(约1641～1694)… 1141	杨　法(1696～？)……… 1155
何　絜(1620～1696)……… 1142	陈　撰(约1678～1758)…… 1155
尚胤调(生卒年不详)……… 1142	徐　铎(1693～1758)……… 1155
任三益(生卒年不详)……… 1142	陈朝玉(1688～1761)……… 1156
任宗延(生卒年不详)……… 1142	丁有煜(1683～1764)……… 1156
孙居湜(生卒年不详)……… 1143	陈　嵩(生卒年不详)……… 1157
储　欣(1631～1706)……… 1144	鲍　皋(1708～1765)……… 1157
王士禛(1634～1711)……… 1144	程廷祚(1691～1767)……… 1157
汪懿余(1633～1714)……… 1144	刘　纶(1711～1773)……… 1158
张　怦(约1634～1715)…… 1145	黄　振(1724～1773)……… 1158
蔡　璜(生卒年不详)……… 1145	顾世澄(生卒年不详)……… 1158
黄龙士(1651～？)……… 1146	徐文灿(生卒年不详)……… 1159
赵熊诏(1663～1721)……… 1146	程晋芳(生卒年不详)……… 1159
阮应商(生卒年不详)……… 1147	孙　洙(1711～1778)……… 1159
季振宜(生卒年不详)……… 1147	张兆潘(生卒年不详)……… 1160
吴世焘(1655～1723)……… 1148	夏之蓉(1697～1784)……… 1160

李 惇(1734～1784) …… 1161	陆 献(生卒年不详) …… 1175
陆 耀(1723～1785) …… 1162	吴德旋(1768～1840) …… 1175
夏敬渠(1705～1787) …… 1162	伍长华(？～1841) …… 1176
闵 贞(1730～约1787) …… 1162	黄承吉(1771～1842) …… 1176
阮葵生(1728～1789) …… 1163	夏 荃(1793～1842) …… 1177
阮芝生(生卒年不详) …… 1163	秦恩复(1760～1843) …… 1178
李湛源(约1730～1790) …… 1163	仲统纶(1766～1844) …… 1178
卫哲治(生卒年不详) …… 1164	李宗昉(1779～1846) …… 1178
虞奕绶(生卒年不详) …… 1164	史秉直(？～1846) …… 1178
萧美人(1742～？) …… 1165	梁学典(生卒年不详) …… 1179
陈 瑞(生卒年不详) …… 1165	吴振勃(1770～1847) …… 1179
蒋宗海(1720～1796) …… 1166	王钦霖(1800～1847) …… 1180
屠 绅(1744～1801) …… 1166	叶峻嵋(约1776～约1853) …… 1180
殷宝山(生卒年不详) …… 1167	罗士琳(？～1853) …… 1181
徐大榕(1747～1803) …… 1167	易之瀚(生卒年不详) …… 1181
吕昌际(1735～1807) …… 1167	沈拱山(1790～1855) …… 1181
徐 瑞(？～1810) …… 1168	田宝臣(1792～1858) …… 1182
吴 灯(生卒年不详) …… 1169	杨殿邦(1773～1859) …… 1182
仲振奎(1749～1811) …… 1169	张敬轩(1817～约1860) …… 1183
王之政(1753～1815) …… 1169	范以煦(1817～1860) …… 1183
李梧江(生卒年不详) …… 1170	王瑞云(生卒年不详) …… 1183
陈 松(生卒年不详) …… 1170	杨 棨(1787～1862) …… 1183
周 礦(生卒年不详) …… 1171	王旭高(1798～1862) …… 1184
黎世序(约1771～1824) …… 1171	黄朝飏(1810～1863) …… 1184
范士华(？～1827) …… 1172	谭绍光(1835～1863) …… 1185
高秉钧(1755～1829) …… 1172	王兰谷(生卒年不详) …… 1185
张 鉴(1761～1829) …… 1173	万叶封(生卒年不详) …… 1185
凌 曙(1775～1829) …… 1173	汪明辰(生卒年不详) …… 1186
仲振履(生卒年不详) …… 1174	秦维瀚(生卒年不详) …… 1186
江 藩(1761～1831) …… 1174	龚午亭(生卒年不详) …… 1186
顾 皋(1763～1831) …… 1174	吴凤标(1820～1877) …… 1187
周 济(1781～1839) …… 1175	尹耕云(？～1877) …… 1187

蒋清翊(生卒年不详) ………… 1188
庄　械(1830~1878) …………… 1188
张集馨(1800~1879) …………… 1188
李国辉(生卒年不详) …………… 1189
杨沂孙(1813~1881) …………… 1189
王广业(约1802~约1884) …… 1189
　　王贻哲(1856~1916) ……… 1189
李承霖(1803~1885) …………… 1190
薛宝田(1815~1885) …………… 1190
阮本焱(生卒年不详) …………… 1191
周家楣(1828~1887) …………… 1191
刘金方(1826~1888) …………… 1191
汪士铎(1802~1889) …………… 1192
薛福辰(1832~1889) …………… 1193
何　游(生卒年不详) …………… 1193
陈廷焯(1853~1892) …………… 1194
周伯义(1823~1895) …………… 1194
左锡惠(生卒年不详) …………… 1194
　　左锡璇(1829~1895) ……… 1194
　　左锡嘉(1830~?) …………… 1194
虚　谷(1824~1896) …………… 1195
殷溎深(约1825~?) …………… 1195
周　镐(生卒年不详) …………… 1196
王兆芳(1861~1898) …………… 1196
顾云臣(1830~1899) …………… 1197
李芸晖(1827~1900) …………… 1197
　　李磐硕(1850~1909) ……… 1197
孔宪书(约1835~约1900) …… 1198
　　孔庆元(1868~1930) ……… 1198
柳宝诒(1842~1901) …………… 1198
谢钟英(1855~1901) …………… 1199
汤世澍(1831~1902) …………… 1199
陈　烺(1822~1903) …………… 1199
邱心坦(1840~1903) …………… 1200
李　圭(1842~1903) …………… 1200
张　逸(1843~1904) …………… 1201
沈瑜庆(生卒年不详) …………… 1201
余听鸿(1847~1907) …………… 1201
胡寿海(?~1907) ……………… 1202
戈颂平(1836~1908) …………… 1202
杨福臻(1836~1908) …………… 1202
李长庆(生卒年不详) …………… 1203
巢崇山(1843~1909) …………… 1203
周家禄(1846~1909) …………… 1203
沈　鹏(1870~1909) …………… 1204
夏　云(1830~1910) …………… 1204
袁润之(生卒年不详) …………… 1205
李恩绶(1835~1911) …………… 1205
　　李炳荣(1867~1938) ……… 1205
陈兴芝(1881~1911) …………… 1206
陈德才(1883~1911) …………… 1206
张符元(?~约1911) …………… 1207
周阿生(1832~1912) …………… 1207
吴士恺(1843~1912) …………… 1208
孟佐天(1881~1912) …………… 1208
周振铎(1892~1912) …………… 1209
徐　嘉(1835~1913) …………… 1209
沙　淦(1885~1913) …………… 1210
樊　炎(1887~1914) …………… 1210
吉亮工(1857~1915) …………… 1210
康国华(1853~1916) …………… 1211
庞树柏(1884~1916) …………… 1211
刘少甫(生卒年不详) …………… 1211
倪　德(生卒年不详) …………… 1212

庄赓良(1839~1917)……… 1212
茅　谦(1848~1917)……… 1213
陶　逊(1871~1918)……… 1213
屠　宽(1880~1918)……… 1214
杨世桢(1857~1919)……… 1214
陆松年(1860~1919)……… 1214
赵　芬(1892~1919)……… 1215
吴　涑(1867~1920)……… 1215
恽彦彬(1838~1920)……… 1216
程蕙英(生卒年不详)……… 1216
汤心存(生卒年不详)……… 1216
虞　硕(生卒年不详)……… 1216
吴同甲(生卒年不详)……… 1217
杨梅汀(1839~1922)……… 1217
史纪常(1875~1922)……… 1218
姚序镛(1843~1923)……… 1218
张丽夫(1847~1923)……… 1218
　张幼夫(1889~1948)……… 1218
陈韶华(1853~1923)……… 1219
郭国兴(1884~1923)……… 1219
柯剑霞(生卒年不详)……… 1220
郑朝征(1867~1926)……… 1220
朱良钧(1911~1926)……… 1221
沙玉沼(1845~1927)……… 1221
王慎之(1864~1927)……… 1222
方尔咸(1873~1927)……… 1222
　方尔谦(1872~1936)……… 1222
袁康侯(1878~1927)……… 1223
糜文浩(1901~1927)……… 1224
安友石(1905~1927)……… 1224
巫钲一(1906~1927)……… 1225
陆铁强(1907~1927)……… 1225

武仲芳(1847~1928)……… 1226
唐　棣(1856~1928)……… 1226
孙大鹏(1859~1928)……… 1227
胡雨人(1867~1928)……… 1227
刘君霞(1899~1928)……… 1228
谢远定(1899~1928)……… 1228
章学廉(1900~1928)……… 1229
谷大涛(1904~1928)……… 1230
张兆山(1908~1928)……… 1230
张廷仁(1909~1928)……… 1231
薛宝润(1859~1929)……… 1231
陈叔璇(1900~1929)……… 1232
张劲枢(1901~1929)……… 1232
徐名章(1901~1929)……… 1233
郭锡康(1904~1929)……… 1233
王胪卿(1850~1930)……… 1234
卢德润(1898~1930)……… 1234
吴　芳(1899~1930)……… 1234
仇建忠(1902~1930)……… 1235
刘少猷(1902~1930)……… 1236
夏雨初(1903~1930)……… 1237
陈唯吾(1904~1930)……… 1238
俞海清(1904~1930)……… 1238
薛衡竟(1904~1930)……… 1239
王玉文(1905~1930)……… 1240
秦　超(1905~1930)……… 1240
韩铁心(1905~1930)……… 1241
石　俊(1907~1930)……… 1242
陈国藩(1908~1930)……… 1242
汤汝贤(生卒年不详)……… 1243
王凤岗(1901~1931)……… 1243
袁世钊(1901~1931)……… 1244

骆继乾(1911~1931) …………… 1244	青　权(1860~1935) …………… 1261
唐德芳(1902~1931) …………… 1244	方寿颐(1888~1935) …………… 1261
宋景煜(1912~1931) …………… 1244	张荣生(1900~1935) …………… 1261
穆子奇(1903~1931) …………… 1245	吴致民(1900~1935) …………… 1262
汤仕伦(1906~1931) …………… 1246	徐名正(1912~1935) …………… 1263
汤仕佺(1904~1931) …………… 1246	杨邦彦(1857~1936) …………… 1263
徐家瑾(1904~1931) …………… 1246	赛金花(1872~1936) …………… 1264
缪元珍(1907~1931) …………… 1247	陈三立(1853~1937) …………… 1264
冯金妹(1908~1931) …………… 1248	曹家达(1868~1937) …………… 1265
高文华(1908~1931) …………… 1248	曹仲容(1872~1937) …………… 1265
曹玉彬(1908~1931) …………… 1249	陈恒和(1883~1937) …………… 1266
陆培之(1872~1932) …………… 1249	李素伯(1908~1937) …………… 1266
吕万林(1897~1932) …………… 1250	李先春(1862~1938) …………… 1267
赵克明(1899~1932) …………… 1250	吴笠仙(1869~1938) …………… 1267
沈方中(1900~1932) …………… 1251	朱南山(1872~1938) …………… 1268
杨玉英(1901~1932) …………… 1252	秦亚宾(1872~1938) …………… 1268
穆绍臣(1901~1932) …………… 1252	戴善章(1880~1938) …………… 1269
朱者赤(1902~1932) …………… 1253	张肇桐(1880~1938) …………… 1269
符恼武(1903~1932) …………… 1254	杨荫榆(1884~1938) …………… 1270
王玉如(1906~1932) …………… 1254	李钟瑞(1896~1938) …………… 1270
冯硕仁(1907~1932) …………… 1255	王尘无(1911~1938) …………… 1271
丁　香(1910~1932) …………… 1255	曹典初(生卒年不详) …………… 1272
周趾麟(1911~1932) …………… 1256	蔡克浑(1857~1939) …………… 1272
韩秀三(1880~1933) …………… 1257	程锡庚(1893~1939) …………… 1273
徐鸿英(1902~1933) …………… 1257	王韩氏(1898~1939) …………… 1273
顾臣贤(1908~1933) …………… 1258	朱惺公(1900~1939) …………… 1274
吴汝连(1909~1933) …………… 1258	宋希庠(1902~1939) …………… 1274
周　斌(1909~1933) …………… 1259	赵万庆(1909~1939) …………… 1275
钟培贤(约1850~1934) ………… 1259	纪毓秀(1914~1939) …………… 1275
邵天雷(1868~1934) …………… 1259	孙兆立(1919~1939) …………… 1276
顾　衡(1909~1934) …………… 1260	李汝镳(生卒年不详) …………… 1276
管尚平(1878~?) ……………… 1260	茅乃封(1878~?) ……………… 1277

朱子卿(生卒年不详)……… 1277	潘稚亮(1881~1942) ……… 1293
沈新萍(1868~1940) ……… 1278	向鸿干(1891~1942) ……… 1293
陈福俊(1880~1940) ……… 1278	朱树屏(1894~1942) ……… 1294
周人菊(1883~1940) ……… 1279	陈凤威(1907~1942) ……… 1295
蔡文斗(1887~1940) ……… 1279	李伯敏(1909~1942) ……… 1295
胡子良(1898~1940) ……… 1280	杨道生(1910~1942) ……… 1296
吴乐群(1902~1940) ……… 1280	冯汝南(1913~1942) ……… 1297
张公任(1905~1940) ……… 1280	王洪垒(1914~1942) ……… 1297
李 复(1906~1940) ……… 1281	刘治国(1916~1942) ……… 1298
周之祯(1910~1940) ……… 1281	沈 蔚(1916~1942) ……… 1298
凌焕曾(？~1940) ……… 1282	倪 杰(1917~1942) ……… 1298
夏孙桐(1857~1941) ……… 1282	马义宏(1919~1942) ……… 1299
许树枌(1861~1941) ……… 1283	孙 宁(1921~1942) ……… 1300
荣月泉(1868~1941) ……… 1283	胡曾钰(1924~1942) ……… 1300
欣汝明(1873~1941) ……… 1283	裘廷梁(1857~1943) ……… 1301
吴翠轩(1876~1941) ……… 1284	孙 钺(1876~1943) ……… 1301
吴森仁(1922~1944) ……… 1284	阎汉亭(1891~1943) ……… 1302
施宗淑(1891~1941) ……… 1285	黄 鑫(1898~1943) ……… 1302
顾南洲(1898~1941) ……… 1285	李 球(1918~1943) ……… 1303
郁永言(1907~1941) ……… 1286	刁 全(1920~1943) ……… 1303
李培根(1910~1941) ……… 1287	周玉珍(1921~1943) ……… 1304
夏定才(1912~1941) ……… 1288	金玉山(？~1943) ……… 1304
任 迈(1913~1941) ……… 1288	徐宗汉(1876~1944) ……… 1305
张 醒(1914~1941) ……… 1289	夏诒霆(1878~1944) ……… 1305
周乐生(1914~1941) ……… 1289	张靖诚(1903~1944) ……… 1306
钱国华(1915~1941) ……… 1290	许德祐(1908~1944) ……… 1306
潘 克(1916~1941) ……… 1290	谢 骙(1910~1944) ……… 1307
黄 炜(1921~1943) ……… 1290	戴曙光(1911~1944) ……… 1307
朱岐山(1917~1941) ……… 1291	王 澄(1914~1944) ……… 1308
戴秉义(1918~1941) ……… 1292	今野博(1919~1944) ……… 1309
方秉文(1921~1941) ……… 1292	殷 逸(1919~1944) ……… 1310
苏硕人(1879~1942) ……… 1293	李文广(1920~1944) ……… 1310

王朝福(1925~1944) …………… 1311	徐庆烈(1907~1949) ………… 1328
施肇曾(1865~1945) …………… 1312	倪秀英(1908~1947) ………… 1329
赵玉森(1868~1945) …………… 1312	李慎柏(1909~1947) ………… 1329
浦文汀(1874~1945) …………… 1313	张鹏举(1911~1947) ………… 1330
杨荫杭(1878~1945) …………… 1313	王　祥(1912~1947) ………… 1330
袁毓棠(1892~1945) …………… 1314	易乃千(1913~1947) ………… 1331
孙宝墀(1894~1945) …………… 1314	周文科(1913~1947) ………… 1331
余少春(1894~1945) …………… 1315	王　炎(1914~1947) ………… 1332
陈佩三(1901~1945) …………… 1315	叶梯青(1914~1947) ………… 1333
王　龙(1908~1945) …………… 1316	魏其虎(1914~1947) ………… 1333
沈　纯(1911~1945) …………… 1316	吴学连(1916~1947) ………… 1334
史楚琪(1912~1945) …………… 1317	顾　毅(1916~1947) ………… 1334
王　商(1917~1945) …………… 1318	吴　平(1917~1947) ………… 1335
张胜武(1917~1945) …………… 1318	何　正(1919~1947) ………… 1335
陈凤山(1921~1945) …………… 1318	邵伟光(1919~1947) ………… 1336
李耕川(1922~1945) …………… 1319	蔡一新(1919~1947) ………… 1337
郭光裕(1923~1945) …………… 1320	闵镪青(1922~1947) ………… 1337
吕　畴(1923~1945) …………… 1320	马广山(1924~1947) ………… 1338
姚公铭(1924~1945) …………… 1321	王　珏(1926~1947) ………… 1339
陈秉恭(1888~1946) …………… 1321	陈湘浦(1867~1948) ………… 1339
卞乃秋(1895~1946) …………… 1322	徐国安(1872~1948) ………… 1340
沙杨氏(1897~1946) …………… 1323	夏兆麐(1885~1948) ………… 1341
汪元臣(1900~1946) …………… 1323	周至堃(1905~1948) ………… 1341
惠峻山(1906~1946) …………… 1324	王仲安(1911~1948) ………… 1342
徐浩泉(1913~1946) …………… 1324	杨　斌(1912~1948) ………… 1342
吴　翼(1914~1946) …………… 1325	胡特庸(1913~1948) ………… 1343
谢景鸿(1916~1946) …………… 1325	卢锦珠(1917~1948) ………… 1344
林少克(1917~1946) …………… 1326	李　耀(1920~1948) ………… 1344
吴廷燮(1865~1947) …………… 1326	姜　亚(1922~1948) ………… 1345
蒋瑞春(1879~1947) …………… 1327	鲁　锐(1922~1948) ………… 1346
谷寿夫(1882~1947) …………… 1328	赵寿先(1923~1948) ………… 1346
蒋师愈(1897~1947) …………… 1328	周粉英(1927~1948) ………… 1347

吴　晋(1890~1949) ············ 1348
冯立生(1905~1949) ············ 1348
孟士衡(1906~1949) ············ 1349
萧　逸(1915~1949) ············ 1350
成建军(1918~1949) ············ 1350

人物表

一、皇帝表(秦至清) ·· 1353
二、状元表(隋至清) ·· 1375
三、清代江苏历任巡抚表·· 1381
四、民国江苏历任省长(民政长、省主席)表 ································ 1381
五、清末与民国时期江苏省级议会、参议会、咨议局历任负责人表 ·········· 1381
六、民国11年至民国38年(1922年7月至1949年9月)境内中共地方
　　组织历任主要负责人表·· 1382

人名索引 ·· 1383

《江苏省志·人物志》编纂始末 ··· 1416

人物简介

陈　婴

陈婴(生卒年不详),秦东阳(今盱眙县境)人。原是秦东阳令史,为人信谨,一县称为长者。陈胜起义反秦,天下响应。陈婴母对陈婴说:"自我作你家妇,从未闻你家先代出过贵人。现在暴得大名,不吉利,不如附属他人,事成可以封侯,事败也容易隐匿,因为不是众目睽睽人物。"陈婴于是不敢称王,对他的军吏说:"现在项梁已在吴中起义,并率兵过江。项氏世世为将,在楚国非常有名。我等现在要举大事,非以他为将不可。我们依靠名族,一定会灭亡暴秦!"于是,众军吏听从他,以所部归属项梁,渡淮向西作战。陈胜死后,项梁听从范增的建议,以楚怀王孙子名叫心的为怀王,陈婴被封为楚国的上柱国,封五县,辅佐怀王,定都于盱眙。项刘灭秦后,项羽自称西楚霸王,尊怀王为义帝,不久遂杀义帝于郴州。项羽死,陈婴归顺汉,并带兵平定豫章、浙江,定都于浙。这时有个名叫壮息的僭称王,陈婴又带兵平定壮息。因为功高,被汉高祖封为安侯,都棠邑,后又为楚元王相,直至去世。

卢　绾

卢绾(生卒年不详),战国后期至西汉时丰邑(今江苏丰县)中阳里人。卢绾与汉高祖刘邦同里,而且卢绾的父亲与刘邦的父亲刘执嘉相处很好。刘邦与卢绾同日出生。里中各家拿着羊肉提着酒向两家祝贺。两人长成少年,一起习文识字,又很要好。刘邦当百姓时,有差事,便躲避于卢绾家中。卢绾陪伴刘邦左右。刘邦在沛起兵,卢绾以客人的身份跟随刘邦。刘邦进入汉中,提升卢绾为将军,跟从刘邦东击项羽,升为太尉。卢绾跟从刘邦,经常出入刘邦的卧室,而且接受刘邦衣被饮食一类的赏赐。萧何、曹参等大臣,也没有敢同他比的。后来卢绾被封为长安侯。最后被刘邦立为燕王。卢绾称燕王六年,因被怀疑私通谋反的陈豨而不敢上朝。后刘邦病重,卢绾8次前去看望。刘邦去世后,卢绾逃亡匈奴。匈奴封卢绾为东胡卢王。在匈奴年余病死。

任 敖

任敖(?~前179),西汉沛(今江苏沛县)人。少为沛狱吏。刘邦初举义旗,任敖担任御史。刘邦立为汉王,任敖迁为上党郡守。陈豨反,任敖坚守,被封为广阿侯。吕雉主政时,任敖为御史大夫。吕雉死后,任敖与其他大臣共诛吕禄等人,立刘恒为汉文帝。文帝前元元年(前179年)卒,谥懿侯。

丁 兰

丁兰(生卒年不详),西汉时人。原籍河南沁阳县,后定居于今江苏丰县张五楼乡丁兰村。丁兰幼时丧父,15岁时丧母,后他用木头刻成母亲的像,如同母亲活着时那样侍奉。不论有什么事情,一定先禀告母亲。邻人张叔叫老伴到丁兰家借东西,因其母木像垂泪而没借给,张叔便闯入丁兰家敲打木像。丁兰知道后杀了张叔;随后,丁兰被捕。府县官员得知丁兰如此孝顺,便请上级免了他的罪。汉宣帝还把丁兰提升为中大夫。再后,丁兰成为封建社会中"二十四孝"之一,并把他定居的村改名为"丁兰村"。丁兰村在丰县城东6公里。曾为"里"名,并设过集市。后人曾在丁兰村建孝子祠。民国《江苏省鉴》有孝子祠照片,但现已废。

施 雠

施雠(生卒年不详),字长卿。西汉沛(今沛县)人。幼从砀山田王孙学习《易经》。以成绩优秀被朝廷拜为博士。学识渊博,授徒颇多,时学术界公认的张彭学派的代表人物张禹、彭宣均出自施雠门下。

褚少孙

褚少孙(生卒年不详),西汉颍川(今河南禹县)人,寓居沛(今沛县)。精通儒家经典。曾拜当时著名学者王式学习。王式问褚少孙几篇典籍,褚少孙谈了自己的独特见解。王式对褚少孙说:"您学得已经很好了,自己钻研吧,我是不敢称你的老师的。"后褚少孙应朝廷博士选,在答辩中,对答严谨深刻,考官皆惊,遂与王式同被荐为博士。著有为《史记》缺文补写的《史记·滑稽列传》等。

蔡千秋

蔡千秋(生卒年不详),字少君。西汉沛(今江苏沛县)人。颖悟好学。幼拜大学者鲁荣广学习《穀梁春秋》,以成绩突出被朝廷拜为郎官。皇帝召其与《公羊》学者论辩,倍受赏识,擢蔡千秋为谏议大夫、给事中。后因过被贬为平陵令。皇帝复召集学者研讨《穀梁》,发现均未达到蔡千秋的造诣,遂将蔡千秋提为郎中护将,选10名郎官随蔡千秋学习,形成蔡千秋学派。

毋将隆

毋将隆(生卒年不详),字君房。西汉时睢陵(今睢宁县)人。汉成帝时为谏议大夫。哀帝即位后,迁升为执金吾。当时,侍中董贤开始显贵,并受到皇上的宠信。皇上送库藏兵器给董贤,毋将隆认为这对国家安全极不利,是不能允许的事。于是奏请皇上说:武库兵器为国家所有,据《春秋》之义,私人不准藏兵器,董贤是乖巧谄媚之人,不能将兵器给他,否则他会以此向四方显示。皇上听了很不高兴,就贬迁他为南郡太守。时王莽想和他交往,而毋将隆不附莽,王莽专权后被免官。

史 崇

史崇(生卒年不详),字伯勤,先世为鲁郡济北人。东汉将军。高祖史恭,迁居杜陵(今西安市东南)。史恭的妹妹是卫太子的良娣(太子妾的称号),生史皇孙。后来史皇孙即位,就是汉宣帝。宣帝封史恭的三个儿子为侯。史崇是史恭三儿史元之孙。汉光武帝(25~57)初年,史崇投身军旅,驰骋沙场,为刘秀效力,因功历授右将军,青、冀二州刺史,加骠骑将军,封溧阳侯,食邑一万户。天下安定,光武帝诏令公侯都回到封地去。他到了溧阳,访求百姓疾苦,治尚宽简,注重教化,发展农桑,兼顾演猎,人民生活有所改善。据旧志记载,他撰著《天文》、《十二次二十八宿星占》各12卷,均已散失。史崇享年79岁,追赠司空,使持节徐、兖二州刺史,谥号"壮"。安葬在溧阳埭头,墓前建本祠。子孙定居溧阳,继承封爵,世族繁衍。

度 尚

度尚(?~166),字博平。东汉沛(今江苏沛县)人。初为沛郡计吏,继拜郎中,封上虞长。为政严峻,吏人称为神明。继迁文安令。延熹五年(162年),自右校令擢荆州刺史。延熹七年,封右乡侯,遂迁桂阳太守、中郎将、辽东太守。延熹九年,卒于官。

陈 球

陈球(118~179),字伯真。东汉元初五年(118年)生,下邳淮浦(今涟水县)人。幼时学习儒学,很懂律法。顺帝阳嘉年间(132~135年),举为孝廉,不久任繁阳县令,勤政廉洁。后任侍御史。桂阳李研等抢掠岭南,州郡懦弱难制,遂任他为零陵太守。建造桓帝陵墓时,他节省甚巨。后改任南阳太守,因得罪豪强被诬告入狱,旋遇赦,启用为廷尉。熹平元年(172年),窦太后去世。因为宦官和窦氏有宿怨,故中常侍曹节等想用宫廷贵人的礼节殡葬太后,而以冯贵人配祔桓帝。灵帝令公卿会议此事,以中常侍赵忠监督会议。朝堂上坐着好几百人,各人互相观望,不肯先发言。陈球首先发言说:"皇太后以盛德和清白的世家母仪天下,应当配祔先帝。"赵忠笑着说:"陈廷尉,那你就执笔写下来。"陈球便操笔写道:"皇太后自在椒房,有聪明母仪之德,遭时不造,援立圣明,承继宗庙,功烈至重……"此时公卿们都附和陈球的意见。后来灵帝表态,陈球的意见才成决定。熹平六年,迁陈球为司空,又先后被拜为光禄大夫、廷尉、太常。光和元年(178年)迁为太尉,次年为永乐少府,与司徒刘郃、卫尉阳球等谋诛宦官,后不慎泄谋,一干人全部下狱,被迫害而死。

陈 容

陈容(？～195),字逸。东汉末射阳县人。少为诸生,因仰慕臧洪而随其为东郡丞。袁绍围臧洪,臧使陈容归袁绍。城破,陈劝袁绍不杀臧洪,遭拒绝后便以死与袁绍绝交,发誓"今日宁与臧洪同日死,不愿与将军同日生"。陈容与臧洪一同被袁绍杀害后,袁绍部下无不叹息,私下议论"如何一日戮两烈士"。一时军心浮动。

吕 布

吕布(？～198),字奉先。东汉五原(今内蒙古包头西)人。善弓马,当时号为"飞将"。初为并州刺史丁原骑都尉,后杀丁原归董卓。董卓专权朝政,在司徒王允的合谋下,又杀董卓。不久任奋威将军,封为温侯。汉末,皇权衰落,诸侯割据时,吕布割据徐州之地(今鲁南、苏北地区),治下邳(今睢宁县古邳镇)。建安三年(198年),曹操领兵击败吕布,并在下邳城南门白门楼缢杀吕布。死后葬下邳。

皇 象

皇象(生卒年不详),字休明。广陵江都(今扬州)人。三国吴书法家。官至侍中。善书法,八分雄逸,篆体精能,最工章草。师法杜操(度),笔势沉着痛快,纵横自然,有"实而不朴、文而不华"之评。当时以皇象的草书、严武的棋、曹不兴的画等并称于世。相传,三国吴《天发神谶碑》(一名《天玺纪功碑》)为皇象手书,笔法作方整篆体,笔力雄强,碑原存于南京孔庙,清嘉庆十年(1805年)毁于火,现存有拓本。另有松江本《急就章》,亦相传为皇象手书。

康僧会

康僧会(？～280),康居(古西域国名)人,世居天竺(今印度),其父因经商移居交趾。三国时高僧。十余岁时，双亲并亡，遂出家为僧，潜心钻研佛法。为把佛法传播于江南，他于吴赤乌十年（247年）由交趾抵达建业（今南京市），受到孙权礼遇，并为他建造舍利塔和寺，由于此寺为江东佛寺之始，故又称建初寺。吴天纪四年（280年）圆寂。康僧会精通三藏、文典，博览六经，兼涉天文、图谶，毕生于佛经译注。译出的佛经有《六度集》、《吴品》、《阿难念弥》、《镜面王》、《察微王》、《梵皇王经》、《旧杂譬喻》，共7部、20卷，注经有《安般守意》、《法镜》、《道树》3部，另作有《安般守意经序》。其译注对江南佛教传播影响颇大。

刘　伶

刘伶（生卒年不详），字伯伦。晋代沛（今安徽宿县）人。身材矮小，容貌丑陋，豪放旷达，与当时名流阮籍、嵇康等相交甚深，曾携手隐于竹林之中，为历史上著名的"竹林七贤"之一。魏嘉平元年（249年）之后，曹魏政权掌握在司马氏之手。司马氏为扩充势力，创造篡位条件，极力笼络士族，残酷屠杀拥曹士族和知识分子；司马氏集团内部，为邀功争宠，互相残杀；司马氏用杀戮和滥赏巩固其统治。在此政治局面下，整个知识阶层感到生死莫测，福祸无常。刘伶诗篇《北芒客舍》曲折地反映当时复杂的社会现实和人们的精神面貌。

刘伶经常驾鹿车，携酒壶，随处痛饮，使人扛铁锹跟在后面，并对跟随的人说："我在哪里喝死，便在哪里埋我。"一次犯了酒瘾，向妻要酒喝，妻将酒泼地，把酒壶摔坏，哭劝说："您饮酒太过量了，对您的身体有妨害，从此戒掉吧！"刘伶说："好！我要祷告鬼神，立誓不饮酒，你快设香案、酒肉吧！"他妻子高兴地摆好香案、酒肉，刘伶祷告说："天生刘伶，以酒为名，一饮一斛，五斗解酲（酒病曰酲），妇人之言，慎不可听。"一边祷告，一边把祭鬼神的酒肉拿来大吃大喝，酩酊大醉。

刘伶虽陶兀昏放，但才思敏捷，有《酒德颂》名篇传世。刘伶曾做过建威参军。晋泰始初年，在朝廷策对考核中，以"无用"被罢官，刘伶毫不介意。

刘 颂

刘颂(？~约301)，字子雅。西晋广陵(今扬州市)人。吏部尚书。汉广陵厉王刘胥之后。晋武帝时任淮南王司马允相，为官严整，有政绩。咸宁中，诏刘颂与散骑郎白褒巡抚荆、扬。太康年间，守廷尉。在任曾上疏武帝，提出治理国家总纲，"要在三条：凡政欲静，静在息役，息役在无为；仓廪欲实，实在利农，利农在平籴；为政欲著信，著信在简贤，简贤在官久"。元康初，从淮南王司马允入朝，任三公尚书，后转吏部尚书，建九班之制，欲令百官居职希迁，考课能否，明其赏罚。约于晋惠帝永宁元年(301年)去世。

苏 峻

苏峻(？~328)，字子高。长广挺(今山东莱阳南)人，一说掖(今山东掖县)人。东晋将领。少为书生，有才学，初仕郡主簿。永嘉之乱后，集合流亡百姓数千家屯聚本县自守。后归顺东晋，青州刺史曹嶷曾任他为掖令，他辞疾不受。曹嶷怀疑其得众，恐必有患，而加以排挤。他惧之，遂率其所部数百家南下至广陵(今江苏扬州)，朝廷任他为鹰扬将军、兰陵相。东晋永昌元年(322年)，王敦作乱。太宁二年(324年)，明帝征诏苏峻率部讨伐王敦、沈充。乱军平，他进使持节、冠军将军、历阳内史，封邵陵公。苏峻原聚众于国家内乱之际，归顺东晋后，屡屡立功，有功于朝廷，威望渐增。而他又有精兵万人，渐生反晋之志。成帝时，庾亮辅政，想解除苏峻的兵权，调为大司农，他拒不受令，怀疑庾亮欲加害自己。咸和二年(327年)，他密结祖约，以讨亮为名发动叛乱。次年，攻陷建康，苏峻纵兵大掠，驱役百官，裸剥士女，穷凶极暴。不久为温峤、陶侃联军战败而死。

尸梨密

尸梨密(？~335)，全名帛尸梨密多罗，意译吉友。西域(古名，今指甘肃玉门关及阳关以西地区的总称)人。东晋高僧。原为龟兹国王子，后让位其弟而出家。博通经论，兼善密法，因其善于咒术及梵呗，时人誉称为"高座"。晋永嘉年间(307~313年)来中原，适逢北方遭乱，乃于永昌元年

(322年)渡江至建康,入建初寺。因其"天姿高朗,风神超迈",为王导所钦佩,于是声名日显,官僚们争相与之缔交。那时江东未有咒法,他乃译《孔雀王经》,明示诸神咒。又传弟子觅历高声梵呗之法,自此建康盛行咒术。咸康元年(335年),一作咸康八年(342年)在建康圆寂,享年80余岁。因他曾在石子岗之东专修苦行,死后被葬于此。成帝怀其风范,于葬地立刹,后有沙门在同一处建寺,名"高座寺"。他生前所译之经,据《出三藏记集》卷二载,有《大孔雀王神咒》、《孔雀王杂神咒》各1卷,《历代三宝记》卷七加上《大灌顶经》9卷。密宗东传,实以他所译《大灌顶经》、《孔雀王经》为嚆矢。

朱龄石

朱龄石(生卒年不详),字伯儿,东晋沛(今江苏沛县)人。少好武事。武帝克京城,被封为建武参军。继为镇军参军、武康令。后为徐州主簿、高祖参军。后平卢循有功,迁西阳太守。东晋义熙九年(413年)进益州刺史。旋伐蜀有功,封丰城县侯。孝武帝还彭城,朱龄石迁为相国右司马,桂阳公。

徐 广

徐广(352~425),字野民。东晋穆帝永和八年(352年)出生。祖籍东莞(今山东境内,又一说在今江苏境内),家居京口,世代好学。东晋学者,百家学说以至数术无不通晓。年轻时曾任东晋兖州刺史谢玄的从事,后担任秘书郎、典校秘书、散骑常侍、领著作郎等职。

徐广忠于晋室,在桓玄篡位时,安帝出宫,他流涕随侍。宋武帝刘裕受禅,恭帝逊位,他又痛哭流涕。谢晦劝他不必如此,他说,你是宋朝佐命,我是晋室遗臣,一喜一忧自然不同,就辞职回家。著作有《车服仪注》、《晋纪》等,还有文集15卷。

佛驮跋陀罗

佛驮跋陀罗(359~429),简称佛驮跋陀,意译觉贤。晋升平三年(359年)生,本姓释氏,北天竺迦毗罗卫国(今尼泊尔境内)人。南朝翻译家。17

岁出家,修业精勤,博学群经,多所通达。他以禅律驰名,常与同学僧伽达多,共游罽宾(古西域国名)。后约于晋安帝义熙四年(408年),应秦僧智严的邀请到长安,居齐公寺,传播禅业。约于义熙七年,因与鸠摩什罗为首的僧侣集团发生冲突,以"于律有违"罪被摈出僧籍,南投庐山高僧慧远,开始译经。几年后又去江陵,为出征至荆州的刘裕所敬奉。后随刘裕到建康(约413年),被请为译匠,住道场寺,开展大规模的翻译活动。他与法显、慧严、慧观、法业、宝云等百余人先后译出《大方广华严经》、《达摩多罗禅经》、《大般泥洹经》等15部、117卷(据《开元录》记载为13部、125卷)。南朝宋元嘉六年(429年)去世。

谢灵运

谢灵运(385~433),东晋太元十年(385年)生,陈郡阳夏(今河南太康县)人。南朝宋诗人。谢玄之孙。幼时寄养于外,族人因名为客儿,世称谢客。晋安帝隆安三年(399年),因避孙恩战事,自会稽(今绍兴)来建康(今南京市),居乌衣巷谢氏府第。少好学,博览群书,文章之美为江左第一。大约20岁时,灵运袭封康乐公,世称谢康乐。刘宋代晋,他降爵为侯,为权臣所忌,出任永嘉太守。后辞官隐居会稽,广占良田,凿山浚湖。宋文帝时,出任临川内史,因放浪自若,受劾谪徙广州。其间,他曾几度回京都建康任侍中等职。宋元嘉十年(433年),灵运在朝廷骨肉相残、君臣相疑的混乱中,以谋反罪被杀,时年48岁。

谢灵运的一生,正是南朝宋替代东晋时期。朝廷唯以文义处之,不以应实相许;自谓才能宜参权要,即不见知,常怀意愤,借外任郡守之机,或辞职,或称疾不朝,寓情于山水,发之于诗歌,创作一大批山水诗作。谢灵运的山水诗,继其从叔谢混以山水入诗的创作之路,破东晋"玄言诗"一统诗坛的局面,成为第一个大量创作山水诗的人,被尊为"山水诗派"之鼻祖。大诗人鲍照评其五言诗"如初发芙蓉,自然可爱"。汤惠休赞"谢诗如芙蓉出水"。其诗大都写永嘉、会稽、庐山山水,原有集,已散佚,明人辑有《谢康乐集》。写建康的诗篇有《永初三年七月十六日之郡,初发都》、《邻里相送至方山》、《初发石首城》等。

范晔

范晔(398~446),字蔚宗,小字士埔。晋隆安二年(398年)生,顺阳(今河南淅川东南)人。南朝宋史学家。出身于官宦之家。少好学,善文章,能隶书,通音律。刘宋初,历官秘书丞、司马、新蔡太守、尚书吏部郎。元嘉九年(432年),因触怒彭城王刘义康,迁宣城太守。后累迁左卫将军、太子詹事,掌管禁旅,参与机要,为文帝所亲信。元嘉二十二年十二月乙未,因孔熙先等谋迎立彭城王义康案受牵连被杀,时年48岁。生平以史才自负,任宣城太守时,曾广招学士,采集《东观汉记》及各家私撰东汉史,撰《后汉书》经传90篇,附以"论"、"赞"。梁刘昭补入司马彪《续汉书》志30卷,并为作注,北宋时合刊行世。

裴松之

裴松之(372~451),字世期。晋咸安二年(372年)生,河东闻喜(今山西省闻喜县)人。南朝宋史学家。出身于官宦之家。博览文籍,立身简素。20岁时,拜殿中将军。东晋义熙初,为吴县故鄣令,后为尚书祠部郎。刘裕北伐时,以裴松之为司州主簿。刘宋代晋后,刘裕认为他有"廊庙之才",加以重用,累迁零陵内史、国子博士、中书侍郎、永嘉太守、中散大夫、太中大夫等职。

宋元嘉三年(426年),裴松之奉诏注《三国志》。他破传统旧法,不重训诂,而重史实的增补与考订,兼采众书达"一百五十种",历时约3年,经补阙、备异、纠谬、评论而成《三国志注》。其内容超出陈寿所著《三国志》数倍,开创注史之新例,且为研究三国史事保存大量可贵资料。子裴骃亦以注史著称,有《史记集解》等。

求那跋陀罗

求那跋陀罗(394~468),意译功德贤,因善大乘学,时人称为摩诃衍。晋太元十九年(394年)生,中天竺(今印度中部)人。南朝翻译家。幼学五明诸论,兼通天文书算、医方咒术,尤博通三藏。宋文帝元嘉十二年(435

年)起,由狮子国(今斯里兰卡)经广州于次年至京师建康,在中兴寺等处从事译经活动,深得文帝等人的崇敬。元嘉二十三年离开京师,随南谯王刘义宣到荆州,继续有经译出。孝武帝孝建元年(454年)刘义宣谋反,他亦随军东下。叛乱平定后,孝武帝命人将他护送至京师,不但未追究其罪,还给予厚待。自此以后,他仅行些咒术之事,直至南朝宋泰始四年(468年)去世。据《开元录》记,求那跋陀罗共译《杂阿含经》、《法鼓经》、《楞伽阿跋多罗宝经》等52部、134卷,其中有影响于理论发展的部分,都是在建康的十年中(436~446年)译出的,到荆州后,则着重于杂咒、净土的传译。

到 沆

到沆(476~506),字茂瀣。南朝梁武原(今邳州市西北部)人。曾祖彦之,宋文帝时任中领军,封为"公"爵;祖父仲度为骠骑从事中郎;父㧑,宋明帝时任太子洗马,齐武帝时任御史中丞。沆幼聪敏,5岁时,父于屏风上抄写古诗,教读一遍背诵无遗。擅长写作,工于篆隶。天监初年任征虏主簿,后任太子洗马。沆以京师高才被召入文德殿学士省。武帝萧衍在光华殿设宴,命群臣赋诗,独令沆作200字,二刻内即成,且文辞妙绝,遂令管东宫书记散骑。天监三年(504年),以文采被选任殿中曹侍郎,翌年擢升太子中舍人,再迁北中郎咨议参军。天监五年,于任中病殁。一生谦恭,不论人长短。著有诗赋百余篇。

任 昉

任昉(460~508),字彦昇,南朝宋大明四年(460年)生,乐安郡博昌县(今山东寿光市)人,散文家。时人把他的文章与沈约的诗相提并论,合称"任笔沈诗"。梁天监二年(503年)任昉出任义兴郡(今宜兴)太守。到任时正值年岁大荒,饥民塞路,他立即拿出全部俸米煮粥施食,救助灾民3000余人。时国家急需增加人口,而义兴地方素有溺杀女婴的恶习,他下令严禁,规定杀婴者一律处以杀人之罪,又设法资助千余户贫民养育婴儿。不几年,义兴人口数上升,生产发展,人民生活并随之改善。按当时的制度,任昉可年取公田俸米800石,但他见义兴灾后民生艰难,不愿加重百姓负担,只取五分之一,其余一概归于耕户。他平日生活朴素,一日二餐(时人一日二餐），粗饭素菜而已。离任上船时，带走的全部家私不过白米5斛。时值隆冬，天寒无衣，靠老友沈约的接济，方才应付过去。后任新安郡（今浙江淳安以西，安徽新安江流域、祁门等地）太守。一年后，于天监七年病故于新安官舍，噩耗传出，百姓哭祭于野，梁武帝追赠他为太常卿，赐谥号"敬"。他生前从不积蓄财产，以至于连私宅也没有。梁武帝命沈约等整理他的遗物，多见异书、善本，皇家藏书亦因此大大充实。任昉生平著作数十万言，盛行于当时有"杂传"、"述异记"等。任昉死后，宜兴人民在古城临津建"义兴太守庙"，每年农历二月末任昉生日都要举行祭祀活动，形成庙会，延续至今，盛况不衰。

顾宪之

顾宪之（436～509），字士思。祖父顾恺之生于无锡。顾宪之，南朝刘宋时举秀才，任建康令。齐时进拜衡阳内史、豫章太守、给事黄门兼尚书吏部郎中、太子中庶子等职，还职后授太中大夫。祖为孙师，孙承祖风，为官清正廉明，体恤乡民。史家赞顾氏祖孙"时移三代，一德无亏，求之古人，未为易遇"。梁初，顾宪之中风病渐重，固求卸职还吴。他"虽累经宰郡"，但"资无担石"。归吴时，目睹者都对他十分敬佩。梁天监八年（509年）顾宪之卒于家中。临终前，他还特意立书嘱子女薄葬素祭，并规定"自吾以下"，凡亡故者祭典时"止用蔬食时果"。

陶季直

陶季直（约436～511），约于南朝宋元嘉十三年（436年）生，丹阳秣陵（今南京市）人。南朝齐梁间大臣、史学家。出身官宦之家。早慧，长而好学，淡泊荣利，屡征不就，时人号曰"聘君"。齐初，为尚书比部郎，后迁司空、司徒主簿、东莞太守、镇西咨议参军。萧鸾（后为明帝）作相，诛锄异己，他不能奉迎，遭其恨之，遂出为辅国长史、北海太守，迁骠骑咨议参军、尚书左丞、建安太守、中书侍郎等。梁代齐后，迁给事黄门侍郎。因"无为久预人间事"，约在65岁时以疾还乡。天监初就家拜太中大夫。高祖叹曰："梁有天下，遂不见此人。"陶季直一生清苦绝伦，死后"子孙无以殡敛，闻者莫不伤其志"。撰有《京都记》（又作《京邦记》）2卷，系最早记载南京历史的著录。原书佚,在王谟《汉唐地理书钞》中有辑本,许嵩《建康实录》有征引。

沈 约

沈约(441~513),字休文。南朝宋元嘉十八年(441年)生,吴兴武康(今浙江德清县)人。南朝梁大臣、文学家、史学家。少孤贫,笃志好学,博通群籍。初仕刘宋,历官参军、记室。齐时,历官步兵校尉、国子祭酒、征虏将军,曾在萧子良"西邸"与诸文士交游,为"竟陵八友"之一。后参与萧衍嬗代机密,官至散骑常侍、吏部尚书、侍中、尚书令、太子少傅、左光禄大夫等,渐为萧衍所嫉忌。后因与衍比所知栗的故事而触怒衍,并要治他的罪。

沈约善属文,史称他"该悉旧章,博物洽闻,当世取则",其诗、文并重当世。他首创"四声"之说,曾与谢朓等人开创"永明体",讲求声律对仗,推动诗歌走向格律化。齐永明五年(487年)春,他奉诏撰《宋书》,翌年成书。全书100卷,虽成书草率,叙事又多忌讳,但体例齐备,记载刘宋60年的历史,保存丰富的史料。其内容上溯秦汉,尤详于魏晋,可补《三国志》之阙。另有《晋书》100卷、《齐纪》20卷、《梁武纪》14卷、《谥例》10卷、《文章志》30卷等文史著作多种,均散佚。今存有明人辑本《沈隐侯集》。

梁天监十二年(513年)沈约忧惧而卒,终年72岁。后谥"隐侯"。

钟 嵘

钟嵘(469~518),字仲伟。南朝宋明帝泰始五年(469年)生,颍川长社(今河南长葛县)人。南朝齐梁间文学批评家。钟氏原为颍川望族。钟嵘之父钟蹈为齐中军参军。钟嵘幼而好学,齐永明中,为国子生。建武初为南康王侍郎,永元末任司徒行参军。梁时,为衡阳王记室等,后为西中郎,以及晋安王萧纲记室。他的代表作《诗品》(亦名《诗评》),是中国现存最早的一部关于五言诗的理论批评专著。全书3卷,根据"干之以风力,润之以丹采"的标准,以诗人成就高低分置上、中、下三品,将自汉魏迄齐梁的122位诗人的作品,分列上品11人,中品39人,下品72人。并对每位作者作扼要评语;在上、中品里,还指出各家诗体的本源,为五言古诗作了总结。《诗品序》又阐述写作缘起、体例、特点及诗歌的本质特色、五言诗的历史发展等问题。书中颇多独到见解,如反对堆砌典故、单纯追求形式的倾向,对诗歌创作有积极影响。其语言形象生动,是一部具有开创性的作品。梁天监十七年(518年)去世,时年49岁。

到溉 到洽

到溉(477～548),字茂灌。南朝宋顺帝昇明元年(477年)生。到沆叔父(名坦)之子。少孤贫,与弟洽俱聪明有才学,时人比之"二陆"(西晋文学家陆机与陆云)。早年为御史中丞任昉所赏识,溉、洽常登门求教,以诗文相唱和,号称"兰台聚"。历任通直散骑常侍、太府卿、都官尚书、鄞州长史、江夏(治所在今湖北武昌)太守、御史中丞、吏部尚书等职。因参选获罪被贬为光禄大夫,不久授予国子祭酒。清白自修,不好声色,车服不事鲜华,举止俭约,家门和睦,兄弟友爱,特被武帝赏接,每与对棋,从夕达旦。其书斋前有奇礓石,长一丈六尺,武帝戏与赌之,溉输,送置华林园宴殿前,世谓"到公石"。因疾失明,临终前嘱以薄葬。有文集20卷行世。

到洽(478～527),字茂沿。顺帝昇明二年(478年)生。少有才学。18岁任南徐州迎西曹行事。当时,尚书吏部郎谢朓在文坛享有盛名,常与谈论诗文。曾称赞说:"君非直名人,乃亦兼资文武!"洽见时局正乱,不愿做官,筑室幽居,人号"居士"。任昉曾访洽于田舍,叹曰:"此子日下无双。"武帝问待诏丘迟:"洽何如沆、溉?"答:"正清过于沆,文章不减溉,加以清言,殆将难及。"即召为太子舍人。洽侍宴华光殿,赋二十韵诗,辞最工。武帝对任昉说:"诸到可谓才子。"累官至司空主簿、尚书殿中郎、太子舍人、国子博士、太子中庶子、尚书吏部郎、散骑常侍、给部黄门侍郎领尚书左丞、御史中丞等。为官正直无私,弹纠无所顾,号称"劲直"。梁武帝普通七年(526年),出为贞威将军、灵麾长史、浔阳(郡治在今江西九江)太守。有文集11卷传世。昭明太子(武帝长子萧统)赞扬溉、洽:"到子风采开爽,文义可观,当官莅事,介然无私。"

陈庆之

陈庆之(484～539),字子云。南齐武帝永明二年(484年)生,义兴国山(今江苏宜兴西南部)人。南朝梁大将。陈幼时随从萧衍(梁武帝),后助萧夺取南齐帝位建立梁朝,历任统军将帅,在抗击北魏的战事中屡建功勋。

梁武帝大通二年(528年),魏内乱。北海王元颢降梁。武帝命陈庆之统大军送元颢北归,夺取魏朝位。陈沿途四十七战,拔三十二城,攻入魏都洛阳。元颢称魏帝后,授陈为前军大都督。后魏将尔朱荣反攻洛阳,陈军退回梁朝,以功授右卫将军,封永兴侯,历任北兖州刺史都督缘淮诸军事、南北司二州刺史、豫州刺史等职,镇守淮河有功,卒于梁武帝大同五年(539年)。赐谥号"武"。

庾 信

庾信(513~581),字子山。梁天监十二年(513年)生,南阳新野(今河南新野县)人。文学家。父亲庾肩吾官至梁散骑常侍、中书令,是著名的宫体诗人。庾信自幼聪慧过人,通经史,善吟咏。初仕梁朝,任抄撰学士、东宫学士、建康令等职。与父庾肩吾和徐陵等出入宫廷,擅写绮丽诗文,世称"徐庾体"。梁武帝太清二年(548年),侯景作乱,兵至建康城南,太子萧纲命庾信守朱雀门,拆朱雀桥以阻侯景。侯景军至,庾信拆桥不久,弃军而逃,辗转至江陵。湘东王萧绎称帝后于梁承圣三年(554年)命庾信出使北魏,被扣长安。不久梁朝灭亡,庾信先后在西魏和北周为官,累迁太守、刺史、骠骑大将军、开府仪同三司。及陈文帝与北周通好,北周放回部分羁留的南人,因当时北周统治阶层雅好文学,庾信极受亲重,未放其回陈。从此,身仕异朝的庾信常感亡国之痛与羁旅之悲。陈太建十三年、北周大定元年(581年)卒于北周。著有《哀江南赋》、《枯树赋》、《咏怀廿七首》等诗作,抒怀念故国和感伤身世的情绪,形成苍劲悲凉的独特风格,并融南北诗风于一体,成为南北朝最后一位优秀的诗人。原集已佚,今存后人辑本《庾子山集》。

孔 奂

孔奂(生卒年不详),字休文,会稽(今绍兴人)。南朝陈武帝永定二年(558年)出任晋陵(今常州)太守。按照惯例,太守可随带妻室赴任,但他一心办事,单身赴任。他为官清正廉洁,以清白二字自律。平时不仅不要地方供奉,而且把自己的俸禄用以赡养鳏、寡、孤、独,救助贫民百姓,民众称他为"神君"。他经常告诫属下官吏应节约俭朴,廉洁公正。对于贪赃枉法者则严惩不贷。一日,曲阿(今丹阳市)富户殷绮来晋陵拜谒孔奂,见他居室简陋,生活俭朴,有心想与孔结交,遂赠送豪华衣毡一具。孔奂坚辞不受,并正色又诚恳地进行说服教育。殷绮对孔奂的高尚品格敬佩不已。此事传开,廉名大振,后孔奂官至御史中丞。

诸葛颖

诸葛颖(539~615),字汉。梁大同五年(539年)生,丹阳建康(今南京市)人。隋大臣、医学家。8岁能属文,清辩有俊才。初任梁郡陵王参军事,转记室。侯景之乱时奔于北齐,历任太学博士、太子舍人。周武王平齐,颖不得官,杜门不出十余年,习《周易》《庄子》诸书。隋初晋王杨广闻其名,召为参军,转记室。杨广为太子时,授藏监颖药。炀帝即位,颖迁著作郎,后累迁朝散大夫、正议大夫。后从炀帝北巡,隋大业十一年(615年)卒于道。著有《銮驾北巡记》3卷、《幸江都道里记》1卷、《洛阳古今记》1卷、《淮南王食经》120卷、《淮南王食经音》13卷、《淮南王食目》10卷,均佚。今仅存诗6首。

耿 询

耿询(约558~约618),字敦信。陈永定初年生,丹阳(今南京)人。隋科学家。为人机灵善辩,又身怀绝技。陈后主统治年间,耿询客从东衡州刺史王勇于岭南。他把中原和东南沿海一带文化和先进技术传授给岭南群众,受到当地百姓的爱戴。陈祯明三年(589年),隋军攻克建康,南朝陈亡。旋即,岭南越人推耿询为首领,自行独立。不久,隋将王世积领兵征讨,耿询败北被擒,罚为家奴。后得友人高智宝的帮助,到太史局刻苦钻研天文历法,并掌握大量天文算术知识,制造出一具与当年张衡所造无二的浑天仪。王世积得知后十分惊奇,当即奏告隋文帝。后得文帝令将耿询由家奴改为官奴,分配到太史局工作。隋仁寿四年(604年),杨广即位。翌年,耿询制作欹器,作为向隋炀帝进献的朝贺。炀帝见之十分高兴,免去他官奴的身份,大业二年(606年)还被任命为右尚方署监事,负责主造皇室所用兵器及玩好器物。

隋大业七年,隋炀帝下诏东征高丽,耿询上书谏阻。杨广见谏,勃然大怒,欲将其斩首,得何稠苦谏,方免于死。杨广东征不成,败于平壤,回到京师,想起耿询的先见之明和苦谏之忠心,遂任命其为太史丞。隋大业十四年三月,杨广在南巡扬州途中被宇文化及所杀,耿询也曾被迫跟随宇文化及到黎阳。但他对宇文化及的叛逆行为不满,准备投奔李氏,因其行踪被发现,被宇文化及杀害。著有《鸟情占》1卷,流传于世。

刘行本

刘行本(生卒年不详),隋代沛(今江苏沛县)人。自幼刻苦读书,及壮,在梁为官。性情刚烈,归周后被引荐为中外府记室,转任御正中士兼起居注,后迁升掌朝下大夫。周宣帝宇文赟即位,朝廷紊乱,刘行本因切谏得罪朝廷,被外放为河内太守。在河内太守任内,因抵御尉迟迥作乱有功,拜仪同,赐爵文安县子。隋文帝杨坚即位,拜为谏议大夫兼检校治书御史,不久升任黄门侍郎。后被杨坚拜为太子左庶子,认真对太子调护。旋复任黄门侍郎。权贵们畏惧刘行本的刚直不阿,没有敢上门行贿的。"请托路绝,法令清简",为广大官民拥戴。不久,病逝任上,杨坚极为悼惜。

来　济

来济(610~662),隋炀帝大业六年(610年)出生。江都(今扬州人)。唐代名臣。隋左翊卫大将军荣国公来护儿之子。入唐拔为进士。唐贞观十八年(644年),迁中书舍人,与令狐德棻等撰《晋书》。永徽二年(651年),迁中书令、检校吏部尚书。时高宗将以武则天为后,他上表极谏,未纳。后许敬宗等诬其与褚遂良朋党为奸,获罪,贬为台州(今浙江临海市)刺史,又徙庭州(今新疆乌鲁木齐市)。龙朔二年(662年),突厥犯边,在庭州刺史任中领兵拒之,释甲赴敌,阵亡。来济还有诗文30卷行世。

释僧伽

释僧伽(628~710),西域南天竺国(今印度,一说哈萨克斯坦)人。唐佛教大师。幼年出家,"为僧之后,誓志游方"。约于唐高宗显庆三年(658年)东入唐,"始至西凉府,次历江淮"。先挂单于楚州山阳龙兴寺,后带着弟子慧俨同至临淮县(今泗洪县)信义坊,乞求居民贺跋氏济舍宅建寺。开始,贺跋氏不肯,他即立下标志,并在立标处掘土开穴,结果挖到一块古碑,原来这里是齐国名刹香积寺旧址。同时,在标志下掘得"金像一躯,上有'普照王'佛字",贺跋氏遂舍宅建寺。他遍游天下名刹,每到一处,都有令人崇拜的神异之举。于是,其圣名愈传愈远愈大。景龙二年(708年),中宗敕使持诏到淮上,召僧伽赴皇宫内道场做法事。皇帝亲赴法筵与之促膝言谈。景龙四年三月二日,他坐化于京城荐福寺后,"神彩犹生,止瞑目耳"。他临终前敕令归葬淮上。后于端午节在泗州举行葬仪。唐、宋、元历代帝王崇尚、封赠有加,泗州普照王寺的香火久盛不衰,直到泗州城沉沦方止。

张怀瓘　张怀瓌

张怀瓘(生卒年不详),唐扬州海陵人。主要活动时间约在唐玄宗与肃宗时。唐书法家。官至鄂州司马、翰林院供奉、右率府兵曹参军。擅长正、行、草书,自夸书法"正、行可比虞、褚,草欲独步于数百年间",可惜手迹不存。张怀瓘又是著名书论家,著有《书断》、《书议》、《书估》、《评书药石论》等。《书断》3卷,上卷列古文、大篆、籀文等十体,叙述源流,并加赞文,对各种书体原委辨论精辟。中、下卷分神、妙、能三品,收录古来书家86人,各列小传,传中附录又收38人,征引繁博,逸闻很多,是书学重要论著。《书议》不分卷,乾元元年(758年)成书,涉及范围有正、行、章、草,品议书家有崔瑗、张芝、钟繇等19人,品评标准为"论人才能,先文而后墨",对后世书学评论影响很大。

张怀瓌(生卒年不详),怀瓘弟,有文学才能,工于大篆、小篆、八分,尤其擅长草、隶。官至翰林、集贤两院侍书侍读学士。

桓彦范

桓彦范(生卒年不详),字士则,唐曲阿(今丹阳)人。因袭官府门第被委右翊卫,后任司卫主簿,受到宰相狄仁杰的器重,不久被提升为监察御史、中丞。唐长安二年至三年(702~703年),任司刑少卿,屡次上疏奏请为冤案昭雪。神龙元年(705年),武则天的宠臣张易之、张昌宗引用党援,阴谋为患,张柬之招崔元晖、敬晖、桓彦范定策,由桓与敬晖率羽林军往东宫收擒诛灭。中宗复位,以桓彦范为侍中,封谯国公。他执政敢言,不久被武三思谮陷而罢政。后加特进,封扶阳郡王,出任濠州刺史。武三思再诬桓反,桓遂被贬岭南。武又暗遣周利贞罗织罪证,伪造皇命将桓害死。睿宗即位后,追复桓之官爵,赠谥"忠烈"。

灵 一

灵一(725~761),俗姓吴。唐玄宗开元十三年(725年)出生。广陵(今扬州)人。唐诗僧。他本是富家子弟,9岁出家,初从龙兴寺高僧法慎习佛法,后渡江至会稽(今浙江绍兴),住南悬溜寺,后又徙居钱塘(今浙江杭州)宜丰寺。著有《法性论》。与诗僧灵澈、皎然等齐名,当时诗人多与唱和。《全唐诗》收录其诗1卷。

湛 然

湛然(711~782),晋陵荆溪(今江苏宜兴)人。唐高僧,人因称之为荆溪大师,又称为"妙乐大师"。湛然俗姓戚,本业儒。17岁时始攻习佛学,20岁时求学于天台宗高僧玄朗,尽得其学说精髓;38岁时在宜兴静乐寺出家。玄朗圆寂后,湛然继承其全部经籍秘藏,住持天台国清寺,成为天台宗第九代师祖。他提出"无情有性"说,阐发天台宗教义,著有《止观大意》、《金刚碑》、《始终心要》、《法华玄义释签》等著作。唐德宗建中三年(782年),湛然圆寂。

关盼盼

关盼盼(生卒年不详),女。唐代贞元、元和年间徐州著名歌妓,武宁军节度使张愔的宠妾。她多才多艺,能歌善舞,工诗能画。《唐才子传》称她"才色双美"。张愔用重金将她买来,十分钟爱,并特在府第中建燕子楼给她居住。

唐贞元二十年(804年),白居易游徐州,关盼盼曾以歌舞为之助兴。元和元年(806年),张愔病死,关盼盼因念旧爱而不再嫁,且从此罢去歌舞。此后在燕子楼上度过10年孤寂的生活,写下许多怀念昔日恩爱悲欢的诗篇,编为《燕子楼集》(已佚)。元和十年,当年张愔的部下、诗人张仲素在长安见到白居易时,说起曾到张愔墓(在洛阳)上去过,并吟诵自己的新作。白居易想起当年游徐州时的情景,即席和诗3首,中有"见说白杨堪作柱,争教红粉不成灰"的句子,有讥关盼盼不以死殉情的意思。相传关盼盼读了白诗后,泪如雨下,肝肠寸断,竟绝食而死。南宋文天祥被俘北上,途经徐州凭吊燕子楼时,曾写下"因何张家妾,名与山川存。自古皆有死,忠义常不没"的诗句,借题抒发自己忠于国家和民族的情怀。后燕子楼多次毁于兵火,屡次迁建,今在徐州市燕子楼公园内。

王 播

王播(759~830),字明敭。山西太原人。唐大臣。其父王恕任扬州仓曹参军时,移家于扬州。王播曾客居扬州惠照寺木兰院,随僧斋餐。他为贞元年间进士,一生任职甚多,数领诸道盐铁转运使,官至同中书门下平章事。擅征敛。起初,江淮盐价每斗二百五十文,茶价每斤一百文,他以军费不足为由,奏请各加五十文,以邀宠固位。代裴度领淮南节度使后,值江淮连年荒旱,仍百般搜括,不稍减免。然亦有惠政。时扬州城内旧漕河水浅,他调集地方人力、物力,自城南阊门西七里港开河向东,屈曲取禅智寺桥通旧官河,长19里,以利水上交通和灌溉。去世后赠太尉,谥"敬"。葬于扬州官河东刘氏竹园东南隅。

徐 温

徐温(862~927),字敦美。唐咸通三年(862年)生,海州朐山(今江苏连云港西)人。五代十国时吴国大臣。年轻时以贩盐为业。初从淮南节度使杨行密起师于庐州,渐至军校、小将,列为"三十六英雄"之一。唐天祐二年(905年)杨行密死,子杨渥继位,授温为常州刺史等职。杨吴天祐五年,淮南张颢杀杨渥,立行密次子隆演,温杀张颢,操纵吴国军政大权。

杨吴高祖天祐六年(909年),徐温以金陵形胜,战舰所聚,便兼任昇州(今江苏南京)刺史,仍留广陵(今扬州)。天祐八年平定温州叛乱,加同中书平章事、昇州大都督府长史、镇海军节度使等职。天祐十一年,养子徐知诰(南唐开国皇帝李昇)开始在昇州筑城,建大都督府。经几年营造,昇州的府舍已颇具规模。徐温爱其繁富,于天祐十四年移镇海军治所至昇州,调徐知诰为润州团练使,自己则迁居昇州城中,执掌吴国大政。天祐十六年二月率将吏请杨隆演称帝,不许;同年四月,徐温"奉玉册、定缓,尊隆演即吴王位,建宗庙、社稷,设百官,如天子之制,改天祐十六年为武义元年",逼迫隆演称帝。"隆演少年嗣位,权在徐氏,及建国称制,非其意,常怏怏,酣饮稀复进食",杨吴武义二年(920年)二月"隆演卒",行密第十子杨溥继位。同年,徐温手下的官员陈彦廉负责修造新金陵城完工,改昇州大都督府为金陵府,由徐温任金陵府尹。武义三年改元顺义,拜徐温为太师,"自是徐温父子愈盛中外,共专其国"。徐温累官至大丞相。他还曾先后受封温国公、齐国公。在其执政期间,自奉节俭,政尚宽和,颇得民心。杨吴乾贞元年(927年)卒。死后赠大元帅,追封齐王,谥"忠武"。

冯延巳

冯延巳(903~960),一名延嗣,字正中,谥忠肃。广陵(今扬州)人。唐词人。官至同平章事。能诗歌,尤善作词。内容多为男女间离情别恨,语言清丽,善以景见情,对北宋晏殊、欧阳修等颇有影响。存词119首,后成《阳春集》。北宋建隆元年(960年)去世。

董源 巨然

董源(?~约962),一作董元,字叔达。钟陵(今江西进贤西北)人。南唐画家。南唐中主李璟时(943~960年)任北苑副使,世称"董北苑"。以画山水称著,也擅人物、龙虎、竹石等。宋《宣和画谱》著录其画作78件,其他文献也有著录。曾于南唐宫门琉璃屏上绘越国美女像,形象生动逼真,被误为宫娥当门而立。作牛虎则"具足精神,脱略凡格"。画山水不限一体,宛若李思训的大设色山水,为宋人称道。其最大成就为水墨山水。他不囿于前人成法,根据江南山水苍郁深秀、清润沉厚的特点,创造出披麻皴和雨点皴及矾头、苔点等画法,描绘草木繁茂的丘陵、洲渚,神妙地表现出峰峦显晦、烟霏迷莽的江南气象,与荆浩、关同的北方山水画相对,开创江南山水画流派。约于宋建隆三年(962年)去世。今存作品有《夏山图》、《潇湘图》、《夏景山口待渡图》、《龙宿郊民图》。

巨然(生卒年不详),江宁(今南京)人。五代、宋初画家。南唐时为开元寺僧,后入宋,住开封开宝寺。善山水画,与董源"淡墨轻岚"为一体,画史并称"董巨"。他"祖述董源",但也不乏创造,山顶多作矾头,大披麻皴法更显迹辙,形成"明润郁葱,最有爽气"的特色。存世作品有《秋山问道》、《层崖丛树》等。

王齐翰

王齐翰(生卒年不详),建康(今南京)人。南唐画家。南唐后主时(961～975年),为画院翰林待诏。擅画佛道人物及山水等。他不为曹仲达、吴道子局限,自成一格。其画俱以细笔为胜。"画道释人物多思致",以世俗手法表现,具有诙谐情致。他还善以青绿写山林丘壑、隐岩幽谷,"无一点朝市风埃气"。据《宣和画谱》记载宋内府藏其《罗汉图》等画作119件,大部分已散佚,仅有存世作品《勘书图》(一名《挑耳图》)。

张 纶

张纶(生卒年不详),字公信,北宋颖州汝阳(今安徽阜阳)人。曾任扬州江淮制置发运副使(掌漕运和征收茶、盐税收的高级官员),在淮南为官六年。其时淮南盐户生活困苦,致使盐税不能及时征收入库,他即奏请朝廷免除通、泰、楚三州盐户的所有陈税,并资助他们购买生产工具,致使食盐产量大增,盐税也比过去增加数十万两。他又发动民工建运河堤防400公里,在高邮以北用巨石在运河10条支流交汇处各砌一道滚水坝,大大提高运河的运输能力。泰州以东旧有海塘,年久失修,海水经常倒灌淹没农田。宋仁宗天圣二年(1024年)冬,兴化知县范仲淹征调兵、伕4万修筑海塘,因雨雪连旬,潮势汹涌,兵、伕死200余人。海塘停工。天圣四年,张纶面对困难,力排众议,三次上表朝廷呈说利弊和机遇,并愿临时代理泰州知州,全面负起修建海塘的任务,朝廷批准他的请求。天圣五年秋,他亲临工地督促,海塘终于在翌年春得以按时完工。因海塘最初是范仲淹开建的,后世称海塘为范公堤,而实际张纶对此海塘贡献很大。百姓为感念他的恩德,集资在泰州为他建立生祠。

石延年

石延年(994~1041),字曼卿。北宋淳化五年(994年)生,祖籍幽州。延年读书必通其要旨,作文遒劲、刚健,工诗善书。累举进士不第,以武臣叙迁得官,任金乡县知事,政绩显著,调任光禄大理寺丞。曾向章献太后上书,请求还政于太子。太后去世后,宰相范讽拟引进延年,延年婉拒。范讽因得罪权贵失宠,延年受株降职为海州通判。任职期间,廉洁奉公,为地方百姓敬仰。不久调任秘书校理、太子中允,建议练兵以备辽、西夏扰边。朝廷征练河北、河东、陕西乡兵数十万,石延年奉命赴河东经办其事,受到宋仁宗赞赏。北宋庆历元年(1041年)卒。遗著有《石曼卿诗集》。海州石棚山有"石曼卿读书处"题刻。

赵师旦

赵师旦(1011~1052),字潜叔。北宋大中祥符四年(1011年)生,宋楚州山阳(今淮安市)人。年轻时博读经史,"尤刻意刑名之学"。为江山知县时,亲自断狱审案,属吏不能从中"得民一钱"。江山县大治,"弃物道上,人无敢取"。改大理寺丞,知彭城县,迁太子右赞善大夫,移知康州。仁宗皇祐元年(1049年),广源"蛮"侬智高起兵,移南天国,扰邕州,旋称帝。皇祐四年,破邕州,顺流东下,沿途诸州守臣皆弃城而逃。他听到打探消息的人的战况报告后,大声呵斥:"你也想要我逃走吗?"于是又进行大搜查,捕到3个奸细,斩首示众。敌兵已近城下,而他手下只有300名将士,却开门迎战,杀敌数十人。时天色已晚,敌恐中埋伏而稍稍撤退。赵师旦誓与城共存亡,取康州刺史印信交给他的妻子,让她背着年幼的儿子躲藏起来。遂与部将马贵率领士卒固守州城,召马贵一起吃饭,马贵一点也吃不进,他却与平时一样独自吃得饱饱的。到夜里,马贵寝不安席,他却睡得很香。第二天早晨,敌攻城越发猛烈,左右请稍避锋芒,他说:"战死与被敌捕杀怎么样?"部众遂断绝他念,皆拼死作战,直至城破,无一人逃走。箭射尽了,他与马贵都返回,端坐大堂。侬智高挥兵鼓噪而入,胁迫他投降,他高声骂"贼"而死,时年41岁。后人为他立庙纪念。侬智高被狄青平定后,朝廷追赠赵师旦为光禄少卿。

丁　锡

丁锡(生卒年不详),字天锡。宋代如皋人。平生慷慨严正,不轻易讲话,但出语必诚实、有礼貌。侍奉母亲很孝敬,乡里闻名。一次,强盗数人闯入家中,以杀死他母亲相威胁,勒索钱财。丁锡用身体护卫,说:"请不要伤害我的母亲,要杀就杀我吧!"这一举动感动了强盗,他们说:"天不杀孝子。"于是全家得免于难。皇祐年间(1049~1054年),部刺史行文郡县,强制性平价征粮,县民惊恐,推举丁锡至县衙申诉。丁锡不去,说:"国家强盛才能保护人民的生存,大家应向国家平价出售余粮,不能计较个人得失而获罪。"大家听了他的话,纷纷把粮食以平价卖给国家。丁锡在地方慈善事业中也很有贡献。死后,王观为他作墓志。

姜仁惠　姜　谔

姜仁惠(984~1056),字公济。宋太宗雍熙元年(984年)出生。泰州海陵人。乐善博施的富豪。少年时家世寒微,发愤道:"大丈夫既不能以笔砚起家,非射利聚财无以发身。"向亲友告贷,借钱一缗,从事贩运买卖。辛勤近二十年,积下资财数十万,成为声闻一方的富豪。姜仁惠聪敏有机变,又善于用人,后来不出里门就可以坐获四方之利。发迹后乐善博施,每年冬季必制作寒衣广为施舍,亲族中的鳏寡孤独一概收养抚恤,修建佛寺、印置佛经也不遗余力。仁宗明道元年(1032年),泰州大饥,瘟疫流行,姜仁惠开仓每日赈济,并为数百名死者置棺收殓。庆历年间,朝廷下诏郡县设学校,姜仁惠输财资助建成州学。后见州学经籍不足,又出钱数百缗,购置全监书,以备学生览阅。礼重儒雅,每逢乡考都要举行仪式庆祝,对登第者均有馈赠。皇祐初年,捐资被授为泰州司马。

姜谔(1025~1059),字正臣。仁惠之子。北宋仁宗天圣三年(1025年)生。年方弱冠已代父施行善举。其父去世后,慨叹道:"财者,人之所共欲。吾家素厚藏,未知将何以散,而成吾先子不专于己而有施之之心也。"在住宅南边修筑馆舍,延请士人弦歌讲习。又传曾与父亲一道率领大众筑堰御水,造福乡梓,后人将地名称为姜堰,并一直沿用至今。

王　令

王令(1032~1059)，字逢原。北宋仁宗明道元年(1032年)出生。祖籍元城(今河北大名县)。5岁时丧父母，随叔祖王乙徙居广陵。宋诗人。王令平生以教学为生，有治国安民之志。诗受韩愈、孟郊、李贺的影响较深，构思新奇，造语精辟，气势磅礴。其《不雨》《良农》及五言长诗《梦蝗》等首，反映了民间疾苦，对封建统治的黑暗作了深刻揭露。诗文由其外孙吴说编为《广陵先生文集》。另著有《十七史蒙求》。嘉祐四年(1059年)去世。

吴遵路

吴遵路(约1000~1065)，字安道。北宋丹阳人。宋仁宗明道二年(1033年)，任宫廷藏书校理。因顶撞皇太后而被降职，出任通州知州。当时两淮、浙江发生旱灾、蝗害。他乘灾害尚未蔓及通州，向豪门富户募集钱数万贯，派人航海去南方购回粮食，以平价出售，基本稳定了物价。为治蝗害，他劝告农民广种蚕豆。鉴于邻近州、县不少灾民露宿通州街头，凄苦万状，他拿出俸金建草棚百间，购置草席，准备蔬饭，用来安顿灾民；并给病者以医药，给欲回家者以盘缠。灾荒期间，邻近州、县不少灾民流离失所，有的因缺衣少食而死亡，唯独通州安然度过灾荒。范仲淹奉命视察两淮、浙江灾情后，向朝廷报告吴遵路在通州的抗灾政绩，请交史馆记载，吴遵路最后升任龙图阁直学士。卒于英宗治平二年(1065年)。

罗　适

罗适(生卒年不详)，字正之。浙江台州宁海人。北宋元丰(1078~1085年)时任江都县令7年。他处理公务非常勤奋，"黎明视事，入夜犹不已"。还抽出时间，出行郊外各地，深入民间访贫问苦。在民间调查中，罗适发现当地百姓受水患危害甚大。东汉时广陵太守张纲疏浚过的大石湖已年久失修，他便亲自主持修复，改名为元丰湖。该湖广袤数百步，灌溉农田1000多顷。这一年粮食丰收。于是远近百姓纷纷请求修圩塘沟渠，罗适一一应允，并亲自去实地查看决策。他动员和组织百姓筑大堤防止潮水的侵袭,疏通久积水塘,将水排入大江。在任期间,计兴修水利55处,灌溉农田6000余顷,督促农民栽桑85万株之多,发展养蚕副业,使农户大受裨益。罗适为官,爱民如亲人。他以诚心为主,对百姓不哄吓诈骗,不采用刑讯逼供,凡有诉讼案件,是非曲直均亲自在大庭之中当面问清,不依赖或推给下属官吏。如果是一些小过失,就说服教育后让他们回去。到任没几个月,政化大行,百姓们知道他办案公开,不徇私枉法,风节凛然,于是不敢相互欺骗,打官司的人也就日渐减少。他还拿出自己的积蓄,营致药剂,供给患病的贫苦百姓,曾治愈众多平民。百姓为纪念他的功绩,在邵伯镇东法华寺侧建罗县令生祠,后遭毁,又于清嘉庆九年(1804年)重建。许多人前去瞻仰并慨然生慕,留下"天台之灵产良璧,广陵之涛照精白"赞美其功德的诗文。

单　锷

单锷(1031～1110),字季隐。北宋仁宗天圣九年(1031年)生,宜兴湖㳇乡人。水利专家。他于嘉祐五年(1060年)中进士,终身未仕,专心研究吴地水利,在太湖沿边考察水道近30年,于元祐二年(1087年)完成巨著《吴中水利书》,3年后由杭州知府苏轼上报朝廷。他在书中认为:太湖为吴中水系的核心,治湖即治水之根本,主张对太湖应限制上游来水,疏浚下游水道,使水量的吞、蓄、吐在整体上大致平衡。这个思路对以后各代均产生极大的影响。

周邦彦

周邦彦(1056～1121),字美成,号清真居士。宋至和三年(1056年)生,钱塘(今浙江杭州)人。北宋诗人。神宗元丰初为太学生,因献《汴都赋》,得神宗赏识。哲宗时为庐州(今安徽合肥)教授,知溧水县。徽宗政和间,为秘书监,进徽猷阁待制,提举大晟府(音乐院)等职。不久,知顺昌府(今安徽阜阳),又徙处州(今浙江丽水市)。邦彦精音乐、辞赋,善创作新词调,格律谨严,写法新颖,为北宋词人中集大成者,被格律派词人推为"巨擘"。其词内容以思情、悲恨为多,亦有咏物之作。有词集《清真词》(又名《片玉词》),今人吴则虞校点《清真集》共收词206首。他在任溧水县令期间,曾写有《风流子》、《西河·金陵怀古》等词作。

张叔夜

张叔夜(1065～1127),字嵇仲。宋河南开封人。其祖父做过侍中,张叔夜荫任兰州录事参军,后迁为海州知事。宋徽宗大观年间(1107～1110年)出任开封府少尹、徽猷阁待制。大观四年(1110年)"召试制诰",赐进士出身,再知海州。时,宋江在山东起义,横戈于河朔,转战东濮、单、齐、清等十余州郡。徽宗宣和三年(1121年)二月,起义军攻打淮阳军后直入海州境内。张叔夜得知宋江已夺得船十多艘,满载缴获物品来攻海州,于城下埋伏兵力,藏在海滨芦丛中,诱宋江上岸作战,乘机烧其船,水陆夹攻,宋江兵败被围,副将被俘,向张叔夜投降。后张叔夜知济南府、青州。靖康元年(1126年),金人南下,张叔夜带领3万兵士入卫京师,升任资政殿学士,签书枢密院事,与金兵作殊死之战。汴京被金兵攻下后,张叔夜拒不签名拥戴张邦昌。靖康二年一月九日(1127年2月21日),金兵再下汴京,张叔夜随徽宗、钦宗被掳。北上途中,张叔夜绝食,至界河白沟扼吭而死。死后被谥为"忠文"。海州白虎山留有张叔夜重九登高题刻。

陈旉

陈旉(1076～?),号西山隐居全真子。北宋神宗熙宁九年(1076年)出生,久居真州(今仪征)。农学家。博学多才,靠种药治圃自给,亲事耕耘,钻研农艺,于南宋绍兴十九年(1149年)写成《农书》3卷,附《蚕书》1卷,为宋代流传下来的唯一农学著作,也是现存最早专门总结南方水田耕作技术的综合性农书。该书首次提出对土壤的基本看法,在土地利用、土壤改良、肥料运用、水稻耕种和种桑、养蚕等方面均作系统总结,其农事经验,为当时真州知州洪兴祖所推广。

邱砺

邱砺(1090～1161),字师说,宋海州朐人。宋政和三年(1113年)中进士。先后任吴江县知县,国子监丞,御史台检法,大理寺丞,代理户部侍郎,筠(州)、泰(州)、建(州)知州,后拜福建提举兼提刑,不久改任转运判官,管漕运。官至朝清大夫,累赠光禄寺大夫。邱砺律举甚严,做官30年积蓄甚微。秦桧当政时,多次以同年出生为由示意邱砺拥戴他,并愿结为儿女亲家,邱砺予以拒绝,辞官回家,闭门不出。著有《易说》、《超然类稿》、《杜诗集句》。

魏良臣

魏良臣(1094~1162),字道弼。高淳县淳溪镇南塘人。南宋大臣。宣和二年(1120年)进士,初任严州寿昌县令,后任吏部郎中,曾参与南宋"绍兴和谈"。南宋绍兴十年(1140年),金兵南下侵犯高邮。他奉旨出使金国后,金又派使到临安,双方达成以淮水为界的绍兴和议。是时,岳飞率军在堰城大败金兵,相继收复郑州、洛阳等地。朝廷内主战与主和派双方争论激烈,有人说魏良臣出使时曾向金兀术"再三叩头,哀求甚切"。为此,他怒而辞官,回归故里南塘。当时,南塘一带常遭水患,田地荒芜。魏良臣利用正月十五人"彩灯"的机会,动员四乡八邻兴修水利。相传他每天步行数十里亲自察看水势地形,制订筑圩方案,并动员富户捐款,还将民工严密编组,订立圩规。他的养子魏洪因醉酒在筑圩第一天未按时上工,为正圩规,亲自将其处死。

绍兴十一年十二月,岳飞被害,宋廷要魏良臣出任御史,他坚辞不受。不久,金兀术撕毁"绍兴和议",出兵南侵,宋高宗将其召回朝廷,升他为吏部侍郎,命他再度出使金国,他慨然而行。在谈判地,金兀术用铁骑刀兵向他示威,并提出以长江为界,划江分治的苛刻要求。魏良臣毫无畏惧,以其雄辩和浩然正气令金兀术折服,维持原来的协议。事后,魏良臣升任参知政事。其间,他释放在押无罪文人,起用被埋没的人才,整顿军政,遣散编外人员,颇有政绩。晚年历任绍兴、宣州、洪州(南昌)、潭州(长沙)等地知府、知州。去世后被赠封光禄寺大夫、建康郡开国侯,"食邑一千三百户"。

周麟之

周麟之(约1117~约1163),字茂振。约北宋徽宗政和七年(1117年)出生。泰州海陵人。南宋使臣,吏部尚书。南宋高宗绍兴十五年(1145年)进士,再中博学宏词科,授宣州教授,未赴任,又授太学录,擢升为中书舍人,出为徽州通判。次年召对,授著作兼礼部郎、翰林学士。周麟之学识宏富,辞令得体。绍兴二十九年宋显仁太后去世,受命为奉表哀谢使,出使金国。出使期间,不亢不卑,令金人敬重,为之加礼。回国后受宋高宗嘉美,兼任吏部尚书。由于铨综无失、认真纠蠹绳吏,深得高宗信任,拜为左朝奉大夫同知枢密院事。

绍兴三十一年四月,周麟之再次奉命使金,祝贺金国迁都。尚未陛辞,金国来贺天中节的使者到。金使傲慢无礼,转致金主完颜亮口信,索要两淮、襄、汉等地,致使满朝群情激愤。周麟之上奏:"猾寇意可卜,宜练甲申儆,使不当遣。"辞去使命。高宗问:"彼将割地,何以应之?"答道:"讲信之始,分封画圻应有载书,愿出以示,请将自塞。"金使果然无言可对。周麟之又上疏直言诤谏:"臣闻事有必至,理有固然。昔日之和戎,今日之渝盟,不待上智而后知矣。若彼有速亡之形,我有恢复之冀,在陛下审处而应,臣当竭志毕力赞成事机。使摇尾乞怜,复下穹庐之拜,臣窃耻之。"奏疏上达,被降谪为秘书少监,分司居住筠州。宋孝宗继位,周麟之复官左中大夫,约于隆兴元年(1163年)病逝。著有《海陵集》23卷、《外集》1卷。

李 植

李植(生卒年不详),字元直。宋泗州临淮(今泗洪县)人。宝文殿学士。他"明敏笃学,两举于乡"。年轻时追随于苏轼门下,太史晁无咎认为他是国士,将女儿嫁给他。宋高宗时李植负责转运粮饷到京畿,皇帝亲自赐饮食,并说:"得一士如获拱璧。"留幕府,屡建大功。张浚督师于长江,荐李植为鄂州通判,以"削平大盗功",迁户部员外郎。秦桧当权操国柄,李植弃官而去,十九年杜门谢客。秦桧死,召任户部郎。皇帝说:"李植是我的老朋友",将予以重用。他因母亲去世守孝。后历任徽州、镇江知府,又任江淮荆大提点。孝宗乾道二年(1166年),为江南东路转运宣抚使,上疏陈《防江十策》,受到皇帝的嘉许,以宝文殿学士致仕。70岁卒,谥"忠襄"。著有《临淮集》。

蔡 洸

蔡洸(生卒年不详),字子平,祖籍福建兴化仙游(今福建仙游县)。宋代清官。曾祖蔡襄,大伯蔡佃、仲伯蔡佌、父蔡伸,均为宋之名臣。蔡洸以荫补将军仕郎。曾主刑部和户部工作,先后出知吉州、镇江、宁国府事。

知镇江府时,有一年天气干旱,农民为了灌溉农田,在漕河两岸筑塘蓄水。这时,浙江军队要移驻南京,漕河水浅,船只运输困难,漕运司要镇江府决堤放水,蔡洸说"我不能得罪老百姓",拒绝执行漕运司的命令。当时在民间有歌谣流传:"我潴我水,以灌以溉,俾我不夺,蔡公是赖。"因镇江府管辖的三县,税户和客户纳税不统一,他就上书给皇帝说是应该一样,纳税的币值,依照绢的价值,以尺计算纳钞,官自买绢上缴,这样公私皆称便利。

蔡洸所得俸禄,经常接济贫困的亲戚。他辞官归家时,没有旅费,变卖马鞍,才得回家。

陈　造

陈造(1133~1203),字唐卿。南宋绍兴三年(1133年)出生,高邮人。少时受秘书省直院官崔大雅赏识,勉其应试求官。淳熙二年(1175年)中进士,任繁昌尉、苏州府教授。范成大观其诗文,以为文士。龚颐正称其才不在秦少游之下。尚书尤袤得其著,爱不释手,奉为常师。后为定海县官,并辅佐房陵治理郡事,颇有政绩。两次为考官,时人称他为"淮南夫子"。官至淮南安抚司参议。晚年恬淡,自号江湖长翁,有诗文杂著40卷、《芹官讲古》3卷、《长短句》3卷。嘉泰三年(1203年)去世。

叶　适

叶适(1150~1223),字正刚,学者称水心先生。宋绍兴二十年(1150年)生,温州永嘉(今浙江温州)人。南宋哲学家。他出身"贫匮三世"家庭,自称"少曾读书,颇涉治乱","独有忧世之心"。淳熙五年(1178年)进士,授平江节度推官,召为太学正。光宗时,由秘书郎出知蕲州(今湖北蕲春西南)。宁宗时,起为湖南转运判官,迁知泉州,除权兵部侍郎。时韩侂胄当政,将攻金,他主张收复故疆,但反对无准备之冒险,为韩侂胄所重。开禧二年(1206年),他除权工部侍郎,旋知建康府兼沿江制置使,屡败金军。开禧三年,又在江淮一带屯田练兵,修筑坞堡,作积极防御准备。及韩侂胄兵败被杀,他被夺职奉祠13年,杜门著述。

叶适工散文,议论英发,多有匡救时弊、恢复中原之言。在哲学思想上,他又是南宋"永嘉学派"集大成者,主张功利之学,发展工商;反对朱熹的性理之学,对孔子以外的古今百家,均予以批判,对道统传授说反对尤烈。他还认定《十翼》非孔子所作,指责理学家的"无极"、"太极"说。在宇宙观上,他认为道不能离开天地和器物而独立存在,有唯物主义倾向。嘉定十六年(1223年)病逝。著述有《习学记言》、《水心先生文集》等。

蒋重珍

蒋重珍(1183~1237),字良贵,号一梅。南宋淳熙十年(1183年)生于无锡县胡埭蔡村。嘉定十六年(1223年)中进士第一,为无锡县第一个状元。签判建康军,改昭庆军,迁秘书省正字、校书郎。召为秘书郎兼庄文府教授,迁著作郎兼权司封郎官、起居舍人,兼国史院编修官、实录院检讨官,迁起居郎。丞相主出师北伐关洛,蒋重珍力争未纳,遂自劾。累迁集英殿修撰,安吉州官。三辞不许,复自劾。绍定、端平年间,屡召入朝,后诏守刑部侍郎,致仕归乡。于雪浪山建亭阁,世称"蒋子阁"。又在蔡村建一梅堂与万竹亭,闲度晚年。嘉熙元年(1237年)去世,归葬胡埭谢堰祖坟之后,赠朝请大夫,谥"忠文"。

匡　才

匡才(1188~1252),南宋淳熙十五年(1188年)生,下邳匡家镇(今睢宁县庆安乡匡桥)人。蒙古武将,汉丞相匡衡的后裔。他雄勇多智,好读兵书。金国南下时,出任金武略将军。金国灭亡后,他率部归蒙古。在收复潼郡、孟山、宿迁、桃园、滩口等五城后,被授为沂邳东河监军。蒙古太宗八年(1236年),又攻取邳地、晋州,为沂邳东河监战兵马使。太宗十年,徐州守将张名叛变,匡才迅速攻破,又晋升为沂邳东河元帅兼建武军节度副使。宪宗二年(1252年),宋兵向北进入睢邳等地,匡才在与宋兵作战中身亡,终年64岁。元延祐二年(1315年),元政府"敕赐褒德碑以旌之"。

嵇安

嵇安（1189～1262），字宽济。涟水县人。南宋义士。其祖父嵇大成，进士，历任监察御史、镇南节度使、龙虎上将军。大成退任后经涟水，爱其乡土风俗，因此定居。嵇安幼年时喜爱弓箭，长成后，善骑射，愈益英勇。当时涟水地处宋金分界处，朝属宋，暮属金，地方颇不安宁。嵇安便聚集义兵，建立堡栅，保卫乡里。宋淮东制置使奉诏授以沿海巡检使。在任时，嵇安宣布防守公约，互相守望，禁止抢掠，数百里内，得以安全。他又增筑堤堰64处，创疏决法，兴修水利，鼓励农耕，赈济流民，乡人赖以活命者无数。后人感其恩德，请元奉训大夫、国子司业商琥撰文，集贤殿侍讲学士、奉政大夫宋渤书墓志，立碑纪念。其墓碑现仍存于涟水南集乡石碑庄。

陆子遹

陆子遹（1178～?），又名子聿、子律。山阴（今浙江绍兴）人，生于南宋淳熙五年（1178年）。诗人陆游幼子。由于他受家庭熏陶，幼年就懂诗文，其父曾称赞他"十岁能吟病起诗"。开禧二年（1206年）春，陆游82岁，居家养病，他随侍在侧，潜心为父亲汇编《剑南诗续稿》。当年四月，他担任永平县（今江西鄱阳县）钱监（监铸钱币的小官）。嘉定十一年（1218年）一月，陆子遹出任溧阳知县。当时县内吏治腐败，民生凋敝，他乘一条小船到职，立即整顿县政，抑制强暴，特别是革除差役与和买（唐代开始官府以购买为名掠夺民财的一种变相赋税，至宋盛行，实际给价极少，成为田赋附加税）两大弊端，禁止对凶神恶鬼的崇祀，使得溧阳境内纪律严明，赋役负担较为平均，人民生活比较安定。他还先后扩建学宫，劝导农耕，修缮官署，重建春雨桥（今东风桥）。嘉定十四年四月，他任满离职。因他为官清廉，政绩可嘉，受到溧阳人民的爱戴，入祀名宦祠。他的著作《溧阳知县题名记》、《溧阳县均赋役记》、《除妖记》载入清嘉庆《溧阳县志》。他的次子陆立基留居溧阳，其后裔遍布今陆笪乡的陆笪、来笪、东门、刘庄、上储庄、贾家庄等村。陆笪的子孙为纪念其始祖，创办过以"立基"为名的学堂。

胡应炎

胡应炎(1249～1275),字焕卿。武进人。抗元义士。咸淳元年(1265年)进士,授溧水县尉,未到任。德祐元年(1275年)元兵围常州,郡守姚訔任命他为节度判官。他回家对父、兄说:"我们全家受到国恩,现在敌军压境,正是立功图报的时候,我以身许国,不能再顾及家庭。"于是安排应登侍奉母亲出城。他率3000名壮士,登上城墙,增竖木栅,调集粮食,整修武器,积极守御,多次出击。终因寡不敌众,城破,郡守姚訔殉职,胡应炎率领战士和百姓巷战,在州学前战败被捕。元兵首领唆都让说:"就是你曾经多次杀害我部下将校的吗?"他慷慨激昂地说:"我要杀死你,恨我自己没有做到!"唆都让恨极,挥刀把他腰斩而死,时年26岁。

张孝忠

张孝忠(?～1276),字正纲。宋楚州山阳(今淮安市)人。宋名将。宋度宗时,他为管屯千军大使,隶属于吕文福。吕文福降元后,他率淮上义士百余人投奔制置使高达。不久,高达又降元。他逃到信州投靠谢枋得,被授予承信郎、帐前都提点。恭帝德祐二年(1276年),叛将吕师夔率领元军进攻江东,谢枋得令孝忠抵御。他陈兵于饶州安仁县团湖坪,与敌相持数日。他相机出击,击杀敌数百人。敌前军稍稍撤出战斗,另一分队出战。他的部队见状惊恐而溃败,他的战马中箭,遂下马力战而死。时谢枋得正坐在城楼上,遥见张孝忠的战马奔回,知他失败,遂驰入建宁山。元军将士找到张孝忠的遗体后,为他"取衾覆之"。后安仁县民众为他在玉真山立祠堂,以纪念他。

周应合

周应合(1213～1280),原名弥垢,字淳叟,自号溪园先生。宋嘉定六年(1213年)生,江西武宁人。南宋史学家。南宋淳祐十年(1250年)进士,曾任江陵府教授、实录院编修等职。景定年间调江南东路(治所在今南京)安抚使司,任干官,兼明道书院院长。应合博物洽闻,学力充赡。曾纂《江陵志》,颇有法度。江东安抚使知建康府马光祖闻其名,乃于景定二年(1261年)邀应合主纂《建康志》。周应合将乾道(1165~1173年)、庆元(1195~1200年)年间两次编纂的《建康志》,加以补充、修正,并取两书之长,另立纲目,增加庆元至景定60年间的资料,于景定二年七月成书50卷。首为留都宫城图录4卷,次为地图、年表和10志、10传,凡45卷,末为拾遗1卷,图之后为地名辨。成书后,又撰修志本末,总结修志工作。是为南京古代地方名志,此后明清修志多沿用这种体裁。他后来因上疏弹劾贾似道谪饶州通判,辞归故里。元至元十七年(1280年)去世。著有《洪崖集》、《溪园集》等,大都佚散。

罗 璧

罗璧(1240~1306),字仲玉。镇江人。武将。少承父志,从军,官至利州西路马步军副总管。入元后,为明威将军、管军总管,镇守金山、上海等地,对于维护海上治安,建造海船等方面做出成绩。

元时,大运河山东段尚未打通,至元十九年(1282年)开始海道漕运。这时罗璧等三个运粮万户把漕粮由海道直运直沽(今天津)获得成功,罗璧进封为怀远大将军,管军万户,兼管海道运粮。接着他又组织漕舟北上辽阳,接济军饷。至元二十五年他督漕北上,遇到白河决口,督率所部立栅筑堤,防御水患,保证了漕粮安全。他又奏准召集贫民,屯垦江淮间经乱荒田,三年内豁免征役,每年增收粮食数十万斛。大德三年(1299年),他任广东道宣使都元帅,招纳少数民族酋长,授以官位。后又回到北方任都水监,疏浚阜通河,治理通州水患,清理两淮屯田。晚年因病回到镇江。

郭 畀

郭畀(1280~1335),字天锡。元世祖至元十七年(1280年)出生,镇江人。学者、书画家。业承家学,善长辩论,通晓蒙文,身材魁梧,蓄有长须,人称郭髯。20岁时任镇江儒学学录,历任江西饶州鄱江书院山长、浙江处州青田县腊源巡检。后调任平江路(今苏州)儒学教授,未及赴任,又改解为江浙行省丞相府掾吏。

他精通书画,书学赵孟頫,字迹遒媚,曾代赵孟頫书写《松雪斋集》。赵孟頫作跋称许。画仿米芾,又师事高彦敬,得其笔法,与无锡画家倪瓒为好友。酒后作画,兴到神来,为人所宝。著有《退思集》,身后由其子郭启衷集编成,有俞希鲁序。另有《云山日记》,记载他在镇江和游历杭州一年之事,其中有不少乡邦文献资料。清代节选为《客杭日记》刊行。顺帝后至元元年(1335年)去世。

张 铉

张铉(生卒年不详),字用鼎。陕西人。史学家。曾为奉元路(今西安市)学古书院山长,后在集庆(今南京)任教多年,是一位学问博雅的学者。元至正三年(1343年)五月应集庆路总管府之聘入局主《金陵新志》编撰事,同年十月成书。全书15卷,体例沿袭《景定建康志》,稍有变动;宋代以前史料,除沿用《建康志》外,还杂辑史传,收摭较广。《四库全书总目》称其"荟萃损益,本末灿然,无后来地志家附会丛杂之病"。

李 二

李二(？～1352),邳州人。元末红巾军首领。遇灾荒,以家藏芝麻一仓赈济灾民,人称"芝麻李"。至正十一年(1351年)秋,与赵均用、彭大等8人聚众在萧县起义,响应刘福通,攻打徐州。义军8人于夜间伴称"河工"赚开徐州城门,引大军夺取州城。翌日晨,霸王楼上竖起大旗,上书"虎贲三千,直抵幽燕之地;龙飞九五,重开大宋之天"。义军以徐州为基地,分兵四出,头裹红巾,杀官吏,开粮仓,释囚犯,深得民心。北起山东滕县,南至安徽寿县、临淮等地,群起响应,义军迅速发展到10余万人。次年秋,元丞相脱脱率重兵来攻,徐州失守,全城惨遭屠杀。1月后被俘,在雄州(今河北省雄县)就义。

俞希鲁

俞希鲁(生卒年不详),字用中。祖籍温州平阳(今浙江平阳),祖父为庐江令,始迁丹徒。父德邻,宋乡贡进士,赵葵督荆襄时,辟为记室参军。俞希鲁自幼承家学,以秀才授庆元路教授,教学中善于启发学生,学生称他

"俞公如洪钟，叩无不响"。任满擢为归安县丞，筑海盐塘，费省而民不劳。升衢州路江山县尹，又改任永康县尹。所在任上都注意兴办学校，聘请名儒讲学，均平民众徭役。最后迁儒林郎、松江府路同知。元至正十六年（1356年）明兵取镇江时，尚健在，卒年90。

俞希鲁学业浩博，淹贯群集，为文极有才气，邑中碑碣多出其手。常与青阳翼、顾观、谢震文字交游，时称"京口四杰"。曾修纂《至顺镇江志》21卷，为元代名志。另著有《竹素钩玄》20卷，《听雨轩集》20卷。

韩 准

韩准（生卒年不详），字公衡。元代沛（今江苏沛县）人。少沉重好学。延祐五年（1318年）进士，授承事郎，同治孟州事，擢河南儒学副提学，屡转江西、湖南道佥事，南康路总管，进本道廉访使，江西行省参知政事，江浙行省左丞。后改任福建廉访使，复为福建侍御史。任职期间，赈救饥疫，修堤治水，人被感化。为文简古，工书画，不尚藻饰，有《小学阙疑》、《水利通编》传世。

李 新

李新（？～1395），濠州（今安徽凤阳）人。明初官吏。元代末年参加朱元璋起义军，积战功任中军都督府佥事。明洪武十五年（1382年）以营建孝陵功封崇山侯。洪武二十二年，改建南京市内鸡笼山上的帝王庙。《明史》称他"有心计，将作官吏视成画而已"。洪武二十三年，李新建议：公侯家人和仪从应有规定数目，超过的应该归还朝廷，获得朱元璋的赞赏。是年遣其还乡，颁赐金帛田宅。

洪武二十六年，朱元璋为改善两浙地区的漕运航线，命业已还乡的李新督有司在溧水开胭脂河，西达长江，东通太湖。胭脂河全长15里，中间有9里为切胭脂岗的河段。山岗由砂岩、砾岩和部分页岩组成，开深30多米，底宽10多米。当时尚无爆破手段，先在岩上凿缝，嵌入麻丝，浇以桐油后，点燃使石热，泼以凉水，石乃裂，撬下后，从河谷提升二三米运至数十米外。河道上预留巨石平面为桥，中凿孔10余丈，以通舟楫（原有南北2桥，现存北桥），桥长34米，宽8～9米，桥顶石厚8.9米，桥面高程35米。整个工程十分浩大,督6郡民工日夜凿之,劳夫枕藉,得以一年完成。"河成,民甚便之"。河成1年,他于洪武二十八年因事被杀。明成化十二年(1476年)溧水知县王弼写有《过天生桥》诗曰:"两崖空溅奸臣血,一派常流圣主恩。"

王　规

王规(生卒年不详),海州人。受乡里荐举,于明洪武年间任大理寺评事。后升任山东布政司参议,有清正廉明之誉。明代初年,东海地区常受海潮入侵,田地受潮,农民深受其害。王规上书奏请官府主持筑海堤堰坝,以挡海潮。他的孙子王璟少承家学,博览群书,从小就有名气。当时,海州有一种不合理的差役,即民间要负担喂养官马。百姓负担沉重,苦不堪言。王璟上书奏请减免了这项差役,百姓称颂。祖孙皆被尊崇为乡贤。

茅　诵

茅诵(1349～1402),字大方。泰兴城人。明代学者。明洪武三年(1370年),授泰兴训导。洪武帝召见他时,对答如流,帝很满意,提升他为秦王府长史,并以董仲舒作江都王相之往事来勉励他。茅诵为昭彰帝训,表明自己遵守董仲舒正谊明道的志愿,把自己的住宅标名为"希董"。侍讲学士方孝孺为其撰《希董堂记》。洪武二十九年任陕西乡试主考官。惠帝建文元年,提升为右副都御史兼吏部左侍郎。后来燕王发兵作难,驸马都尉梅殷镇守淮安,他作诗赠送,诗意愤激,勉其效忠惠帝。燕王称帝后,茅诵被捕入京,不屈而死。后武宗赠茅诵左都御史,谥号"忠慤"。正德末年,提学御史萧公令和知县彭祥建茅公祠于县城。著有《希董堂集》5卷、《文城集》1卷。

齐　泰

齐泰(?～1402),原名德,明太祖赐名泰,字尚礼,号南塘。高淳人。明初大臣。明洪武二十年(1387年)中进士,授礼部主事,不久改任兵部主事。洪武二十八年雷震谨身殿,齐泰因为官9年无过错而被选陪朱元璋前往祖庙祭祀。明太祖见其对兵书战策和边关守备之事对答如流,且很有见地,自此特别器重他。洪武三十一年三月,提齐泰为兵部尚书。同年闰五月太祖驾崩,齐泰与太常卿黄子澄受命辅佐皇太孙朱允炆即帝位。治丧期间,为防不测,齐泰即传遗诏,命诸王各守驻地,不得来京奔丧;所有官吏一概听朝廷节制。燕王朱棣称齐泰假传遗诏,以离间各王间的骨肉情谊。为维护朱允炆皇位,巩固中央集权,齐泰又建议削藩,经朱允炆同意,先后免去周王、湘王、代王、齐王、岷王的王位。

齐泰的削藩措施遭到诸王反对。朱棣以"清君侧"为名,举兵南下。建文帝多次派兵征伐,均为燕王所败,不得已而免去齐泰、黄子澄的官职,以请求罢兵。燕王不肯,挥兵打下扬州。建文帝无奈复召齐、黄回京护驾。可齐泰接召未至,京城已破,建文帝不知去向。于是取道广德,到福建一带募军帮助建文帝复位。当行至高淳马步桥时,即被朱棣所捕。建文四年(1402年)燕王占领南京后,即登皇位。同年六月五日,齐泰被执至京师,不屈,与黄子澄一道被处死,并被灭九族。他的4位叔父和7位堂弟均遇害,姐姐被发配"教坊司"。直至嘉靖三年(1524年),齐泰之冤才得以昭雪,被追复原职。

麻那惹加那乃

麻那惹加那乃(？～1408),浡泥(今文莱苏丹国)国王。明永乐三年(1405年)十一月,他派出使者来华,受到明成祖朱棣的热情接待,并遣使传诏加封为国王,发给王印、诰命,"王大悦",便决定亲自访华,以表谢意。他率王妃、弟妹、子女、陪臣"凡百五十余人",于永乐六年八月乙未到达京师南京,受到明成祖朱棣的热烈欢迎。九月,"王忽感疾"。朱棣得知,即"命医赐善药调治",派皇宫大臣每天侍奉,"旦暮相继"。十月初一日(10月19日)病逝于会同馆,遗命"体魄托葬中华"。朱棣闻噩耗,"甚悼之",辍正朝三日"举行国哀",并以王礼葬于南郊安德门外(今雨花台区铁心桥乡花村乌龟山南麓)。后又命张谦就地选石建碑,镌刻碑文,立于后山之上。

年仅4岁的王子遐旺,在南京接任王位。朱棣在举行册封典礼的同时,赠给"冠服、玉带、仪仗、鞍马、服物、器皿及金银、锦绮、钱币甚厚"。

解 缙

解缙(1369~1415),字大绅。明洪武二年(1369年)生,吉水(今江西吉水)人。明大臣、史学家。缙幼颖敏,性刚直。洪武二十一年进士,授中书庶吉士,改御史,曾上万言书,批评太祖政令屡改、杀戮太多等事,被罢官。建文帝时,以礼部侍郎董伦举荐,缙被召为翰林待诏。成祖朱棣即位,缙擢侍读,与黄淮、杨士奇等并直文渊阁。不久进侍读学士,奉命总裁重修《太祖实录》。永乐二年(1404年)皇太子立,进翰林学士兼右春坊大学士,主持纂修《永乐大典》,深为成祖所器重。永乐五年以"泄禁中语"、"廷试读卷不公",谪广西布政司参议。永乐八年,缙入京奏事,值成祖不在京师,谒太子而还,因以"私觐太子,无人臣礼"之罪下狱,于永乐十三年为锦衣卫所杀。成化元年(1465年),追复原官,赠朝议大夫。著有《文毅集》、《春雨杂述》等。

陈 珪

陈珪(1335~1419),泰州海陵人。朱元璋麾下将领。他出身渔民,年轻时便追随朱元璋起义,屡积战功。明洪武初年,随大将军徐达平定中原,授龙虎卫百户,改燕山中护卫。洪武二十三年(1390年),跟从燕王朱棣出塞为前锋,擒获元太尉乃儿不花,晋升副千户。建文元年(1399年)又跟从燕王起兵"靖难",攻夺九门,征讨雄县、漠州、真定、永平,升本卫指挥,又攻大宁、兔儿山、杨村、通州等地,辅助世子居守,累迁为都督佥事。明成祖即位,论功封泰宁侯,食禄一千二百石。永乐四年(1406年),奉命监督修建北京宫殿,因经划有条理被嘉奖。永乐八年成祖北征,陈珪与驸马都尉袁容一道,辅助赵王留守北京。永乐十五年二月,成祖为陈珪铸缮工印,并设置官属,兼掌管行在后府。去世后赠靖国公,谥"忠襄"。

翟 善

翟善(生卒年不详),字敬甫。泰兴人。吏部尚书。明洪武二十一年(1388年)被选入国子监,授为吏部文选司主事,后相继任员外郎、吏部侍郎、代理尚书、尚书。他曾仿效唐代《六典》，把五府、六部、都察院以下各机构设官分职的制度，编集成《诸司职掌》10卷，由朝廷颁文公布中外。随后又制定颁发"吏考满给由法"，定期选拔优秀胥吏充任司、卫、府、县诸官。翟善精通经学，奏对颇合皇帝心意。皇帝曾打算让工部为翟善在家乡营造府第，他恳切辞谢说："家乡地方狭隘，同宗亲属又多，我不忍心损人利己，而且臣在职没有什么政绩，那里敢花费国家的金钱呢？"洪武帝在群臣面前称赞道："官居宰相位，而无地砌楼，善与寇准同风呀！"皇帝又要除去翟善家的戍籍，他说："现在天下刚定，边防应该增强，臣一人，岂敢违反规定？"皇帝更加赞叹他的贤德。后其父犯法本应判刑，他乞求削己职以赎父罪，于是降为遵化（今河北遵化县）知县，直至去世。

王　振

王振（生卒年不详），字起宗。金坛人。以贡士升入太学，后被荐为监察御史。明永乐年间（1403～1424年），他巡察福建、陕西等地，雪冤除弊，深得民心。他曾被朝廷先派往交趾府（今越南河内）镇抚教化。治交趾13年，他勤治理，善经营，士民顺服。直至双鬓发白，仍勤政不辍。众吏不忍，劝其休息，他说："马伏波年七十且自示矍铄，况且是份内之事，我自怎敢推辞。"他为官30年，操行清介，始终如一，萧然如寒士。知温州府后辞官。他生性好友，常以书史自娱，著有《竹雪集》。

史　常

史常（生卒年不详），字原亨。溧阳人。幼年就擅长书法。明永乐（1403～1424年）初年，受朝廷征召，进京参加编纂《永乐大典》。永乐十三年（1415年），考中进士，授行人官职。持节出使到四方的王侯封国、岛夷以及各蕃国，所到之处，都有声望，不辱使命。他出任建宁知府9年，政绩最佳。他以廉厚自守，上任一个多月，官吏和百姓都心怀敬畏，称颂他是贤太守。恰遇朝廷派使者来外地考察官吏，使者认为史常招待的礼节简慢，心怀不满，了解到他曾用从被罚商民处没收的粮食养活监禁的无家囚人而未报上级批准，就据此参劾。史常不加申辩，弃职回乡。十多年后，人称"三杨"之一的大学士杨士奇在一幅《墨竹》图上题诗寄给他，其中两句"至今犹有闽人说,廉惠何人继史君?"去世后,入祀乡贤祠。

钱 贵

钱贵(生卒年不详),海州人。明英宗(朱祁镇)睿皇后的父亲。钱贵之祖父钱整因随明成祖起兵,擢为燕山护卫副千户。其父钱通承袭祖职,官至金吾右卫指挥使(主管京师治安的武官)。钱贵也承袭祖父的官职,多次随从成祖、宣宗皇帝北征,官至都指挥佥事。正统七年(1442年)睿皇后封为正宫,抉升钱贵为中军府都督同知。英宗数次要加封进爵,睿皇后皆谦逊谢绝。其子钱钦(锦衣卫指挥使)、钱钟,皆在明英宗征瓦剌兵败土木堡的事件中为国捐躯。

丁元吉

丁元吉(生卒年不详),明丹徒人。自幼好学,不事举业,年未弱冠,即教授乡里。为诗古文,才思宏远,而律度严正,然多不存。其子丁玑,号补斋。明成化十四年(1478年)中进士,授中书舍人。赐告归婚,一用《仪礼》以变习俗。后丁玑历官广东按察司副使、提学副使、四川按察使。元吉精研《易》理,名自己居所为"易洞",学者称其为易洞先生。为人宽良仁爱、循循善教,在考古及养生治疾等方面,都有独到不凡的研究和论述。主要著作有《陆右丞蹈海录》1卷、成化《镇江府志》及《易洞先生文集》64卷。

贺 霖

贺霖(生卒年不详),字时望。鄱阳(今江西波阳)人。明成化五年(1469年)进士。弘治元年(1488年),以监察御史任苏州知府。他居守廉慎,行事既不偏激亦不随便,生活上崇尚节俭朴素。有客来访,从不宴请,有时情属不得已,则拿出自己的薪俸请客,不过备一只鸡和一些蔬菜而已。每天早晨升堂处理公务,往往要封闭衙宅,以防别人行贿;即使是很小的诉讼案件,亦一定要依据当时的法律定罪,从没发生过臆断专行的事。按照惯例,每年岁首的迎春活动务必要极尽奢华,所花费用动辄逾千金。他到任后,就将此类浪费性开支尽数革除。他还尽量减少各种摊派,减轻郡内人民的负担,深得百姓的爱戴。弘治二年,贺霖因劳累过度而致病,不得不告假养病。在此期间,一些重要公务他还是硬撑着病体亲自过问和处理,不满一年就累垮身体,病逝于任所。死后,"囊无余财,妻子贫窭而归",真正做到两袖清风见祖先,未带江南一寸绵。苏州人民为天不假年,痛失清正廉洁的父母官而悲悼,一时间,前往吊唁者不绝于道。

贝 琳

贝琳(？~1499),字宗器。金陵(今南京)人。明天文学家。因精天象、善占候而被推荐进入钦天监从事天文历法修编工作,并于明成化年间担任南京钦天监副监。成化六年至十三年(1470~1477年),整理出《七政推步》,该书共7卷,是中国首部系统、全面介绍伊斯兰历法和阿拉伯天文学的著作。《七政推步》采用黄道坐标系,将全天分为12宫共360度,度以下分、秒、微、纤均采用60进位制。介绍了以托勒密本轮均轮体系推算日、月、五大行星运动及日月交食方法。该书第一次从波斯文中译出12个月名,介绍了1周7天计日方法,并译出7天的名称。还刊载了中国首份中西恒星名称对照表,共列出277颗星,并分别注明各星黄道坐标。《七政推步》是研究伊斯兰历法和阿拉伯天文学的宝贵资料,对中国天文学研究与发展起到了重要的作用。弘治十二年(1499年)去世。

倪 岳

倪岳(1443~1501),字舜咨。明正统八年(1443年)生,上元(今南京)人。明大臣。天顺年间进士。历任北京礼部尚书,南京吏、兵部尚书等职。弘治十四年(1501年)去世。卒谥"文毅"。《明史·倪岳传》称其"严绝请托,不徇名誉,铨政称平"。前后陈清百余事,"军国弊政,剔扶无遗"。为政果决善辨,"每有争议,片言以断"。著有《清溪漫稿》。今南京白下区大光路尚书巷,即其故居所在。

刘 宁

刘宁(？~1504),字世安。淮安府山阳县(今淮安市)人。明名将。他袭职任永宁卫指挥使,勇敢善战。时值延绥用兵,以功迁都指挥使,充宣府游击将军。成化十八年(1482年),鞑靼分道入侵,刘宁在塔儿山战斗中有功,进都督佥事,改左参将,与副总兵周玺分守阳和。成化十九年秋,亦思马大规模入侵,大同总兵许宁遣玺守怀仁,刘宁与游击董升扎营于西山,自率中军与敌交战,失败,他和董升都被围困。解围后,刘宁率兵3000,连战皆捷,而其他将领多失利获罪,他却因此超迁为都督同知,又改为左副总兵,协守大同,时称名将。弘治六年(1493年),他佩平羌将军印,镇守甘肃。是年冬天,在抹山墩一带连连平息边患,进右都督,增俸百石。弘治十三年,大同告急,他随平江伯陈锐抵御,因陈锐无能,加之二人不和,战事失利,被贬。他还曾经仿古"番上法"列阵,多取胜。

吴 伟

吴伟(1459~1508),字士英,又字次翁,号小仙。明天顺三年(1459年)生,江夏(今武昌)人。明画家。幼孤贫,流落常熟。因颖异,布政使钱昕使与子伴读,并助之学画。17岁流寓南京,以年少才奇受成国公朱仪等赏识,召之幕下,称呼"小仙",因以为号,画誉益增。20余岁至京师,被宪宗召入宫廷,授锦衣镇抚,待诏仁智殿。颇受宠遇,然不以画尊权贵,终放归南京。弘治初年,又被征入宫,授锦衣百户,赐"画状元"印及府第,宠赉日厚。因禀性疏放,不惯羁绊,逾二年,称病辞归南京,居秦淮东涯。

吴伟擅画山水与人物,画风劲健豪放,纵逸奇肆。山水画继承南宋院体传统,从马远、夏圭及戴进水墨苍劲一格变出,山石作斧劈皴,遒劲粗犷。他善用侧锋、焦墨,运笔奔放,造型富于生气,纵恣而不狂怪,为宋元以来水墨山水画中的独特创造。代表作有《溪山渔艇图》、《长江万里图》、《灞桥风雪图》等。人物画初法吴道子及北宋李公麟,精工白描,笔势纤秀,形象明洁。其代表作有《铁笛图》、《武陵春图》、《芝仙图》、《松风高士图》、《柳下读书图》等。他的画称誉于明代中叶,与戴进一样,具神、清、老、劲、添、润"六要"。因两度供职内廷,画风与戴进相近,而视为宫廷画家及浙派健将,又为江夏人,也称"江夏派"。正德三年(1508年),朝廷遣使再召之际,他因纵酒去世。

吉　棠

　　吉棠(生卒年不详),字师召,丹阳导墅桥人。是丹阳吉氏明代三进士之一。明正德八年(1513年)中进士,授桐庐知县,因治政有方,擢升金华监察御史。任职时,劾奏一些官宦侵吞赋谷,又救因冤案被囚的大学士石瑶,声名远播。其时,西南边陲的庆远地区"蛮俗难治",他一到任所,即爬山越岭,微服至各州洞察民风民情。并在庆远各州积极推广农业和畜牧业,还在民间大办学堂,延请塾师教民识字,实行"以文治地"。除此之外,他还大力革除陋习,减轻彝民赋税和劳役。当时,庆远地域还有一种"习俗",各洞獠彝为祭祀庙神,需三年杀一婴儿,令民胆悚。吉棠了解此情后,至州洞,教其酋长:"獠人即吾人,善抚之。胡为杀其婴儿以干和气?"各州洞听从他的劝告,随即便革除此项陋习,自此再不乱杀无辜。

李绍贤

　　李绍贤(? ~1519),字崇德。泗州卫(今盱眙县)人。明监察御史。少而聪慧,读书过目不忘。明武宗正德十二年(1517年),中会试第一名(会元),授行人司行人。当时武宗皇帝日耽逸乐,荒于政事。而盘踞江南的宁王朱宸濠又潜谋政变。内监江彬、钱宁等俱以嬖幸掌握兵权,又都受宁王的贿赂,怂恿、诓骗武宗南巡,企图乘机下手。正德十四年,南巡车驾准备于三月十九日启行。朝野"人情咸怀疑惧",而将相大臣尽钳口不言。而且当时江淮一带受灾荒歉,民生困窭,沿途州、县闻令科敛,"疾苦哀怨之声嚣然"。李绍贤与翰林院修撰舒芬共同发誓,挺身进谏,挽留圣驾。黄巩、舒芬、李绍贤等遂上疏谏留,李绍贤与余廷瓒共同签名的奏疏,用词尤为激烈中肯。武宗大怒,令全部打入锦衣卫狱。接着又令带枷锁跪于午门外五天,每天只许小太监给一次饭,"家人无敢祈者"。江彬、钱宁等又进行审讯,百般凌辱。他仍然"极口称驾出必不利,毅然无少屈"。不到一个月,又令他与余廷瓒等脱去衣服,杖责五十,结果二人都死于杖下,但武宗终未去成。嘉靖初年,李绍贤得以平反昭雪,追赠为监察御史,遣官谕祭。

周　振

周振(生卒年不详),武进人。明代正德年间(1506~1521年)始任江西余干县令。时该县灾害频繁,他经常去乡村走访慰问并尽全力周济灾民,自己却过着十分艰苦的生活。有一次,猎人从山上打回一头獐子,以獐肉供周振食用。周振边流泪边说:"獐肉可以饱我肚子,而我却不能饱民众,现在民众还饿着肚子,我怎可只顾自己吃饱呢?"竟推辞不食。周振后调任浙江天台县知县,该县有一要道必须造一座桥才可通行。但水流湍急,多次造桥均被激流冲倒。他至工地反复勘察,与工匠一起商量,最后用大石柱为桩,抑制水的冲力,桥终于建成。他被当地民众喻为神人,并题桥名为"晋陵桥"以作纪念。他前后任县令8年,所有俸禄均为贫民代缴赋租、救济之用,自己的必要开支往往无着落。在离任时,竟连回朝觐见的路费也无法支付。两县民众为纪念周振立祠祀之。

黄　瓒

黄瓒(生卒年不详),字公献。仪真(今仪征)人。明成化二十年(1484年)进士,历官应天府尹、山东巡抚、南京兵部右侍郎等,同一品待遇。黄瓒任江西右布政使时,宁王朱宸濠横行不法。江西各行政部门都受到牵制难有作为,独有他不为所屈。他为官讲求实绩,至诚爱民;撙节财务,剔除奸邪,所以在吏部考核上疏中,有"天下外官治行五人,瓒第一"的评语。他在山东任巡抚期间,以身作则,力行节俭。朝廷表彰黄瓒"为上为民,清苦之操,人所难及",派太监专程奖励一品袍服6袭,黄瓒却请求免去赏赐。他任南京兵部右侍郎后,宁王朱宸濠叛军到安庆,声称要夺取南京。黄瓒参与筹划防务,有功于留都南京的安全。明武宗南巡,权奸江彬随同到南京。恰逢江彬生日,南京大小官吏都送礼祝贺,只有黄瓒与侍郎何孟春不去讨好。他为官长达30余年,从不把当官看作为个人谋福利的捷径。他不但治吏甚严,而且本人生活也极为简朴,惯穿布衣。直至升任山东巡抚后,因按章需着绣服,方在办公时穿着。嘉靖元年(1522年),他请求退休获准,朝廷乃赏赐一品朝服等物,表彰其防守南京的功绩。黄瓒回故里后,仍过着简朴的生活,故民间有"一品布衣黄瓒"之说。

潘埙

潘埙(生卒年不详),字伯和,号熙台。明淮安府山阳县(今淮安市)人。正德三年(1508年)进士。正德九年,潘埙以工科给事中上疏,劝谏武宗远小人,摈佛教,禁滥赏,勿游乐嬉谑。又谏阻拆西安门外民居作宫室,"皆不报"。迁为兵科都给事中,后历任开州同知、右副都御史,巡抚河南。潞州陈卿起义,他设计夺取义军所占的险要处,很快平定了起义。而当河南大饥荒,潘埙却"不以时赈",而河南知府范锪不等皇上批准即开仓赈济,民众歌颂范锪,而潘埙却怨声四起,遂被弹劾罢官,而且"永不叙用"。时"平贼功"被核实,也只赏给他一些钱。潘埙关心地方文献掌故,辑有《淮郡文献志》。其子潘沐、潘采,孙潘蔓、潘蕃、潘苞皆知名。

王守仁

王守仁(1472～1528),幼名云,5岁改名守仁,字伯安,因筑室故乡阳明洞讲学,学者称阳明先生,亦称王阳明。明成化八年(1472年)生,余姚(今浙江余姚)人。明理学家。弘治十二年(1499年)进士,先任刑部主事,后补兵部主事。正德元年(1506年),宦官刘瑾逮南京给事中御史戴铣等20余人,守仁抗章救之,受廷杖,谪贵州龙场驿丞。瑾诛,守仁任庐陵知县,后迁南京刑部主事右佥都御史、南京刑部尚书。封新建伯。

王守仁"天姿异敏","年十七谒上饶娄谅,与论朱子格物大指,还家日端坐讲,读五经,不苟言笑","事不师古","欲立异以为高则"。他发展了陆九渊的学说,创"心学",批判程朱理学,称"夫万事万物之理不于吾心","心明便是天理";否认心外有理、有事、有物。他提出"致良知"的学说,认为为学"惟求得其心","譬之植焉,心其根也。学也者,其培壅之者也,灌溉之者也,扶植而删锄之者也,无非有事于根焉而已"。他要求用这种反求内心的修养方法,达到"万物一体"的境界。他的"知行合一"和"知行并进"说,旨在反对宋儒程颐等的"知先行后"以及各种割裂知行关系的说法。他对儿童教育,主张"必使其趋向鼓舞,中心喜悦",以达到"自然日长日化",反对"鞭挞绳缚,若待拘囚"。他的学说在明代中叶以后影响很大,还流行到日本。他的著作由门人辑成《王文成公文集》38卷,其中在哲学上最重要的有

《传习录》《大学问》,另有《阳明乡约法》等。

嘉靖七年(1528年)王守仁病逝于南安,终年56岁。死后谥"文成"。

徐 蕃

徐蕃(1463~1530),字宣之,号北屏。明英宗天顺七年(1463年)出生。泰州人。明贤臣。弘治六年(1493年)进士,乞养归家,后选为南京礼科给事中。明武宗嗣位,恢复孝宗时所裁汰的各种冗费,徐蕃等人力争不可,未被采纳。又上疏抨弹刘瑾,被逮捕械系至京,几乎受廷杖而死,削籍为民放还。刘瑾伏诛后,起用为江西参议,跟从都御史陈金讨平东乡寇敌。后又任浙江提学副使、都御史等职。任都御史时巡抚郧、襄,清查得流民20万户,使一方安定,百姓为他立去思碑。嘉靖时以工部右侍郎提督易州山厂,因病乞休。徐蕃生性简淡,衣食与居室均很俭朴,见儿子营治宅第颇为考究,十分气愤。徐蕃没有妾媵,妻子为他添置贴身婢女,徐蕃见到立即遣放回家,有古代贤者的风范。去世后葬于泰州鲍家坝。

韩叔阳 韩邦宪 韩仲雍

韩叔阳(生卒年不详),字进甫。高淳人。明官吏。少时聪慧有大志。嘉靖二十六年(1547年)进士,授任浦江知县。后历官严州知州、湖广副使。叔阳识性明悟,疾恶如仇。任浦江知县时,因致力于肃清官弊,遏制奸诈,浦江人民曾立祠纪念他。在任严州知州期间,他又以断案如神而著称。他仕官在外,不忘故里,曾回乡置办义田,筹建义仓,赈济贫困,做过许多有益于乡民的事。

韩邦宪(1541~1575),字子成。明嘉靖二十年(1541年)生,叔阳长子。明官吏。少有"神童"之称。12岁补博士弟子员,选入国子监读书;17岁中举,18岁成进士。先后任屯田主事、虞衡员外郎、衢州(今浙江衢县)知府。韩邦宪在父母相继去世,回家服丧期间,曾参与本县田亩丈量工作。当时,官田土质贫瘠,收获有限,赋税相对加重。他带头要求给自家私田加税,分摊官田部分粮赋,以减轻佃户负担。为保太湖流域免受水患,明正德年间加高东坝3丈,使高淳境内水位抬高,全县沉田10万多亩,但粮赋、力役、里甲费长期不减,每年负担"虚粮"8500多石。他对此很感不平,分别向臬台、藩台呈文报告情况,并撰写《广通镇坝考》,呼吁社会各界对东坝上游的灾民予以同情。他任衢州知府期间,注意查询民间疾苦,提出"明大义、勤职守、实节省、复成法、议赋役、讲实政、广储蓄、修武备"等八点主张,并一一付诸实施。还组织清查孔庙田产,拿出自己的俸银救济贫苦书生;研究确定赋役规章,革除织造舞弊;创办盐行。万历三年(1575年),衢州遭大旱,灾情十分严重,邦宪不顾重病在身,亲自书写文告,开仓放粮救灾。去世后,衢州人民为他铸铜像一尊,立在常怀祠,永志怀念。

  韩仲雍(生卒年不详),字璧哉,叔阳之孙。明官吏。少年好学上进,万历三十二年(1604年)进士,初供职吏部,后任顺天(京师)乡试主考、户部主事、九江关官。其间,他抵制收税宦官化公为私、中饱私囊的行为,每年为国库增加收入"七千万两",擢升贵州按察使提举检事。约于万历三十九年,调任福州副使兼巡海道,受命负责福建沿海海防。当时,被戚继光基本扫平的倭寇死灰复燃。他到任后,立即建立水师标。水师标全由从云南、贵州一带因起义和暴动失败而逃至的苗族勇士组成,战斗力很强。一日,骚扰今台湾省基隆市一带的倭寇发生火并。有一叫明石道友的日本武士带一批倭寇前来投靠。韩仲雍信任他们,宰牛置酒款待。明石道友等被他的为人和豪气所折服,不仅不再骚扰中国百姓,还成了水师标的内应。以后,水师标因得明石道友的密报,部署周密,苗族勇士奋勇杀敌,将出没于东沙群岛的倭寇全部歼灭。自此,倭寇闻水师标即丧胆,不敢轻易骚扰福建沿海。韩仲雍一生陶铸风雅,潇洒多才,著有《在鲁堂集》。

张　羽　张　穗

  张羽(1467~1536),字凤举,号东田。泰兴人。明官吏。明孝宗弘治九年(1496年)进士,出任淳安(今浙江淳安县)知县,性仁爱,好教化,施行政务以宽大公平著称;淳安县人胡尚书拱辰为立去思碑。后任海宁知县、江西道监察御史。武宗正德初年,张羽直言上书弹劾刘瑾罪状,声振朝廷,不久调任云南巡抚。云南旧有银矿,太监私自开采,久为民害,他上书朝廷勒令停止。当朝宰相杨一清的亲族犯法,他照样捉来依法治罪。后出任保定府知府,到任不满三个月,那些以权谋私的豪门贵族都不敢再胡作非为。后起任福建邵武知府,升任河南按察使直至布政使。历官30多年,毫无余财。70多岁时,为其三子(楷、采、植)分田地房产,还将先世所亏300多两银子载入分书,由三子分别偿还。著有《东田遗稿》2卷。

张瓛(1478～1555),字鹄举,号南溪,张羽之弟。明代直臣。明武宗正德九年(1514年)进士。初授户部主事,后改礼部主事。武宗南巡,张瓛上疏力阻,受廷杖几死。世宗嘉靖初年,升礼部郎中,因伏阙争大礼,再受廷杖,调兵部郎中,后降任广东饶平县丞。在饶平创立书院,亲自授课,以科第显名者数人。他任海盐县知县期间,轻徭薄赋,兴利除害,县民感恩,奉礼名宦祠。后来历任潮州府同知、陕西佥事、河南副使、湖广提学使。提倡培养德行,端正文体,学风因而大变,考试所得士,日后多为名臣。升任陕西参政时,陕人为他立生祠。后又调任贵州按察使,四川、江西、河南布政使,政绩最为显著。升任都察院右副都御史,巡抚延安、绥远、榆林等地,提出应兴办之事十八件,均得到皇帝选许、采纳,并立为法令。番兵两次入侵,都被击退,皇帝下诏奖励,并升他为兵部右侍郎。后改任南京户部右侍郎,因生病,告假归里。著有《南溪奏议》2卷、《南溪遗稿》2卷。

陈道复

陈道复(1483～1544),名淳,字道复,以字行,更字复甫,别号白阳山人,长洲县(今苏州市区)人,生于明成化十九年(1483年),明书法家。师事文徵明,"涵揉磨琢,器业日进",凡经学、古文、诗词、书画,皆臻其妙。无意功名,寄迹山林。轻金钱财资,为乡里人所敬。绘事精写意花卉,亦能作山水画,造诣较高。工书法,篆真行草,无所不能。小篆"潇洒而劲",尤为世人所重。其书初学文徵明,欲取风韵,遂成媚侧;行书学杨凝式、林藻,老笔纵横可尝;草书攻学怀素,而类祝允明。存世作品有《草书诗》、《杜诗卷》、《秋兴诗卷》等。卒于嘉靖二十三年(1544年),墓在通安阳山。子枚亦善书画。

张守约

张守约(生卒年不详),字彦博。岳州华容人。嘉靖五年(1526年)进士,素以能吏、廉吏著称。嘉靖二十年任淮安知府,赴任前,他将妻子儿女遣回故乡,以防拖累,自身携带两个仆人单车到达淮安。他上任后,在府署后院开园种菜,平时布衣蔬食,自奉节约。又下令禁绝官市,不准府属及县属官吏经商敛财,以免其欺行霸市,与民争利。自己的薪俸都存在府库里,常常拿出来周济无食无儿的老人及读书的贫士,毫不吝惜。他性格严峻,地方绅士有所馈赠,均严词拒绝,一介不取。对待家人的管理也很严格,不准其私取民间一物,有人说情行贿,托两个仆人代转,他不但不收,还把两人责打一顿,令其退还。两个仆人积怨很深,几次逃走都未成功。一次,他俩又因接受人馈赠的事被张守约发现,两人便暗中合计,乘张守约熟睡时,将他连刺几刀后逃逸。当僚吏闻讯赶来时,他还有微弱的呼吸,闭着眼讲了事情的经过,当即死去。僚属检查他的遗物,只有两只箱子,其中一只装着书,一只装有衣、被和蚊帐等,都经过多次补缀洗浣,不是一般人能继续使用的,观者都为之垂泪。淮安百姓听了,万分痛惜。事后不久,杀人凶手被缉拿归案。

丁效恭

丁效恭(？~1557),宝应县城人,明抗倭英雄。禀性耿直,粗犷豪放,膂力过人,能举五百斤。曾为屠夫,两头大猪,徒手即可提起悬挂到屋梁钩上。嘉靖三十六年(1557年),倭寇由高邮北窜,进犯宝应,沿途奸淫烧杀。当时宝应还没有修筑城墙,居民纷纷逃避,隐藏于村落中。丁效恭愤慨地说:"偌大的宝应县,难道就没有男子汉!"他聚集了几十个青年,手持长戟、利刃,奔向城南迎击倭寇。他冲在最前面,挥刀连杀数人,锐不可当,倭寇被迫后退。经过长时间的激烈搏斗,青年们既饿又累,开始往回撤。这时后退的倭寇挥刀反扑,从侧面迂回的倭寇也呐喊骤起,相互策应,四面环攻,丁效恭等人陷入重围,终因众寡悬殊,他壮烈捐躯。

事后,宝应人民将丁效恭遗体收葬于通海桥东,并建祠立碑纪念这位英雄。祠、碑均因年久圮毁。

贺邦泰

贺邦泰(生卒年不详),字道卿。丹阳蒋墅人。明嘉靖三十八年(1559年)中进士,历任福建莆田县知事、琼州太守、户部尚书等职。他任莆田县知事时,正值倭寇侵犯莆田,他全力组织沿海军民抗击,屡战屡胜,使一方百姓平安如初,获抗倭名将戚继光的高度赞扬。由于他抗倭有功,不久,擢升海瑞故乡琼州太守。有一次,海瑞回乡省亲,去州府拜访他,并被请至他家中作客。海瑞见其家中摆设简朴,家人穿着无华丽之举,卧室与平民无别,吃的竟是大麦粥和普通老百姓所食蔬菜,十分钦佩,称他是"廉洁大计卓异第一"。此事传至乡里,乡民均称他为"大麦粥太守",赞誉他从政廉洁。琼州乡民常遭海盗抢劫骚扰之苦,生活不得安宁。贺邦泰组织军民合力围剿,同时派出官员收服海盗李茂。李茂率群盗降贺,被委以"大帅"。李茂对贺十分感激,一次带着珍宝巨万赠贺,贺见此全然不为所动,婉然拒绝。李见状,跪着不起,"叩头固请",贺在李的盛情之下,"仅取沉香一片,留浮屠为佛像。"此事不胫而走,使琼州上下官员和乡民为之赞叹,亦使仍做海盗者叹服,而纷纷归降,地方得以平安,乡民安居乐业。由于他在琼州为官清正,政绩卓著,不久擢迁湖广参政,后又任户部尚书。

张文卿

张文卿(生卒年不详),字公辅,号双泉。丹阳麦溪张家人。他于明嘉靖二十五年(1546年)中举,嘉靖三十八年授福建安溪知县。这里是穷山僻壤,他来此上任,时值岁饥,民不聊生,他爬山越岭,微服私访,了解县民之疾苦。遇到极贫者,当即倾囊相救。同时,在县内开赈济民,救百姓于水火之中。为了恢复和发展生产,组织乡民治水、治山,开凿河渠,垦殖荒地荒山,并将江南的耕作技术推广到安溪,教民种植,乡民生活有了保障,逐渐出现物阜民安的景象。他还大力提倡文化教育,兴办学堂,教民读书识字,并且亲自于每月初一、十五日去学堂为塾生讲学。对贫困子女给以捐款助学,对已入学的寒儒恤以自己的薪俸。张文卿及家人常年过着忍饥挨饿的生活,甚至到了食不果腹的程度。某年七月,倭寇大举侵犯安溪,张文卿即组织军民奋力抗击。激战中擒其首,灭其众,斩获无数,大获全胜,使外患清除,国泰民安,但他"以劳撄疾"而亡。卒后,家中一贫如洗,以致无法归葬。兵民闻之,哭声恸地,遍及全县。此时,"巡按徐悼其为民殒命,檄郡守厚恤",方将尸体入殓归葬。其棺柩运走时,万民列队延绵十余里分列痛哭相送。

王 同

王同(生卒年不详),字一之。明河南郏县人。嘉靖二十三年(1544年),以举人出任海州知州。时海州连年受灾,百姓外出逃荒甚多,116里

（每里100户），大半逃亡。王同经过调查，向朝廷上疏，力陈百姓不堪赋敛、徭役之苦，什伍逃亡在外，人口、丁户大为减少，请求并里，减轻赋税，招抚流亡，开垦荒地。经朝廷批准，按王同所奏，合并为60里，依此减轻马价，减少税粮，免去摊派，让百姓得以休养生息。王同率民疏通河道，修整州学，救荒赈贷，为民排难分忧，民气始有较大复苏。王同工书法，常为民间撰写匾额碑记。后王同升迁南京都督府经办。连云港市境内有其书法石刻多处。

供 春

供春（生卒年不详），又名龚春、龚供春。约生活于明代正德、嘉靖年间（1506～1566年），宜兴县人。紫砂艺人。少时为四川参政吴颐山家童。吴入仕前曾寓居金沙寺读书，供春在伴读时暗向寺内老僧学习制陶工艺，加以发挥，配制紫砂泥原料，改进工具和技术，专制茶具壶品，创"供春壶"式样，流传极广，被视作紫砂壶的正宗。后时大彬即从仿制"供春大壶"入手而成为紫砂工艺大师。

张 荣

张荣（生卒年不详），字伯仁。明如皋名医。明嘉靖年间迁居如皋。精于医术，诊治病人，不论早晚、寒暑、雨雪，均如期应约，精心拟方，疗效显著。嘉靖三十八年（1559年），倭寇侵犯如皋，刘景韶带兵抵御，征用张荣为军医。时值军中疫病流行，张荣治救1000多人。隆庆六年（1572年），如皋1200多名民伕到下邳疏浚河道，因瘟疫死去半数以上。张荣主动前往，不分日夜地俯身于简易地棚之中，为民伕诊治，使余下的民伕全部得救回乡。

陈斗南

陈斗南（生卒年不详），字子一，号方池。世居盐城西北乡，约生活在明正德至隆庆年间。父陈训，嘉靖元年（1522年）科举人，先后授职定远、阴平知县。陈斗南事继母以孝，名闻乡里。嘉靖十九年乡试举人中试。嘉靖二十九年，中进士，授户部主事。陈斗南任职时，朝政败坏，不少官员趋奉奸权严嵩,而陈以风节自恃,遇事不苟同。严嵩闻其名,欲罗至门下,为其效力,陈拒而不往,因此触犯严嵩,被谪迁山东泰安州通判。陈终因有"济世之才,不重其用",郁郁而卒。

夏 雷 应 星

夏雷(生卒年不详),字凫溪。建湖县东夏庄人,约生于明弘治初,卒于嘉靖末。青年时好学,却屡试不第。后于家园河西构草楼一所,终日读书其上,取名"卧薪楼",以示其刻苦攻读、博取功名的决心。嘉靖四年(1525年)乡试,举人中式。次年,科进士。初授刑部主事,先后调任西安、长沙知府,重夔兵备副使,广西参政。所至之处,清廉称职。晚年致仕,除琴书画卷以外,家中仅有薄田百亩。万历盐城知县杨瑞云评价其人品"蔼蔼若春空云"。

应星,夏雷之子,字念凫。万历二年(1574年)中进士,亦曾官长沙知府,"父子长沙"传为佳话。后还被说书艺人编成故事,作为入话的楔子。

汤 用

汤用(生卒年不详),丹阳人。明嘉靖年间(1522~1566年)先后任浙皖交界处的淳安县主薄、县令。淳安县令海瑞和主簿汤用常微服私访,平息盗患,公断民案。淳安为之物阜民安,万民称道。汤用与海瑞共事之际,省府鹾使(即盐官)鄢懋卿至淳安,海瑞未予宴请"接风",加之鄢惯以嫉贤妒能,因而对海瑞怀恨在心。鄢还对汤用施以威胁利诱,要他诬陷海瑞,汤用毫无惧色,拒理力争,直言"海县令无半点枉法之事"。鄢懋卿在淳安期间,贪赃枉法,常以盐运搜括民财,收贿于盐商,盘剥于盐运工。海、汤二人了解此情后,一同来到盐运衙找鄢懋卿,恳请他体恤淳安民众。正交谈间,忽有差役报鄢,说有盐商携花卉数十盆候见。海瑞马上意识到这是在行贿,便立即叫汤用等人帮他一起将花盆抬入,到了堂前又佯装跌倒,使花盆土尽覆,盆中黄金也撒到地上,这情景使贪官不知所措,海瑞、汤用二人即起身拂袖而出。不久,鄢懋卿东窗事发,被削职为民。两年后,因政绩卓著,海瑞擢升嘉兴通判,汤用迁擢淳安县令。汤用任县令后,以施政清廉而成为淳安县又一任清官,因而被擢升为浙江盐运司通判。他年老还乡时,两袖清风,布衣为民,其廉洁之事流传乡里。

胡应嘉

胡应嘉(? ~1570),沭阳县人,世居淮安城。明嘉靖五年(1526年)进士。初任宜春县知县,后升任吏科给事中。他不畏权势,敢于斗争,弹劾过侍郎黄养蒙、李登云及布政使李磐、侯一元等,使他们一一被革职。他还揭发大学士高拱庇护乡里,执法不公。高拱与李登云为姻亲,遂衔恨他。吏部考察官员时,他弹劾尚书杨博以泄私愤贬谪言官。隆庆元年(1567年),大学士徐阶等指责胡应嘉等"党护同官,挟私妄奏",他遂被调任建宁推官,后任湖广布政司左参议。他请求皇帝处理朝政须亲临面达,听取各方面意见,不能让几个朝臣把持朝政,贻误国家。主张谏官要仗义执言,不能"挟私妄论邪正臧否"。他疾呼:"忠直者,必正人也;谄谀者,必小人也。"胡应嘉在当时号称"敢言",然弹劾乡官沈坤,致沈罹狱,却多受乡人非议。他以敢言一再遭到打击,郁郁不得志,忧愤归里。所著《科甲奏疏》,系奏折汇编,多义正词严,文笔泼辣犀利。

裴天祐

裴天祐(生卒年不详),字顺之,号鹤洲。赣榆县人。嘉靖二十二年(1543年)中举,嘉靖二十九年中进士,任建安县(今福建建瓯)令时,"誓不以膏腴耳润","务在厚民",被誉为闽地最好的县令。任监察御史时,受命催缴河南、陕西、四川三省拖欠的贡赋,能同情民间疾苦,上奏朝廷免去"数万金"。巡按山东时,执法除弊,当地权贵诬告一位州判贪酷,裴天祐能认真审理,察知该州判的贤能后,给予优奖;又一死囚以万金贿赂,请求免死,裴天祐将金钱充公,仍将死囚执法。后继任大理寺卿、光禄寺卿。晚年乞归故里,杜门谢客,著成《拙逸亭稿》,并校正张峰所撰的《海州志》。死后,他的墓志由御史何宽撰文,潘季驯书写。

王　来

王来(生卒年不详),安徽来安人。明万历元年(1573年)曾自称"来今哀老,死期难保朝夕"。来安地处滁河下游,河道屈曲,入江口远在六合,难以骤泄三面下注的洪水,北岸圩田往往淹没。明成化、弘治、正德、嘉靖年间,官府曾在今浦口境内开挖朱家山河,以图在朱家山切岭,西北引滁河,东通长江,既可泄水,又可救旱,然均以朱家山石骨坚硬而功亏一篑。

隆庆二年(1568年),王来申请改挖官塘,以避朱家山之石。经李姓屯田御史批准进行勘估,并委浦口守御府指挥督率工匠兴工。正值此时,屯田御史改由张姓担任,张不同意兴办是项工程。王来乃写状前往南京通政使司,告送南京都察院,转行屯田道。状词偏激,忤犯张御史,差人押送王来至朱家山河处,发给官银30两,要他雇工在官塘上下打井4处,探试河路下面有无石骨。王来恐怕事情不成承担耗费官银罪名,乃退还官银,用自己典掉田地所得的50两银,打井4口。张御史又要王来领银200两,自雇人夫,挖样河40丈,王来回以年老眼瞎,且挖河工程原已委任指挥李绍负责,不肯接受,词语激切,触怒御史,将王来置于狱,并予杖责。要他供认"委难开凿,实费钱粮浩大,军民不愿等情"。开河事遂停工。万历元年,王来再上《开河议略》,获得准许,但"寻以用非其人,冒侵帑金,惧阴谋阻挠而罢"。

清雍正十一年(1733年)六月,滁河下游大水,圩埂尽数冲破。布政使司派人取王来当年写的开河奏议,王来后人王之荩乃缵承祖志,请开朱家山河。经江南驿传盐法道查勘后,两江总督要求作速前往开河,并于上下两江司库鳌费项下拨款。连同首尾建闸,"用银二千七百余两"。工成后,因"雨霪水冲,山土卸入沟内,不数年即塞"。

郭师吉

郭师吉(生卒年不详),字时用,号中宇。如皋人。幼时家境贫困,向别人借书读,过目不忘。郭师吉身材高大,善于骑马射箭。嘉靖末年,倭寇侵犯如皋城,郭师吉为抗倭献计献策,多有奇效。他于明万历五年(1577年)中进士,任户部郎中。后知广州,平定东粤战乱。父丧告假回如皋服孝。后补官甘肃巩昌,向朝廷上书献《安边十五策》,擢升甘肃兵备,镇守酒泉,兼辖宁夏、平凉等州,整饬军务,壁垒一新。再升陕西布政司左参政。当时,在廷大臣主和,郭师吉遭妒,被中伤而罢官。著有《百将传》、《筹边纪略》、《八阵图说》。

傅仁宇

傅仁宇(生卒年不详),字允科。明代江宁(今南京)人。世代行医,家传眼科。他行医30余年,长于眼科手术,可行金针拨障,及钩、针、割、烙等术。著有《审视瑶函》(又名《眼科大全》)一书(1644年刊行),系17世纪中国最完备的一部眼科专著。该书综合眼科病患108证,详论眼与内脏关系及眼病症状、诊断和治疗。全书察证以审因,鉴形而辨候,开卷了然,为眼科之巨著。所载方剂如石斛夜光丸、滋阴地黄丸等均广为流传,至今仍为临床常用方剂。其子国栋继承父业,亦精于眼科医术。

朱笈

朱笈(1512~1574),字懋学,号龙岗。明正德七年(1512年)生,淮安府桃源县境(今泗阳县境)人。嘉靖二十六年(1547年)进士,历官南京户部主事,北户部员外郎。与同榜进士杨继盛意气相许,对当时政治弊端甚感忧愤。杨继盛因弹劾严嵩,触忤下狱。旧友畏严嵩权势,皆不敢接近,独朱笈常派人入狱慰问并馈赠物品。因此为当道所忌,迁口北道金事。朱笈到任后,处理诉讼,选拔人才,惩治违法官吏,皆能秉公执法,不避权贵。事闻于朝廷,被任命为金都御史,迁大同巡抚。当时俺达屡犯边境,朱笈防御有方,迭奏战功。又整肃吏治,振立纲纪,抑制豪强,不到三月,百废改观。时严嵩当权,因杨继盛案挟嫌报复,暗使勘官罗织罪名,将朱笈谪戍永宁。朱笈谪居九载,绝不干预外事。居乡能救人之难,不治田宅,不以宠辱介意。穆宗嗣位后,起用朱笈为宁夏总督,又移镇云中,屡建边功,多次受到朝廷褒奖。后转任山西巡抚、户部右侍郎。凡朱笈所治宁夏、三晋之地,皆兵食充足,垣堡坚固,百姓安居乐业,时人誉他有拨乱反正之才。著有《龙冈文集》、《奏议》若干卷。其墓在泗阳九里冈。

喻文伟

喻文伟(生卒年不详),又名文纬,字汝器,号同宇。江西南昌人。举人出身,明万历三年(1575年)以文林郎任宿迁县知事。就任伊始,即遍察民情。时宿迁地处黄河下游,洪水危害尤烈,地瘠民穷。宿迁县城地势低洼(位于今宿迁城南),每逢洪水过境,民居"半入于河,且侵逼政事堂"。经奏准朝廷,发帑金3200两作为迁城费用。淮安府知府邵元哲等又捐银3190两,喻文伟尽捐任内所蓄俸禄银400两。新县城址选于原县城北二里马陵山坡,被山带河,东阻侍邱湖(该湖于清中叶淤为田),得地形之胜。万历四年秋,发动民工3000余人,以土筑城,城外筑护堤一道。城内外辟街道14条,是年初冬竣工。万历五年洪水过境,民居安然。迁城就绪,喻文伟即礼聘地方耆宿何仪、刘笋等数人,广为征集史料,撰写《宿迁县志》,这是宿迁现存最早的一部县志。县志计8卷,万历五年刻版印制问世。喻文伟为之作序。

邱　度

邱度(生卒年不详),字志忠,一字汝洪。明淮安卫(今淮安市)人。吴承恩外孙。神宗万历五年(1577年)进士,历任南康推官、户部主事、榷九江关、户部郎中、知汝宁、知归德府事、陕西山西兵备驿传道,官至光禄寺卿。在南康时,有官奴杀人,霸占民田,官府不敢过问,邱度至则令官奴抵罪,归还民田。御史刘台被削籍家居,与刘氏有宿怨的人秉承首辅张居正意旨,诬告并将刘台逮捕入狱,巡按又禁锢他的家属,此案经邱度审理,邱度抗声说:"天道不可欺!"竭力为他们辨明曲直,使巡抚、巡按们皆很佩服。在任九江关监督时,"务为宽大"。他说:"榷关所以抑末,不得已也,苛敛亏商,商亏则百货滞而物价腾,害将深,非朝廷立法意。故时有纵舍而课额无缺。"光禄寺卿主管朝廷的财政收支,而当时的宦官几乎天天都借口皇上的敕令,横征暴索,没有人敢核实复验。邱度觉得其中有诈,就一定要他们拿出圣旨来。这样一来,宦官们害怕,"多为敛迹"。旧志称邱度"遇事明达,有识力"。

朱　恕

朱恕(生卒年不详),字光信。明农民哲学家,理学家王艮的门徒。住大丰县草堰场。年少丧父,家境贫穷,采樵养母。一天,他经过王艮书院,留步听讲,深受启发,信口做歌:"离山十里,薪在家里;离山一里,薪在山里。"

王艮听了,认为他的歌很有哲理,连忙招入院中,向学生说道:"你们都应知道处处有理,问题在于你去不去追求!"他因对当时社会不满,终身隐居不仕,以采樵行吟为乐。朱恕本有名无字。里人鉴于他生平无丝毫欺诈,以"光信"作为他的字。尚书耿定向为朱恕作《陶樵传》,配享泰州崇儒祠。朱恕与兴化戴窑西韩窑村韩东吾为同时代的"东海贤人"。朱恕墓在草堰,墓前曾有一小庙,内有石碑一块,上书"朱光信先生之墓",残碑至今尚存。

凌 儒

凌儒(生卒年不详),子真卿,号海楼。泰州人。嘉靖三十二年(1553年)年进士,授江西永丰县令。在永丰多有惠政,召拜为御史。初任御史时,首辅严嵩想利用边警构陷总督蓟辽右都御史王忬,命凌儒前往勘查。凌儒勘查后竭力为王忬申理,说:"白首筹边,谋实周于御圉。赤心为国,谊颇效于忘家。罪误不多,功勤可录。"直声闻于朝野。后出任巡盐御史,前往两浙。当时严嵩党羽鄢懋卿总理盐政,市权纳贿,将监司郡县吏看作下属,凌儒不愿受此屈辱,称病而回。明世宗晚年拒谏,进言的人常受重遣。嘉靖四十二年,凌儒建言放还宫人、疏远宦官、重罚贪墨官吏、革除虚冒兵额,并荐举罗洪先等人。世宗大怒,将凌儒廷杖六十,除名编管。四年后穆宗嗣位,凌儒恢复原官。复官后,凌儒因大学士高拱、郭朴排挤首辅徐阶,率领其他御史先后弹劾高、郭,迫使他们去职。不久,又弹劾抚治郧阳都御史刘秉仁、总督刘焘、巡抚耿随卿、总兵官李世忠,使他们或治罪或罢官。隆庆二年(1568年),凌儒升任右佥都御史,办理山西屯盐。由于连续弹劾权贵,遭人忌恨,被中伤落职回籍。

凌儒回乡后绝迹公府,但遇到不公不法的事立即奋袂而起,为之理直雪冤。对有关家乡的大事,更非常关心。下河地区产粮占泰州的三分之二,而地势卑洼,粮田全赖运河长堤保护,堤溃田沉水底则颗粒无收。凌儒力请当道开丁溪、白驹两港,向海泄水,并且不避风雨与有关人员一道实地勘察,指导疏浚。两港开成,大大减轻了下河水患。其他如对修学宫、筑堤、救荒、改正编银、以马草补料价等等建议,也大多数得到采纳施行。著有《旧业堂集》10卷。

赵邦秩

赵邦秩(生卒年不详),号元叙,又名十岩。浙江平湖人。进士。明万历五年(1577年)四月任海门知县。他一到任,首先接触民众,体察下情。他根据海门的实际情况,妥善安排流亡人员的生活,豁免坍地的赋税,减养马匹,减轻百姓的负担。他还提出八项施政方针,即以身作则、端正民风、重视办学、修订制度、裁减冗员、革除浪费、剔除宿弊、慑服豪强,并条陈上报,永久实施。他还时常召集百姓,对他们说:"我来做你们的父母官,不仅要使你们有饭吃,有衣穿,足以赡养父母,抚育子女,还希望你们督促教育子女,孝敬父母,和睦乡里,做个善良的百姓。"人们听了他的话,无不为之动情。他同时身体力行,对老年人以礼相待,不要他们行跪拜礼。此后百姓之间互相帮助、互相鼓励的事日多,争讼的事少了,质朴淳厚的民风又重新出现。逃亡外地的人逐渐回来,在海门重建家园的有数百家。赵邦秩性格刚强正直,不与世俗为伍,和蔼可亲,坦荡直率,不摆官架子,平易近人。他生活俭朴,清正廉明,连一碗蔬菜的钱也不肯耗费地方上的。他因劳累过度,突然病倒。那年又正闹水灾,百姓受灾,使他十分痛苦。此后病势更重,许多百姓都祷告上苍,保佑这位好官。不久赵邦秩病逝的凶讯传出,百姓悲痛号哭。百姓集议,决定在学宫东南角立祠,以纪念他的德行和功绩。并在祠前凿一池,名为"留惠泉",因赵知县生前喜欢柏树,在祠堂两旁都种上柏树,将这祠起名为"柏林赵公祠"。曾任四川布政使的通州人袁随和大学士兴化人李春芳为之题写碑记。

包柽芳

包柽芳(约1520~约1580),浙江嘉兴人。以进士授官贵州提学副使。明穆宗隆庆三年(1569年),调任两淮盐运使司通州分司盐运判官。他体察下情,恤民艰苦。到任不久,海堤为大潮冲坏多处,有人主张仍就海堤旧址加以修筑以节省费用。他亲至各场沿海处逐一勘察,认为马塘、石港等场草荡、盐灶原先在堤外的居多数,按照旧址筑堤难获安全;为屏障灶荡,应将海堤向外扩展。于是,请求上司准许增修堤岸十五六里,东起彭家缺口,南接石港新堤。上司准其情。堤成,人称"包公堤",并为之立生祠,比之于范文正公（仲淹）。

刘 效

刘效（生卒年不详），字龙泉。赣榆县人。文武全才，精通春秋大义，熟读诸史，勇略过人。使用长槊，能骑在马上奔驰射箭。嘉靖时（约在1565年左右）曾除地方土匪唐良、响马王博，在地方上很有声望。万历十三年（1585年），凤阳指挥毕重威反叛明朝。朝廷召刘效前往攻剿，多有战功。事后，刘效辞官不受，归故里，年80而卒。

杨瑞云

杨瑞云（生卒年不详），广东海南人。明万历七年（1579年）进士，同年出任盐城县知县。在盐城任职6年多时间，连年大水，他千方百计筹措银两，赈济灾民，他还为灾民解决幼畜、生产工具等困难，鼓励流民复归。仅万历七年至九年，就招抚3461户9696人，占全县总户数的一半以上。万历九年为疏浚射阳湖，经朝廷批准，拨银3000两。杨瑞云亲自勘查，督工开浚，由庙湾新丰市入海，使诸水始有所归，其后，水灾渐轻。百姓为其功德，在射阳湖畔建杨公墩以示纪念。他还先后主持另辟盐城南门迎薰门，建楼阁三间，题匾"淮扬一览"，为盐城一大景观。又建西书院，还建便名仓91间，积存稻谷以备荒；重修养济院，使孤老无靠者有所养。他任职当年，即设局撰修县志，至万历十一年春，志书刻成，这是盐城见之于史、现存于世的最早的一部县志。

盛时泰

盛时泰（1519~1578或1529~1589），字仲交，号云浦、大城山人。上元（今南京）人。嘉靖进士，一说贡生。他以书画、文章擅名一时，尤善画，为吴派名画家。撰有《牛首山志》2卷、《金陵纪胜》2卷、《大城山人集》68卷，以及《大城山志》、《栖霞小志》、《金陵泉志》、《方山志》等。另有金石目录《苍润轩碑跋》、《续跋》各1卷。还辑陈镐《金陵人物志》成书。

樊兆程

樊兆程(生卒年不详),字一鹏,江西省进贤县举人。明万历十四年(1586年)任赣榆知县。在任内,他革积弊,惩贪酷,除冗费,均田赋,以解民倒悬;垦荒田,立官庄,浚河筑堤,以兴农业;建义仓,设养济院,放赈,平粜以活贫民;修县志,建学宫,立社学,以倡文教;筑砖城,以防兵戎;建桥筑路,以便交通;立坛庙,以供民祝祭,五年无闲日,确实是为官一任,造福一方。至其去职,县人感而立"去思碑"以作纪念。崇祯十三年(1640年)又建贤侯遗爱祠以祭祀。

王之城

王之城(生卒年不详),字会峰。山东济南新城人。明万历二十四年(1596年),由温州府同知移任通州知州,万历二十七年改任沂州知州,后转任淮安府同知。王之城任通州州官前后四年,其间清正廉政,深受通州百姓爱戴。他在通州任内,为防止胥吏作弊,办案均亲自动手,他还经常亲自察访监狱,杜绝漏洞。通州士绅中亦有插手诉讼的,王之城总是严词坚拒,毫不徇私案情。他崇尚勤俭,带领属下节约日常开支,千方百计减轻百姓的负担,发现有铺张浪费的情况,即严令禁止。他对于那些劣迹昭彰坚决不改的贪官污吏则坚决地清除。志书记载他曾"屏汰"胥吏10人,衙佐36人,卒役70人,并以正直廉洁的州人补充。通州处于倭寇犯境的重地,他呈奏朝廷批准后,进行扩围修城的施工,经过16个月的奋战,于万历二十六年筑成新城。通州在王之城的治理下"威惠大行"、"吏畏而民安之"。后世认为王之城"无论筑城之功,足以不朽。即清介之操,刚正之气,远非他人所能及"。

李贽

李贽(1527~1602),原姓林,名载贽,后改姓李,名贽,字卓吾,号温陵居士,又号宏甫、龙湖叟等。回族。晋江(今福建泉州)人。嘉靖三十五年(1556年)在共城(今河南辉县)当教谕。嘉靖三十九年升任南京国子监博士,后又相继就任北京国子监博士、礼部司务、南京刑部员外郎和云南姚安知府。万历九年(1581年)起隐居,专事讲学著述,万历十六年落发出家。后因反对宋儒道学被治罪,于万历三十年在镇抚司狱中自杀,终年75岁。

李贽性格倔强,且又善于思考,从小就"不信学,不信道,不信仙、释,故见道人则恶,见僧则恶,见道学先生则恶"。12岁时写了《老农老圃论》,对《论语·子路篇》的《樊迟请学稼》章做出新的解释,受到时人称赞。嗣后,他不仅接触和研究过王阳明的学说,还在出任南京刑部员外郎期间(1570~1577年)拜泰州学派创始人王艮的儿子王襞为师,接受了泰州学派的思想和学说影响,并逐步成为一个不拘儒家传统思想束缚,而又富有正义感的知识分子。他为官20余年,经常触犯权势者,同那些一味坚持儒家教条的人格格不入,常遭权势者和俗儒们的非议和迫害。从万历九年至三十年的20多年隐居生活中,他除在山西等地讲学两年外,则专心于著书立说,揭露欺世盗名的假道学。用诗歌、人物传说和对人物事件及言论的专论或评述,表达自己的政治观点和历史观点。他的哲学思想虽未摆脱王阳明和佛教禅观之学的影响,却公开以"异端"自居。他贬斥《六经》、《论语》、《孟子》等书。主张重视功利,提出"穿衣吃饭即是人伦物理"的见解,反对以忠君作为评价人物的道德标准,提出"君臣以义交也,士为知己死","臣之强,强于主之庸耳。苟不强,则不免为舐痔之臣所诮,而为弱人所唊矣"。

他还在妇女问题方面,批判了传统的男尊女卑的观点,提倡男女平等,婚姻自由。在文学方面,他反对复古摹拟,主张创作应抒发己见;提出"童心说",反对用传统的伦理道德去蒙蔽人纯洁的本性,强调个人自由。李贽一生著作甚多,除《焚书》、《续焚书》、《藏书》、《续藏书》4种最重要的书以外,还有《史纲评要》、《批评忠义水浒传》、《初潭集》、《李氏丛书》、《李氏六书》、《易因》等,其中《藏书》于万历二十七年在南京出版。

刘觐文

刘觐文(1570~1607),字叔熙。明穆宗隆庆四年(1570年)出生。丹徒人。历任县令、知州、礼部员外郎等职。万历二十三年(1595年)参加科举考试,礼部尚书兼大学士沈一贯通观试卷,觉得刘文通晓流畅,言之有物,甚合己意,随即将刘文提出,准备置于首甲,要求刘觐文先去拜见他。刘未去,结果得了个二甲。遂任开州令(今四川开县),居任8个月,因母丧归守服。

数年后补直隶州汝州知州(治所在今河南临汝县),到任后,宣布对百姓繁重的苛捐杂税,该清的清,该免的免,百姓无不称颂。后又以法律制服了当地强横的豪绅以及地方官吏,使得一州没有人不佩服他。汝州自古无城,刘觐文视事后,搜集得各类抵押品及罚金等计银7000余两,延工筑城,日夜劳作,不到一个月,汝州城建成,他则将全部收入来源和支出公告上墙,分厘不差。有外地人流入汝州境内者,悉令开垦荒地,并借牛贷种;对贫苦民众设粥厂十余处以赈济。时税官依靠宦官势力,横行乡里,一些邪恶、狡诈的人又以矿利问题煽动闹事,刘觐文均绳之以法,并将他们的罪行上奏朝廷。由于政绩卓异,被提升为礼部主司员外郎,四面八方祝贺送礼者甚多,他一概辞谢。

刘觐文感到当时管理监狱的官用刑太残忍,于是上疏请宽恤刑狱。皇帝采纳了他的建议,并给予了特别的赞赏和嘉奖,接着奉诏去苏州慰问申相国。苏州当地官员以没收的4万余银两送给他作为路费,也被他竭力拒绝了。万历三十五年,他在赴任山东途中去世。死后囊无余资,入葬困难,靠同年凑聚,才得以解决成殓费用。在他任过职的开州、汝州,老百姓为他立有生祠,闻其病逝,扶老携幼自动到祠中悼念。

利玛窦

利玛窦(Matteo Ricci,1552~1610),字西泰,意大利人。天主教耶稣会传教士。他在葡萄牙殖民势力的支持下,于明万历十年(1582年)奉派来中国。初在广东肇庆传教。万历二十三年相继到南京、南昌传教。翌年任在华耶稣会领袖。万历二十六年,经南京抵北京。次年,他第三次到南京,建罗寺转弯公所(在罗丝转弯处,即今南京石鼓路天主教堂之前身),设堂传教,此为南京第一所个人小教堂。万历二十八年,再赴北京,进呈自鸣钟等物,并与士大夫交往。他主张将孔孟之道和宗法敬祖思想同天主教相融合,宣扬合儒补儒超儒的思想,也介绍过一些西方的自然科学知识。他还与明代科学家徐光启合译《几何原理》。另有译著《天学实义》、《关于耶稣会的进入中国》等,其中《万国舆图》、《交友论》、《畸人十篇》在南京出版或重刻。

古　心

古心(1540~1615),俗姓杨,名如馨,赐号慧云律师。明嘉靖十九年(1540年)生,溧水人。明高僧。20岁弃俗出尘,赴摄山(即南京栖霞山)栖霞寺剃度为僧,师承真节法师精研佛经,后步行到山西五台山习经。他研习律学,持戒谨严,受到五台山僧俗的尊敬,被誉为优婆离尊者转世,南山律宗的中心始祖。嘉靖四十五年,世宗延请他在五台山建"龙华大会",四方慕名赶来听经之僧众达数千人。世宗御赐锡杖衣钵1250副。如是大会3年中举行了3次。

万历十二年(1584年)古心还南,住南京古林庵。其时古林庵"屋仅三楹、圆方百尺"。古心来后,四方求教之僧俗络绎不绝,古林庵"焕然崛起,百堵一新,遂成一大梵刹矣"。万历年间,南京幽栖寺雪浪洪恩法师奉旨督修古长干寺(大报恩寺)琉璃宝塔,古心相助。翻修中,在塔基处发现"宝志说戒图",古心仿图中戒坛形式在古林庵建坛,传授戒法,被称为"天下第一戒坛"。此后,古心律学得以重兴。万历四十一年,神宗嘉奖古心,赐千佛珠衣、锡杖等物,敕更寺额为"振古香林禅寺",赐"万寿戒坛"匾。次年,神宗延请古心在五台山"敕赐大护国圣光永明禅寺"开建皇坛,传授千佛大戒,并赐古心"慧云律师"号,颁赉金顶毗卢帽。回归后,古心谢绝神宗"敦留"之意,坚请回归古林寺。万历四十三年圆寂。古心圆寂后,"全身塔于天隆寺后之玉环山"。神宗闻讯后,命愍史寺(今北京法源寺)大会海律师绘古心像,并亲笔题赞:"瞻其貌,知其人,入三昧,绝六尘,昔婆离,今古心。"

福文明

福文明(生卒年不详),字霖田。举人出身。明万历四十四年(1616年)任通州知府。由于前任州官腐败无能,有些胥吏差役公然把应入库的赋税银中饱私囊,有些则千方百计地侵吞公物,将老百姓的血汗钱用来吃喝嫖赌挥霍浪费。他到任后,组织吏员一一查清,对贪赃之辈坚决处罚。同时,加强教化,健全法制,堵塞漏洞。他还敢于站在老百姓的立场抵制上司的不正之风。他因事去晋谒上官时,轻车简从。迎送上官来州公干时亦是如此,决不铺排张致以取悦上司。对于那些确实无法支取供给上司的费用以及某些杂用之银,需"仍烦里甲"的,他亦拿出俸银300两使"里甲得以息肩"。自万历三十二年张星任知州以来,胥吏向涉案人犯恐吓,居间索贿逼贿,多则白银百两,少的也要"数十金"。此后"利孔渐开"遂成时弊,民间受苦甚烈。福文明对此十分愤慨,即刻木为令,由原告直接送达被告,原被告自行对簿公案,省却了诉讼双方很多不必要的花费。福文明判审公允,当堂结案就令而去,不让胥吏有插手诈钱的机会。他对于上门送礼者一律严惩不贷,即使是持名刺(今之名片)拜访俾以拉关系攀亲善的,也要受到重重的鞭打。福文明为官清廉,深受百姓爱戴。他死后,通州百姓立祠祭祀以为纪念。

沈 珫

沈珫(生卒年不详),字季玉。吴江松陵镇人。明万历二十三年(1595年)中进士后,以母病乞归,直至送终。服满补安徽凤阳府教授,转南京国子监学正。迁刑部主事,升郎中,处理滞案,昭雪冤案。经吏部郎中张凤翔推荐,出任山东东昌(今聊城)知府。到任后即将凤翔的叔父,谁也不敢碰的张某治罪,他认为这是对张凤翔的最好报答。他破除用属县税银的节余去贿赂上司的习俗,将它纳入地方金库。为了使上下办事减少差错,他每月与府中的少傅朱廷禧碰头,了解情况,兴利除弊。民事诉讼到堂,他都用礼义加以开导,让双方回去自省,不加刑罚。在万历四十三年考绩中,沈珫名列第一,擢山东按察副使,负责兖东道。时兖州旱蝗大灾,又有刘好问、孙可训作乱,僚属均借故不做事。他先将家室安放在南方,开仓赈济,擒杀罪魁,捐俸设常平仓,招抚逃荒的百姓回来耕作,使人口没有太大的减少。在任上,他出行不用仪仗,只乘简陋的轿子,在驿站用餐自己付账。当官20余年,两袖清风,结果连自己的子女都养不起,只好寄养在别人家。

汤显祖

汤显祖(1550~1616),字义仍,号海若、若士、清远道人。江西临川(今属江西抚州)人。明剧作家。早年即有文名,以拒绝首辅张居正招揽,万历十一年(1583年)始成进士。他历官南京太常博士、礼部主事,因上疏弹劾大学士申时行,降职为广东徐闻典史,后改任浙江遂昌知县,又以不附权贵而被议免官,未再出仕,精研词曲和传奇,专事著述。所著《还魂记》(全名《牡丹亭还魂记》)、《紫钗记》、《南柯记》、《邯郸记》,合称《临川四梦》,或称《玉茗堂四梦》,其中《还魂记》最负盛名。另有传奇《紫箫记》。作品对封建礼教和当时黑暗政治进行了无情的揭露和评击。他还作有诗文《红泉逸草》、《问棘邮草》、《玉茗堂集》等。明清两代有些戏曲作家摹拟汤显祖的文词风格,被称为"玉茗堂派"或"临川派"。

唐鹤徵

唐鹤徵(1538~1619),字元庆。武进人,生于明嘉靖十七年(1538年)。明学者。年少时就以才学著名,性格豪迈,气概非凡。隆庆五年(1571年)中进士,授礼部主事,累官至太常寺少卿。被弹劾回籍,后又复职。多次上疏陈事,受人嫉妒,于是因病辞职。曾在东林书院讲学。平生对天文、地理、阴阳、术数等无不尽力钻研。著有诗文集若干卷,纂有明万历《重修常州府志》18卷、《武进县志》8卷。

张 斗

张斗(生卒年不详),字紫垣。明代沛(今江苏沛县)人。元朝将军张泉11世孙,明万历四年(1576年)举人,万历十四年进士。

初仕江山县令,兴利除弊,得上司器重。不久,改任山东省茌平县令。到任当天便询问民间疾苦。百姓都说:"我县被一恶僧害苦了。这恶僧寺众500余人,奸淫剽夺,无恶不作,无人敢过问。按老规矩,新县令到任,必须穿朝服拜见他,还必须行朝拜礼。"下属们也屡催张斗朝拜恶僧,张斗不肯。后来,张斗看到这和尚作恶愈甚,便命人拿自己的名帖去召他。和尚一到,张斗便命人将他逮捕。经过审问,其劣迹恶状尽吐,张斗怒不可遏,命人用棍狠打。和尚将死,吏役告诉张斗,打死和尚是犯罪的,张斗愤愤地说:"我宁愿被杀头,也要为国为民除害。"继续狠打,恶僧当场毙命。众僧一面围攻县署,一面上告。张斗闭门坚守,静待处分。后在礼科给事中张贞观劝谏下,张斗弃官潜逃,隐居微山。3年后,县内百姓纷纷上书皇帝,为张斗辩冤。皇帝得悉恶僧劣迹,遂赦免并召见张斗,任命张斗为南京刑部清吏主事。张斗忠于职守,几年后,病逝故里。

陆 弼

陆弼(生卒年不详),号无从。明江都(今扬州)人。明隆庆年间(1567~1572年)殿试,授刺史不赴。善诗文、工画,与苏州唐伯虎并称两才子。著有《正始堂集》、《毛诗郑笺》、《广陵耆旧传》、《芳树斋集》、《北户集补注》等。并修《江都县志》,证疑考信,后世赖之,世称"陆志"。去世后葬于扬州蜀冈西南隅。

朱一冯

朱一冯(生卒年不详),字非二。泰兴城人。明臣。明神宗万历二十六年(1598年)进士。授河南信阳知州,审讯讼狱,明而且敏。节省冗费杂役,更有利于民众。入朝为刑部郎中转兵部,主陕西乡试,任方武选郎中,公布规式,枢密政务为之一新,后升福建参政。当时荷兰人盘踞澎湖岛,不时来扰,闽人久受其害,朱一冯以参政兼福宁府知府,协助巡抚南居业,扼守金门,出奇计,焚敌舟,捕敌无数。荷兰人弃澎湖岛星夜逃去。福宁兵变,闭城十三日,他单车驰至福宁,变军开城迎入。朱一冯镇抚兼施,旬日事定。升福建按察使、布政使,至福建巡抚。后因弹劾阉党而罢官。朱一冯性聪颖,精通诗文,与县内何南金、张宗元号称"三才俊"。做官多年早负重望,当时贤才如卫星瑗、邱民仰、朱大典、祁彪佳等出入于其门。著有自订诗文集30卷、《符离弭变纪事》1卷、《福建定乱纪事》2卷。

李一阳

李一阳(1552~1624),字长卿,号复吾。明嘉靖三十一年(1552年)出生。丹徒人。万历丁丑(1577年)进士,初任西安(今浙江衢州市)县令,在任期间,主动揭露、惩罚藏匿的坏人,保一方平安。对品质好、技能优的人,经考核后予以录用;对华而不实之事则予以贬斥、废除,于是民风日淳而政事日顺。在丈量土地时,他亲自下田查勘。在征收赋税方面,他注意减轻农民负担,决定田税每亩减九厘,地税每亩减三厘三毫,水淤地三亩折算一亩,山荒地二亩折算一亩,一年减轻农民赋税负担银数千两。

李一阳政声甚好,升为南京浙江道御史,时值著名清官海瑞复起,任右佥都御史,巡抚应天(今南京)十府,抑制豪强,扶植贫弱,对诸御史要求很严。由于李一阳也以自身清廉,对人严峻著称,所以海瑞格外看重他,并引为知己。他曾承担用银17万两之巨为朝廷采买金银珠宝的差事,这本是封建官吏捞钱的好机会,可是李一阳却以不符合以前的典章制度为由,上奏皇帝要求免去此举或减少所耗的银两,由于此举太不合"时宜",奏章未予转呈,反遭上司申斥。

李一阳后升为江西巡按府副使饶南九兵备道。到任以后,他以任西安县令时的做法,一以贯之。经过对地方官的实地考察,清正廉洁者予以奖励或提升;贪官污吏则分别情况严惩不贷。一些贪官污吏自知他过去的政声,看到他的政绩,虽心犹不甘,多所埋怨,但也无可奈何,有的则干脆丢下印绶,离职而去。后因双亲年老,自身有病,以病假告归,时年尚未五十。家居二十余年,以读书、藏书为乐,达到手不释卷、柜必有书的程度。

严 澂

严澂(1547~1625),字道澈,号天池。严讷次子。生于明嘉靖二十六年(1547年)。常熟虞山镇人。明臣,古琴家。明万历间以父荫官邵武(今属福建)府知府,誓言不带邵武的一分钱回家。任上平断冤狱,减苛税;并兴修水利,使邵武地区免水灾,农民自此岁有余粮,安居乐业。任满后,百姓赠以万民伞,攀辕阻道,焚香跪拜,置礼相送。他均拒之,惟合手推辞不掉的"茶果银",返里后即将它用来修治苏州齐门到常熟南门之间损坏的桥梁。严澂精古琴,曾结琴川琴社,集天下琴师讲论,成《松弦馆琴谱》,演奏风格清、微、淡、远,海内推为正声,虞山琴派遂名扬天下,为一代宗师。兼擅诗文,有《云松巢集》。明天启五年(1625年)去世。墓在常熟琴南乡诛泾村下斜桥村姚家甸。

曾 樱

曾樱(生卒年不详),江西临江府峡江人。明万历四十四年(1616年)进士,天启三年(1623年)任常州知府。一到任,他就把原来规定民众向官府交纳的不合理供奉全部革除,减轻民众负担。当时,宦官魏忠贤结党营私,专断国政。天启五年,魏党兴冤狱,镇压东林党人。常州府所属江阴县的李应升、缪昌期被捕,曾樱设法给予接济保护,使他们免受苦害。武进孙慎行,亦受魏党陷害,原定遣戍宁夏,曾樱借故拖延时日,后竟得免行。无锡著名东林党人高攀龙被迫投水自尽,他设法保全其家。其时魏党令天下各地建魏忠贤生祠,公文行至常州,被他点火烧掉。所以,其他各地几乎普建魏忠贤生祠,独常州无此祠。常州城东塘岸倾圮,岸旁农田遭水淹没,交通阻隔,过往行人均需赤足而过。他为此慷慨捐助俸银,筑堤15里,以治水患,便行人,后人称此为"曾公堤"。

缪昌期

缪昌期(1562~1626),字当时,号西溪,明嘉靖四十一年(1562年)生于江阴长泾。学者。少时博览群书,为诸生,即负盛名。万历四十一年(1613年)中进士,选庶吉士,授检讨。与东林党首领、左都御史杨涟、左光斗等相契合。时张差内廷"梃击案"发,他以直言刘廷元等有意用"疯癫"之说开脱奸徒。遭排斥,称病返乡。天启元年(1621年)被召回,迁左赞善,进谕德。阉党魏忠贤专断国政,造生圹于玉泉山,请主写碑文。缪昌期严词拒绝,魏忠贤恨之入骨。杨涟上疏弹劾魏忠贤二十四大罪状,皆谓出自缪昌期之手。阉党疯狂反扑,东林党人纷纷被逐,缪昌期必洒泪相送。因见势不可留,具疏乞假,遂落职返故里闲住。天启五年,杨涟、左光斗等惨遭杀害,他以汪文言狱词连及,削职提问。天启六年三月,阉党进一步迫害东林党人,任意罗织罪名,他被逮捕。途中作自序千言,大节凛然。慷慨对簿,词气不挠,备受酷刑,以至十指全脱。四月,惨死狱中。崇祯初年平反昭雪,追赠詹事府詹事兼翰林院侍读学士,谥"文贞"。著有《从野堂存稿》8卷、《周易九鼎》16卷、《四书九鼎》14卷。其孙女即徐霞客之长媳。

李应升

李应升(1593~1626),字仲达,号次见,自称石炤居士。明万历二十一年(1593年)生于江阴北涸赤岸。学者。少而勤学,手不释卷。万历四十四年登乡榜,翌年中进士。授江西南康府司理,以清廉著称,至即决积案600

余件,为19名无辜百姓平反冤狱。天启二年(1622年)征授西台御史,力陈改革时弊,抨击阉党暴恶。天启四年密疏魏忠贤十六罪状,代东林党人左都御史高攀龙作《劾崔呈秀疏》,以声援杨涟、左光斗等,遭阉党痛恨。天启五年三月,工部主事曹钦程弹劾李应升护法东林党人,被削籍归里。他与缪昌期为至亲,平时往还手札,均以大义相切磨。天启六年三月,他与高攀龙、周顺昌同时被捕。缇骑至时将中午,士民环集,群情激愤,争欲相随。他用双手击前额,乞免决别,慷慨赴狱,受尽酷刑。闰六月初四,被害于京都狱中。著有《落落斋集》。崇祯初年,平反昭雪。追赠太仆寺卿,谥"忠毅"。并在江阴城内文庙名宦祠东首建"双忠祠",祭祀缪昌期、李应升。

顾起元

顾起元(1565~1628),字邻初,一字太初。明嘉靖四十四年(1565年)生,江宁(今南京)人。明史学家。万历二十五年(1597年)进士,授翰林院编修,历任南京国子监司业、国子监祭酒、詹事府詹事、吏部左侍郎兼翰林院侍读学士。三次上疏辞官获准后,回江宁杏花村(今城西南花露冈)筑遁园,潜心著述,轻易不出。朝廷曾7次诏命他为相,都不应召。天启间,江宁有人为魏忠贤立生祠,官府"乞文辞",他辞以手疾。其门人复以重金求札,也被拒绝。

他学问渊博,且又熟知掌故,诗文云蒸霞蔚;凡考订成宪皆折中其说。其著述较多,有《顾氏小史》、《金陵古今图考说略》、《客座赘语》、《遁园漫稿》、《中庸外传》、《雪堂随笔》等。《客座赘语》多载南京故实,也辑录了一些与南京有关的故事传说,对嘉靖、万历年间社会经济、民情风俗尤为注意。去世后葬于江宁云台山,谥"文庄"。

王其勤

王其勤(1531~?),名少月,字明敏。湖广松滋(今湖北省松滋县)人。无锡知县,抗倭英雄。嘉靖三十二年(1553年)中进士,授无锡县知县。时倭寇骚扰东南沿海,王其勤到任第三天,即召集地方耆老士绅,商议修筑城墙,抵御倭寇。亲临现场,监督指挥。自嘉靖三十三年二月初九日至四月二十日,用70天时间,将原来土城垣建成长18里、高2丈1尺的砖石城墙。

并向民间募兵,进行训练。是年四月二十三日,倭寇侵犯无锡,他亲自督战,历时18天,击退倭寇,全城得保。同年,会同前来江南督粮的山东布政使参议翁大立、监察御史孙慎,在取得无锡豪绅华察的支持下,对全县土地重新丈量,查出漏税的无粮田16万亩,责令补交。免去无田粮7000余石,减轻农民的负担。嘉靖三十六年调升南京户部主事。临行之日,当地民众夹道相送。王其勤卒后,无锡民众在南门(今塘泾桥附近)建造松滋王公祠,祠内塑其像,尊为"南水仙"。每年三月初七日,民间举行隆重祀典。

张朝瑞

张朝瑞(生卒年不详),字子祯。明海州人。隆庆年间(1567~1572年),倭寇从海上侵扰,张朝瑞出资捐助修筑海州城墙,以御倭寇。中进士后,任鹿邑(河南开封)县令,清理当地豪强侵占土地7000余顷,得罪权贵,因而被贬。后提升为金华知府。朝廷考核官员,张朝瑞曾被列为天下第一清官,升至杭嘉湖参政,因政绩卓著入朝为大鸿胪寺卿。他上书认为分黄导淮是失策。后黄河夺淮淹没大片农田,朝野钦佩其有先见之明。病死在代理府尹任上,被追谥为"清恪"。著有《孔门传道录》、《禹贡本末》、《明贡举考》、《南国贤书》、《宋登科录》、《忠节录》、《表忠汇录》、《鹿邑县括地志》、《两邑节爱录》、《金华荒政志》、《崇政书院志》、《邹鲁水利纪》、《常平仓纪》,以及疏稿、文集、族谱等多种。

张 玮

张玮(生卒年不详),字席之,号二无。武进人。明诗文家。万历四十年(1612年)解元,万历四十七年进士。授户部主事。在广东提学佥事任上,因反对建魏忠贤生祠而辞职。崇祯初,魏忠贤自缢死,他起为江西参议,先后任福建、山东副使,尚宝卿,官至左都御史。为官正直廉洁,荐贤士,嫉奸臣,与刘宗周、金光辰号称"三清"。谢病归时无所积。福王时追谥"清惠"。《明史》有传。张玮曾讲学东林书院,以孙慎行为师。著述有《易卦义》、《程朱语要》、《如此斋集》、《如此斋诗》、《如此斋词》等。

徐复祚

徐复祚(1560～?),原名笃儒,字阳初。号暮竹、三家村老。常熟人。生于明嘉靖三十九年(1560年)。明戏曲作家。以诸生入国学,工词曲,著有《霄光剑》、《红梨记》、《投梭记》、《一文钱》等剧,又有《花当阁丛谈》等。

徐光启

徐光启(1562～1633),字子先,号玄扈。明嘉靖四十一年(1562年)生,上海徐家汇(今上海市区)人。明科学家。万历进士,初任翰林院检讨,后任内府司礼监书堂教习、翰林院纂修官、左春坊左赞善,从事讲学和纂史事务。万历二十八年(1600年)春赴南京拜访意大利传教士利玛窦,并从其学习研究天文、历算及枪炮等西方科技知识。万历三十四年秋起,与利玛窦合作,翻译《几何原理》,后又译《泰西水法》、《测量法义》、《勾股义》等书。

万历四十七年,杨镐四路出兵攻后金大败。徐光启上奏请求训练军队,神宗赞赏他的壮举,破格提升他为少詹事兼河北御道史。他在通州训练军队,并上疏奏明有关军事大国的10条意见,给当地的民兵发放武器。不久以疾病为由辞官回家。旋即又被召回京师。回京后,他竭力请求多造西洋大炮,以协助防守城池,获皇帝赞许。后遭同僚弹劾,再次病辞回家。天启三年(1623年),回京官复原职,不久被提升为礼部右侍郎。天启五年,又被魏忠贤的党羽弹劾而免官闲居在家。崇祯元年(1628年),他第三次被召回京师,任礼部左侍郎主持礼部之事,后升为礼部尚书。次年,又被推举主持历法改革,着手主编《崇祯历书》。他不顾高龄,常亲自守在观象台旁,观测验证新法的计算结果。经过4年多的时间,终于完成了130多卷历书的编译工作。明朝后期,他还致力于振兴农业的研究,撰写了《农遗杂疏》、《北耕录》、《农辑》、《农政全书》等著作,其中《农政全书》为代表作,是中国古代关于农业问题的一部最重要的著作,具有很高的学术价值。崇祯五年五月,徐光启任礼部尚书兼东阁大学士,不久又被授为太子太保。此时,他虽已执掌朝政大权,但因年事已高,又遇周延儒、温体仁当权专治,自己治国才能难以施展。崇祯六年病逝,追赠为少保。有《徐光启集》。

蒋如奇

蒋如奇(？～1643)，字一先，号盘初。宜兴县(今宜兴市)归径乡西圩村人。明末书法家。他为明万历四十四年(1616年)进士，任过知府等官职，后长期隐居家乡。能诗善文，和大书法家董其昌交游甚密，其书法亦与董齐名，摹晋王羲之、王献之父子，唐怀素，宋米芾等大家书法，皆得神韵，并有独创。晚年作"宜兴十景诗"刻石，又精心整理历代法帖，摹刻上石，共有百余块。60岁后又为官，任浙江参政等。崇祯十六年(1643年)在督粮赴京途中去世，被朝廷追赠光禄寺卿。

陶贞怀

陶贞怀(生卒年不详)，女。无锡人。约生活于清顺治年间(1644～1661年)。女作家。陶秉性豪爽，即以明末政治斗争为题材创作弹词话本《天雨花》，成60回、32卷、百余万字巨著，一韵到底，为中国文学宝库中最长的韵文。《天雨花》写晚明御史左维明(虚构人物)与汉奸郑国泰、魏忠贤斗争的故事，抑恶扬善，崇尚气节，广为流传，至今不息。自《红楼梦》问世后，人们将其并列，合称"南花北梦"，视作江南文学的代表性巨作。

丁 凤

丁凤(生卒年不详)，字文瑞，又字竹溪。江浦人。家世业医。性格笃厚，重孝义。自幼习儒，后历试数科不中，遂托医道以济世。尝曰："诸证唯痘科杀人最多，由药误之也！"于是精心研究痘科30余年。他每读方书，至夜分不寐；每闻善治痘症者，无远近皆往师之，终以痘科著名。临症诸药响应，全活婴幼甚众，名满乡里。又重医德，凡贫苦之家求医，必以厚资相助，婉言慰藉，又约之复来，殷殷然无倦色，乡人皆感德之。著有《医方集宜》10卷、《痘科玉函集》8卷，均存。子明登，亦精医理。

王元标

　　王元标(生卒年不详),字赤霞。明末上元(今南京)人。少业儒,兼习《素问》、《难经》诸书,后以医知名。崇祯十二年(1639年)大疫,他携药囊过贫寒家,诊视周济,救活多人。崇祯十七年,大宗伯荐其为太医丞,不应,逃往赤山,寻葛洪旧居卜筑焉。著有《紫虚脉诀启微》一书。晚年,又著《医药正言》,未竟而卒。其子辂、孙稚继承医业。子辂,尤精父业,为世人所推重。

司石磐

　　司石磐(1617～1645),名邦基。盐城县合陇堤姚家伙(今属盐都区)人。明末诸生,抗清志士。南明弘光元年(1645年)四月,清兵破扬州城。其时,明降将刘泽清(东平伯)原部将高进忠、魏用通、高升等进驻盐城一带,号召忠义志士抗清。司石磐与庙湾屯政都司鄷报国等组织乡兵,拥立明宗室新昌王载宗避地至盐城。司石磐、孙光烈共领义兵,会合庙湾、如皋等义军,收复盐城、兴化,杀伤清兵数百人。后因高升、魏用通殉节,高进忠被清兵纳降,清都统准塔于淮安击斩新昌王,旋陷兴化。未久,司、鄷从海道去福州,投奔唐王朱聿键,不幸于途中被海寇马西禄、王大功捕送江宁府。两人见清廷官皆挺立不跪,互相争死,毫无惧色。司石磐在狱中60多天,狂歌痛饮,怒骂不止。同年七月,司、鄷两人同时被清兵杀死。临刑前,司视死如归,饮酒赋诗自若。诗曰:"不觉浮生廿九秋,几番欢乐几番愁。而今撒手还原去,山自青兮水自流。"

冷之曦　冷士楣

　　冷之曦(1621～1645),明天启元年(1621年)生于丹徒。自幼亦聪颖好学,后弃文习武,入史可法军为牙将及右军参将。兵败,他带了一部分溃兵南下,来到金坛,又号召当地群众组成义军,抵抗清军南下,结果于清顺治二年(1645年)在丹阳战败殉难,时年24岁。

　　冷士楣(1628～1710),字又湄,自号秋江散人。冷之曦弟。13岁曾随其兄在史可法军中参与战事。义军兵败溃散后,他辗转回到丹徒隐居,终生不仕,以课授生徒自给,也曾作过商贾,浪迹四方,近则南京、扬州、苏州,远至浙江、安徽、两湖、关中等地,所至凭吊古迹,交接遗民逸士。他精通经史,文章自成一家,特别擅长诗歌,经常与宗子发等相互唱和。他的古诗宗法汉魏,近体颇有唐音,清淡超卓,寄托深远,在清初的京口诗人中独树一帜。其妻秦芷,亦工于诗,夫妇伉俪情笃,且时有酬答,40岁时筑江泠阁于丹徒镇江边,著书其中。康熙四十二年(1703年)自刻《江泠阁集》30卷,后以书板存焦山。

印司奇

印司奇(生卒年不详),字雪浪。湖南桃源县人。明崇祯四年(1631年)进士,后任镇江知府。他的前任是"择肥而食"的一名贪官,而印司奇却"皎洁自好",为人耿介,看不惯官场的腐败和黑暗,矢志澄清辖区的吏治,严惩奸吏恶胥。他坚持以法约束自己和手下胥吏,使一些舞文弄法者敛迹,一时沮规雅操,人无间言;而且"折狱洞悉隐微",甚至邻郡有难决的疑狱,往往来请他评定是非曲直,因而官声极佳。但为一次郡试开考,得罪一位姓曾的兵备副使写信为其子请托之事,使印司奇蒙冤被"逮问"。镇江百姓为其申冤奔走。这时正逢李自成农民军攻下北京,崇祯皇帝吊死,举国大震而无措,办案的官员无心办案,只好把他的案子搁置下来。那位原对印司奇很反感的巡抚张国维入南京南明朝廷任兵部尚书,良心发现,和吏部尚书张捷商量,朝廷才起用印司奇为常镇道副使,平反其冤,以安慰郡人之心。印司奇未能履任,老百姓感到很可惜。

孙振先

孙振先(生卒年不详),字光裕。泗州人。清顺治二年(1645年)任武进知县。时常州知府宗灏,贪婪凶残,心狠手辣,大肆用财害命,常对一些殷实富户制造流言蜚语,借故陷害,抄没的家产都被宗灏据为己有。宗灏的种种罪行激起百姓的愤慨,大有一触即发之势。宗灏害怕民众反抗,借豫王率兵攻江阴,暂驻常州之机,对豫王说:"常州民众对清廷不满,有叛乱之心,若不早除,恐有后患。"豫王信其言,准备下令屠杀百姓。孙振先得知此事后，急忙赶到豫王驻地，在豫王面前竭力争辩，指出这是宗灏蓄意陷害，并表示情愿以全家人的性命担保常州人民决不反叛。他在豫王面前下跪求情，磕头磕到血流满面。宗灏在场，见状又惧又恨，举刀想杀掉孙振先，左右的人也用皮鞭抽打，而振先仍伏地不起，口口声声称民无反意，恳求不要屠城。在场的前任知府郭嘉允、都督冯可宗，也出来证明孙振先所说的是事实，恳请豫王不要屠杀百姓。豫王见此，勉强答应，全城百姓才幸免于难。消息传出后，数万民众到县衙前叩谢。孙振先解开衣服，但见浑身伤痕累累。

阮大铖

阮大铖（约1587～约1646），字集之，号圆海、石巢、百子山樵。约明万历十五年（1587年）生，怀宁（今安徽安庆）人。南明权臣。万历四十四年（1616年）进士。天启初，任户部给事中，依附魏忠贤。天启七年（1627年）十一月，魏忠贤案发自缢。崇祯二年（1629年），定逆案，其阉党官员除立斩外，余者削职为民。阮大铖乃退居南京石巢园，招纳游侠，以求东山再起。崇祯十一年，阮大铖与革职巡抚马士英同谋起用，礼部主事周镳和复社诸生黄宗羲等140人列名公布《留都防乱揭》，抨击阮大铖、马士英，阮因惧而潜居牛首山祖堂寺。崇祯十七年明亡，史可法、马士英等在南京拥立福王朱由崧称帝（南明弘光帝），马士英执掌南明朝政，荐举阮大铖为兵部右侍郎。同年十二月，阉党余孽翻逆案，阮借此兴大狱，对东林、复社诸人罗织罪名，进行残害。翌年二月，阮擢官兵部尚书。后降清，从攻仙霞岭，死于道途，一说为清兵所杀。他有才藻，善作传奇，标榜"临川派"。曾作传奇9种，现存《燕子笺》、《春灯迷》、《牟尼合》、《双金榜》4种。《燕子笺》文采斐然，清新有致。另有《咏怀堂诗集》。

陈函辉

陈函辉（1589～1646），字木叔，号寒山。浙江临海县人。崇祯九年（1636年），以名进士任靖江知县，在靖江任职6年，他首先领导开浚了横亘全县东西的团河。该河宽5丈，深1丈5尺，长80余里，只用了两个月就竣工了。团河竣工后，他又组织民力，疏浚了各条河港，使之与团河相通，并建了几座涵闸，使县内水利配套，农田保收，百姓深受其益。他大力振兴文化、教育事业。为了培养更多的人才,他将靖城郊外的正谊书院迁到城内,扩大建筑规模,改名马洲书院。书院建成后,他根据靖江上缴赋税重、培养人才多、生员名额下达少的情况,极力要求上级增加生员名额。他到任前,靖江和泰兴两地的百姓常为界址发生纠纷,他竭尽全力进行调解,并以大局为重,主动让出一些土地,从而平息了多年的界址纠纷。他大力实行"条鞭法",以限制赋税,使下属官员不敢对百姓任意榨取;实行"丈量法",以杜绝豪绅对土地的兼并;实行"游徼法",以制止胥吏对农民的敲诈勒索。尤其是在大灾大疫之年,他捐出自己的积俸,为百姓施粥施药,救活了许多人的性命。因而,在他离任时,靖泰人民对他十分敬仰,分别建立生祠、陈公祠,以资怀念。

陈函辉离任不久,清兵入关,福王在南京称帝。陈投奔福王,被任命为职方主事,在江北监军。扬州之役,福王败灭,陈又去绍兴投奔鲁王,后来在战争中与鲁王离散。为保持民族气节,陈函辉哭入云峰寺,并作绝命词8首,于清顺治三年(1646年)投水殉国。

马士英

马士英(约1591～1646),字瑶草。贵阳人,寓居金陵(今南京)。南明权臣。明万历四十四年(1616年)中会试,累官右佥都御史。崇祯五年(1632年)后,因檄取公帑为太监王坤告发,废官屏居金陵,与阮大铖结为"狎邪之交"。崇祯十五年复官兵部侍郎兼佥都御史,总督卢州、凤阳等处军务。马士英擅画山水,宗董源、黄公望而变以己意。崇祯十六年作《牛首山图》,绘南京山川气象,笔法纵横有别趣。当时杨文骢称:"衣白(邹之麟,万历武进人,善山水)与瑶草,皆传大痴(黄公望)一灯,衣白以古胜,瑶草以秀胜。"龚贤云:"晚年酷爱两贵州(杨文骢、马士英),笔声墨态能歌舞。"崇祯十七年,明思宗自缢,他与阮大铖、刘孔昭等拥立福王朱由崧于南京,升东阁大学士,独揽朝政,迫使史可法督师淮扬,为福王广选淑女,重劾东林、复社人士,并卖官而饱私囊。南明弘光元年(1645年)左良玉以清君侧名进军南京,他急调江北前线镇兵堵击,致使江淮防线空虚,清兵乘机南下渡江。遂仓皇奔芜湖,继走浙江杭州、绍兴、严州、台州等地,均遭逐,转投太湖吴易军中。清顺治三年(1646年)为剿湖清兵擒杀。

杨文骢

杨文骢(1596~1646),字龙友,号山子,别号伯子。明万历二十四年(1596年)生,贵阳人。明末画家、诗人。出身官僚家庭。父师孔为万历进士,工诗善书。其早岁随父宦游,数登泰山。18岁学画,23岁中举,后应试不第。天启三年(1623年)以家难随父母徙居南京,广交江南画家、诗人、志士、学者。天启五年赴京应试又不第,拜谒孙承宗,感其匡时救国大志而作长歌。3年后,移家城西南白鹭洲。崇祯二年(1629年),父官浙江布政使司右参政,驻处州,遂赴浙省亲,侍父游天台、雁荡诸名山川,感受深刻,作绘画、诗文等汇为《山水移集》。同年参加复社,为同社推重,崇祯七年在京应试再度失利,经谒选任南直松江府华亭县教谕,后迁浙江温州府青田、永嘉知县。崇祯十五年以监军功调任应天府江宁知县。清军陷北京后,参与迎立福王,迁兵备副使,擢右佥都御史,抚兵常州、镇江。清兵渡江不能御,领军退苏州、杭州、处州,驻龙泉山。南明隆武二年(1646年),援卫仙霞关失利,退浦城被执不屈,举家30余口一并赴难,杨文骢终年50岁。

他善绘画,工诗。论诗主张抒发真情,讽谕现实,推重中晚唐"声情风味"。诗作见于《山水移集》、《洵美堂诗集》及明辑《崇祯八大家诗选》。其画以山水见长,兼作花卉。山水画得董其昌指授,但不囿门户,博采南北。画法出入巨然、惠崇间,注重用笔,最擅宿墨,具宋元人骨力与风韵。同时师法自然,尤爱寄情于实景写生。今存《赠谭公山水卷》、《寿陈白庵山水卷》、《台、荡纪游图册》等画艺在明末画坛独树一帜,与董其昌、程嘉燧、张学曾、卞文瑜、邵弥、李流芳、王时敏、王鑑合称"画中九友"。画作散见于《万历三才诗画》、《画中九友山水合璧》等,以及日本刊印的《龙友墨妙册》等。

黄毓琪

黄毓琪(1579~1648),字介之,号大愚。明万历七年(1579年)生,江阴人。明末抗清名士。天启元年(1621年)贡生,好学有盛名,痛恨魏忠贤逆党,同情东林党人,于崇祯二年(1629年)加入复社。清军大举南下、南京弘光朝覆灭后,他积极从事抗清活动,于明唐王隆武二年、清顺治三年(1646年)在舟山起兵勤王。次年兵败,他亡命常熟,又往泰州,在一僧寺内为清军捕获,坚贞不屈,于清顺治五年殉节于南京狱中。传世著作有《古杏堂集》、《大愚老人集》等数种。

唐志契　唐志尹

唐志契(1579～1651),字玄生,又字敷五。明万历七年(1579年)出生。泰州人。山水画家,与弟志尹、侄日昌均以画著称,时人称为"三唐"。唐志契童年即爱好绘画,无师自学。后来常游览名山大川,经日坐卧观赏,因此画笔清远有元人遗风。传世作品有清顺治五年(1648年)所作《溪声图》扇面等。平生精研画学,认为"临摹最易,神气难传,师其意而不师其迹,乃真临摹也"。对山水画技法,认为写枯树最难得苍古,还认为气韵生动与烟润不同,有不少创见。著有《绘事微言》四卷,第一卷自撰,共51则,各有标题;后三卷为节抄前人26种画论,是中国山水画论重要著作之一,明天启六年(1626年)刻印行世。清顺治八年去世。

唐志尹(生卒年不详),字相五,又字聘三。唐志契之弟。工花鸟,得吕纪、王偕之传。常在所居万竹园与冒襄、蓝瑛等切磋画艺。康熙初年去世,享年80有余。传世作品有《平戬觳图》轴、《戴胜图》册页。

李之椿

李之椿(1600～1651),字大生,号徂徕。明万历二十八年(1600年)出生于如皋。天启二年(1622年)进士,与王思任、倪元璐、黄道周、王铎合称"天(启)、崇(祯)五才子"。初任吏部主事,因直言被上司忌恨,卸职回乡,于县署东筑指树园闲居,与友人倡和诗文,名声颇盛。明末福王朱由崧在南京即位,起用李之椿为礼部侍郎。清兵南下后,弃官回县。正逢县民赵云、李七等举兵反清,推李之椿为盟主。事败后,被清廷逮捕,后以不交出明朝所给印信为罪名,流放江南一年。获释后,跟从鲁王朱以海在海上坚持抗清。儿子李旦被鲁王任为御史,携家至常熟,往来江上,搜集和传递情报。后因家僮告发,父子均被捕,押解至江宁。李之椿见到清总督郎廷后说道:"身为前朝大臣,国亡应死。子旦受国厚恩,死亦恨晚。"此后默然不语,绝食14天而死。妻许氏被关在嘉兴元妙观,亦绝食而死。子李旦被斩于西市。

邢昉

邢昉(1590~1653),初名忠卿,后改名昉,字孟贞。明万历十八年(1590年)生,高淳人。明末清初诗人。6岁入乡塾,9岁能作文,16岁能写诗,19岁补博士弟子员,25岁为增广生。万历年间,江夏石头和尚寓居县城淳西庵,颇有诗名,邢昉与其结为忘年之交。他还和学友胡印度、李武治等人结成诗社。29岁著《蕤池草》,从此诗名大振。崇祯五年(1632年),他第六次参加乡试,被主考官斥之为"太狂",愤而作诗《太狂篇》,从此放弃仕进念头,潜心进行诗词创作和研究。留有《石臼集》、《鲁稽斋》、《唐风正变定》、《江上诗刻》、《偶然吟》、《太狂篇》等诗集,共作诗2300多首,其中《石臼集》被选入《四库全书》。其诗词格调前期豪放、洒脱,后期沉郁、苍凉。诗坛公推邢昉为明末清初第一诗人。

邢昉曾与江宁顾与治、桐城方尔止、震泽葛震父、姑苏杨曰补、吴江史弱翁、四明薛千仞等数十人在秦淮结文社,名噪一时。他一生历游吴、越、楚的名山大川,晚年一贫如洗。清王朝曾召其去京城为官,他因鄙视富贵阶层而不就。清顺治十年(1653年)去世,吴敬梓专程前往高淳悼念,并赋诗《石臼湖吊邢孟贞》,称其"幽人半世狎樵渔,身没名湮强著书"、"斯文重金玉"、"风流难再闻"。

崔宗泰

崔宗泰(生卒年不详),辽东人。清顺治十二年(1655年)从松江郡调任常州知府。他为官清正严明,不畏豪强,对贫苦民众却十分宽厚。顺治十三年,清军征讨福建,大兵10余万驻常州,崔宗泰先期调集供给,妥善安排,惟恐军兵扰民。一天,有游骑十余至大宁乡追逐二名妇女,妇女惊恐逃跑,不慎跌入河中淹死。他闻知此事,连夜赶赴清军驻地,面见领兵将官,要求查办。将军派人与他一起将肇事游骑收缚后严惩,全军肃然。在征收漕粮期间,府署命推官(执法人员)监收,推官性情较温和宽容,但卫弁骄横、凶狠,欺压缴粮民众,推官亦无可奈何。其时,因常镇兵备道缺,朝廷令崔宗泰兼任兵备道,故有权管理武官。在得知卫弁如此欺压百姓后,即以令箭公告周知,规定应公正、公平收缴漕粮,不许欺诈、虐待百姓,违令者严惩不贷。

自此，卫弁再也不敢作威作福，欺压民众。以后崔宗泰因被人诬告、进谏，而调离常州。全城民众哀号奔走，请求将其留任者达万人之多。

陆奋飞

陆奋飞（约 1592～约 1657），字翀霄，号九万。约于明万历二十年（1592年）生，宿迁人。万历四十六年举人，崇祯四年（1631年）进士。先任推官，后改嘉兴府学教授，其间曾受理一案，有人以千金重礼贿赂他，他坚拒不纳。后来有人就此事问他，他回答说："一时之利，终身之悔也。"后迁南京国子监助教。靖江某监生应纳粮米450石，交纳后而监生死亡。胥吏趁机中饱私囊，事后反逮治监生家人，以致有一弟六仆受牵累而死。监生的友人激于义愤，主动代坐牢狱。陆奋飞对此事极为愤慨，极力为其申辩，事情得以澄清。后升工部营缮司主事，因母死而去职服丧，适逢皇帝下诏求直言，于是他上书朝廷，请改五年恤刑为一年一恤，意见得到皇帝赞许和采纳。守丧期满后，任兵部车驾司员外郎，不久请假还乡。此时周延儒再任首辅，陆奋飞上书，陈请缓征、省刑、停工、起废、养士五事。后任南京户部福建司郎中，兼江西饶州府知府，任上镇压当地农民起义甚力，被晋升九江道参议。后辞官回宿迁，不久明朝覆亡，于是退居县东北白鹿湖以东的东柳洲，以明朝遗老自居，与兄弟子侄饮酒赋诗，且沉湎佛教，优游十余年。

约清顺治十四年（1657年），陆奋飞去世。著有《云液草》。

葛维垣

葛维垣（1592～1657），字映长。沭阳县人。进士，为政清廉。少有大志，聪颖好学，过目成诵。明崇祯七年（1634年）甲戌科进士，联考第一，授成都推官。成都为省会，诸务杂沓，他却能从容处置，驾驭自如，无案积压。他断狱尤精，公正严明，冤案多平反。上司倚重，使参与筹划大政大狱，附近郡县疑案久拖不决者皆令其公断，世人颂其"清似水，坚如山"。崇祯十年冬，农民义军攻成都，他出城请援，并瓦解城中内应，致义军围城两月而未能破之。

葛维垣号称能吏，为政清廉，被众人举荐，转任重庆。时重庆凋敝，社会治安混乱，人心浮动。他到任后，兴办学校，严明政刑，处置积案，平衡赋役，拒绝馈赠,遂使重庆豪右慑服,社会承平。其所得赏赐,分文不取,皆充军需,故重庆官民交口称颂,声名远播。后升任水部主政,不久,被荐治吉水。上任3个月,母亲病逝,告归乡里。时左宁南借口清君侧进兵金陵,烧杀掳掠。葛维垣坐船被截,乱军纷至登舟,翻船仓,拆行装,唯见图书与旧衣,别无所获,惊叹不已。退任后,在乡赋闲,浏览诗书,教诲诸生,并辑平生诗文为《燕贻堂文集》,付梓行世。顺治十四年(1657年)去世。

杨正经

杨正经(生卒年不详),字怀德。四川酉阳宣慰司人,后迁居淮安城。明晚期琴师。精通音律。崇祯年间(1628~1644年),"以郊庙乐章失次,访求能定雅乐者",礼部尚书林欲楫推荐杨正经,以中书入观内府五音诸谱,皆是民间所未见到的书。崇祯皇帝召他弹琴,听后很满意,遂晋升他为太常丞,赐汉、唐古琴各一把。不久,京城被李自成义军攻破,杨正经抱所赐琴外逃江湖间,后至淮安。淮安府推官李子燮喜琴,杨正经身穿僧服相见,被引为上宾。李子燮为他买住宅,又为他的儿子娶了媳妇,遂在淮安城落户。他所作的两首琴曲,一首叫《西方思》,抒发自己思念已故君王的情怀;一首叫《风木思》,抒发思念双亲的情感。他常常对客弹奏这两首曲子,弹时每每"凄然泪落,闻者悲之"。

张养重

张养重(生卒年不详),字斗瞻,号虞山。淮安府山阳县(今淮安市)人。明末清初诗人。甲申之变后,不再应试,以遗民自居,与同乡靳应昇、阎修龄相唱和。晚年家境更加困窘,遂云游客居,"北极燕云,南逾琼海"。他的诗"缠绵凄怆,有风人之遗"。在明末清初的淮阴诗坛上,他最负时名,为望社主要成员之一。著有《古调堂集》。

郭允观

郭允观(生卒年不详),字海日,号峄山。淮安府山阳县(今淮安市)人。明末学者。16岁即潜心研究"性命之理"。他为人行为端正,不苟言笑。甲申之变后,与张屿若等13人同一天被清政府削去诸生籍,遂遁迹城东偏远的乡村,设馆授徒。时有人诬告他谋图抗清举事,被淮安知府逮捕审问,郭允观说:"我生于明朝,思明之心不敢说没有,但是现在老了,叛清之事怎么会有呢?"遂获释。晚年邃心《易传》,著有《剥复否泰论》、《尚论篇》、《经世策》、《辨志论》,共数十万字。他的三个儿子郭宁愚、郭宁简、郭宁鲁,都拒绝参加清廷的科举考试。

甘文堂

甘文堂(生卒年不详),回族。江宁(今南京)人。明朝铸铜名匠。善铸铜炉。凡拨蜡翻砂,有极深造诣。所烧铜色和分量,与宣德铜炉款式分毫不差。所用铜料特佳,常将掺金佛像捣碎熔入铜料,有时超过宣德炉用铜料质量。以乳炉一种取佳,敷色喜用枣红,面稍淡,俗称"猪肝色"。所铸铜器称"南铸",为"南铸"派代表。

王云冈

王云冈(生卒年不详),镇江人。明代能工巧匠。善制弩机。他能根据买弩者的体力、智力条件而制不同的弩,并亲自传授用法可以百发百中。明末,他侨居江阴,清兵围攻江阴时,守城的义军使用他制造的弩,使清兵受到重创。江阴失守,他从城中逃出,不知所终。

王岱舆

王岱舆(约1580~约1658),名涯,自署真回老人,回族。上元(今南京)人。明清间伊斯兰教学者。其祖先为阿拉伯人,于明初随西域贡使同来觐见明太祖,受到太祖封赏,遂落籍上元县。他自幼从师经学大师胡登洲四传弟子马实君。20岁起研习汉文。后为提高回民族的文化素养,他用汉文传授伊斯兰教思想。他不喜科举仕宦之路,潜心研究伊斯兰学问。30岁左右开始钻研性理史鉴、诸子百家及佛、道理论之书,逐步成为一名"博通四教"的大学问家。王岱舆所处时代也被称作中国伊斯兰教学术研究的第一个高潮。清顺治二年(1645年)五月,清军攻陷南京,他举家迁居北京。

他除从事译著外,还在马思远学馆讲课。后于顺治十四五年间在北京病逝。死后葬于北京三里河清真寺西侧开香铺的汉人李氏墓地。他毕生致力于伊斯兰教哲理研究,大力宣传伊斯兰教义。主要著述有《正教真铨》、《清真大学》、《希真正答》(系弟子伍连城根据先师生前言论编纂而成,以王岱舆名问世)等。

嵇宗孟

嵇宗孟(约1616~?),字子震,号叔子。淮安府安东县(今涟水县)人。与大学者顾炎武等为好友。18岁为庠生,不久,于崇祯九年(1636年)以拔贡中举人,文章声誉满江北。清初任温州司李,判案如神,时人将他比作包公。因肯为民造福,每出外,百姓则持香拥随,因而被称作"香司李"。老百姓还建龙门庵,立像祝颂他。后转任武昌府丞,任间除陋规,少虚费,政声卓著,晋升杭州知府。在杭州,创万松书院,并教勉农耕,兴修水利,灌溉农田数千顷。后因病辞官归里,又被举为博学鸿词,但他推辞未就。著有《立命堂初集》、《立命堂二集》、《楚江蠡史》、《瓯乐行田录》、《武陵较士录》、《却聘诗》及《座右铭》等行世。

仲云鸾

仲云鸾(1574~1661),女,宝应人。明万历二年十月二十二日(1574年11月5日)出生在一个世代官宦、诗礼之家。才女。自幼聪慧好学,秉承父教,遂工诗文、书法,尤精楷书。20岁时,由父母许配给山阳(今淮安)潘叔旸为妻。著有《保世楼集》和《乔孺人诗集》。其中《保世楼集》共收五律和七律诗34首。《八宝别后寄妹》一诗有"可怜今日去,南北一般情",《复赴招远道中》有"山高疑月近,天曙觉星稀……不堪儿女念,回首泪沾衣"之句,格调凄婉、沉郁。她在《辛巳上元大雪有感》诗中写道:"寄语忧国忧民者,稍宽时价雁来归。"表达了对民生困苦的同情。后人评价她的诗"若草木自滋,云霞自灿,不求工而自工焉","清正婉逸","流乎性情之正",对她的过人才华给予了充分的肯定。清顺治十七年十二月二日(1661年1月2日)去世,享年87岁,与其夫潘叔旸合葬于淮安潘冈。

吴甡

吴甡(生卒年不详),字鹿友,一字柴庵,号专愚。兴化人。明万历四十一年(1613年)进士。天启元年(1621年)知山东潍县,适逢灾歉。他即令"能垦者许得业,力不足许牛耕,于是荒田尽艺,流民尽归"。次年擢御史,因忤魏忠贤被革职。崇祯初年(1628年)复故官。崇祯四年,奉命赴陕西赈灾。崇祯七年九月,巡抚山西。次年四月,疏言山西人民"三苦",请去残破州县地租,帝准其奏。在任4年,为病乞归。崇祯十一年春,为兵部左侍郎。累擢礼部尚书兼东阁大学士。崇祯十六年,李自成义军连克襄阳、荆州、承天,崇祯帝命他督师湖广,因无兵无饷,将校跋扈,出师迁延。帝怒,遣戍云南。未几,明亡。福王朱由崧即位南京,赦放其还。南明亡,避居高邮张家庄(今属高邮司徒乡,距兴化城20余公里)以终。著述有《柴庵疏稿》等9种。

胡正言

胡正言(1582~1672),字曰从,号次公。明万历十年(1582年)生,原籍休宁(今属安徽),从祖上迁居南京。明清之际画家、印刷家。自幼聪颖过人,少从李登学,精篆籀,亦擅长制墨、造纸、绘画。曾在六合和霍山两地间行医谋生。以贡生除中书舍人后,居南京鸡笼山侧,因所居门前有竹丛,故名住所为"十竹斋"。明亡,他以教授诸经自给。并著有《九十授经图》、《六书统要》、《篆法偏旁正伪歌》等。天启七年(1627年),他用五种颜色印刷出《十竹斋画谱》。这部《画谱》共选用八类艺术作品,即书法和彩绘、花卉、鸟类翎毛、梅、竹、兰花、果类及怪石等。全书8册,所用图画,一部分以原稿作蓝本,一部分则临摹而成,且每幅画皆有一首短诗。其绘画之神,雕镂之巧,墨色的浓淡,着色的深浅,无不精妙。版画的三绝在其中表现得毫无遗漏。《画谱》出版后,不仅在国内,而且在日本广为流传,曾翻印过多次。

崇祯年间,他除用"锃版"印刷术外,又兼用"拱花"(即用凸凹两板嵌合,使版面拱起花纹)的方法,编刻出《十竹斋笺谱》一书。其中"拱花"的印刷术可谓是胡氏首创。全书共4卷,其雅趣的线条,恰当想象的背景,光亮的着色,调和的阴影,以及设色妍丽,浓淡分明和刊版工致,把彩色雕版艺术提高到前所未有的水平。他还刊印《订补简易备验方》16卷、《薛氏医案》9种23卷、《四六霞肆》16卷、《十竹斋印谱》4卷等约20余种。另著有《印存玄览》等书。清康熙十一年(1672年)去世。

姜 埰

姜埰(？~1673),字如农。山东莱阳人。明崇祯四年(1631年)中进士,授仪真(仪征)知县。他到职后廉洁自律,宽厚待下。他不理睬请托书信,为警示走门路的来客,在住所墙壁写上"爱民如子,嫉客如仇"语句,在当地传为佳话。他还下令废除弊政陋规。他为民请命,用自己的薪俸请托,蠲免500名泗洲修河夫,受益者并不知内情。他同样蠲免过闸粮船纤夫。他刚到仪真,察访大盗董奇等人行迹,抓获绳之以法。其办事之干练,受到广泛好评。他在仪真爱惜人才,奖掖后进,品评各类人物允当,使当地读书人深受鼓舞。崇祯十四年,他在仪真10年,调任礼部仪制司主事,办事认真。不久,因上疏声援言官,严厉抨击权奸,被皇帝革去职务,由锦衣卫拿送北镇抚司拷问,血染刑械,但决不认错。崇祯十七年,李自成起义军逼迫北京,思宗方同意开释姜埰,后朝廷又宣布其复职。鲁王监国后,授其兵部右侍郎,他都未接受。姜埰弟姜垓弹劾南明权奸阮大铖,遭到迫害。阮大铖要杀姜氏兄弟。他避居徽州。明亡后,坚不事清朝,于清康熙十二年(1673年)在宣州病逝,遗嘱葬敬亭山。下葬日,远近吊唁者云集成市,友人私谥为"贞毅先生"。

宫伟镠 宫梦仁

宫伟镠(1611~1680),字紫阳,又字紫元,号组玄。明万历三十九年(1611年)出生。泰州人。学者。崇祯十六年(1643年)进士,官翰林院检讨。宫氏世代为明朝官宦,宫伟镠入清后不仕,以终养为理由两次辞却荐举,在岳墩下小西湖畔筑春雨草堂,著书自娱。宫伟镠熟悉地方掌故,著有《庭闻州世说》6卷、《续庭闻州世说》1卷、《先进风格》1卷。清康熙十二年(1673年)参与纂修《泰州志》,写成志稿6卷,名《微尚录存》。著有《春雨草堂集》34卷等。康熙十九年去世。

宫梦仁(1632～1713),字宗衮,号定山。伟镠子。康熙九年(1670年)会试第一,康熙十二年补殿试,授翰林院庶吉士,历任御史、河南督粮道、湖北驿盐道、山东提学副使、通政使司右参议、右副都御史、福建巡抚等。宫梦仁谙熟河务,曾因淮黄泛滥上疏建议疏理海口,并绘制地图进呈。后奉旨分修高良涧、龙门坝、高家堰等工程,亲临工地,露宿河岸半年之久,清除了淮扬水患,得到清圣祖嘉奖。晚年闭门却扫,日事著述,有自订文集100卷,并编有《文苑英华选》等。所编《读书纪数略》54卷,奉旨刊刻行世,此书辑录各书所载有数字可记的故实,分类编排,颇便检寻。清康熙五十二年去世。

计六奇

计六奇(1622～约1687),字用宾,号天节子,别号九峰居士。明天启二年(1622年)生于无锡兴道乡(今前洲、玉祁一带)。历史学家。家境贫困,早年寄读塾馆。19岁起随岳父杭济之就读于洛社,后又在母舅胡时忠处读书。曾于清顺治六年(1649年)、十一年两次乡试,不举。从此无意科举仕进,在无锡、苏州、江阴等地坐馆教书,以认真而闻名乡里。他为把明清之交的社会巨变记录下来以寄托故国之思,约自康熙二年(1663年)起着手准备《明季北略》、《明季南略》两书的写作。除收集大量的文献资料外,又亲赴江阴、苏州、镇江、六合、通州、安徽桐城等地实地调查,察看重大事件的遗迹。同时深入社会下层,与重大事件目击者交谈,尽力搜集真实资料。康熙十年两书写成,共42卷55.5万余字,按编年体记述明万历二十三年(1595年)至清康熙四年70年间明清易代的史事。其内容宏富,叙事清楚,曾被清政府列为禁书。此书对研究明朝末年的农民战争和明清之际的民族斗争有重要的参考价值。另著有《粤滇纪闻》、《金坛狱案》、《南京纪略》、《辛丑纪闻》等历史著作。

蒋 伊

蒋伊(? ～1687),字渭公,号莘田。常熟港口(今属张家港市境内)人。清康熙十二年(1673年)进士。先后任监察御史、广东粮储参议、河南提学副使等职。康熙十八年,时任监察御史的蒋伊正值请假回故里,一路上,他见河塘干涸,庄稼枯萎,三五成群的难民清瘦愁苦地在向北行进。他愤然执笔,在几天内一气绘成"旱灾图"、"水灾图"、"鬻儿图"、"刑狱图"、"难民卖女图"、"寒窗读书图"、"春耕夏耘图"、"观榜图"、"废书图"、"催科图"、"暴光图"、和"疲驿图"。他把这 12 幅流民图连同陈述的难民状等一一报告给康熙皇帝。朝廷采纳他的疏言,康熙皇帝特命近臣将这 12 幅图挂在墙上,以便经常看到这些民间疾苦。康熙二十年,蒋伊调广东任粮储参议,他决定废除在征粮中借各种损耗来增收的做法,同时免去向民户摊派供官府驱使的徭役,并禁止各级向官员馈赠礼物。蒋伊认为,要体察民情,关心民间疾苦,先要从自身做起。为减轻人民供给官府的负担,他亲自去卖干鱼,自食其力。他在广东、河南任职期间,十分注重提高民众的文化素质,推崇真才实学,杜绝一切走门路、通关节的做法;他奖励和提拔贫寒的才智之士。由于功绩突出,康熙帝赐他"怀荩兴文"匾一块。他一生忠于职守,秉公正道,体察民情,敢于向皇帝直谏,他兴学崇文,多所兴除,廉洁清苦,有"公明第一"之称。康熙二十六年蒋伊卒于河南,留有《莘田诗文集》18 卷。

汤 鹏

汤鹏(生卒年不详),字天池。生于清顺治至康熙年间,溧水人。铁画家。少时,家贫逃荒去芜湖一铁铺学徒。常在劳作之余观看著名画家萧尺木(云从)作画,着意练习。"锻铁作画"终于达到"燕金竟类攻皮鞣,赋形有物,无不如意"的程度。但他并不满足既得成就,想作山水屏幛,苦不得法,乃登门向萧求教,遂运用"减笔皴"的笔法表现山石、峰峦和树身表皮的各种脉络纹理。

汤鹏所作铁画,以低碳钢等金属材料锻制,吸取国画和金银首饰、剪纸、雕塑工艺等特点,运用黑白对比、虚实结合的手法,富有较强的立体感,以挺拔、豪放、刚劲有力、古朴典雅等特点独树一格,开创了中国铁画艺术之先河。今安徽省博物馆收藏的"晴窗流竹露,夜雨长兰芽"铁字对联,系汤鹏于康熙二十六年(1687 年)所作,苍劲洒脱,为稀世珍品。汤鹏厌恶市侩俗儒,宁守穷而不折腰献媚,好饮而囊空,"独怜奇技坐天穷,江天日暮酒铁空"(《铁画歌》),晚年生活十分潦倒。

汪懋麟

汪懋麟(1639～1688),字季角,号蛟门。明崇祯十二年(1639年)出生。江都(今扬州)人。清康熙年间诗坛十才子之一。他博览好学,受业于渔洋山人,其诗合唐宋于一炉而时出新意,其文法欧(欧修)、曾(巩),质坚而气厚。清康熙六年(1667年)进士,后授内阁中书,曾以刑部主事入史馆为纂修官。康熙十二年,与扬州太守金镇重建平山堂。康熙十七年,刻所著《百尺梧桐阁集》20卷、《悔斋诗》6卷和《重建平山堂记》。康熙二十七年去世。

邱俊孙　邱象升　邱象随

邱俊孙(1609～1689),字吁之。明万历三十七年(1609年)生,淮安府山阳县(今淮安市)人。刑部郎中,著名清官邱度侄儿。崇祯十六年(1643年)进士,后任户部主事兼兵部职方司主事,督四镇,清军入关后降清。清军挺进江淮,六合县民众组织抗清,清廷令他率军队攻屠六合城。邱俊孙在距城十里以外驻兵,他独自骑马前往劝谕,使得六合"父老感泣出迎,不戮一人而六合定",因此被清廷命为刑部郎中。后出任汉阳知府,断十年未能判决的疑难案件,擢升冀宁道。后罢官归里,30年杜门不与世人多接触。

长子邱象升(1631～1690),字曙戒。少负才名,顺治十二年(1655年)进士,累官至翰林院侍讲。任琼州府通判时,黎族人据险抗命,擒斩为首者,"余悉誓伏"。时南藩人很骄横,他惩治民愤较大的几十个,"还民田庐畜牧,广人大悦"。任武昌府通判时,正值"通城民变",他将事态平息,并对肇事者从轻处罚,"全活几千人"。

次子邱象随(?～1701),字秀贞。14岁会写诗,与哥哥象升被当时称为"淮南二邱"。康熙十八年(1679年)邱象随以拔贡生举博学鸿辞,授翰林院检讨,参加纂修《明史》。康熙四十年卒于司经局洗马任上。

邓汉仪

邓汉仪(1617～1689),字孝威,号旧山、旧山叟、旧山农、旧农、梅农、旧山梅农。明万历四十五年(1617年)年生于苏州,明清之际迁居泰州。文史学者。19岁时为吴县生员,因病未参加乡试,入清后放弃举业。与龚鼎孳为至友,顺治十三年(1656年)曾跟随龚奉使至广东。康熙十八年(1679年),邓汉仪被迫入京,参加博学鸿词科考试,作赋故意不用四六,因而未中。清廷授以中书,准备推荐入史馆,又以老母须入侍奉力辞而归。邓淹洽通敏,尤工诗。又好漫游,游必赋诗,游淮有《淮阴集》,居扬有《官梅集》,游粤有《过岭集》,游颖有《濠梁集》,游燕有《燕台集》(一名《燕市酒人篇》),游越有《甬东集》(一名《甬东游草》),膺荐入京有《被征录》(一名《被征诗》),均逐年编次,可惜多数散佚。邓汉仪的诗清新俊逸,他的《题息夫人庙》:"楚宫慵扫黛眉新,只自无言对暮春。千古艰难唯一死,伤心岂独息夫人。"意在言外,传诵一时,后被《红楼梦》引用。晚年得消渴疾,隐居泰州,与冒襄、黄云、孔尚任等人时相唱和。

邓汉仪论诗主张"清和"。曾说:"孤桐片玉,自有天律,清也。朱弦疏越,一唱三叹,和也。今之为诗者,望车尘,乞冷炙,有市心焉,其诗以俗气应之,如商女赀高,不复能唱渭城也。竞锥刀,饰竿牍,有争心焉,其诗以诊气应之,犹心在捕蝉,杀气著于弦上也。故诗必无流僻,无噍杀,潡潡乎其音,温温乎其德。庶几诗人之清和,可以语温柔敦厚之教欤!"康熙九年,邓汉仪开始选录当时诗作,手订成《天下名家诗观》三集41卷,前后费时十五六年。其中收录不少遗民的作品,后被清廷列为禁书。邓汉仪曾参与修纂《江南通志》与《扬州府志》;另尚著有《慎墨堂笔记》、《各体文》、《清帘词》等,多散佚。

黄虞稷

黄虞稷(1629~1691),字俞邰,又字楮园。明崇祯二年(1629年)生,上元(南京)人。史学家、藏书家、目录学家。其父居中,为明万历十三年(1585年)举人,一生好学,喜藏书,并筑千顷斋庋藏秘本珍籍,多有著述。虞稷幼承家学,聪颖过人,7岁能诗,16岁中秀才,人称神童,且于典籍"问无不知,无知不举其精义",被当时著名藏书家丁雄飞引为知已。他与丁雄飞等人同立古欢社,尽出家藏秘本,互通有无,相与质疑问难,参订发明。因屡试不第,故绝意功名,埋头读书,遍涉经史,著书立说。清康熙十七年(1678年),罗继峰荐他征试博学鸿儒特科,因逢其母去世,未果。康熙十八年开馆纂修《明史》,他由内阁学士、《明史》监修总裁官徐元文的推荐,到《明史》馆任纂修,遂入翰林院,食七品俸禄。其后,他又担任《大清一统志》编纂工作。康熙二十八年,《大清一统志》的总裁官徐乾学因故告归,康熙特许徐携《一统志》稿回家编辑。虞稷又应徐氏之邀前往太湖包山书局,编辑《一统志》。他全力以赴,"刻苦披讨",勤加纂辑,仅一年多时间,《一统志》的编辑工作便基本告竣。

黄虞稷博学多才,在当时颇有名气,王士祯、徐乾学、毛奇龄等饱学之士皆与其交游,切磋学问。他以目录学见长,同时还著有《我贵轩集》、《朝爽阁集》、《蝉巢集》及《楮园杂志》等,但大都已佚。另编有《千顷堂书目》32卷、《明史艺文志稿》若干卷。又与著名藏书家周在浚精选唐、宋、元罕见秘本96种,编成《征刻唐宋秘本书目》1卷。

魏正心

魏正心(生卒年不详),字存诚。山西怀仁县人。顺治十七年(1660年)夏,任沭阳知县,时沭地水灾,饥民待哺。他下车伊始,即申报赈灾,解民于倒悬。他为纾民困,勇于革故鼎新。沭地不产米,田赋征粮兑银,到外地转相购买大米,盘运兑换,始入国库,开支甚巨,民不胜重负。魏正心改为官买官兑,取消附加费,既省民力,又减轻负担。旧例征收田赋,由闾里柜头承办押送,侵渔扰民,时有发生。魏正心断然裁撤柜头,改由官收官解,革去弊政。沭处京道,接送差役事繁,驿铺递马多于邻县,额外征银充其费用,民受其害。魏正心洞察其害,遂令官办驿铺,官养递马,费由公出,民受其利。并悉心安抚流民,不让他们背乡离井,流落他乡。他组织力量查户丈地,清理田赋,揭露并纠正豪绅地主隐瞒地亩、藏匿黑户、转嫁负担等弊端,民赋丁银有所减轻。他还兴办教育,接待诸生,鼓励成才。魏正心上任仅一年,沭阳便开始复苏。后沭阳人民爱戴他,集资于东关街屠桥口建生祠,立去思碑,刻石勒铭,称颂他"当官使人感,去后使人思"。魏正心公余写诗,结集为《星轺集》,语多悲凉,哀民生多艰。集中多写沭事,质朴深沉,以诗当哭,不堪卒读。

许嗣隆

许嗣隆(生卒年不详),字山涛,号文穆。清代如皋人。少时通晓五经,得到学使的赞赏,补博士弟子员。康熙二十一年(1682年)进士,选庶吉士。康熙二十三年,献《南巡赋》,升检讨,充廷试读卷官、编辑内廷文选等书,获赐币帛。康熙三十年母丧,停官居丧3年后补原职,典试云南,升任春坊左中允兼翰林院编修、侍讲。后因病辞官回归故里。离京时两袖清风,仅有书籍数车。著有《孟晋堂集》、《金台集》、《使滇记略》等。

吴 绮

吴绮(1619~1694),字园次,号听翁。明万历四十七年(1619年)出生,江都(今扬州)人。清顺治十一年(1654年)拔贡生,荐授秘书院中书舍人。曾奉诏谱《杨继盛乐府》,深中帝意,因之任兵部主事。后任湖州知府,多惠政。任中,喜结宾客,常与四方名流诗酒流连,为人"多风力,尚风节,饶风趣",人称"三风太守"。后因失上官之意,罢归,贫无田宅,购扬州旧城粉妆巷赵氏废圃居住。有人求其诗文,只需以花木作酬,即欣然命笔,因之名其圃为"种字林"。晚年患目疾,隐居黄珏桥黄子湖畔,常与高士咏于瓜田豆畦之中。有《归湖诗》5首,海内和者达数百人。著有《林蕙堂集》、《扬州鼓吹词》、《岭南风物记》、《啸秋风》、《宋金元诗选》等。著名的词句有"把酒祝东风,种出双红豆"等。

张 埙

张埙(1640~1694),字牖如,清长洲县(今属苏州吴中)人。康熙十七年(1678年)任河南登封县知县。他到登封的第三天,就拜岳立誓:"不取一钱,不枉一人",决心做勤政清廉的父母官。在登封治政,重教育,修学堂,以文化来教化百姓。他出资修复宋时天下四大书院之一的崇阳书院,还亲自编写通俗的"劝民俗话"。张埙鼓励垦荒地,招民复业,劝农桑;免税捐,减轻百姓负担。张埙亲率衙吏抽空"操耒耜为农,开荒岭二百里,复轩辕路"。他还革除官署行户、铁犁私税、机户征银、里役坐催、盐贾牟利、赊官增价、马骡革料、学使者供应派民等十多项不合理的苛捐杂税,其中盐贾牟利、赂官增价的革除,登封百姓每年就可减轻"钱百二十万"负担。嵩山是座名山,香火盛旺,做各种生意人很多,张埙"罢一切地铺牙帖无名税",使商旅有如归感觉,以此促进当地经济的发展。他还重视赈灾济民,轻缓刑罚。他崇尚德治,对一般民事,张埙采用轻缓刑罚的办法,"刑杖,以八十为十记其数"。以仁义劝导教化,各种案件明显减少。他在登封为官共5年,由于他勤政廉政,登封出现"路不拾遗,狱讼日少",百姓安居乐业的历史上少有盛世局面。为此"登封人家家祀其位,饮食必衔祝祭"。康熙二十二年河南巡抚向朝廷大举其"卓异",张埙升为广西南宁通判。临别时,登封数十万人哭泣送行,留下其衣冠,藏在嵩山中岳庙,"岁岁逢表春昇出游,尊若神明",并在四乡各建祠堂纪念。康熙三十三年秋,张埙在北京病逝,在京的中州士大夫都到其寓舍"设位以祭",见其家中清贫,"无不泣下沾襟"。"讣至中州,登封人比户罢舂,持香楮走哭于张公四祠,匍匐吊唁"。登封百姓请其衣冠葬于嵩山脚下。在四乡张公祠堂中供其塑像,榜为"天下清官第一"。苏州葑门外黄石桥原有座"张公"墓,墓前竖有一块高大的"天下第一清官"碑,墓旁还有"张公祠",祠中有其塑像和韩文懿等名人的铭记、诗文。

乔 莱

乔莱(约1641~1694),字子静,号石林。宝应人。约生于明崇祯十四年(1641年),康熙六年(1667年)中进士。曾参与纂修《明史》,并充任《清实录》纂修,负责将满文译成汉文。时淮扬屡罹水患,一些王公大臣提议疏浚入海口,以根治水患,玄烨委派安徽按察使于成龙前去督工,使心想借机大捞一把的河道总督大为失望,便转而奏请"筑堤束水使高,自高邮历兴化、白驹场入海",企图取代原议。玄烨将此奏下发群臣讨论,乔莱闻之大惊,即与河务大臣在宫廷前辩论,指出筑堤束水必给里下河地区带来后患。玄烨命征询在京淮扬官员,乔莱又不为河道总督的"厚利"所动,乃汇集淮扬京官到其寓所,备言束水注海之害,并说:"今日之事,当以死争之。"遂上疏《束水注海四不可议》,得到同僚的支持和赞扬。河道总督的动议虽被否决,但乔莱却因此触犯中枢权贵,终被中伤罢免。他返回宝应,修筑纵棹园,纂修《宝应县志》,读《易》。同时,对"桑梓利病,如筑子婴堤、启闭涵洞、募派夫役等事,尤侃侃言之,乡里多蒙其利"。然而一些权奸却诬陷他"居乡不法"。康熙三十三年春,突然奉召进京,邑人担忧,乔莱却坦然处之,未逾半载即染病去世。

何 栔

何栔(1620~1696),字维南。明万历四十八年(1620年)年生于丹徒。家有晴江阁,人称晴江先生。少有异才,得到当时文坛领袖黄道周等人的器重。他交游甚广,诗和文都名重一时,与程世英并称为"京口二家"。因他父亲是明朝遗老,临终嘱咐他不要做清朝的官,故而他一生未应科举。

康熙九年(1670年)辑刊《文概》初集、二集;康熙二十二年,又受两江总督于成龙之聘,担任《江南通志》的总纂工作。郑成功攻打镇江失败后,有83家被清廷灭杀,地方文献对此均不敢记载,而他的《晴江阁文集》则保存了一些可贵的资料。

尚胤调

尚胤调(生卒年不详),字燮臣。淮安府山阳县(今淮安市)人。康熙十一年(1672年)举人。任华亭县教谕,培养士子有方。学宫圮塌,他回乡变卖家产,得300多两银子,全部捐献,作为修学宫的费用。当时,学宫地基被驻军占为放牧场所,荒芜不堪。他奉地方长官的命令清理地基,前往驻防某将军的官衙相告,将佐们纷纷起哄,听任兵士们对他进行肆意凌辱。他发誓以死相争,绝不让步,于是写下遗书,陈述事情的原委,然后在华亭射圃堂自缢而死。此事所在地郡县引起很大震动,巡按御史将此大案上奏朝廷,后自将军以下的有关将弁士兵,都依法受到不同的处罚,并全部归还侵占的学宫地基。"华亭士庶感泣",将他祀于名宦祠。

任三益 任宗延

任三益(生卒年不详),字友谦。山阳县(今淮安市)人,祖籍任城。年轻时慷慨仗义,重然诺信用。他通晓河工利弊,河道总督靳辅特地前往拜访求教。当时黄河、淮河并溃,里运河东堤受到大水的冲击,淮安城受到严重威胁,靳辅采纳他的建议,建头铺二铺运河堤石工。康熙二十年(1681年),运河漫溢,淮安护城堤行将崩溃,众人都说应像过去那样,掘开百子堂西岸以保城,独任三益反对,后听从他的建议,城堤果然未溃。后官至知州,所至轻徭薄赋,与民休息,颇有政声。

任宗延(生卒年不详),字彭年,号静斋。任三益之子。康熙三十五年(1696年),以选贡生随大军征讨葛尔丹部,担任军需供应,以军功授户部贵州司主事,历任工部郎中、延平知府,摄延建邵道。在工部任职时,司库官伪造命令,盗取官银3000两,他晓以利害,使他们如期归还赃银,并使涉及的数十名官吏免于处死。在延平府时,顺昌卢天章起义被其镇压;又将骗民坑民的"赛肉身佛"投到河里。延平滩水大流急,为商贾必经之地,当地一帮市侩每每夺取商贾的舟船、篙师以应付官差,商贾货物受损,怨声载道。他捐资置官船40艘,并禁止奸侩的不法行径,受到行旅的称颂。晚年归乡,为乡里兴水利,建育婴堂等。

孙居湜

孙居湜(生卒年不详),燕山顺天府大兴县(今北京大兴县)人。清康熙二十六年(1687年)以监生任邳州知州。孙居湜到任后,俯察邳民遭严重水灾造成的种种灾苦,大力整肃衙门,惩治贪官污吏,自己节衣缩食,一切用途如老百姓一样;判案明察曲直,依法量刑,不许豪强贿赂;开仓设场赈济饭食,招回流民,开源就业,使老少皆得温饱。绘水沉地图,匍诉于漕臣,乞免钱粮。邳民称此为"四德",然而漕臣董某诬告,他被朝廷革职查办。百姓失去依靠和保护,哭号终日。康熙于二十八年正月二十二日南巡至邳州红花埠,百姓从红花埠至五花桥百余里遮道具表,冒死上奏。康熙遂旨江苏巡抚洪之杰立速确查,洪之杰询查后上报符实。康熙下旨豁除水沉地5000余顷,免地、丁银14.4万两,并下旨孙居湜留任。他留任后,理政更加勤勉,劳作不息,后又千方百计,开源节流,就地取材,减少开支,用4年时间使邳州城墙全部用大砖砌成。建城之际(康熙三十年),又一次因遭诬陷而罢官,又经百姓纷纷赴省衙申辩。巡抚洪之杰亲自查办,康熙再下特旨"允留"。旨下之日,邳州"香盆蔽天,欢声动地"。孙居湜复职后,更加亲民,明察秋毫,纤毫不染,两袖清风。宽徭役,惩邪狎,百姓拥戴,邳州一片安定。康熙三十二年,他以良吏之名升为河南知府,赴任时只身前往,室无涓滴节蓄,家眷亲属依然寒居邳州,谋业自给。任知府七年,对家人从无分文份外资给。他的后裔为生活所迫,迁居城南乡村葡萄庄务农为生。孙居湜死后,唯余身上一套官服,墓葬邳州城北洪福山南麓。

储 欣

储欣(1631~1706),字同人。明崇祯四年(1631)生,宜兴人。他性嗜读书,博览经史,中举后未出求仕,以教授乡里终其一生,善作散文,有《在陆草堂集》10卷传世。他对唐宋散文作过全面整理,取"八大家"之说,添入李翱、孙樵而为"十大家",辑成《唐宋十大家全集录》,计51卷,流传海内,后《唐宋文醇》即本于此。他又辑成《唐宋八大家》、《左传》、《国策》、《国语》、《史记》等选集行于世,以便后学入门之用。

王士禛

王士禛(1634~1711),一作士正、士祯,字子真,一字贻上,号阮亭,别号渔阳山人。明崇祯七年(1634年)出生。新城(今山东桓台)人。清诗人。清顺治十二年(1655年)进士,官至刑部尚书。论诗创神韵说,为清初诗坛领袖人物。著有《带经堂集》、《阮亭诗钞》、《渔洋诗话》、《池北偶谈》等。王士禛于顺治十六年任扬州府推官。在任五年,除奸苏良,兴利去弊,颇有政声。且优礼名士,广交诗友。康熙元年(1662年)和三年春,他与诸名士在扬州红桥修禊,曾写下《浣溪沙》和《冶春诗》多首,众人和之,一时称盛。有云:"五日东风十日雨,江楼齐唱冶春词。"后来扬州的冶春诗社、冶春诗社后社皆续其余韵而成立。其《浣溪沙·红桥怀古》一词上阕末句,"绿杨城郭是扬州"中的"绿杨"二字已成扬州的别称。康熙五十年去世。

汪懿余

汪懿余(1633~1714),明崇祯六年(1633年)生,徽州(今安徽)人。清康熙初年迁居今连云港市板浦,建作坊熬老糖,后改酿食醋。食用该醋时,只需数滴则醋香弥足,风味独特,称之为"滴醋"。康熙十四年(1675年),汪懿余在自家作坊门口挂上"汪恕有"金字招牌,从此,誉满两淮。当时,沭阳县令袁枚到板浦考察,后其所著《随园食单》中,推崇板浦醋为第一。汪懿余的"滴醋",其配方和发酵方法不外传,只传嫡系,不传儿媳。至今,仍单传秘研,醋质不断提高,声誉久盛不衰。康熙五十三年汪懿余病逝于板浦。

张 忭

张忭(约1634~1715),字怡仲,又字尚元,号溧庵。约明崇祯七年(1634年)生,宿迁人。他颖悟好学,能诗善文。因中秀才后三试不第,遂弃举业。居家涉猎四库杂书,致力经世之学。清顺治十六年(1659年)后,黄河屡决,宿迁被害最剧,赋重役繁,民不聊生。康熙二十三年(1684年),帝南巡至宿迁。他撰写《民本》陈言地方灾情,为民请命。得准免应缴田赋的三分之一,一时阖县百姓欢呼。土豪劣绅和贪官污吏把怨毒集于张忭之身。康熙二十八年,乡官高跻及其侄儿高识勾结地痞方习周,篡改地契,诬陷张侵占其地,指使爪牙侍习认等诬告张忭私吞拨补银两,入狱。康熙二十九年春夏间,张忭被释放。是时,高氏已尽夺张地。张忭归家作《八命号冤实录》,于是年八月呈漕督,词中多伤单知府。漕督以示单知府,单切齿,借"拨补银两"案,复收张入狱,适单调离,是年十二月经批淮安府发遣,流放到安徽省巢县。直至康熙三十四年四月,他才刑满回家,时田宅已废。是年九月,淮、徐16州县26名秀才同词呈控淮安府,为张鸣冤。次年六月,淮、徐诸生复诉张汴冤情于宿迁县衙;秋,张忭遣子向苏州宋巡抚等呈递记述蒙冤始末的《暑霜录》,皆不见收录。从此,张忭冤沉海底。他晚年居家私修《宿迁县志》,凡地方利弊,全都载入。有《学量堂诗文稿》等著作行世。

蔡 璜

蔡璜(生卒年不详),字渭侯,号东岩。宿迁人。康熙二十八年(1689年)拔贡,康熙三十三年任山西孟县令。就任不久,孟县连遭三年大旱,蔡及时上报灾情,请求援救。灾后指导有方,生产恢复甚快,财政收入大增。于是动工修复安阜楼、时辰亭、肃余楼、三义庙,重建常平仓,加固大贤村河坝,架设御枣口木桥等。他还大兴当地文运,积极倡立义学,关注民间文化建设。他下车伊始,便研读明嘉靖《孟县志》,了解社会民情,并决定亲自主持续修《盂县志》。由于蔡璜与僚属广搜博采,去芜存精,集思广益,编纂态度认真严谨,故续志深得后人称道,被视为盂县历史上承上启下的扛鼎之作。他在盂县任职5年,勤政惠民,政绩斐然。康熙三十八年,蔡璜被推荐为三晋第一贤令,并被擢升。民众上书请求将其留住,未得准允,于是在他离去后,于芹泉驿建立去思碑以为纪念。

黄龙士

黄龙士(1651~?),名虬,又名霞,字龙士,又字月天,以字行。泰州姜堰镇人。从小喜爱围棋,学棋不久在家乡已少有对手,11岁时号称"第二手"。由其父带领来往江淮间,常在国手荟萃的扬州、杭州与人切磋棋艺,因能自出新意,棋艺愈高。18岁时与国手盛大有对垒七局,以绝对优势取胜。当时国手谢友玉、卞邠原、吴瑞征、何闇公等与他对垒,亦无不屈居下风。能与他周旋的只有国手周东候一人,两人曾激战近三十局,人称"黄龙周虎"。徐星友是黄龙士弟子,当徐棋艺已达到授二子时,黄龙士授予三子与他对弈。由于授子过多,黄龙士下得异常艰苦,徐星龙虽有三子优势,也竭尽智能方能抗衡,不敢掉以轻心。二人呕心沥血下完十局,徐星友一跃成为国手,这十局棋则被称为"血泪篇"。黄龙士棋艺高超,着子看似平淡,实则法外有法,在布局、定式等方面,突破元明以来相沿成法,对围棋的实践与理论作了创造性的提高,开辟了后来程、梁、施、范诸家先路,有"弈圣"之称。著有《弈括》(刊刻于康熙四十九年)、《黄龙士棋谱》等,日本围棋界翻译整理出版有《黄龙士弈谱》。

赵熊诏

赵熊诏(1663~1721),字赤侯,一字裘萼,阳湖(今常州武进)人。清学者。清康熙三十八年(1699年)举人,康熙四十八年中状元,授修撰,进为侍读,入直南书房。因同官讦奏记注事落职,仍留供奉。康熙五十七年以大臣子弟从军肃州,出私财济运,时人称颂。写文以经籍为基础根底深厚。诗的风格新奇,反对雕琢堆砌。公余研究天文、勾股等学问。著有《赵裘萼剩稿》3卷。

阮应商

阮应商(生卒年不详),字次赓。淮安人。清康熙四十二年(1703年)进士。康熙末年,户部云南司管辖各省漕储,吏胥皆奸滑无比,纳贿舞文以为常事。司官明知积弊,多年听之任之。后阮应商晋升户部郎中主管其事,他秉公办事,上任第一天,就给猾吏们来了个下马威。当时有两个从事人员穿裘服值班,这在当时是逾越国家规定标准的。他当即严正指出,并喝令拖下去责打一顿。他在督治文案时,只准胥吏在一边抱牍待判,不准出一语,杜绝他们以介绍情况、背景和惯例为名,诱使上官判断失误,入其圈套。他对吏胥进行认真考察,做到赏罚分明。不到一月,群吏肃然,无不洗手奉令。后他调任吏科给事中,发现当时吏部也很腐败,营私舞弊,存在严重除授不公的现象,该升的不升,该降的不降。他经过调查核实,上书康熙帝,全盘托出,不管牵涉到哪个,直书其名。康熙帝知道后,颇为震怒,将他的奏折交都察院讨论,大家一致公认阮应商所言多属事实,于是,一批官员受到惩处。阮应商名声大震,风节尤著。一天,康熙帝到吏部咨访,指名要阮应商应答,他从容敷陈,条理分明,剖析透彻,皇帝非常满意,众官皆瞩目。以后皇帝多次到吏部,都要问"阮应商在否"?皇帝和重臣都知他为政廉洁,办事有方,可负重任。然身体欠佳,不久病逝。

季振宜

季振宜(生卒年不详),字诜兮、号沧苇。泰兴人。清代名臣、诗人。授浙江兰溪知县,处事敏捷果断。历任刑部主事、户部郎中。升广西道御史,颇有气略,屡次弹劾权要。大学士刘正宗专权欺罔,吏部尚书董延机巧饰蒙混,尚书马希纳、侍郎岳思泰等徇情袒庇,振宜先后列状,进行纠劾。经过察议得实,分别诏以革职等处分。其后巡抚山南盐政,几十次上书弹劾赃官,高风亮节,尤为著名。康熙十九年(1680年),季振宜上疏请免扬属科派,每岁节省本县河夫银27000多两,其他州县亦大致相等。季振宜性好读书,自经史百家以及诗古文辞皆手自勘校。藏书之富,甲于中国。著有《听雨楼集》2卷,《奏疏》2卷,《季沧苇藏书录》1卷,《重编全唐诗》717卷。

吴世焘

吴世焘(1655~1723),字幼日,号西村。清顺治十二年(1655年)出生。高邮人。康熙二十七年(1688年)中进士,任翰林院编修。康熙三十三年任会试同考官,选取才子很多。康熙帝赏其才,召至乾清宫西暖阁,试诗一首,字一幅,得入瀛台(今中南海内)。命作《理学真伪论》、《丰泽园赋》,以品学兼优,选入内廷,参与编纂《渊鉴类函》、《政治典训》等巨著。后请假回邮奉养双亲12年。康熙三十八年三月六日,康熙第三次南巡至高邮,亲往其家看望,赐御书一幅,石砚一方。亲葬服满后,于康熙四十五年入都。适逢京卿缺员,吏部尚书宋荦首荐世焘,以品级不称未成。次年编修任满,当升国子监司业,又被人越次夺去。康熙四十九年任《康熙字典》纂修官,考订精确,深为同事佩服。翌年升左春坊左中允,兼编修。康熙五十一年正逢省学院需人,世焘应任浙江学台,有大员招见,以世焘出其门下为荣。世焘不媚权贵,竟不往,遂失机遇。后以原官辞职回邮。

世焘对家乡极富感情。在京为官时,闻高邮受灾,即书请知州上报,得免土地税数千金。又高邮连续5年大水,饥民多死散,请于江苏巡抚宋荦,准免钱粮,并予救济,救活数万人。辞官后,康熙五十四年高邮大闹饥荒,世焘请于巡盐御史,得米3000石,设粥厂于文游台下放粥,还亲用小船载米送往灾民家中。他还曾条列《赈济法十则》,著《荒年卖粥论》、《募社仓疏》。康熙五十九年,高邮又发生特大水灾,世焘忧郁成疾,于雍正元年(1723年)卒于家。

陈鹏年

陈鹏年(1662~1723),字沧州。清康熙元年(1662年)生,湖南湘潭人。曾任江宁知府。清康熙三十年进士,授浙江西安县知县。时值兵灾之后,户口流亡,豪强多兼并民田。鹏年清丈土地,归田于民,奏请朝廷减轻赋税,使流亡归里复业者数千户。经河道总督张鹏翮荐,调任江南河工,授江南山阳县知县。在任抢修河堤,革除弊政。旋擢知海州。康熙四十二年,康熙帝南巡。时山东大饥,鹏年奉旨带粮4万石前往赈济。旋升江宁知府。当时,江南、江西总督阿山徇情沽誉,受贿擅职。江宁有寺僧强夺民妻者,因与阿山善,得受庇护,及鹏年至,即依法惩办该僧,得罪阿山。康熙四十四年,康熙帝再次南巡。阿山召属吏,议增地税以供南巡费用,鹏年极力反对,由此更为阿山所恨。后鹏年被劾罢官,征入武英殿修书。康熙四十七年,出知苏州府。旋遭阿山同党诬陷,及昭雪,复入武英殿修书。

康熙六十年,鹏年奉命与尚书张鹏翮治河。当时黄河决口武坡,他疏请开引河于广武山下,并疏下流引河,以杀水势。康熙帝从其奏,鹏年代理河道总督兼摄总漕事,以积劳成疾。雍正元年(1723年),实授河道总督,而病情日重,病逝于工所。雍正帝闻讯,十分痛惜,并称鹏年"积劳成疾,殁于公所,终年六十一岁。闻其家有八旬老母,室如悬磬。此真鞠躬尽瘁、死而后已之臣"。谥恪勤,祀贤良祠。主要著述有《沧州诗集》、《道荣堂文集》、《历任政略》、《分类字锦》、《物类辑古略》、《月令辑要》等书。

姜任修

姜任修(生卒年不详),初名耕,字自芸,号退耕。清代如皋县白蒲人。康熙五十九年(1720年)中举人,次年成进士,授翰林院庶吉士,改授直隶清苑县知县。办事果断,清正廉明。因执法守官,得罪大吏,被诬劾罢职,任期仅5个月。归故里后筑"三以园",从事学术研究。著有《楚辞绎》10卷,《汉魏六朝诗绎》40卷、《白雪青蓬诗绎》2卷、《唐五七律绎》8卷、《读诗小笺》5卷,辑有《白蒲子诗钞》等。

俞 瀔 俞 梅

俞瀔(生卒年不详),字锦泉,一字水文,号音隐。清初泰州名士。以廪生膺岁候选中书,著有《流香阁诗词》。俞瀔出身簪缨世家,筑有渔壮园,交游很广,冒襄、邓汉仪、黄云、孔尚任等都是座上常客。又精通音律,家中有一百余人的女乐部,常为宾客演奏歌舞,孔尚任称"俞君声伎甲江南"。俞瀔还率领乐部到扬州、兴化等地演剧,名噪江淮。

俞梅(生卒年不详),瀔之次子,字师严,一字太羹。幼年即能作诗文,康熙四十二年(1703年)进士,授翰林院庶吉士,不久因母丧归家。康熙四十四年清圣祖南巡,召见俞瀔,赐亲书"耆年贻榖"匾,又特命俞梅为扬州诗局纂修官,升翰林院编修,编校《康熙字典》、《分韵唐诗》、《政治训典》等。

康熙五十二年俞梅为山西副主考官,奏请朝廷减去官卷正额三名,分拨给民卷,不避权贵,甄拔寒畯,大得人心。著有《云斤诗集》、《治河方略并图说》、《孔子家语订正》等,编选的诗集有《历朝诗雅》、《白陆诗选》,皆多散佚。

陆 逵

陆逵(? ~1729),号道元,生年不详。镇江人。青帮传人。自幼学武,精于技击,当过江右总兵。明亡后,隐居于茅山,后来他对青帮组织第二代传人罗清征番定国之功非常敬佩,加上罗能通满、蒙、回、藏语言文字,而且又是佛教禅宗嫡系,因此他拜罗清为师,到五台山求教,成为青帮组织第三代传人。当他云游到新疆、甘肃一带,看到回民与汉人由于宗教不同而争执斗殴,就向清廷条陈用宗教感化之策,为康熙采纳,授西北宣化法师,订立"回汉约法",规定回汉人民互相尊重风俗习惯,各守其制,两不相犯。回京复命,康熙议授以官,他却乞归学道,乃封他为靖国尊人,并加封其师罗清为一清佛祖。晚年在杭州武林门外宝华山刘氏庵内讲经说法。清雍正七年(1729年)去世。

郑显正

郑显正(? ~1730),字执中。江西建昌(今永修县)人。清雍正六年(1728年)任沭阳知县。就任时,沭阳官绅备轿远迎至钱集,而郑显正已骑毛驴进城,老仆担书囊随后。上任后,内署大堂上锁。在左侧房内食宿、办公。卧绳床,自砌泥灶,与仆人共食,四时下乡巡视农事,独骑一驴,令老仆携酒壶,提食盒,饥则在树荫下招呼农民,一起席地而食。他了解农桑民事,并加以指导。地方士绅及农民误以为过路人,不知他是县令。他喜欢读书,常与地方文人论诗,不及他事。官绅宴请,他每以有事拒绝。原任知县傅梦熊亏空钱粮,罪该流放,而傅谎称病故,隐匿沭邑。郑显正私访拿获,为民除害。他能文善书,尤工行草,圆润秀逸,为时人器重,身后手迹一幅竟售价2000两。他于雍正八年卒于任上,老仆卖驴买棺木,无钱安葬,邑人哀怜,合资殡殓。数月后,其子自江西来沭奔丧,邑人络绎不绝,远迎数里外,赠资万余。其子不肯接收,说:"我不能污损父名。"邑人说:"不收下赠金,作运棺之费,我们无法报郑君。"其子不得已而受,扶灵柩回乡。

缪 沅

缪沅(1673～1730),初名湘,字湘芷。清康熙十二年(1673年)出生。泰州人。为官有政绩。曾祖缪钦,明崇祯十一年(1638年)以布衣身份伏阙上疏,吁请蠲免泰州浮粮5000石,结果获准,为乡里敬重。缪沅自幼好学,博览诸子百家。康熙四十八年中进士,为会元,殿试一甲第三(探花),授翰林院编修,参与编纂《康熙字典》、《子史精华》等书。康熙五十一年,缪沅任会试同考官,并至湖广视学。每到一处,必定与诸生会讲,循循善诱。在两湖,见到明末因反对阉党冤屈而死的杨涟、贺逢圣等人的子孙流落无依,解囊帮助谋生。离开两湖时,诸生送至千里之外。

缪沅后为工科给事中,又转礼科。雍正元年(1723年),因言事称旨,升太仆卿、工部侍郎,又转任刑部左侍郎。他很受雍正帝信任,屡次被差遣办案,如至江西籴米、至江东平粜、审核畿南仓储、审讯蒲台令、审核山东盐课与保定粮饷等等。并因功不断获得貂裘、猞猁裘、松花砚、御书《魏征谏十思疏》等赏赐,而且被赐宴乾清宫、召至圆明园泛舟观荷,雍正八年去世后赐葬。著有《馀园诗钞》6卷等。

贾国维

贾国维(生卒年不详),字奠坤,一字千仞。高邮人。清康熙三十五年(1696年)北闱举人。康熙四十二年二月六日,康熙帝第四次南巡过高邮,贾献《万寿无疆诗》、《黄淮永奠赋》,契合帝意,被召至沙船,试《河堤新柳》七律1首,《芳气有无中》五律2首,受到褒奖,并得赐白银20两为养亲之资。康熙命其随行入都,任懋勤殿纂修。次年冬,康熙书赐"戏彩堂"匾额,"星临万户动,月傍九霄多"联1副,貂皮衣服1件。康熙四十四年三月十一日,随康熙第五次南巡过邮,其母得"有福老人"匾额之赐。翌年赐进士,殿试中探花,任翰林院编修、内廷供奉、上书房行走。康熙四十六年二月二十七日,与弟九仪(进士)随帝第六次南巡过邮,康熙赐其母宫衣1件,金扇1把,泥金《心经》1卷,白银100两。康熙四十九年任《佩文韵府》纂修兼校勘官,并任《康熙字典》纂修官。

贾博通经史,工诗文,善书法,尤精考核,当时馆阁中主要文件,多出其手。同事每有疑难询问，都能详尽解答，深受推崇。后因老母需人照料，辞官回邮。著有《太史稿》、《望尘集》、《毅庵诗钞》。

周振采

周振采（生卒年不详），字白民，号菘畦。清山阳县（今淮安市）人。拔贡生。年轻时读书即很勤奋扎实，每天读书仅几百行，"手抄《九经》、马、班、陈、范诸史，韩、柳、欧、苏诸集，积数十帙"。所抄的字，笔划工整古劲，校勘精审，"出入辄以自随"。乾隆元年（1736年），应博学鸿辞，因病未能参加考试。他向以制艺（写八股文）知名。时程垲辟曲江楼，延揽四方名士为文会，他常以高才卓识使人折服。当时，王汝骧、方苞等人都非常推崇佩服他，说他的文章是"天半朱霞、云中白鹤"。参加科举考试的人，每每以得不到他所作的范文而感到惭愧。他晚年丧子，潦倒含悲而终。后他的书籍文稿散佚殆尽。

刘培元

刘培元（生卒年不详），字万资。清山阳县（今淮安市）人。拔贡生。他品行端正，学问根底厚实，文名为一时之冠。因伯父刘信嘉的推荐，被授为虞乡县令。当时虞乡并入临晋县已四百年，清雍正年间复置。临晋县令奉命勘定二县县界。涑水左右过去属虞乡。当时，临晋县令想改调为虞乡县令，勘定时全部按照旧界，待刘培元到任，临晋令知改调无望，一怒之下篡改图籍，将涑河改隶临晋。这样一来，虞乡民众缴纳税就得渡河。民众每天都有数百人向刘培元呼吁，武弁皂隶以聚众胁官向上级官吏申报，层层申报，直至皇帝下令，将肇事者全部逮捕下狱，将予重惩。刘培元得知说："我不能诬陷老百姓。"竭力向上级官吏陈说，才得以解脱入狱者。虞乡县人非常感戴他的恩德。于是刘培元为虞乡父老"定界址，立城郭，起学校，置官署库"。事态平息，民众怒息。还曾辨明一个冤案，使5位无辜者得以活命。后因得罪恶吏被罢免。雍正皇帝知道他是贤才，特地召见，改任咸安宫教习，大学士鄂尔泰、张廷玉很器重他，准备以博学鸿词相荐，因为有病请求归乡，旋即病逝。

金秉祚

金秉祚(生卒年不详),字琢章。湖北省钟祥县人。拔贡生,任山阳县(今淮安)知县。乾隆七年(1742年)、九年,山阳遭大灾,他精心安抚流民,亲自到乡里,安排得很细密,使得胥吏无法舞弊,饥民皆得到应得的钱粮,并奏请蠲免田赋,数百里老幼欢呼。又教民筑围浚沟以防灾。在官每每与缙绅结怨,某盐商的母亲过生日,漕督邀约他一起前去祝贺,遭他拒绝。他听讼严明但执法仁恕,有以请托的却非遭苛治不可,于是请托皆绝。延请邑人撰修县志,凡书院、普济堂、育婴堂,皆由他筹划修复。又劝百姓植棉纺织,并到江南聘请纺织女工来淮上任教,后虽未能推行开来,但实由他始倡。他为官,每每以汉代的循吏作为自己学习的榜样。金秉祚死后,山阳的士绅、平民很多人奔走哭祭。

阎圻

阎圻(生卒年不详),字坤掌。阎尔梅之孙。今江苏沛县人。康熙戊子(1708年)举人,己丑联捷入翰林,以编修身份,参与编写三朝国史。雍正元年(1723年),纂修明史,书成,授工科给事中。翌年任会试同考官,复掌管礼、吏、刑三科印务。

储大文

储大文(1665~1743),字大雅,清康熙四年(1665年)生,宜兴县人,清学者。他早年好学,以文章著名,康熙六十年在京会试第一,中会元,授翰林院庶吉士,不久辞官还乡,在"画中楼"设学教门生。雍正年间(1723~1735年),储应邀赴山西纂修晋志,完成后回乡隐居,几达20年,钻研经史百子、佛书道藏各种学问,作《存研楼文集》,编《玉井金梅集》等。

方 苞

方苞(1668~1749),字凤九,号灵皋、望溪。清康熙七年(1668年)生于六合，康熙三十八年举人。清代散文家、桐城派创始人。康熙五十年，为戴名世《南山集》作序，而被牵连下狱。遇赦后，入值南书房，为康熙编校《御制乐律》、《算法》诸书。雍正年间，充任《大清一统志》总裁、《皇清文颖》副总裁。乾隆时，累官至礼部右侍郎。乾隆七年(1742年)，苞在居所(今南京龙蟠里14号)造方氏家祠——教忠祠(现大殿尚存)。后因"结党营私"罪被革职，以老病回籍。

他撰文师法韩(愈)柳(宗元)，严谨简洁，气韵深厚，讲求义法，言必有物，主张散文应宣扬儒家伦理纲常，对清代文学颇有影响，其文章与王渔洋诗，号为"一代正宗"。论文大多宣扬封建礼教，内容枯燥；叙事散文则颇有佳品。其一生著作甚丰，有《史记注补正》、《周官集注》、《春秋通论》、《考工记析义》、《春秋比事目录》、《左忠毅公逸事》等。后只辑有《方望溪先生全集》18卷，集外10卷，补遗2卷。散文《狱中杂记》，甚为后世称道。乾隆十四年去世。

仲鹤庆

仲鹤庆(生卒年不详)，字品崇，号松岚。今海安西场镇人。画家。清乾隆十七年(1752年)中举，乾隆十九年登进士，任四川大邑县知县，因为人刚直，被罢官归里。仲鹤庆善写兰，喜山水、花鸟，且书法、诗文俱佳，与钱塘胡西坨、丹徒李萝村、兴化郑板桥、邑人陈志枢等友善。所绘中堂、条屏多幅现藏泰州市博物馆。著有《迨暇诗钞》4卷，为泰州市图书馆收藏。韩国钧编纂之《海陵丛刻·先我集》卷二刊载其诗词15首。其名载北京中国书店1982年3月版《中国画家大辞典》。

于 振

于振(生卒年不详)，字鹤泉。金坛县城(今金坛市)金城镇人。清康熙五十九年(1720年)举人，雍正元年(1723年)以一甲一名及第，与弟于敏中皆为状元及第，世称兄弟状元。入仕授编修，入值南书房，主管河南科举考试，充任讲官，又督湖北学政。因误增学额，被贬为行人司副。乾隆元年(1736年)举为鸿儒，再授编修，升侍读学士。乾隆三年，出任江西副主考。于振研学深细精到，见解独特。著有《清琏文钞》12卷，《诗钞》28卷及《南楼草》，卒后墓葬袁家舍。

杨 法

杨法（1696~?），字己军，号孝文、孝稚，又号白云帝子。南京人。一说"扬州八怪"之一。同金农、汪士慎、高翔等人有交往，常往来于南京、扬州之间。他颇有学问，但眼界很高，布衣终身。工书法，篆书多用曲笔与颤笔，笔意高古；隶书与金农之漆书类似，古拙冷硬，布局奇特；行书则疏朗灵动，极有章法。他曾为扬州盐商徐氏所藏周太仆铜鬲写释文（华嵒为鬲作图），为扬州五亭桥南侧的"贺园"题名（同题者尚有龚半千、李鱓、金农等人），亦曾在扬州东城"黄园"书写"桐间月上，柳下风来"联。

陈 撰

陈撰（约1678~1758），字楞山，号玉几山人。浙江鄞县（今宁波）人。因居杭州，有"钱塘陈撰"印。一说"扬州八怪"之一。曾从毛奇龄学，与杭世骏等友善，早年颇具才华。后以诗画流寓扬州，先依商人项氏，后住程梦星之"筱园"10年。晚年被盐商江鹤亭延入"康山草堂"，直至80岁时归里。陈撰一生为富商门人，画作不多，但章法奇妙，清新简淡，具淡远之致。尤精画梅，间作山水。清雍正二年（1724年）曾作《水仙图》，乾隆七年（1742年）作《花卉册》。故宫藏其《菊石图》，上有题名"高枝疏叶耐霜寒，不与凡花一样看。若遣青衣供俗眼，任他墙角闹鸡冠"，为其一生之写照。

徐 铎

徐铎（1693~1758），字令民，号枫亭，又号南冈。盐城县徐马庄（今属盐城市盐都区马沟镇）人。后住县城儒学街，门前悬有"大方伯第"竖额。清代举人。他好读"六经"、"五子"之书，好学班马韩柳之文。清雍正元年（1723年），考中举人。雍正七年为国子监助教。乾隆元年（1736年）中进士，授翰林院编修，改任山东学政，在济南府主讲儒学。后任湖南乡试主考官、云南粮储道，升山东按察使，擢布政使，政事、文章彪炳南北。他还擅长书法，曲阜孔继涵、孔继涑兄弟之书法成就，颇得力于他和当时书法名家张照的指点。徐铎于乾隆二十三年病逝。逝后,江宁举人梅镠撰墓志铭,书法家邓石如曾来盐城为其铭文。

陈朝玉

陈朝玉(1688~1761),字荩钦,号璞完,清康熙二十七年(1688年)出生于崇明。早年拓荒者。幼年父母双亡,依靠大哥朝玺生活。13岁外出谋生,16岁娶妻。朝玺要分家给他,朝玉坚持不受,带着妻子来到海门,时年17岁。陈朝玉不识字,但靠结绳记事,事无巨细,无一遗忘。此时海门正在坍后复涨,绵亘百余里,荒无人烟。朝玉割草为室,与妻刘氏尽力耕作,标识地界,交纳赋税。远近居民闻讯,纷纷前来垦殖。不几年,在陈朝玉周围200余里的地方屋舍俨然,沟埂纵横。"炊烟起如海云,为江海之大聚"。乾隆二十四年(1759年)迁苏城(今苏州市)。后人与乡民为他立祠,内阁中书龚自珍为其撰写碑文。

丁有煜

丁有煜(1683~1764),字丽中,号个堂,别号石可、幼壶、个道人。清康熙二十二年(1683年)出生,清诗人、书画家。诗画以"个道人"闻名。他的字画印章上还刻着个道君、狂竹园丁、秋空一鹤、天放之民、木石朋友等名号。丁氏祖居海门。清康熙十一年,海门坍没于江后,迁至永安乡,后徙徐涧(今通州市兴仁镇)。其父丁腹松,康熙进士,授内阁中书,曾任陕西扶风县令,颇有政声。丁有煜系长子,少时即在父亲教诲下勤学诗文,一度入太学受业,致力于诗、词、水墨画、书法、篆刻,自成一家,造诣颇深。他的诗质朴浑厚,具有深厚的民族感情。著有《双薇园集》、《双薇园续集》、《与秋集》。三部诗集在乾隆四十七年(1782年)的文字狱中,全部遭到焚毁。他的水墨画,怡情寄兴,多画梅、兰、竹、菊,尤擅画竹。60岁左右所作墨竹册,全是速写成的水墨写意小品,笔触劲挺,寥寥数笔,极具意境。《菊石图》作于乾隆四年重九日,横披上有题句云:"寒花无俗艳,秃颖画新霜。"丁有煜还善画牡丹,张謇后世曾为之题字。晚年参与纂写《直隶通州志》。

陈 嵩

陈嵩(生卒年不详),字肖生,如皋人。清画家。陈嵩点染花卉画很有名。一日可作数十帧,画梅尤其出色。陈嵩绘画仿北宋时代的画法,纯以焦墨钩骨赋色,意趣浓厚。蒋宝龄《墨林今话》称陈嵩画技可与王冕相比。扬州八怪之一的罗聘,来如皋看到陈嵩的画,赞叹不已,邀他同行作画,并游京城和齐鲁各地。陈嵩曾在京城任国子典籍。病故于如皋。

鲍 皋

鲍皋(1708~1765),字步江,号海门。清康熙四十七年(1708年)出生。镇江人。诗人。他自幼聪明,家贫便向人借书阅读,熟记胸中。13岁在采石矶太白楼上题词,见到的人都惊赞其才。

康熙年间,镇江诗坛由章性良主持,提倡宋诗。余京响应沈德潜的主张,首倡唐音。康熙末年鲍皋与张曾继起,宗唐的诗风大盛,沈德潜称他们为"京口三逸"。鲍皋年轻时曾在扬州得到盐使尹会一之助。雍正时尹荐举鲍皋博学鸿词,鲍辞疾不赴。王豫评三诗人,认为余京以格法胜、张曾以情致胜、鲍皋以才气胜。镇江后辈诗人都受到他的影响。鲍皋一生沉溺于诗,不事科举。其妻陈蕊珠(1714~1778),子之钟(1740~1802),三个女儿之兰(1751~1812)、之蕙(1757~1810)、之芬(1761~1808)都能诗,可称一门风雅。鲍皋著有《海门初集》、《二集》、《三集》各1卷,今仅存《初集》;鲍之钟著《论山诗选》;陈蕊珠与三女有《课选楼合稿》。

程廷祚

程廷祚(1691~1767),字启生,又字锦庄,号青溪居士。清康熙三十年(1691年)生,江宁(今南京)人。清代学者、史学家。乾隆元年(1736年)应博学鸿词不第。他读书极博,而皆归于实用。非议程(颢)、朱(熹)理学,反对墨守前人陈规。认为智愚贤不肖之差异非天生就有,乃环境熏陶所致。对方志理论颇有研究。撰有《修一统志议》、《江南通志沿革总表序》、《上元县志序》、《与袁明府论修志书》等,总纂《上元县志》。史著有《春秋识小录》9卷(《春秋职官考略》3卷、《春秋地名辨异》3卷、《左传人名辨异》3卷)、《大易译言》36卷、《尚书通议》30卷等。另作《纪方舆纪要始末》、《青溪集》等。

刘 纶

刘纶(1711~1773),字慎涵,又字叔,号绳庵。武进人。清重臣。乾隆元年(1736年)博学鸿词第一,授翰林。乾隆十五年以工部侍郎兼军机大臣,前后入直军机处近20年,认真谨慎,谋略高超,操守清廉,与刘统勋同为清高宗倚重。累官至文渊阁大学士兼军机大臣。工诗文,著有《绳庵内外集》。

黄 振

黄振(1724~1773),字舒安,号瘦石,又号柴湾村农。清雍正二年(1724年)出生于如皋柴湾。少年时代即勤学苦读,博览群书。对四书五经、场屋制艺漫不经心,但对诸子百家、史、诗、古文词、唐宋说部爱不释手。"博综群籍,挥洒千言","诗学渊博,不名一家"。赴京应试,不第。回乡筑斜阳馆隐居,馆仿冒襄水绘园。与刘名芳、江片石、黄慎、郑燮交往甚密。乾隆三十五年(1770年),创作昆剧《石榴记》4卷,次年完成。《中国文学史》、《曲考》、《中国古典戏曲论》等书对该剧均有评论。另著有《斜阳馆日记》2卷、《黄瘦石稿》10卷。

顾世澄

顾世澄(生卒年不详),字练江。原籍安徽芜湖,出身世医家庭,侨居扬州业医40余年,尤以疡科著称,为清乾隆年间(1736~1795年)名医。顾世澄认为:"疮疡虽是外症,必先受于内,然后发于外,医者若能内外一手,则病家更受其益。"他鉴于历来外科医家治疮疡,多一味依仗膏药、丹药,而不熟悉诊脉之理,便在应诊之余,博采诸家学术及治方,并辑录其先祖宁华、父青岩所藏秘方,编成《疡医大全》40卷,首述《内经》等古典医学理论,次述经络。凡涉及的外症,均绘图立说,按证立方。此书乾隆三十八年(1773

年)刊印后,风行一时,现有多种刊本传世。

徐文灿

徐文灿(生卒年不详),奉天铁岭(今辽宁省铁岭市)人。乾隆三十五年(1770年),任海门厅同知。不久,因病离任。乾隆三十七年初,复任海门同知。徐文灿任职时,海门已涨出大片沙地,但沿江地段仍受海潮冲击,坍没无常,厅境与通州隔泓而治,阔处10～20里,狭处也有数里。乾隆三十九年,徐文灿亲自实地勘察,在裙带沙高处(今海门镇)建厅治和筑文庙。至此,海门厅始有官寺。并在厅治后面,积土筑成狮山。乾隆四十年,徐文灿主持在厅治西20里处(今天补镇境内)截流作江堤,长2180丈,宽1.4～4丈不等,可通车马,百姓称之为"徐公堤",使南北水滩变为良田,增地数千顷。徐文灿在海门当政7年,清政廉明,民间争讼,即令乡里进行调解。乾隆四十四年离任时,行李稀少,囊橐萧然。百姓立生祠(徐公祠)怀念他。

程晋芳

程晋芳(生卒年不详),字蕺园,号鱼门。安徽歙县人,为淮北盐商,长期寓居淮安。他"少问经义于从父廷祚,学古文于刘大櫆,而与袁枚商盘"。被朝廷召为试用中书,乾隆十五年(1750年),中进士。授编修,以吏部员外郎为四库馆纂修。他自幼嗜学,擅长写文章,喜藏书,有藏书5万卷,"手披口诵,昼夜不辍"。他喜与耆老宿儒相交游,四方名流到淮安,都到他家作客、聚会。乐于周济别人的急难,"遇文学人,延誉不容口"。他不问家事,家财被门人、仆役等侵吞,至"逋负山积"。晚年投陕甘总督毕沅,为其幕僚。后暴病去世,时京城文士中流行一句话:"自鱼门先生死,士无走处。"

孙洙

孙洙(1711～1778),字临西,一字芩西,号蘅塘,晚号退士。祖籍安徽省休宁县,清康熙五十年(1711年)生于无锡。乾嘉派学者。早年入京师国子监学习,乾隆九年(1744年)中举,乾隆十一年任江苏上元(今江宁)县学教谕。乾隆十六年中进士,任顺天府大城县知县。乾隆二十一年,调任直隶卢龙县知县。因受牵连而被罢官。数年后起用为山东邹平县知县。在任知县期间，深入民间访问疾苦，待百姓如家人父子；断案时，还未笞责，他已先落泪，令人感悟。为了预防灾变，他还捐私银兴修水利，以保农业丰收。每当卸任时，百姓攀辕哭泣，为他送行。直至告老还乡，仍两袖清风，囊橐萧然。在任期内，鉴于当时通行的《千家诗》"工拙莫辨"，他决定编辑一部唐诗选集而代之。在继室徐兰英的协助下，于乾隆二十九年以"蘅塘退士"署名的《唐诗三百首》终告完成。该书选入75位唐代诗人及2位无名氏的诗作共310首。刻印时又补入杜甫的《咏怀古迹》3首。由于所选作品体裁完备，风格各异，富有代表性，又通俗易懂，刊印后广为流传，"几至家置一编"。乾隆三十一年迁任江宁府教授。乾隆四十三年孙洙于无锡病逝。葬无锡城南陈湾里。他能诗善文。尚有《蘅塘漫稿》、《排闷录》、《异闻录》等著作传世。

张兆潘

张兆潘（生卒年不详），号瑟若。泰兴市曲霞镇花园庄人。乾隆十三年（1748年）进士。廷试得中武状元，皇上选为侍卫。授予陕西宜君县参将，后升甘肃省中卫副将。调永昌奉命开发托克逊，监督垦殖，修建城垣，起造仓库，使荒漠的地区变成通市。提升兴汉总兵，调江西南昌。在官14年，训练严明，兵强马壮，经常巡视军营，并会同将官勘察广信府封禁山各要口，得到皇帝传令嘉奖。有一年，乐安县发生灾荒，民众赴县索赈，知县以作乱上报，巡抚令兆潘率兵平乱。兆潘察得实情，单骑前往抚慰，平息事端，灾民免于涂炭。其后调永固，因病归里，卒于家。

夏之蓉

夏之蓉（1697~1784），字醴谷，号芙裳。清康熙三十六年（1697年）出生。高邮人。故居北门外土坝口。他的住所称半舫斋，晚年自号半舫老人。学者。雍正四年（1726年），与弟弟廷芝一起被地方推荐到京都考中举人。之蓉到盐城去当了教谕。雍正十一年，又中进士。乾隆元年（1736年），考取博学鸿词科，任翰林院检讨。在各经史馆编写史书时，辨析广博，论断精辟，与天台齐召南齐名。他曾做过福建的主考、广东及湖南的督学，又分任奉天府校阅试卷之官,所录取的多是特别有才能的沉默之士,如建宁的朱士秀、山阴的茹敦和等。

之蓉为人清廉方正。少年时在家乡,对女娼淫乐之事,曾严加斥责。任职期间,杜绝行贿请托,爱好甄拔贫穷的读书人;在断狱上,敢于平反冤案。他的著作,已刻印行世的,有《半舫斋古文》8卷,《诗钞》20卷,《骉征集》4卷,《读史提要录》12卷,《偶辑》4卷。未刻的有《诸经考辨》20卷,《诸子考辨》20卷。他所选订的应试文章,如《证是编》、《慎道编》、《汲古编》、《酌雅编》、《正味编》、《兴艺录》,皆在国内风行一时。他还为挚友铁李锴募刻《尚史》70卷。他曾参与修纂《高邮州志》,倡议修建学宫。还应聘编修《通州志》,曾为钟山丽正书院主讲。当时学术界、知识界都很佩服他。广东省把他列为三贤之一,并建祠祭祀。

李 惇

李惇(1734~1784),字成裕,号孝臣。清雍正十二年(1734年)出生。高邮人。学者。乾隆四十五年(1780年)进士,高中会魁。祖辈累世乐善好施。家虽富裕,由于经常接济和借贷给别人,于是逐渐贫穷。李惇五六岁时便属对工巧,9岁入义学,学习诸经勤奋刻苦,达到精通敏捷程度。于《诗》、《春秋》等经典尤其深厚。曾作《解义》数十条,精确审定其意义。晚年爱好天文、术算、象数之学,得到梅文鼎所著历算书多种,尽通其中学问。李惇所处的时代,古学大兴,江苏吴县惠栋、安徽休宁戴震等大学问家都为所宗仰。自长江以北,李惇则与贾田祖、王念孙、汪中等倡导"明经"术,各自有讲习研讨,并不依附于人。

李惇形象质朴,有口才。每临一事,侃侃发表见解,不被行为不正者所迷惑。他品行敦厚笃实,对钱财很淡泊,生死贫富均难更改他的意志。很长一段时期,他困于州学诸生类。终于有了凭才学而进国学(贡生)的机会,然而临行前夕,挚友贾田祖突然去世,李惇为了忙于朋友的殡葬事,丧失一次应试机会。考中进士后,被学使彭云梅聘请为江阴暨阳书院院长。

李惇生平著作丰厚,著有《卜筮论》、《尚书古文说》、《金縢·大诰·康诰三篇论》、《毛诗三条辨》、《大功章烂简文》、《明堂考辨》、《考工车制考》、《历代车制考》、《左传通释》、《杜氏长历补》、《"史记""说文"引书字异考》、《浑天图说》、《群经识小录》、《读史碎金》、《诗集》、《文集》等多卷。

陆耀

陆耀(1723~1785),字青来,号朗夫、朗甫。吴江芦墟镇人。父陆瓒擅长书法,在北方做小官,陆耀早年随父在北方生活。清乾隆十七年(1752年)中举人,授内阁中书,入军机处,累官至湖南巡抚。任上洁身自好,告诫部下不准行贿受贿。当时,各省督抚都要搜罗奇珍异宝进献京城,陆耀只选择几样湖南特色土产献给乾隆帝。和珅擅权,他未曾献一物。他认为,利莫大于阜民财,害莫深于夺民食。乾隆五十年六月,湖南大旱,陆耀带病在酷暑中奔波抗旱一线,劳累致死,遗物仅旧衣数箧而已。陆耀工诗善书画,著有《切问斋文集》、《河防要览》、《朗夫诗集》等。

夏敬渠

夏敬渠(1705~1787),字懋修,号二铭。清康熙四十四年(1705年)生于江阴城内。诸生,清学者。崇信程朱理学,通经史,旁及诸子百家、礼乐、兵刑、天文、医学、算数之学。秉性耿直,不避权贵,一生落拓。好游历,足迹遍历燕、晋、秦、陇,继而假道蜀、黔,自湘浮汉,结交海内文士。即归,屏绝仕进,著书以终。著作甚富,有《唐诗臆解》2卷、怪诞小说《野叟曝言》、《纲目举正》4卷、《医学发蒙》、《全书约编》、《经史余论》、《学古编》、《浣玉轩文集》、《浣玉轩诗钞》6卷等。其平生学问,悉荟萃于《野叟曝言》152回(一作154回),被誉为"奋武揆文,天下无双正士;熔经铸史,人间第一奇书"。鲁迅在《中国小说史略》中曾高度评价《野叟曝言》:"以小说度学问文章之具与寓惩劝同意而异用者,在清盖莫先于《野叟曝言》。"

闵贞

闵贞(1730~约1787),字正斋,江西南昌人。一说"扬州八怪"之一。12岁时,父母相继过世,他便学写真,追写父母遗容,并悬挂致祭。他曾游历汉口、京师、扬州等地,在扬州卖过画。其人物画近于黄慎作品,扬州博物馆所藏他的《八子观灯图》,粗笔写意,粗看与黄画无大区别。亦擅花卉、山水,作品不多见。他不愿随便为人作画,对贫贱知己常主动着笔,对富豪骄人则多方推托。工书法,行草潇洒流畅,为人所重。

阮葵生　阮芝生

阮葵生(1728～1789),字宝诚,号唐山,晚号安甫。清雍正六年(1728年)生,淮安府山阳县(今淮安市)人。历任刑部郎中、河南道监察御史、通政司参议、刑部右侍郎。其父阮学浩,进士。他年轻时随父亲在京城,了解国家掌故。乾隆年间,以内阁中书入直军机处,他才识卓越,作文下笔立就,耿直不面谀人,"人有过,面斥之,退而相忘"。到刑部任职后,"熟精法科,屡决大狱。通敏无窒碍,遇大事众不解决者,片言立剖,洞悉情伪"。曾两次随皇帝巡游到滦河,多次召见,命和诗数十首,又受命校勘《四库全书》。在京时,还曾主持改建淮安会馆。好奖掖后进,尤厌恶请托。在朝"孤特无依倚,一切声色玩好皆屏绝"。与他交游的人多为名士,成立诗文会,几日一聚,风流文采,为当时人所推崇。所著《茶余客话》,为著名笔记,对于清一代典章制度和淮地名物掌故著录尤多,具有重要的史料价值。阮葵生于乾隆五十四年(1789年)去世。

弟阮芝生(生卒年不详),字秀储,号紫坪。乾隆二十二年进士。过继给叔父阮学浚(进士)为子。从学于天台齐召南,研究经世致用的学问。任德清知县,"居官能察民隐,革漕兑,均船役"。调任武清知县时,正值大灾之后,饥民遍野,赈济的粮食储在通州仓中,因河冰冻不能运达。他亲自捐资,用10天时间就从陆路运了10余万石,确保及时赈济。武清地处交通要道,差役频繁,"为立顺庄法,以均车马",擢三角淀通判,进永定河同知。治水颇有办法,上司都非常佩服他。晚年归乡里,"囊橐萧然,不以介意"。

李湛源

李湛源(约1730～1790),本名海门。清代通州石港(今属通州市)人。李湛源精通围棋。一次,州官周介堂出题考试,他很快交卷。周介堂阅其文并不满意,然觉此生才思敏捷,问其爱好特长,湛源率尔以对,称爱弈。周当即命备棋具一试,湛源不因对手为州官而畏怯。经过较量,周介堂以败阵告终,承认其棋艺高强。湛源苦读多年,仍未中举,于是以下棋为谋生手段。后长期居留京师,成为名噪一时的围棋"十八国手"之首。王公大多邀其对弈,图以取胜来炫耀自己,然湛源从不逢迎,而是认真对付,将对方杀得落花流水。权贵惶急,托人赠财物以通关节。湛源佯为答应,结局仍使对方败北。他虽身怀绝技,但非金钱所能收买。后叶落归根,于乾隆五十五年(1790年)逝于家乡石港。与人合著有《授子谱》行世。

卫哲治

卫哲治(生卒年不详),字灼三。河南济源人。清雍正七年(1729年)选贡生,任赣榆县令。卫哲治为政廉明,善于断案,县境内百姓谈到他的为人,有的感激涕零。乾隆七年(1742年)升任海州知州,境内发生灾荒,他屡次向上请求赈济,招抚外流灾民回乡生产,使其有栖息之处。兴办义学,培育家境贫穷而有造就的学子。当时,海州境内云台山尚在海中,沙淤成陆,渐变桑田,卫哲治招徕穷苦百姓藉此垦荒,以养活其家。卫哲治在此期间政绩尤为卓著的是,在海州境内兴修水利,疏通河道,治理水患,造福一方。他上书请筑南北六塘河堤堰,建盐河石坝,消除居民与商人之间因蓄泄河水的争端。在兴修水利中,卫哲治借鉴《明史》载绍兴府知府汤绍恩于三江海口建闸二十八洞、又于附近竖测水牌的经验,仿此办理,使盐柴运输通达,民间田亩无伤,收一举两得之效。州境内新安、大伊等镇皆建有卫公祠,以感念其德政,功垂久远。后升淮安知府,官至工部侍郎。

虞奕绶

虞奕绶(生卒年不详),字溥廷,号春野。金坛人。清乾隆四十二年(1777年)拔贡。翌年登亚魁(举人第二名),授官山右(山西省旧时的别称,因在太行山之西得名)知县。后改任灵石(今山西灵石县)知县。因灵石为历代军事、交通要塞,多有仕宦巡视,虞奕绶经常率胥吏接迎供奉上官,但从不妄用民夫。因母亲去世奔乡理丧,服丧期满,补任伊阳(今河南汝阳县)知县。伊阳常遭湖南盗贼窜入侵扰,他令乡勇制机械,命绅民为守城献计献策,加强防范,盗贼乃遁。迁兰阳、郑州,又调治考城(旧县名,在河南省东部,1954年与兰封县合并为兰考县)。考城前任知县积案500多件,他上任后一一理结,民风乃淳。黄河缺口泛滥,考城遭灾。他深入灾区察看灾情,安抚灾民,又创办东坝料厂,督挑引河,组织县民抗灾自救,重建家园,百姓赖以安全度过灾年。由于他组织民众抗灾成绩显著,遂升信阳州(今河南省信阳县)知州。后因父卒回归治丧,自此未任,最后卒于家中。他为官于两省12州县20年,为国为民呕心沥血,然而官袋萧然,家无一亩之增。他关心民众疾苦,常将自己的俸禄偿欠于民。他死后,家人贫况如始,一儒生曾书他家的贫况:"时有日餐惟两粥,夜卧已三更。"他被祀为灵石、伊阳、兰阳、考城四县名宦。

萧美人

萧美人(1742~?),女。清乾隆七年(1742年)生。仪征人。年轻时以美貌闻名,渐以所制点心名传大江南北,被称为"萧美人糕"。文学家赵翼赞其糕"流涎馋煞老饕牙"。外地顾客纷纷前来订购,以作馈赠佳品。袁枚曾一次购三千份作为重九节礼。许多诗画家亦描绘盛况,数十年后尚有人赋诗追忆。吴煊有诗赞曰:"妙手纤纤和粉匀,搓酥糁拌擅奇珍。自从香到江南日,市上名传萧美人。"

陈 瑞

陈瑞(生卒年不详),字南唐。靖江靖城西门外陈家港人。清画家。出身于富绅之家。7岁时拜师学习书画,技艺日精,尤以绘画为佳。他绘画的特点是构思奇妙,笔墨潇洒,特别是泼墨山水,更是气势豪放。清乾隆五十五年(1790年),陈瑞已在画界享有盛誉。为使自己的造诣更深,他决定走出家门,去增长见识。他先后游历了江苏的胜景和安徽、山东的名山大川。当他游历到北京时,正逢朝廷开书画科试士,陈瑞在友人的劝说下,决定前去应试。专题为"深山藏古寺",陈瑞略一构思,便饱蘸画笔,在一幅宣纸上纵情挥洒。不一会儿,只见画面上峰峦重叠,烟云缥缈,俨然一座深山。为了突出"藏古寺",陈瑞在一座山峰的背后,画了半根旗杆。旗杆的顶端飘着一面旗子,上书"募化修建"四个字。这样就把寺庙"藏"了起来,而"募化修建",则说明藏的是一座"古寺"。结果,陈瑞的画得了第二名。不久,乾隆皇帝"御览"了陈瑞的画,不禁连连称赞,当即传旨,召陈瑞进宫。

陈瑞生性耿直,不媚权贵。他进宫的消息在京城引起轰动,向他祝贺和求画的人络绎不绝。一天,宰相和珅请他过府作画。陈瑞知道和珅是个贪赃枉法的佞臣,有些瞧不起他。当陈瑞在和珅面前长揖不拜时,和珅大为恼怒,责其无礼,挥手将他赶走。不久,陈瑞回到靖江,住了一段时间后,又远去云南、四川等地游历。他终日遨游山水,艺术更加精湛。许多少数民族同胞见他神清骨秀,气度不凡,以为他是神仙,对他十分尊敬。当他渐渐步入老年时,又风尘仆仆地回到家乡。在家里,他仍然作画,但深居简出,很少与他人来往,因而他的作品流传在民间的极少。

蒋宗海

蒋宗海(1720～1796),字星岩,号春农,晚号冬民、归求老人。清康熙五十九年(1720年)出生。镇江人。知名藏书家。幼年聪颖,6岁就学着做诗,稍长每天读书到三更,自题居室名"一月得四十五日之室"。乾隆十七年(1752年)进士,授内阁中书,军机处行走,并为皇帝校录《通鉴纪事本末》。两年后父亲去世,蒋回家守制,从此就不再为官。

蒋宗海善作散文,文名远播。他嗜书如命,家藏书籍3万多卷。一面读书一面校雠考订。学者翁方纲称誉他说:"屈指唐镌宋椠,某书某牍阙某处,某家藏某帖,如贯珠,如数家珍。"两淮盐运使卢见曾聘请他修纂金山、焦山、平山堂等志,又先后主讲如皋雉水书院、仪征乐仪书院、扬州梅花书院。乾隆诏修《四库全书》,他应扬州大盐商江春聘请,选择进献书籍,被评为全国第一。丹徒县设局修志,蒋担任总纂工作,但未及完成便在嘉庆元年(1796年)病逝。著有《索居集》、《南归丛稿》、《蒋春农文集》等。

屠 绅

屠绅(1744～1801),字贤书,一字芴岩,号磊砢山人。清乾隆九年(1744年)生,江阴璜土西贯村人。世业农,幼孤,勤奋好学,13岁即为县学生员。乾隆二十八年中进士,官云南师宗县知县,迁甸州知州。嘉庆二年(1797年)任广州通判,嘉庆六年以候补在北京得暴疾卒。他酷慕汤显祖,与洪亮吉、黄景仁(仲则)等为诗友。其小说内容荒诞,文字古涩艳异,晦其义旨。所著小说有《蟫史》、《六合内外琐言》,杂说《鄂亭诗话》1卷,附诗1卷,志怪书《琐蛣杂记》。

殷宝山

殷宝山(生卒年不详),镇江人。秀才。清乾隆四十三年(1778年),任江苏学政的刘墉到金坛办理考试时,在泰兴坐馆的殷宝山当众递上一份意见书,题名《岂荛之献》,指摘江南吏治、学风种种弊端。刘墉认为"甚属狂悖",把他抓起来。在他馆内又搜出诗文稿《岫亭诗草》,其中《纪梦》篇中有"红乃朱也"的话,认为他心怀前朝,奏闻朝廷。乾隆帝看了大怒,传旨严办,并申斥地方官"所司何事"。结果殷宝山全家8口,以及为殷宝山诗文做序和批点的赵学礼、尹发莘、殷一桂等都被逮捕,解京严讯。后又牵连到其已故的堂叔殷怀璞一家。所有江苏布政使、按察使,有关的道、府、州、县、教谕、训导等全被参处,成为镇江空前的文字大狱。殷宝山发配塞外充军,后遇赦归里。在塞外他曾讲学授徒。

徐大榕

徐大榕(1747~1803),字向之,号惕庵。清乾隆十二年(1747年)生于武进县(今常州市区)吕墅桥。乾隆三十七年中进士,补户部浙江司主事。任莱州知府时,平反张子布岳母一案,逮原凶罗有良治罪。因上司与他有嫌隙,被奏劾撤职,将治死罪,镣铐之外,还系上大铁索折磨。夏天把他放到粪窖熏蒸,他宁辱不屈,意志昂扬,还作了几十首诗。遇尚书胡季堂复审核清事实,官复原职。受山东巡抚福宁赏识,任济南知府。嘉庆八年(1803年)去世。

吕昌际

吕昌际(1735~1807),字峄亭,号莱园。清雍正十三年(1735年)生,沭阳县人。著名清官吕又祥长子,为官清正,执法严明。乾隆二十四年(1759年),由贡生援例授县丞,到广西就职,改捐布政司理问。河督李清时推荐留用河东,补商虞通判,不久调捕河通判。他舟行至戴庙闸,见堤北积水无处宣泄,且水高出运河数尺,遂决定开运河堤放水,得良田百顷。后升任山西平阳府知府。时大旱,他力请轻徭征,借社、义两仓存粮济民。修平阳书院,栽培人才。金川之役,军需要银37万两,他劝谕大户捐银,10日内完成,平民分文未出。他任太原知府,旧有应差铺户太多,他一律革除。太原豪右欺压百姓,官府奈何不得。他断然捕数人,严加惩治,合郡安定。所属张义、永康二村,水利纠纷30年,始终未能解决水淹,他率民疏浚,又筑风峪口石坝,防汾河冲堤,使晋阳免水患。太原人为他建祠于河堤,造像祭祀。乾隆四十年,因政绩优异授冀宁道,权按察司事。他执法严明,但慎用刑,无积案。他说:"服官以决狱为首务。久系不决,拖累株连,其害不可胜言。岂仅一身一家之事而已?"吕昌际以父病辞官归里,仍关心民间疾苦。乾隆五十六年,沭阳受灾,他建议沭邑应减征舒民,大吏采纳,减千余顷田赋。嘉庆十一年(1806年),黄河大水,海沭被淹,他捐资济民,舟载芦席和钱文散给灾民。晚年娱情花木竹石,研读经史百家,尤喜《周易》,与同邑张裕生切磋易理,襟怀淡泊高远。去世后,体仁阁大学士、吏部尚书费淳为他撰写墓志铭,称颂他"生为众母,治称神明"。著有《易守》、《山右宦游录》。

徐 瑞

徐瑞(?~1810),浙江德清人,监生出身。他本是河工小官,以能力和廉洁为人所重,清嘉庆十年(1805年)起,先任东河副总河(驻济宁),历任江南河道总督、副总督、河督。驻清江浦(今淮阴市)。江南河道总督负责黄河、淮河、长江、运河及几大湖的治理,责任非常重大,清政府每年为之拨付400多万两的国帑,遇大水之年还要增加。因此清代官僚都把江南河道总督当成肥缺,在无灾之年,河督也设法把400多万两的白银花光。徐瑞担任河督,因他久于河防,深知其中的弊端,经常惋惜国家有用资财滥为糜费,因此到任后,便以身作则,力除前弊,处处精打细算,打击贪污和浪费行为。由于阻力太大,收效甚微。纨绔们则利用各种关系,乘机在皇帝面前说他坏话,后徐端被降为副河总。之后,他一面照常勤奋工作,一面收集整理资料,决心等待机会,全面向皇帝奏明。嘉庆十三年,他重新被任命为河督。他的同僚和朝廷权臣害怕他面君,怕弊端一旦揭出株连自己。后来权臣出主意并得到皇帝批准,要他负责开海口,改易河道。尽管徐瑞反复陈述这是无效工程,都没有用。嘉庆十五年该工程虽竣工,但造成高家堰、李家楼等处黄河决口比以往更大。这时皇帝才想起徐瑞的意见正确,又将他由副职改为正职。他上任后,忙于堵决口,加固闸坝等事,没有时间向皇帝呈述改革方案。他在工程中大力压缩预算,节省开支,但同僚和下属们故意和他为难,有意造成大幅度的超支,让他难堪。徐瑞又气又急,工程虽如期完成,但超出预算达15万两,这在当时规定要由他个人所赔。他不久病倒,于嘉庆十五年底逝世,死后连治丧的钱都没有,妻儿亦无以存活。

吴 灴

吴灴(生卒年不详),字仕伯。清江都(今扬州)人。名琴家。清嘉庆年间学琴于徐锦堂,钻研琴学数十年,终致"古谱雅操,靡不淹通精诣",名噪当时,琴人纷纷宗之。他吸收《律吕正义》和《琴旨》之音律精髓,将毕生所学82首琴曲合编为《自远堂琴谱》12卷,嘉庆七年(1802年)刊刻传世。此谱详记音律,明示指法,是广陵琴派一部曲目最多的谱集。

仲振奎

仲振奎(1749~1811),字春龙,号云涧,别号红豆村樵、花史氏。清乾隆十四年(1749年)出生。泰州人。《红楼梦传奇》的作者。少年时即已才华出众,诗法杜甫,文宗苏轼,但科场失意,只是一名监生。除在扬州、海门等地做过幕僚外,一生潦倒。中年以后丧女亡妻,心境十分凄凉。好漫游名山大川,足迹遍及十多个省,最后卒于广东。

仲振奎一生写了15部传奇,除《红楼梦传奇》外,其余14种均未刊行,仅存自序。《红楼梦传奇》50折,是第一部取材于《红楼梦》的戏曲剧本,著书始于嘉庆二年(1797年)冬,次年完成,书成后曾经上演。它将《红楼梦》删繁就简,突出宝黛爱情主线,浓淡得宜,感人泪下,嘉庆四年由友人刊于京师。同治年间(1862~1874年)有友于堂刊本,光绪三年(1877年)有上海印书屋排印本。80年间频频出版,可见影响之大。阿英所编《红楼梦戏曲集》收其前32折。

王之政

王之政(1753~1815),一名明泾,字献廷,号九峰。清乾隆十八年(1753年)出生。镇江人。他性颖善悟,好读书,深通医术,清乾隆时召为御医,曾授太医院院监。嘉庆中奉征召,因重听辞免,一时名噪海内,从其学者甚众,如虞克昌、李文藻、蒋宝素、朱政五等皆出门下。之政诊务繁忙,于中堂设座,旁坐四弟子,每诊一病者,由弟子书方,口讲指画,应接不暇。王氏执医无贫富贵贱之分,不计利,不辞劳,以矜老恤幼为急,所活不可胜计。门人各集其方,为九峰脉案,奉为圭臬。所著《王九峰临证医案》抄本和《王九峰医案》,均存。嘉庆二十年(1815年)去世。

李梧江

李梧江(生卒年不详),太仓城厢镇人。名牌土特产"老意诚糟油"(今太仓香玉牌糟油)创制者。清乾隆年间(1736~1795年),在太仓城内开设数家作坊和铺子,经营酱酒业,擅制调味品。他用酒浆配以各种香料和食盐,入缸封藏,数月后开缸,即成一种具有酱色、糟香、鲜美的特殊调味品。用于红烧清炖、冷拌热炒等荤素菜肴,都能解腥气,除异味,添糟香,提鲜味。食之开胃口,增食欲。遂取名"老意诚糟油"。经试销,颇受人们喜爱。嘉庆二十一年(1816年),他正式酿制销售糟油。时值太仓为直隶州,来往的士绅很多,均慕名前去购买,带回自用或馈赠亲友,渐使糟油成为官礼,名声也随之远扬。

陈 松

陈松(生卒年不详),字茂廷,号秋涛。淮安府山阳县人。历任思恩、太平通判,宁夏同知,所至有政声。年轻时就明达有干才,捐资得官。曾调任龙州知州,龙州与交趾(今越南)接壤,辖三关九隘,汉族与少数民族杂居,由来难以治理。陈松"以宽静为理,夷氏怀之"。清乾隆五十三年(1788年),安南内讧,黎氏母、妻叩关求救,陈松力排众议,开关迎入,安排居处饮食,因此受到乾隆帝的嘉勉。在宁夏任职,组织民众修复汉唐时的几条灌溉渠道,"数月不问家事","督役不辍"。不仅使严重受旱的大片耕地得到灌溉,而且使过去从来灌不上水的地方有足够的灌溉用水。又立规约,使渠塘启闭有度,并禁止了胥吏的把持敲诈,使灌溉渠发挥了应有的作用。

周礛

周礛(生卒年不详),字仲隅,号又溪。昭文(今常熟)人。清嘉庆年间(1796~1820)历任西宁、中卫、高台、皋兰知县,洮州同知,甘州、平凉知府。高台接近嘉峪关,那里的男人外出谋生,妇女不会纺纱织布,在家无以为生,属当时的贫困地区。他上任后,决定把家乡种棉织布的生计传授给当地百姓,他购买吐鲁蕃棉籽教当地百姓播种,并制木机教妇女织布,还设局招募四川的机匠和江南的善织者传授技艺。当地妇女学成之后,县府就发给纺具和棉籽,每5家一机(织布机)为资本。人们称织出的布为"周公布"。周礛后又到皋兰地区,力劝当地民众改变当地原种烟草的习惯,改种棉花,从而使农民增加收入。洮州夏天多雹灾。他在洮州任职时,与州将商议,在高山巅上架设火炮,用以驱散阴霾,保护庄稼,这在当时实属奇迹。周礛死后,高台、皋兰、洮州等地都建祠,立遗爱碑。

黎世序

黎世序(约1771~1824),字湛溪。河南罗山人。进士。自清嘉庆十七年(1812年)至道光四年(1824年),曾五任江南河道总督,总督府驻淮安府清江浦(今淮安市)。河督一职是清代官僚馋涎欲滴的肥缺,但他在任上,却能继承前任徐瑞的遗风,"一清澈骨"。生平无玩好,无妾媵,晚年独居于外,两个儿子皆布衣素食,在清江浦市上行走,老百姓都看不出他俩是公子。黎世序一上任,就遇到连年水患,工务繁兴,他严格控制工费和材料费,有时亲自核算,防止滥支冒领。因此,在他任职的十余年,每年都要节省二三十万两白银。他鼓励农民种植棉花,许多人家因此改变贫困境遇。他重视教育,因嘉庆初年河督吴某硬行把崇庆书院学产变成普应寺的庙产,使书院日渐衰败。黎世序为此重新进行调查处理,毅然决定将燕家社600亩地归还书院,使书院恢复生机。黎世序在治水方面也很得法,在淮阴就任13年时间,使淮阴免于发生大的水灾。他忧劳成疾,卒于任内。卒之日,清河县(今淮阴市清河区)为之罢市,街头巷尾一片哭声,为数十年所未有。道光帝知道后,嘉之为"干国良臣"赐祭葬。

范士华

范士华(？~1827)，海门县(今海门市)茅家镇人。父亲早亡，寡母瘫痪在床，家中贫困不堪。范士华以行乞赡养母亲40年。每天东方日出，范士华即携篮带罐，外出乞讨。讨得较好的饭菜立即送回给母亲吃。有一次范母想吃鲜鱼，范士华上集市买鱼，选好一条，卖主索价36枚铜钱，范搜凑不满数，只好将鱼放置一边，嘱卖主别卖掉。但待他讨得钱来取鱼时，卖主说："那条鱼已被衙门里的人买去。"范士华立即奔至厅署，哭诉老母卧病在床，想吃鲜鱼而不得，叩求衙门将鱼转让给他。衙役禀告厅官，厅官惊奇，命将已煮好的鱼送给他带回，并派人尾随至他家探视，果然看见范士华一回家，就将煮好的鱼用筷子一块块地夹给老母吃。衙役回府禀告，厅官为之感叹。范士华对老母十分体贴，一年元宵之夜，灯市热闹，他背着老母到屋外观灯，邻里妇孺见了，都称其孝。他有时外出乞讨，遇大风雨晚归，就跪在母亲床前流泪请罪。清道光七年(1827年)，范士华先其母亲病故，生前将乞讨所得铜钱，储存两坛，留给他的弟弟，作为老母丧葬之用。道光十年，其母陈氏病故，享年89岁。范士华孝敬母亲的事迹传扬四方。文人陈尔益发起募款，在茅家镇北3里建造范士华墓(俗称"孝子牌楼")。牌楼上刻"锡类垂型"。两旁大石柱上，刻对联一副："天性纯良，千载未寒于骨肉；人心仰慕，一方永享其灵魂。"

高秉钧

高秉钧(1755~1829)，字锦庭，号心得。清乾隆二十年(1755年)七月生于无锡北门笆斗弄。清"心得派"中医外科名医。幼读经书，清代太学生，议叙县佐。后弃儒从医。随范圣学、杜云门学医。对《灵枢》、《素问》探索多年，而对张仲景、李东垣、朱丹溪、张景岳诸先辈著述，无不倾崇参究。素心耿直，贫病者求治不取酬金。临症常以内治法处理外科疾患，首创用温病方的"紫雪丹"、《局方》的"至宝丹"及"犀角地黄汤"等治疗疔疮走黄。乾隆、嘉庆期间，以疡医名震于时，行医30余年，治愈疑难外症甚多。嘉庆十年(1805年)著《疡科临症心得集》3卷，对病机的阐发、症状的描述及处方用药等，均受中医温病学派理论的影响。对外科辨证极为重视，常以两人以上的病症合并讨论,辨其异同,明确治法。此外,他还著有《谦益斋外科医案》、《高氏医案》(光绪年间抄本)、《疡科要录方汇》、《景岳新方歌》、《家用方》等。道光九年(1829年)于无锡去世。

张 崟

张崟(1761~1829),字宝厓,号夕庵,又号且翁、城东蛰叟、观白居士。清乾隆二十六年(1761年)出生。镇江人。画家。家世书香,16岁就随父辈与李御等诗人分韵作诗。30岁时,与鲍文逵、茅元铭、张铉、郭堃结为"松溪五友",有名于世。

张家先世所藏古代名画甚多,他日夕浸淫临摹。尤喜画松,故有"张松"之称。清初盛行"四王"画派(王时敏、王鉴、王原祁、王翚),张却绕过他们,学习明朝的文(徵明)、沈(周)、唐(寅)、仇(英),上追北宋,创造了一种沉郁浓厚的风格,影响所及,带动了一批镇江画家。

张崟还继蒋宗海、王文治之后完成了嘉庆《丹徒县志》的编纂。所著《逃禅阁诗集》8卷,有刻本。另有《逃禅阁外集》4卷、《逃禅阁文集》4卷、《晴佳阁书画摘抄》、《诗人逸事》等,均佚。道光九年(1829年)去世。今镇江博物馆藏有他的名画多幅。

凌 曙

凌曙(1775~1829),字晓楼。清乾隆四十年(1775年)出生。江都(今扬州)人。今文经学家。出身贫寒,10岁入塾读书,年余辍学,至一香铺当杂佣。劳作之余,背诵原读之书。他苦于不解文义,常于夜晚潜听富室馆师讲论经义。后被发觉,拒之门外,他便从书店买回旧书,通宵达旦苦读。20岁时成为塾师,并坚持苦读,但苦于缺乏师授,不能融会贯通,以致常发生舛误。

嘉庆八年(1803年),结识寄居扬州的著名学者包世臣,求教了治学门径,并由其引荐至常州,得学者李兆洛指授。此后,稽典考故,寻绎推广,按《四书》次序,汇成《四书典故考》,为李兆洛和扬州梅花书院主讲席洪洞等所赏识。在包、洪二人的启发和指导下,钻研《礼》、《春秋繁露》、《公羊春秋》,并究读庄存与的论著,开始今文经学研究。不久,投于大儒阮元门下,帮助校辑经籍,因之阅读魏晋以来的诸家《春秋》说,先后撰成《春秋繁露注》17卷、《公羊礼疏》11卷、《公羊礼说》1卷、《公羊问答》2卷。嘉庆二十二年,阮元出任两广总督,凌曙受聘为家庭教师而随至广州。又读《礼》,作《礼论》百篇,引申郑玄注义,删定成39篇,合为1卷,他承继和发扬了公羊的传统,扩大了清代今文经学的研究领域。道光九年(1829年)去世。

仲振履

仲振履(生卒年不详),字临侯,号云江。泰州人。清嘉庆十三年(1808年)进士,历任广东恩平、兴宁、东莞等县知县,后擢升南澳同知。在东莞时,于嘉庆二十一年奉两广总督命令实地勘查原虎门炮台,提出当修、当建、当废的实施方案,并监督施工。次年修葺镇远、横档等炮台,同时兴建大小虎山炮台,有功于世。仲振履有文才,善写传奇,著有《双鸳祠传奇》与《冰绡帕传奇》,均刊行。

江 藩

江藩(1761~1831),字子屏,号郑堂,晚年自号节甫。清乾隆二十六年(1761年)出生。甘泉(今扬州)人。清代扬州学派学者。少时受业于余萧客、江声,为惠栋再传弟子。弱冠时,即与汪中定交。后又受知于朱筠,学业日进。江藩博宗群经,尤熟于史事,以朴学名东南,所交多海内通儒,时和焦理堂齐名,并称"二堂"。尝作《河赋》数千言,典丽雄伟,可追匹郭景纯、木玄虚《江》、《海》二赋,人争传录。为人潇洒倜傥,能走马夺槊。豪饮好客,至贫其家。因不善治生,糊口四方,曾遍游齐、晋、燕、赵、闽、粤、江、浙、赣。大学士王杰极重之。阮元亦挽人幕府,延修《皇清经解》、《广东通志》。两书修成,离开广州返故里。晚年困窘,而著述不倦。江藩重要著述《国朝汉学师承记》8卷,使两汉儒林家法之承授、清代经学之源流,厘然可考;另有《国朝宋学渊源记》上、下卷并附记。道光十一年(1831年)去世。

顾 皋

顾皋(1763~1831),字缄石。清乾隆二十八年(1763年)生,无锡人。

清内阁学士。嘉庆六年(1801年)状元。历任翰林院侍讲学士、侍读学士等,入直清宫上书房。道光元年(1821年)擢工部侍郎、迁内阁学士,多次主持顺天、浙江等省乡试。他平日工诗文、诗画,所作全集成《墨竹斋诗古文》10卷,画以兰、竹最为驰名。晚年告病在乡。

周 济

周济(1781~1839),字保绪,一字介存,号未斋,晚号止庵。清乾隆四十六年(1781年)生,荆溪(今江苏宜兴)人。清学者。他为嘉庆十年(1805年)进士,曾两任淮安府学教授。47岁起专治经世学问,成史学名作《晋略》80卷;在文字、音韵等学亦有造诣,成《说文字系》4卷、《韵源》4卷。他平时好作词、论词,词作集为《味依斋词》,推崇北宋词人周邦彦的风格,著有《词辨》等传世。周卒于道光十九年(1839年)。

陆 献

陆献(生卒年不详),字彦若,号伊眉。镇江人。清农学家、官员。清道光元年(1821年)举人。道光七年随钦差那彦成赴新疆办理善后事宜,以功保举知县,选授山东蓬莱,后调任繁县、曹县知县。道光十三年夏为黄河堤岸抢险购办料垛,昼夜巡防30余日,保升知州,署合肥县事。鸦片战争中,调浙江军营,随同官兵收复上海。战事平息后,去官回籍。

陆献劝民种树栽桑养蚕。在山东时著《山左蚕桑考》。到安徽,重印张扬园《农书》1卷及元人《蚕桑辑要》8卷。回镇江后,于南郊鹤林寺设课蚕种桑局,刻《蚕桑兴利法》。陆献著农书多种,龚自珍曾作《陆彦若所著书序》,称陆氏所著《种树方》、《种菜方》、《种药方》等农书,可伯仲于古农学家氾胜之、贾思勰著作之间,宜急刊刻,以德后世。其著作还有《尊朴斋诗草》、《庚辛日记》。

吴德旋

吴德旋(1768~1840),字仲纶。清乾隆三十三年(1768年)生,宜兴人。清散文家。他为县学生员,终身未仕,笃好古文,景仰当代各古文大师,乾隆五十八年入京求师，从桐城派鼻祖姚鼐学，遂成桐城派重要作家之一，著作颇多，名闻天下。他的主要作品编为《初月楼文钞》、《初月楼文续钞》计18卷，又有《闻见录》及其续录共20卷、《三吴旧闻录》10卷等行世。吴德旋卒于道光二十年(1840年)。

伍长华

伍长华(？～1841)，字实生，号云卿。上元(今南京)人。出生于回族世家。清嘉庆十八年(1813年)中举，翌年会试一甲第三名(俗称"探花")，是中国历史上第一位回族探花，曾被誉为"教门鼎甲之始"，授翰林编修，一时在南京传为佳话，谓"回回探花"。嗣后，他一主浙江乡试，一督广东学政。长华为人"天性孝友，风骨严峻，又不擅交际"，"不干人以私，亦不喜人干以私"。道光二年(1822年)后，长华出任外官，先后任广西右江道，广东、长芦盐运使，甘肃按察使，云南布政使。他出任地区，或是边陲难治之区，或是瘴疠肆虐之域，每到任辄令僚属将当地每日晴雨粮价抄录汇呈，细心研究。在云南布政使任上，他针对当时铜务中存在的弊端，撰写《云南铜法考》，提出革新主张。他亲自巡查境内各矿，多次奏请免除铜厂民欠无着工本银。

道光十八年，伍长华擢升湖北巡抚。其时他的旧交林则徐为湖广总督，两人同在武昌办公，相处契密。曾共同会奏朝廷缓、免湖北各地受水旱灾害地区田赋钱粮，又共同发布禁烟告示。同年九月十日，他与林则徐共赴武昌校场，监督、捶碎、焚毁鸦片烟具、烟土，还在校场检阅兵丁，以显示湖广地区禁烟的力量和信心。十月，林则徐北上晋京，道光皇帝命伍长华暂署湖广总督。他继续贯彻林则徐禁烟主张，封闭烟馆，惩戒烟客，并对湖北盐务、漕运作了一些革新，利用盐捐兴办学校书院，修筑汉阳临江石堤。道光二十年，湖广总督周天爵因惩处大冶县令孔广义遭到反评，朝廷交伍长华处理。不久，周天爵又因属下非刑逼供而牵连获罪，革职戍边。伍长华虽与此案无关，却以"审讯不力"革职，遂回归故里，道光二十一年在南京病逝。

黄承吉

黄承吉(1771～1842)，字谦牧，号春谷。清乾隆三十六年(1771年)出生。祖籍安徽歙县,长于江都(今扬州)。清学者。少时,与焦循、李钟泗、江藩诸人友善,以学问相切磋,一时并称"江、焦、黄、李"。嘉庆十年(1805年)举进士,先后任广西兴安、岑溪等县知县,历乡试同考官、道员。罢官回乡后,发愤著述。其族祖扶孟撰《字诂》、《义府》各一帙,博大至精,为音韵训诂之先导,泽被后世。黄承吉善承家学,深研六书,移友焦循研究《周易》的方法以治小学。所著《梦陔堂文说》、《字诂义府合按》及《字义起于右旁之声说》,倡言"声中有义"、"义起于声",以致"以声为纲之说,寝以大昌"。后刘师培衍为《字义源于字音说》。又通历算,能辨中西之异同。尤工诗、古文,能自出机杼,空无依傍。有《梦陔堂文集》10卷、《梦陔堂诗集》50卷、《读周官记》、《读毛诗记》等。道光二十二年(1842年)去世。

夏 荃

夏荃(1793~1842),字文若,号退庵。清乾隆五十八年(1793年)出生。泰州人。地方文献学家。17岁即入县学,但不喜欢八股文,经年不作时论,学使来考勉强应付,乡试多托病不赴。道光五年(1825年)大病一场,从此绝意科名,一生只作过江苏丰县与湖南桃源县训导。退居返乡后专事纂述,与刘宝楠、刘文淇、吴熙载交谊厚笃,时有唱和,有《退庵文钞》传世。

夏荃生平嗜好古金石文字,"断垣残础,罗掘殆遍"。因寻访到晋砖及唐宋墓志,遂将书斋命名为"宋石斋"、"晋砖唐石斋"。又醉心研究古钱币,纂有《退庵钱谱》8卷,汇录自秦至明末古钱,并著《历代钱谱考》与《历代年号重袭考》,征引考证严谨精审,订正许多前人错误。

夏荃搜集整理乡邦文献不遗余力,著有《退庵笔记》十六卷及《宋石斋笔谈》、《六客之庐笔谈》各一卷,载自汉至清泰州的掌故逸闻,对史乘之失作了可贵的补充。又从131种古籍中辑录有关泰州的记载,编成《梓里旧闻》8卷。同时用数十年精力缀辑《海陵文征》、《海陵诗征》、《辟蠹山房丛书》,保存了很多自唐至清泰州人的诗文、著作。可惜仅剩部分传世。此外,夏荃还修补吴嘉纪《陋轩诗》书板,校订重印,并辑选吴嘉纪未刊手稿成《陋轩诗续》2卷。

秦恩复

秦恩复(1760～1843),字近光,号敦夫。清乾隆二十五年(1760年)出生。江都(今扬州)人。乾隆五十二年进士,授编修。嘉庆十四年(1809年),两淮盐政延其主讲乐仪书院。嘉庆二十年,受聘校刊《全唐文》。所居玉笥仙馆蓄书至万卷。精鉴藏,又精校勘之学,曾编辑《石研斋四种》、《词学丛书》、《唐人三家集》,由秦氏享帚精舍刊刻行世,世称"秦版"。阮元抚浙时,聘主诂经精舍。道光二十三年(1843年)去世。

仲统纶

仲统纶(1766～1844),字驭凡。清乾隆三十一年(1766年)生,沭阳县人。庠生。重实学,身体力行,不为世俗和腐儒所动。真诚待人,淡泊仕途,专攻礼仪,布衣终身。著有《丧礼旧闻》、《婚礼备考》、《左传汇参》、《治善堂祭田遗嘱》、《考集录》、《庶民说略》、《身后禁用僧道音乐考》等7种,皆有关婚丧礼仪改革,反对繁文缛节、铺张浪费,提倡纯朴节俭等内容。他的惊世骇俗之论著,不为世人所接受,且遭讥讽。清道光二十四年(1844年)仲统纶去世。

李宗昉

李宗昉(1779～1846),字静远,号芝龄。清乾隆四十四年(1779年)生,山阳(今淮安市)人。于嘉庆七年(1802年)中会试一甲第二名,与老师汪廷珍二人皆为榜眼,一时传为佳话。嘉庆二十一年,以翰林学士视学浙江。道光二年(1822年),以礼部左侍郎充江西正考官,寻任学政。为了筹饷,廷臣建议放松捐纳条件,文官纳捐可至三品,还可纳捐得进士,"宗昉力争而止"。官至礼部尚书。

史秉直

史秉直(？～1846),字洵候。江苏阳湖(今常州市区)人。清道光三年

(1823年)进士。翌年任甘肃伏羌县知县。该县秋荒严重。但按惯例,不到年终不得报灾赈济。他毅然上书要求实行平粜,灾情得以缓解。由此,史秉直清正廉明之声传遍全境。道光六年,他调署甘肃崇信县。该县地瘠民贫,某佃户因负租繁重,生活陷于绝境欲杀妻后自杀。他得知后除资助、劝慰外,为减轻农民负担,大刀阔斧削减许多捐饷。道光七年,他调任甘肃渭源县知县。该地为通往新疆交通要道。时适征讨张格尔,大军过境频繁。他以民众利益为重,决不因军需而扰民,筹饷接济,办理得井井有条。军民两方均较满意。道光九年,他调任河南西华县知县,兼摄扶沟县。两县因一界河纠纷,历史上虽遭水荒,但两者都不肯疏浚。史秉直协调双方共举其事,并亲临现场指挥浚河,竣工后约法三章,立碑示众,从此水患消除。道光十八年,他调任鹿邑县知县。境内有盗匪数股,他带衙役暗查私访,秘密缉获盗匪9名,毁其巢穴,百姓始安。道光二十一年,详汛河大水,鹿邑全境受灾,史秉直急赴救灾一线,指挥民众筑堤,并报请上级筹银19万两赈济灾民,使灾民8000余人获救。后又奉调采集治水物资,成效卓著,河督林则徐倚为左右手。由于治水得力,道光二十四年升直隶州同知,翌年补汝州缺。

梁学典

梁学典(生卒年不详),沭阳县人。义军首领。骠悍异常,哥哥被富豪杀害,他手刃仇人,避祸江南。官府追捕甚急,他联络江南穷人,于清道光二十五年(1845年)春揭竿而起,杀富济贫。清廷派兵围剿,被义军击败,死营将3人,官府震惊,加派兵力镇压,并悬赏捉拿。梁率义军转战苏北。六月三日抵安东(今涟水),五日,攻破麻垛地主朱氏庄园;八日,抄得头堡地主张氏浮财1万多两白银,救济灾民,余作军饷。沭阳、山阳(今淮安)两县会剿,会战于黄河南高陵地区。梁学典率部击败官军,但粮尽弹绝,处境危急。梁遂伪装官兵军官,向地方豪绅索要军需,解一时之困,突围而去,潜伏民间。后为官兵发觉,战败,不知所终。

吴振勃

吴振勃(1770~1847),字兴孟,又字客如,号筠斋,晚年自称"丰南居士"。清海州板浦人,祖籍安徽歙县丰溪。吴振勃弱冠即工诗善书,深得经学家凌廷堪和焦循称道。嘉庆九年(1804年)乡试中举。道光十三年(1833年)以岁贡生候选儒学训导。吴振勃不重功名,以琴书诗酒为乐,常与李汝珍、许乔林、许桂林切磋学问。史学家魏源在《皇清海州岁贡生吴君墓记铭》中称吴是"亚于二许"、以经学文章闻名于世的名士。

吴振勃一生贫困,酷爱读书和集藏古书,经常从友人处借书抄录,遇有残缺讹误必为之校正修补,及时归还。著有《经学考源》、《春秋分类纪事》、《音学考源》、《先正言行录》、《古诗课蒙》、《金诗约诗》、《筠斋文稿》、《筠斋客话》等。

王钦霖

王钦霖(1800～1847),原名汝霖,字雨亭、慈雨。清嘉庆五年(1800年)生,沭阳县沭城东关人。少负才气,豪迈不羁,慕古代慷慨之士;遍览史、汉、百家之言,致力古文、诗词创作;爱旅游,去三边,游山水,行程数万里,笔力雄健。壮年游京师,不谒一权贵,独与辽东张铁侯、金陵顾秋碧、浙江金秋岳为伍,世称"三奇友"。他不苟言笑,与人不会寒暄,但议政论文,侃侃谔谔;他不治家产,卖文得钱,常资助友人,徐竹夫赠诗云:"一身之外无余物,三代以来有此人。"道光六年(1826年)进士,任官吏部考功司主事。他考核官吏,秉公办事,深为世人所重。包世臣说他"勤政能自立,为书吏所惮"。吏部尚书蒋攸铦深相引重。晚好老庄,折节学道。道光十五年,充顺天乡试同考官。

著有《王吏部遗集》12卷、《海鸥山房诗钞》、《红蕤仙馆赋钞》、《有真意斋骈文》、《疑云集》、《北游集》、《边声集》、《待兰轩存稿》等8种。

叶峻嵋

叶峻嵋(约1776～约1853),字棣园。约清乾隆四十一年(1776年)生,清宿迁孝义乡人。幼年时即有文名,中秀才后慨叹说:"士生斯世,当以利济为心,安在记问之学乎?"于是放弃举业,游学于京师,充当国史馆誊录。后被选为山西霍州知州,再升绛州直隶州知州。他廉洁有为,声名颇高,后因事罢官。曾谒见两江总督陶澍,上《票盐议》。又捐资兴建钟吾书院于马陵山麓,请拨骆马湖地租4000余缗作膏火费。民便河年久淤塞,他倡议疏浚,涸出良田数十顷,给邑人以耕种之利。著有近体诗10卷。

罗士琳　易之瀚

罗士琳(？~1853),字次璆,号茗香。邗江人。清数学家。他毕生致力于数学研究,对中国古算和西洋法能融会贯通,数学著作主要有《四元玉鉴细草》、《校正算学启蒙》、《比例汇通》、《补增开方、天元、四元释例》、《校正割圆密率捷法》等。

清道光二年(1822年),罗士琳在北京看到中国古代数学名著《四元玉鉴》原书,发现该书深奥难懂又有疏漏不当之处。他用20年时间,把原书与黎应南的旧钞以及何元锡的新刻大德本,详加研究,反复比较,细心推敲,对于原书中计算和印刷的错误及疏漏之处,一一标明,详加订正,对书中疑难之处,反复举例,予以解释。原书3卷,他校正和补充以后,扩为24卷。罗士琳还发现和挖掘出朱世杰的数学名著《算学启蒙》。该书曾传入朝鲜和日本,可惜在中国久已散佚。一次罗士琳在北京厂肆发现了朝鲜人的重刻本,立即刊误,并出版发行,使这本失传的古算书新之于世。咸丰三年(1853年)去世。

易之瀚(生卒年不详),字洪川,号蓉湖。罗士琳的同县学友,数学家。曾作《四元释例》1卷,其中增加了开方例题29个,天元例题11个,四元例题13个,该作附于罗著《四元玉鉴细草》之后。

沈拱山

沈拱山(1790~1855),盐城市盐都区郭猛镇人。幼年丧父,与母亲相依为命。他聪明好学,机智过人,且秉性刚直,不畏权贵,仗义善辩,好打抱不平,遇有以官压民、以富欺贫之事,常挺身而出,义举颇多。他为扶困济贫,伸张正义,先后与7任知县、3任知府进行说理斗争,为此曾7次坐牢。经保释后,仍刚正不阿。

沈拱山的诸多义举,在盐阜地区一带一直为后人所赞颂,今有《智解鸭官司》、《帮穷人过好年》、《拔桩治贫官》、《改告示》、《识别移尸案》等故事,在盐阜一带广为流传。盐城县淮剧团曾编演《沈拱山》一剧演出,通过艺术形象,再现这位伸张正义的机智人物。

田宝臣

田宝臣(1792~1858),字少泉,号竹家。清乾隆五十七年(1792年)出生。泰州人。经学家。功名只是秀才,但对经学、选学都很有心得。诗学苏轼又加以精炼,尤其长于律诗。家庭贫困,耿介自守,从不以学问自炫,知道他名字的人很少。咸丰年间,李联琇督学江苏,见到田宝臣的文章,叹道:"此江南第一人也。"礼聘至幕府,充任襄校。李离任后,田宝臣返回泰州。著有《小学骈枝》、《少泉诗钞》、《少泉赋钞》、《赋鲭初集》等。另辑有《类腋》67卷,因丹徒赵小楼时常资助,书成即归赵氏,署《角山楼增补类腋》。

田宝臣对小学有深邃的研究,于文字偏旁音读辨证尤为精当。以字形求字音,以字音通字义,凡一字歧为二义或二字讹为一义的现象,均详细考证说明,并用来订正古籍文字的错误。平生研究《骈雅》,认为"欲通双声叠韵,必以《骈雅》为权舆"。魏茂林为《骈雅》作训纂,请田宝臣订正。田即在魏说未详的地方附以考订,"得义数十条,迥出魏书之右"。又在参校之余,取字义有疑问者详细说明,写成《小学骈枝》8卷。书成无力刊布,自题诗曰:"平生嗜研经,动辄墨盈纸。辛勤八卷书,荒陋未足耻。浮生数十年,声华不能起。作此谁何思,哀忱寄知己。"

民国9年(1920年),韩国钧编印《海陵丛刻》,将《小学骈枝》收入。

杨殿邦

杨殿邦(1773~1859),字翰屏,号叠云。清乾隆三十八年(1773年)生,泗州招贤乡(今泗洪县铁佛乡一带)人,后迁居淮安城中。礼部侍郎、太仆寺卿。年少丧父,性格厚朴,天资聪慧,善书画,工诗词古文,精武术骑射。嘉庆六年(1801年)以拔贡任芜湖教谕,嘉庆十九年中进士。任监察御史时,直言敢谏,弹劾不怕权贵,京官考核获一等。后在广东省将瑶族民众的反抗斗争镇压下去,因而升任贵州按察使。道光十七年(1837年)升山西布政使,旋调太仆寺少卿,后升任内阁学士兼礼部侍郎。道光二十二年,署仓场总督兼户部侍郎,道光二十四年实授漕运总督。在沿海地区抗击外国侵略者的战斗中立有战功。咸丰三年(1853年)在扬州瓜洲一带攻击太平军。咸丰九年卒于军中。恤赠太仆寺卿。著有《菜香小圃诗集》、《心太平居文集》等。

张敬轩

张敬轩(1817~约1860),清嘉庆二十二年(1817年)出生。回族,祖籍山东台儿庄,因避战乱,举家南迁而落籍扬州。扬州弹词艺人。自幼爱好歌吹弹唱,尤工琵琶。到扬州后,习弹词,以此为业,为"张家弹词"始祖。

张敬轩与其艺徒蒋明泰两人对白弹词,技艺精萃,为世人所重。张精于表述,口辞清朗,幽默诙谐;蒋善弹唱,歌喉圆润,婉转动听,也是"八大红伞"成员,时人称之为"双绝"。张氏家传弹词艺术世代相传,至今不绝,生徒分散在南京、扬州等地。

范以煦

范以煦(1817~1860),字咏春。清嘉庆二十二年(1817年)生,淮安市人。学者。幼时读书过目成诵,常向外舅祖丁晏请教,"博闻强识,邃于经术"。咸丰九年(1859年),中顺天乡试副榜。他很重友情,"嗜文字若性命",和他订交,必定要索取其著作,帮助刊刻付印。尤其谙熟本乡文献,一生撰述甚多,刊印行世的有《淮流一勺》、《淮壖小记》、《楚州使院石柱题名考》等。范以煦咸丰十年去世。

王瑞云

王瑞云(生卒年不详),清江浦(今淮安市)人。清咸丰帝御医,乐善好施。咸丰六年(1856年),在淮阴城东风大街双桥巷创办保婴堂药厂,内设孤儿所,有房6间,雇佣奶妈20余人,收留乞讨儿童和弃婴百余人,7岁左右送织布厂学堂读书,18岁左右送药厂或织布厂做工。此类善举甚多。

杨 棨

杨棨(1787~1862),字羡门,号甦庵。清乾隆五十二年(1787年)生,丹徒人。地方史家。道光五年(1825年)选贡生。道光二十二年英国侵略军攻陷镇江城时,他在围城中居住6日,对青州兵英勇抗击英军的事迹耳闻目睹,曾作《青州兵》一诗高度赞扬。咸丰年间避兵乱居如皋。道光二十四年刊行《京口山水志》20卷,后又自刊《蝶庵赋钞》2卷、《蝶庵诗钞》4卷,《出围城记》因无资刊刻,先以抄本行世。《京口山水志》记述木商改建丹徒水闸闸门的朝向及型制,使改建后的丹徒闸便于木排从长江入闸进入江南运河;但由于水闸改制,加剧运河的淤积,河床不断增高,年年都要疏浚,成为丹徒、丹阳一带农民的沉重负担,为镇江地方历史留下珍贵的资料。

王旭高

王旭高(1798~1862),名泰林,别号退思居士,以字行。清嘉庆三年(1798年)二月一日生于无锡西门外坝桥。名中医。幼读经史,博闻强记,12岁从舅父高秉钧(疡科名医)学医。读医书,随诊病,必求其所以然,得真传。学医10年后,嘉庆、道光年间,先以疡科问世,后又致力于内科,求治者甚多。他治病认真,诊断细心,处方果断,常有创新之见。挽救危病,每奏奇效。他出诊,一般先去贫家,后再去富家,认为大凡贫苦人生了重病、急病才请医生,宜早诊治,迟诊恐延误病情;富户则大都生小病就请医生,故有缓急先后之分。对贫穷患者一般不收诊费,遇无钱买药的,便在处方上角写下"记账月结",盖上私章,药店就把药费记在他的账上。他教导门徒:学医要兢兢业业,困苦谨慎;做一个医生,若仅恃其才智而无忠诚的态度,则不能称谓良医;对病人轻病毋忽,重病无惧。王旭高一生医著颇丰,惜晚年避乱乡间时,大多散失。后患病不起,于同治元年(1862年)八月于无锡去世。后人搜集整理他的残存著作,刊行于世的有《王旭高医书六种》(即《退思集类方歌注》、《医方证治汇编歌诀》、《增订医方歌诀》、《医方歌括》、《薛氏湿热论歌诀》、《西溪书屋夜话录》)、《王旭高临症医案》(4卷)、《环溪草堂医案》(3卷)、《医学刍言》、《医方歌括串解》、《景岳方歌诀》、《王旭高外科医案》、《伤寒一百一十三方歌诀》、《西溪夜话录补缺》等。

黄朝飏

黄朝飏(1810~1863),清嘉庆十五年(1810年)出生于通州小海(今属南通市)。黄朝飏受太平天国革命思想影响,组织后天教龙华会,以宗教为掩护,联络贫苦农民共谋抗清义举。同治二年(1863年),会员发展至千人,并争取狼山镇候补千总陈廷贵为内应,与江南太平军联系,约期农历五月十四日夜于军山举火鸣炮为号,接应太平军过江,攻取通州城。因事机不密,走漏消息,通州团练督办王藻与知州黄金韶慌忙派兵镇压。一时间,腥风血雨笼罩小海、新港镇一带。黄朝飑被捕后备受酷刑,仍大义凛然,其妻陈氏亦毫不屈服,结果均被杀害,连其未成年的孙儿亦未能幸免。会友死难者百余人,陈廷贵亦被杀。史称"军山农民起义"。

谭绍光

谭绍光(1835~1863),壮族,广西桂平人,太平天国将领。参加金田起义,后隶李秀成部。因作战有功,被太平天国封为慕王。同治元年(1862年)率军围攻上海,打败英、法军队和华尔洋枪队。后又率军在太仓、昆山等地作战,屡创清军。同治二年率所部坚守苏州,身先士卒,多次击退清军进攻,大败英国人戈登率领的"常胜军"于娄门外。同年十月二十四日(1863年12月4日)在苏州被叛徒刺死。

王兰谷

王兰谷(生卒年不详),字蕙生,金坛人。清咸丰元年(1851年)举人,咸丰二年进士,同年补应殿试,入词林散馆庶吉士,后授官刑部陕西司主事,又升本部郎中。他在刑部任职9年,结案万件。承办户部失慎案,释放无辜者700余人。复查逃闭五字官钱号一案,亦解脱数百人。咸丰十年英军逼近北京,他任团防处提调;不久,帮办山东团练。因政绩突出,被提升为山东道监察御史,后历任户部、兵部、吏部三科给事中,同治帝给加升二级,晋三品衔。任内,凡军国重事,他知无不言。他的留养难民、汇祀忠义、在金坛设考棚等奏请,均被采纳,并奉旨推行。他官至鸿胪寺少卿、光禄寺少卿,卒于官。

万叶封

万叶封(生卒年不详),字耐诚,一字筱亭。安徽凤阳人。举人。清同治十一年（1872年）任沭阳知县。次年，为分泄黄泥河水，于茆圩东平墩荡新开河道，至大堰头，民称西万公河。前后沭河间积水，无处排泄，万叶封开凿新河，自扎下达桑墟湖青伊湖，世称中万公河，两河间田地自此不再受淹。但由于上无源头，下无出口，地势平坦，容易淤塞。是年，他又开挖东万公河，从李恒平墩与柴米河相通，北经汤沟镇丁沟村西，人称叮啃河，全长12里，排除夏季田间积水，提高粮食产量，造福于民。万叶封还修建官田公路，全长20里。

汪明辰　秦维瀚

汪明辰（生卒年不详），字问樵。扬州人。清咸丰、同治年间艺人，建隆寺方丈。曾向吴灯的弟子先机和尚学琴，故其琴学中佛学意味甚浓。所弹佛曲《普庵咒》摹拟钟磬、铙、钹唱赞之声，惟妙惟肖地传递佛家真谛。夏日禅房炎热，听禅者难耐，他随手弹《碧天秋思》一曲，使满座听者顿生凉意。

秦维瀚（生卒年不详），字延青，号蕉庵，扬州人。师承汪明辰，弱冠时即精琴理，直至50岁朝夕操琴不辍，并将一生所习的32首琴曲悉心考定，辑为《蕉庵琴谱》4卷，于清光绪三年（1877年）刊行，成为晚清琴家的必备之谱。

龚午亭

龚午亭（生卒年不详），原籍东台，久寓扬州。清道光至光绪年间扬州评话艺人。早年在扬州读书，爱看稗官野史、通俗小说，阅后即能复述，且妙趣横生，引人入胜，遂对说书产生兴趣。后不顾家庭阻挠，外出寻师访友，学习说书。曾从浦琳传人张秉衡、陈天恭学说《清风闸》，但非全依师传，而是将平日所见社会各式人物的嘴脸和言行，巧妙地纳入书中，不断丰富、发展书情，增强生活气息，说书时"遇事能发，无不酷肖"，使听众喜怒哀乐随之转移而不觉。

咸丰三年（1853年），太平军攻克扬州，许多豪绅富贾东逃泰州、东台等地，龚午亭假东台名肆，以说评话自给。同治初，返回扬州说书，主说《清风闸》。他驰骋扬州评坛30年，常说常新，时人将之与书法家吴让之、画家陈若木合称"扬州三绝"，并有"要听龚午亭，吃饭莫打停"的民谚流传。

吴凤标

吴凤标(1820～1877),字镇轩。宿迁县(今属宿迁市)宿城镇人。自幼习武,于道光二十年(1840年)从军。因作战勇敢机智,先后被提升为百总、千总、守备、永定河都司。咸丰八年(1858年)五月二十日,英、法等国军队进逼天津外围,威胁永定河。吴凤标立誓与永定河共存亡,他率兵步步为营,与士兵一道同仇敌忾,并积极组织地方后援。在一次阻击战中以一当十,奋战一昼夜,打退敌人多次进攻,歼敌200多人。永定河两岸几个县因而安然无恙。兵部侍郎王茂荫上书为他请功,咸丰帝下旨嘉奖,升他为保卫京城第四镇守使。

尹耕云

尹耕云(？～1877),字瞻甫,号杏农。淮安府桃源县三义坝(今淮阴县境)人。道光三十年(1850年)中进士,咸丰三年(1853年)十月,他奉调参赞军务。咸丰八年,任湖广道监察御史,代理户科给事中。在镇压云南回民起义和太平军诸军事行动中,屡次为清廷献策,奏议颇多。同年四月,英法联军进犯天津,他7次上疏,并两次与其他官员联名上疏,反对和议,力主决战。次年,尹耕云以"顺天科场案"内监失察罪被降级去任,命回原籍办团练。后因京城危急,暂留协助守城。咸丰十年夏,英法侵略军再次攻陷天津,继续内犯,京师戒严,清帝将逃往热河,尹耕云又上疏谏阻,亦未被采纳。中英、中法《北京条约》签订后,尹耕云因副都御史河南团练大臣毛昶熙之荐,留河南帮办军务。同治元年(1862年),随僧格林沁进驻金楼寨起义军,因"功"以道员任用。同治三年,代理河陕汝道,节制河陕兵。同治六年,代理粮储盐法道兼管水利局务,用军士浚惠济河,缓黄河溃决之患,堵沁河决口,三月完工,费用少而工程坚固,因功加布政使衔。同治十三年,实授河陕汝道。光绪三年(1877年)大旱,河陕尤其严重。他向上级陈7条救荒意见,又命令下属,清理民间积案,释放久押未决囚犯。

光绪三年,尹耕云病逝于任上。著有《大学绪言》、《豫军纪略》、《心白日斋》、《周易辑说》等。

蒋清翊

蒋清翊（生卒年不详），字敬臣。吴县诸生，后定居淮安。淮安府学教授蒋锡宝的次子，学识渊博，爱好金石学，收藏古钱币极富，"多异品"。注"初唐四杰"诗文集，其中《王子安（勃）集》最有名，世称蒋注《王勃集》。在武义县做官，"乐淮之风土"，买地构精舍，命名为"抱布新筑"，举家定居于淮安，"并以所藏元魏张始孙造像及双唐碑置其中"。蒋清翊之子蒋黼，字伯斧，也是诸生，有隽才。

庄　棫

庄棫（1830～1878），字希祖，一字中白，号蒿庵。清道光十年（1830年）出生。镇江人。学者、词人。先世为盐商，后来家道中落，庄棫耽于读书，几次应举不中，后以捐官得主事衔。太平天国后，应两江总督曾国藩之聘在扬州、江宁等地书局中校刊书籍。

庄棫性沉静，好学深思。早年治《易》与《春秋公羊传》，讲求"微言大义"；又好纬书，即所设"今文经学"。他的成就主要是在词的创作，他的词属于常州派，学南宋王沂孙。与杭州谭献齐名，人称"庄谭"。他还通晓天文历律；又因久居江、淮之间，熟悉河、漕、盐三政的兴废利弊。著有《蒿庵遗集》、《周易通义》、《易荀氏九家义》、《易纬通义》、《东庄读诗记》、《金源氏族志》、《金匮释例》、《静观堂文》、《蒿庵词》等。

张集馨

张集馨（1800～1879），字香崖、椒云，号时晴斋主人。清嘉庆五年（1800年）生于仪征县城。道光九年（1829年）进士。先后任翰林院编修，湖北、河南副考官，山西朔平、太原知府，福建汀漳龙道、陕西督粮道道员，四川、河南、湖北、陕西按察使，贵州、甘肃、河南、直隶、福建、江西布政使，署理陕西巡抚。在朔平蠲、缓征税并加赈，在陕西督粮道破例缓征，受到巡抚林则徐赞扬；在四川平反冤狱，严禁州县私捕无辜；在甘肃清理财粮弊政；在河南清理河运陋规。奉命督办直隶军务时，曾带兵与太平天国北伐军战于临清、高唐等地。任江西布政使时,因全省兵燹、涝灾,奏请缓征赋税,因而拂逆了直隶总督曾国藩催丁粮旨意,遭奏参革职。

晚年主讲于北京金台书院,诸生陆润庠等数十人成进士。张擅长文墨,所写自叙年谱和日记,涉及内容广泛,对充斥各地的官场腐恶进行了逼真的临摹,极具史料价值,中华人民共和国建立后定名为《道咸宦海见闻录》出版。另著有《时晴斋诗词赋全集》。

李国辉

李国辉(生卒年不详),扬州人。清咸丰、同治年间(1851~1874年)扬州评话艺人。曾任两淮盐运署书办,后弃职改说扬州评话,以演说《三国》闻名于世。有文化修养,又通晓历史,多年阅读《三国演义》,自创"文说"为主的"中《三国》"。表演上文雅隽秀,字斟句酌,干净利落,被誉为"粲花妙舌吐珠玑,《三国》评词李国辉"。他亦能编写话本,今存扬州弹词《双剪发》即是其改编。他授徒能因材施教,他的8个弟子——陈国章、康国华、吴国臣、周国辉、秦国珍、刘国明、吴国良、徐国模各有成就,时人誉之为"八骏马"。

杨沂孙

杨沂孙(1813~1881),字泳春,号子舆,晚署濠叟。常熟人。道光二十三年(1843年)举人。官至安徽凤阳知府。少时从李兆洛学诸子,精于《管子》、《庄子》。擅书法,尤爱"篆籀之学",初学怀宁邓石如,久而有独到之处。辞官返里后,篆书名重一时,兼工篆刻。著有《管子今编》、《庄子正读》、《文字说解问讹》、《在昔篇》等。光绪七年(1881年)去世。

王广业　王贻哲

王广业(约1802~约1884),原名佐业,字子勤。泰州人。清代官员。王出生晚清泰州旺族。道光三年(1823年)进士,因目疾于道光六年补殿试,授户部主事,又升任兵部郎中,补军机章京。先后任湖南衡州、闽中福宁、汀州、漳州等地知县。因平定小刀会,擢升漳龙道道员,赏花翎。不久又任兴泉永道道员,驻厦门。驻厦门时,有洋人扬言被抢劫,要求赔偿,王广业以理拒绝。洋人转而就船宴请,王广业如约前往,仅带仆人与兵弁各一名,沉着应付,宴罢方归。咸丰七年(1857年)因目疾致仕。返回泰州后,又积极筹办团防,清廷为他加按察使衔。著有《乡贤世德录》、《听花轩诗》等。

王贻哲(1856~1916),字自庵。咸丰六年(1856年)出生。广业之第十子。光绪八年(1882年)举人,曾任山东范县(今属河南省)、峄县知县。光绪三十二年与汪子垣等集资白银12万两,创办泰来机制面粉股份有限公司,开泰州近代工业之先河,又与人合资开办鼎盛南货号、鼎新米店。光绪三十二年创办泰州商务分会,任总理,隶属于江宁商务总会。民国4年(1915年),泰州选举国民代表参加北京国民代表大会,王贻哲当选为正式代表。民国5年去世。

李承霖

李承霖(1803~1885),字雨人,号果亭。清嘉庆八年(1803年)出生。镇江人。清状元。道光四年(1824年)进学,道光二十年殿试状元,授职翰林院修撰。道光二十三年任广西学政,纪律严明,事必躬亲。考试时亲临监场,扭转当地"枪手"入场、公然作弊的风气。虽患目疾还坚持阅卷,晚年几近失明。任满回京后,入值上书房,教皇五子奕谅读书。咸丰初,母死后回镇江守制。晚年家居,从事地方"善举"。生平诗文多散失,所存几十篇汇为《劫余仅存》。

薛宝田

薛宝田(1815~1885),字心农。清嘉庆二十年(1815年)出生于如皋丁堰。道光年间著名中医。以明经任上元县训导。46岁时改任矬尹,此期间常以家传医术拯救危重病人。上司派他主官浙江医官局,求治者络绎不绝,名传浙中。光绪六年(1880年)七月,慈禧身患重病,下旨征诏天下名医。浙江布政使德馨认为薛宝田"吏而文,医而儒",极力举荐。八月,薛宝田北上。内务府大臣会同太医院堂官面试合格,引进长春宫历时44天,给慈禧切脉15次,处方20余帖,用药恰当,慈禧渐愈。十一月,薛宝田由京回省,途经天津,李鸿章遣使挽留,薛宝田以年老多病辞谢。著有《症治管窥》、《北行日记》和手批《医药心悟》。

阮本焱

阮本焱(生卒年不详),字晋明,浙江余姚人。清光绪十年(1884年)赴任阜宁县代理知县。他一上任,即派员于县衙前张贴告示,晓喻阜宁绅商各界不得为他到任大肆宴请,不得为他专门装修住宅、不得借他上任之机搜刮民财。他说到做到,不吃请,不受礼,住到南门街一所简陋的住宅里,生活简朴得与一般市民无异。他到任后,立即着手筹办社会公益事业。他不仅"宽摇政,汰冗费",减轻民众负担,还发展科技,举办实业,遣人赴通州购买棉种,推广棉花种植技术,并教妇女纺纱织布。他是当年正月到阜宁做代理知县的。这年六月,两江总督左宗棠率员至阜宁境内查勘阜宁"云梯关淮水故道"。阮本焱只是借用"颓屋三间,无以庇风雨"的大王庙,作为行馆接待左宗棠一行"数百十几"的官员。左宗棠见状很高兴,鼓励他说:"我知道你居官清廉,无事供具。"不久左宗棠又以"洁己奉公通饬苏宁两布政司",广为表彰阮本焱,并正式委其为阜宁县知县。他确实做到"居官廉洁,勤政不息"。阜宁立县200多年,县令换了100多个,但阮本焱所留下的事迹,至今仍流传阜宁民间。

周家楣

周家楣(1828～1887),字小棠、筱塘,清末大臣。清道光八年(1828年)生于宜兴县(今宜兴市)城镇。他于清咸丰九年(1859年)中进士,入翰林院,后历任四川乡试主考官、顺天府尹兼总理各国事务大臣、左副都御史、吏部左侍郎等职。卒于光绪十三年(1887年),著有《周筱塘文集》等。

刘金方

刘金方(1826～1888),字子成,号淮山儒士。清道光六年(1826年)生,山阳县(今淮安市)人。淮安名医。祖父振元、父相弼皆业医。因父早逝,随祖父习业。他在《临症经应录》自序中称:"幼年习业,尝读《内经》、《景岳大全》并我朝御纂《医宗金鉴》,细玩叶、薛、缪三家医案,传仿吴鞠通

《温病条辨》。余不敏,绍祖父之业,存利济之怀,初未敢妄执己见,以贻误当世,此则余之可以自信者也。"临症以治疗温热病及内伤杂症、妇儿疾病为专长。十分重视中医辨证施治。医声传淮扬、南京等地,与淮扬的几位医家共称"淮扬九仙"。医徒有戴仲山、丁月楼、范莘儒、李春台、高映青、刘少金、叶石仙等。他的子女中有三子业医,皆为地方名医。

汪士铎

汪士铎(1802~1889),初名鏊,字振庵,一字晋侯,号梅村,晚号悔翁。清嘉庆七年(1802年)生,江宁(今南京)人。史志学家。少以家贫习贾,为诸生时即蜚声文坛。道光二十年(1840年)庚子举于乡,在中举后10年间,四上礼部试,皆告罢。雅好山水,四番晋京,特借机浏览风土,抵京不谒一要人,又不等待发榜即归。太平军入南京之翌年,汪士铎出走安徽绩溪。居山中凡5年,以课读谋生。咸丰九年(1859年)以后先后为胡林翼、曾国藩幕僚,多有建树,而每遇"保举"皆力辞不就,胡、曾等亦不相强。所以曾国藩、阎敬铭等皆尊重其为人,认为此老乃严君平、管幼安(隐逸)一流人物,非迂儒也。同治三年(1864年)清军攻入南京后返里,先居城西仓巷,再迁城南金沙井,不复出。历任两江总督李宗义、沈葆桢等莫不待以宾礼,极为尊敬。同治十三年上元县知县莫祥芝、江宁县知县甘绍盘,倡修上江两县志,受聘为总纂,凡十月告成。光绪六年(1880年),江宁府知府蒋启勋续修江宁府志,受聘为总纂,修纂《光绪续纂江宁府志》。汪士铎固然是史学家,而所之分纂、分修又皆一时之彦杰,故能严叙例,去芜杂,存史料,求征信,允称官修志书中之佼佼者。

汪士铎在学术上造诣高且深,史学家陈作霖认为"汪士铎性恬退,外默内刚,不谐于俗。始为学尚博,既乃研精《三礼》以及列史、氏族、天文、历算、舆地、山川、沿革形胜,小学形声、训诂、通假之遗,散骈文、古今体诗、诗余,皆能辨其出入门径、堂奥曲折之数。藏书2.6万卷,而所自为说,半《礼记》,其书上下左右方朱墨交错,陆离不可辨"。自道光中起,汪士铎蜚声南京文坛逾60年。世人论晚清南京学者,咸推之为祭酒,各方名流游金陵者无不过访请益。光绪十年,学使黄体芳以宿儒荐,翌年诏加国子监助教衔。世人称以"汪助教"。著作极富,累数十万言。主要著作中《服礼记》、《仪礼郑注今制疏证》、《水经注补辑》、《广韵雅广韵声纽表》、《梁陈州郡志》、《东汉朔闰考》、《佚存书目》、《韩诗外传疏证》皆亡佚。传世者有《南北史补志》、《水经注图释》、《悔翁文集》、《悔翁诗钞》、《悔翁笔记》（其中《乙卯随笔》、《丙辰备遗录》二目，为后人割出以《乙丙日记》为题）影印刊行。内多涉及太平天国之事为世人所重。光绪十五年去世。故居在今南京秦淮区金沙井。

薛福辰

薛福辰（1832～1889），字振美，号抚屏。生于清道光十二年（1832年），祖居金匮县（今属无锡市）西漳寺头，后迁城内前西溪。清末外交官薛福成之长兄。幼习经史，喜读内经、本草等医书。清咸丰五年（1855年）中举，授工部员外郎。10年后，任职李鸿章幕府。公余自习医书。穷思极研，历时五六载，医术高明。光绪六年（1880年），慈禧太后患重病，薛福辰由李鸿章等保荐，于当年六月二十三日应召入宫为慈禧治病。当时他任广东雷琼道，调授督粮道，但因奉旨诊病而未能赴任。时宫廷内外皆知慈禧所患为"血蛊"症，医者仅以治血蛊剂进，久不得愈。薛福辰所诊脉象，虽亦以血蛊论之，而用药却皆疏瀹补养之品，故能奏效，大为前去会诊的曲阳知县汪守正及武进孟河马培之等名医惊服。在宫廷滞留两年多，京师将相大臣前往求医不绝。光绪八年十二月，慈禧太后病愈，薛福辰升迁直隶通永道。是年除夕，奉旨随慈禧太后进香阐福寺。回宫后，慈禧太后为其亲书"福"、"职业修明"两幅御笔。光绪十二年，他擢升顺天府尹。次年冬调宗人府丞，一年后又授都察院左副都御史。光绪十五年，因病退职。同年六月二十二日（7月19日），病卒无锡家中，落葬漆塘大浮山。御赐白银500两治丧。所著《青萍阁文集》及《风劳臌胀试验良方》、《医学发微》、《临症一得》等遗稿，均未写定，仅存《素问运气图说》一文。

何 游

何游（生卒年不详），号澹庵。丹徒人。何金秀之子。清末名医。先辈产澄、仁源、绳源，皆以医学著称，为不使家学中断，遂苦志习医。通内、外、针灸诸科，对脉理、医方别有神解。由此声名大振，四方争延之。经其诊视，立奏奇效。车辙马迹历遍9省。著《医学折衷论》10卷；《何氏十三方注解》1卷；《医案》40卷。今所见《何澹庵医案》，为《中国医学大成》单行本。子修业，号学庵，克传家学，声名不亚于父。

陈廷焯

　　陈廷焯（1853～1892），字亦峰，又字伯与。生于丹徒，后流寓泰州。词学理论家。他天资聪颖，刻苦好学，博览群书。早年学诗，后习作词，是常州词派后期重要词人和词学理论家之一。中年潜心医道，颇能济人。
　　他的重要著作《白雨斋词话》，是他"历数十寒暑"、"稿凡五易"而成的呕心沥血之作，去世后两年方由其父陈铣峰审定付梓。《白雨斋词话》提出"沉郁"说，发展了张惠言的词学理论，主张"意在笔先，神余言外"。他反对"吟赏风月以自感"，认为"感慨时事，发为诗歌，便已力据上游"。而表现手法又必须含蓄，"若隐若现，反复缠绵，终不许一语道破"。他的著作还有《大雅》、《放歌》、《闲情》、《别调》等词集4卷，《希声诗集》8卷，以及选古今词3000余首编刊而成的《云韶》和《白雨斋词存》等。

周伯义

　　周伯义（1823～1895），字子和，号焦东野叟、焦东周生。清道光三年（1823年）出生。镇江人。文史学家。周岁丧父，由母亲抚养和教读。14岁学做生意，3年后又弃商读书，学习天文、地理、兵法，同时还习练武术。书法行楷篆隶俱工，又善刻印，喜欢收藏金石字画。29岁中秀才，以后未中举，以授读为生。清末镇江名人姚锡光、高觐昌、张祥书等都是他的学生。太平天国战争中，他曾一度居于扬州，写了笔记小说《扬州梦》。他的著作还有《焦东志》、《金山志》、《北固山志》、《京口从军图序》、《焦东阁诗存》、《焦东阁日记》等，还为同时的镇江诗人杨履泰、刘炳勋、刘炳奎、张正廉、解为干、夏铭、严允升等7人辑印了《京口后七子诗钞》。光绪二十一年（1895年）去世。

左锡惠　左锡璇　左锡嘉

　　左氏三姐妹，均为女画家。武进县城（今常州市区）人。

左锡惠(生卒年不详),字蜿香,左昂女。嫁归安姚子湘为妻。善人物花卉,均超妙入神。

左锡璇(1829～1895),字小桐,号芙江,锡惠妹。生于清道光九年(1829年)。嫁同邑袁绩懋。工诗词,善书画,画宗恽南田,花卉、竹石秀逸有致,与绩懋琴鸣瑟应。清咸丰年间其夫死于太平天国兴军之时,她流寓关中,仍不止笔。光绪二十一年(1895年)去世。著有《红蕉碧梧馆诗》、《红蕉仙馆词》。

左锡嘉(1830～?),字小云,号浣芬,又号冰如,锡璇妹。生于清道光十年(1830年)。工绣谱,喜诗书,亦善画花卉,学恽南田没骨法,设色鲜丽,笔力遒劲,能自成一家。嫁华阳曾泳为继室。清咸丰年间曾泳殁于太平天国军兴,她扶柩归葬,并绘《孤舟回蜀图》,为当时称誉。诗多幽愤感慨之语,浑厚处直逼汉魏。著有《冷吟仙馆诗》(8卷)、《诗余文存》(1卷)、《冷云仙馆词》等。

虚 谷

虚谷(1824～1896),俗姓朱,名怀仁,一名虚白,号紫阳山人,别号倦鹤。清道光四年(1824年)出生,祖籍安徽歙县,定居扬州。画家。太平天国时出家为僧,以书画自娱。他师法新安画派,追溯宋元。晚年受扬州画派影响,大得华嵒之神韵。善画花卉、蔬果、禽鱼,长于画松鼠、金鱼和白鹤,亦作山水、人物。所作之画,喜用枯笔焦墨、侧锋和逆锋,在侧逆中求方正,其画有苍秀之趣,用笔含蓄,设色淡雅,造型质朴,奇峭隽雅。他性情孤僻,绘画不事应酬,非深交挚友难得其片纸。书法师法蔡邕、李北海,刚劲老到。能诗,著有《虚谷和尚诗录》。光绪二十二年(1896年)去世。有《木石双蛇图》、《菊花图》、《枇杷图》、《耄寿图轴》等名作传世。

殷溎深

殷溎深(约1825～?),苏州人。清昆曲演员。原为大雅班旦角,后为苏州曲社曲师,光绪二十二年(1896年)为昆山东曲社曲师。精于音律,依"梨园故本"正拍订谱,整理成《春雪图曲谱》、《六也曲谱》、《昆曲粹成》等曲谱10余种,记载戏文500多折。苏州名"拍先"沈月泉、张云清出其门下。

周 镐

周镐(生卒年不详),字子京。镇江人。晚清京江画派代表之一。相传为工匠出身,后习国画,工山水,精于用墨,在皴法上有创新,其大幅山水宗沈周,用笔粗犷老练,较沈更见精神;小幅画多描绘镇江的风景名胜,有《京江十二景》、《京江二十四景》等,吸收了西洋画法,构图新颖、简洁、别具一格,设色淡雅明快,对比性强,尤重写实和气韵,因此形成了自己独特的风格。时人称其能出文(徵明)、沈(周)、仇(英)、唐(伯虎)以外,别开生面。有山水画传世,藏于镇江市博物馆。

王兆芳

王兆芳(1861～1898),字漱六。清咸丰十一年(1861年)出生于通州兴仁项家桥(今属通州市)。清末学者。家世代务农,家境贫寒。幼年丧父,母改嫁后始进学塾读书。同治十二年(1873年),举家迁徙中母子失散,于通州街头被吴举人收为书僮。伴读中好学不倦,受到主人器重,并得到吴氏家塾任教的金沙秀才邱松浦喜爱。邱中举后,资助王兆芳进江阴南菁书院攻读经史,并收为婿。王兆芳治学能广采博纳,见识有古人未到之处,很受经学名家、江苏学政黄体芳的赏识,被江苏学台吴汝纶收为得意门生。毕业后,任云南大姚县教谕2年。光绪十五年(1889年),应试中举。他虽博览群书,学识渊博,但因身材矮小,其貌不扬,被慈禧称为"矮脚书橱",未能进身仕途。后回金沙设馆教学,潜心研究经学,称其屋为"霞山精舍"。通州张謇慕其名,曾登门拜访,切磋学问。光绪二十四年,蔡元培发来聘函请他担任北京京师大学堂经学主讲。正当整装待发,突发脑溢血,不治去世。著有《公羊异礼疏证》1卷,《经义征学》4卷,《古今义鉴》2卷,《教育原典》6卷,《才兹文》、《文学释》各1卷及《霞山精舍文献记》等。内容考核翔实,说理透彻精辟。张謇在挽联中称他为"文者先生"。

顾云臣

顾云臣(1830~1899),字子青,号持白。清道光十年(1830年)生,山阳县(今淮安市)人。翰林院编修。生于贫苦书生家庭,幼年随舅舅范光璧学习,立志苦读。18岁中秀才,后几次乡试不第,迫于生计,受聘于清河某民馆授徒。同治二年(1863年)充选贡,次年中举人,同治四年中进士。同治七年入京城,授翰林院编修。其时清政府已腐败不堪,官场黑暗,他目睹这一切,异常愤懑。同科状元陆润庠与他"往来亲炙";吏部尚书李鸿章亦非常赏识,表示愿引荐他于"诸贵人间",而他却"不屑以意"。同治十二年,他任湖南学政,在任三年,"校阅特勤","湖人士服其知人"。几年的官宦生活,他已十分厌恶。学政任满后,决心不再返京,"以母老,乞养归",其时还不足50岁。回到家乡后,"他邑争延立书院讲席",他均一一谢绝。就山阳书院旧址"辟勺湖书塾,聚诸生讲习其中"。

辑有《抱拙斋集》,包括诗卷上、卷下,词1卷,文8卷。吏部尚书、东阁大学士陆润庠评论顾著"说经诸作,考证详密,议论得中……论史事,谈时务以及鉴古酬世诸篇,类皆有功人心世道,非率尔苟作者,文笔修洁,雅近桐城;诗近南宋,其体在放翁、诚斋之间;词律谨严,吐属俊雅"。

李芸晖 李磐硕

李芸晖(1827~1900),字伯香,学者称草堂先生。清诗人,道光七年(1827年)生于通州静海乡,世居吕四场。同治十二年(1873年)李芸晖举拔贡生入北京。他看到官场士大夫庸庸碌碌,不愿做官,旋即回乡。李芸晖主要兴趣是写诗,抒发自己对社会、对人生、对景物的真情实感。晚清文学家范当世(通州人)称赞他有"李白、杜甫之胸襟"。一生创作诗歌2000首,编成《草堂诗》4卷(已佚)。他为人正直,不喜欢议论人家过失。亲手创办吕四鹤城书院,规定课程,招收渔民、盐民子弟,普及文化,切磋文学艺术,关心文艺人才的成长。光绪元年(1875年)春,吕四沿海因水患发生饥荒,李芸晖倡导发放救济粮,救活饥民千余人。吕四场南毗海门厅界,地势低洼,海潮倒灌,遍地水汪,十年九灾。李芸晖建议开通蒿枝港,并亲自乘船测量,头戴草帽与民工一同挖河,风雨不避,第二年竣工。从此,上游水畅通入海,海潮不再倒灌,庄稼连年丰收。光绪二十六年,北方义和团运动直捣清廷,京城失守。形势突变,李芸晖十分惊愕,日夜忧虑不安,患脾泄,一病不起,同年九月二十九日病死,追封中宪大夫。

李磐硕(1850~1909),乳名李安,李芸晖的长子,后更名审之。同治九年与范当世结为挚友,曾结伴出游。光绪十一年进京会试,与张謇同榜录为贡士。光绪十六年,参加殿试,以二甲第十八名进士金榜挂名,旋被委户部陕西司主事。后任军机处章京期间,写日记数十册,惜已遗失。最后调外务部主事。光绪二十六年,得悉父病重,回家护理,治理丧事后不再赴京。时清末状元张謇正忙于兴办实业,就请这位同榜贡生协助,在吕四沿海兴垦办学。李磐硕继承父业,欣然接受,发动民工开河筑堤,套圩植棉,颇有成就。著有《南游草》1卷。

孔宪书　孔庆元

孔宪书(约1835~约1900),约于清道光十五年(1835年)出生。原籍浙江嘉兴,青年时,因父丧,随母携妻迁居泰州。扬州弹词艺人,以演《倭袍记》、《双金锭》、《落金扇》等著称,并以擅长"方口"、"纱帽生"受到听众好评。与其子孔庆元对白弹词,独具特色,颇有声誉,世称"孔氏弹词",为扬州弹词两大流派之一。

孔庆元(1868~1930),清同治七年(1868年)出生,宪书之子。其父死后,因书艺只有单片,演出困难。后在扬州评话艺人吴国良的周旋下,得扬州弹词艺人周庭栋之助,恢复孔门书目。并与周互换书目,又得李国辉所传《双剪发》,丰富了弹词书目,技艺日进。民国19年(1930年),孔庆元去世。

柳宝诒

柳宝诒(1842~1901),字谷孙,号冠群。清道光二十二年(1842年)生,江阴县(今江阴市)周庄乡人。中医师。早年习儒并精研历代名医著述,45岁时以优贡生入京试用正红旗管池教习,公余兼行医,名声远播。后他回家乡开设致和堂药店,一面行医卖药,一面收徒著述,得意门生百余人,名闻江浙一带,自成一家。著有《惜余小舍医学丛书》12种、《柳宝诒医案》

6卷、《柳致和堂丸散膏丹释义》7卷等。后其门生又根据柳宝诒平生医方、言论、散作辑成医书一批。

谢钟英

谢钟英(1855~1901),武进县(今常州市区)罗墅湾人。生于清咸丰五年(1855年)。舆地学家。幼时家庭窘迫,刻苦好学,尤其爱好地理学说。曾校勘洪亮吉所著《三国疆域志》,对缺误处作了补正,仔细研究事迹、年月,以此判断是非。依据陈寿所著原志,对所记情况探求始末以符合实际,凡所引证的资料努力做到古今相符。光绪十四年(1888年)中举人,广泛涉猎经史百家之学,后来宗仰王阳明学说,曾入江苏布政司黄彭年、湖广总督张之洞、台湾巡抚邵友濂之幕办理政务,才能卓越,很受器重。后至湖南任知县,清丈所辖领的洞庭湖沙田,亲自指挥,科学丈量,得到赞赏。戊戌变法后回家乡授徒讲学,并研究"周易"、老子学说及中医医术。光绪二十七年(1901年)去世。著有《三国疆域补志》20卷,文集杂著若干卷。

汤世澍

汤世澍(1831~1902),字润之,晚号修叟,别号春雨楼主。武进人,生于清道光十一年(1831年)。国子监生,家学渊源,工花卉,赋色鲜艳雅秀,为近代江南赋色名家。书工米芾,题识精美,当时称为"三绝"。光绪二十年(1894年)进献所绘百花屏风9帧,为慈禧太后所赏识。

陈 烺

陈烺(1822~1903),字叔明,号潜翁,又号云石山人,晚称玉狮老人。清道光二年(1822年)生于武进县城(今常州市区)。官浙江盐运使。工诗善画,精音律,好作曲,在浙时与浙省书画、文学名士广结翰墨之缘。平时喜爱吟啸,作画堪称精品,著有《读画辑略》4卷。但他以作曲的成就最佳,初著《仙缘记》、《蜀锦袍》、《燕子楼》、《海虬记》4种传奇,名为《玉狮堂》4种曲。后又著《梅喜缘》、《同享宴》、《回流记》、《海雪吟》、《负薪记》、《错姻缘》6种,合前4种,于光绪十一年(1885年)重刻名《玉狮堂十种曲》,分为前后2集。晚年隐居隐江,杜门钻研佛学。另有《禅真语录》4卷、《悲风曲》杂剧1卷等著作行世。

邱心坦

邱心坦(1840～1903),定履平。连云港市南城人。自幼随父读书。十多岁学兼文武,年近弱冠,器宇非凡,谈吐惊人,且任侠好义,誉满乡里,他的诗,也多为人转抄传诵。曾国藩任两江总督,广招人才,邱心坦被征入曾幕,并以军功提升至副将。但他对曾国藩充当清廷帮凶,镇压人民心中不满,遂谋求离开。曾国藩的同僚吴筱轩向曾国藩求索人才,曾将邱心坦推荐给他,"海州有邱心坦者,为人晓畅军机,当可堪任"。邱心坦被委以检阅使。任职吴筱轩部,曾两次去朝鲜。第一次是去漫游,并拟去日本,未成。第二次是甲午战争前,随军被派驻朝鲜。由于晚清朝廷的腐败,甲午战争以失败告终,邱心坦决意离开军旅。后来,邱心坦与张謇、沈云需有诗文来往并认识了随张謇学习诗文的袁世凯。袁世凯仰其才华,推荐其出任直隶省静海县令。邱到任后,以民为本,兴利除弊,谨慎为官,甚得民众拥戴。在渐知袁世凯的为人后,邱心坦即辞职离去。回归南城后,邱心坦寓情于歌咏,并自名其诗集曰《归来轩集》。

清末状元张謇,将其遗稿《归来轩集》于民国付梓出版。南京市古籍图书馆尚有此书。

李 圭

李圭(1842～1903),字小池。清道光二十二年(1842年)生,江宁(今南京)人。清咸丰十年(1860年)入太平军,掌军中粮食收发。同治初逃至上海,追忆太平军中生活,撰《思痛记》2卷。后在英人戈登军中办理文案。同治四年(1865年),任宁波关文牍。光绪二年(1876年),赴美国费城参观世界博览会,回国后撰《环游地球新录》4卷,详述西方政治、经济、文化等。光绪四年,他的《美会纪略》、《游览随笔》及《东行日本》刊行于世,轰动一时,后擢升海宁知州。光绪六年,李圭上书李鸿章,提出发展工商业、加强边防、改进武备、学习西方等建议。光绪七年《中俄伊犁条约》签订后,他即撰《蠡测罪言》,又倡富国强兵之议,深得清末外交家、资产阶级改良主义思想家薛福成的赏识,并荐其任洋务委员。还著有《海宁安澜书院徵信录》、《鸦片事略》2卷、《金陵兵事汇略》4卷。其《金陵兵事汇略》,以编年体记述太平天国在南京的始末,所据颇多当时抄本,资料珍贵。

张 逸

张逸(1843~1904),一名士煌,字逸君,号次野,亦号黄雪老人。泰州人。生性疏放,不拘小节。好饮酒,有诗才,常拖曳竹杖在街市行吟。有《瓢斋诗钞》、《霜匏集》。

张逸书法造诣很高,擅长狂草,豪迈不羁,极为洒脱,有张旭、怀素的笔意。半酣时书兴最浓,不论求字的人是什么身份,有求必应,茶坊酒肆留有不少墨迹。书法署款不固定,因为美须髯,常书"老髯"、"髯逸"、"逸君髯"、"污道人髯"、"书巢懒民髯"、"黄雪词人髯"等。去世后书法名声方才显露,影响远至日本。光绪三十年(1904年)去世。

沈瑜庆

沈瑜庆(生卒年不详),字爱沧。福建侯官(今属福州市)人。两江总督沈葆桢的小儿子,光绪二十七年(1901年)三月任淮扬道。光绪二十九年兼护漕河总督,光绪三十一年离任。时清廷推行所谓"新政",采取一些改革措施,沈瑜庆在任身体力行,办了不少实事,在清江城北创办江北农事试验场,"植桑万株,筑舍封壖,斩伐有禁"。创设江北高等学堂于城西,淮扬徐海前来就学的人很多,"江北实业教育实基于此"。清江浦地势卑湿,街道狭窄,"每鱼虾陈肆,腥秽狼藉",影响市容市貌和公共卫生,于是建菜市于僻巷中,大街变得清洁卫生,市政管理也大大改善。

余听鸿

余听鸿(1847~1907),字景和,清道光二十七年(1847年)生,宜兴人。他早年至武进孟河天宝堂药店学徒,潜心研读《内经》、《伤寒》、《神农本草》等医古籍,入名医费兰泉门下为徒,专攻中医内科。36岁时至常熟虞山镇开业行医,渐至远近闻名。他著有《伤寒论翼注》、《外症医案汇编》、《诊余集》、《余听鸿医案》等,卒于光绪三十三年(1907年)。

胡寿海

胡寿海(? ~1907),字东清。淮阴人。清光绪元年(1875年)举人。大挑以知县分发浙江,历任西安、平阳知县。为官清正,于地方一毫不取,被浙中推为廉吏。在平阳屡次拯救百姓灾难,个人解囊不够捐助又动用库银,造成亏空公帑,较大规模地动用有四次。首次灵溪埠务案,虽将争端平息,但因修学校等事项,赔千余金。其次南港塘案,又赔二千余金,但保全民众甚多。再次鳌江盐栈案,鳌江盐栈因故被愤怒的群众拆毁,省檄严惩肇事者。胡寿海为保护百姓免遭屠戮,自己筹资修复盐栈,为此又赔二千余金。还有蒲门网捐案,蒲门学董以办学为名,增加网捐,渔民愤起反抗,给学董以难堪。浙省大吏偏听一面之词,下令拘捕为首者,要严刑审问。胡寿海站在穷苦渔民一边,好言劝慰并代渔民交款,此项又赔千余金。光绪三十三年,胡寿海卒于任上。死后,家属竟无钱安葬,又因亏空公款,地方官吏拟羁留家属,责令赔偿。当地百姓闻之,十分不平。平阳士民自动捐钱代偿公款,并公立堕泪碑,记述其清廉、爱民事实及亏空公款的原因。

戈颂平

戈颂平(1836~1908),字直哉。泰州人。毕生行医,精研医理,古今医籍无不浏览,对张仲景《伤寒论》尤有心得。每日黎明即起,率徒生诵读医著,遇费解或疑难处即罢读,与学生共同探讨,不得要领不止。开方列药仅用二三味,分量不拘常例,常用重剂猛攻,病人往往霍然而愈,人称"戈大胆"。所制"宁坤丹",以九制硫磺为主,能回已厥之元气,非其症则不可轻服。戈颂平一生著作颇丰,有《伤寒指归》6卷、《伤寒杂病论金匮指归》10卷、《神农本草指归》5卷、《黄帝素问指归》81篇(抄本),合称《戈氏丛书四种》。

杨福臻

杨福臻(1836~1908),字骈卿,号听梧。清道光十六年(1836年)出生。高邮人。光绪六年(1880年)中进士,选入翰林院庶常馆,后来又任检讨。散馆后,先后担任过山东、河南、贵州、陕西、福建等道的监察御史和兵科给事中等官职。他遇事敢于直言。甲午战争后,曾上疏揭发叶志超在朝鲜带头逃窜和谎报战功的罪行,请求清廷将叶志超及溃逃的其他将领明正典刑,以严肃法纪。他又曾根据亲身见闻,上疏痛论当时吏治败坏的种种情形。他上疏清廷,揭露官吏差役乘机敲诈勒索,每年有很多无辜百姓被虐待至死之弊端。结果清廷采纳了他的建议,明令废除"待质公所"。杨福臻退休后,在家乡闭门读书自娱,著有《汉书志疑》、《汉书通假字考》、《汉郡守分郡考》、《款竹轩诗存》、《享帚词》、《竹屏词》、《蕉梦词》、《匏居集》、《燕市醉歌》、《灌畦余兴》等集。

李长庆

李长庆(生卒年不详),清代沛(今江苏沛县)人。任湖北武昌正卫守备、江西十三帮总催,洞悉漕河诸水利,议论侃侃,为时推重。著有《治漕左卷》。总漕周天爵、杨以增多就询利弊。夏镇部城大仓,为沛、萧、丰、砀兑米之所,船役踢斛淋尖,胥吏收一索十,为疠农民。长庆为言各当道力去之,民皆称颂。

巢崇山

巢崇山(1843~1909),名峻,晚号卧猿老人。清道光二十三年(1843年)生于武进孟城乡。孟河医派名中医。初在孟河行医,清同治、光绪年间悬壶上海近50年,学验两深,能以刀针治肠痈。宣统元年(1909年)去世。著有《千金诊秘》、《玉壶仙馆医案》等。从学者甚多。

周家禄

周家禄(1846~1909),又名惠修,字彦升。清道光二十六年(1846年)出生。学者,晚年自称奥簃老人。祖籍崇明县,后移居海门厅川港镇(今属通州市),世代以种田为业。周家禄自幼酷爱读书,孜孜不倦,甚至走亲访友时也携带书本,随时翻阅。后参加科举考试,成绩斐然。清同治九年

（1870年），经考试入选北京国子监读书。后以教职任用，先后任江浦、丹徒、镇洋、荆溪、奉贤等县训导及海门师山书院、川港白华书塾（亲自创办）、湖北武备学堂讲席。晚年任上海南洋公学（今上海交通大学前身）总讲席。周家禄生前没有当官掌权，但曾在清代名臣如夏子松、吴武壮、张绍臣、陆文慎、卞宝第幕中作客，被待若上宾。他先后到过湖南、湖北、福建、山东、河北及朝鲜登州等地游历，关心国事，发表过许多谈话及书信，对清王朝的政治、军事、经济、文化等各方面，提出不少意见。周家禄一生精力主要用于读书写作，对古代文学研究成就卓越。有著作13种，102卷。曾编纂光绪《海门厅图志》，是海门历史上的一部重要志书；清末出版的《寿恺堂集》，收集他各类诗词800多首。

沈 鹏

沈鹏（1870～1909），初名棣，改名鹏，字诵棠，号翼生、北山。常熟城区人。少孤力学，以诸生入国子监读书，博学儒雅闻名于京。光绪二十年（1894年）进士，改庶吉士，授编修。中日甲午战争时主战。戊戌政变后，荣禄、刚毅、李莲英为慈禧太后宠信弄权，朝政日败。光绪二十五年十一月，沈鹏上疏劾荣禄等"党援祸国"，请杀"三凶"。翰林院掌院不敢代奏，他拂袖回乡。途经天津，将疏稿交《国闻报》发表。次年，被逮系狱。两年后获释（或说患狂疾）返里。宣统元年（1909年）病逝。

夏 云

夏云（1830～1910），名国荣，字春农，医名继昭，别名湖村农隐，晚称耕耘老人。清末扬州名医。清道光十年（1830年）出生于甘泉县黄珏桥（今邗江县黄珏乡）中医世家，曾从名医柯慕昭学医。道光二十九年，夏悬壶于扬州西门锁巷。据《甘泉县续志》载：夏云"幼聪颖，嗜学，因家贫废读学医，以继昭名悬壶，与同时名医方华林、朱湛溪相切磋，学遂大进。士大夫之家有疾者，争延诊治，药投辄效，尤以治喉名于时"。同治九年（1870年），移居新城运司照壁后（在今扬州国庆路29号）。因他医术精湛，长于温病、外科、小儿科，加之注重医德，凡上门求医或有远道慕名邀请者，皆急病者之所急，悉心治疗，愈者甚多。宣统二年（1910年）病逝。

著有《疫喉浅论》一书,已收入《中国医学大辞典》(手稿存北京中医研究院)。其他医著尚有《经络穴道歌简》、《温病汤头歌注》、《气运论》等。夏云对诗文亦有较高的造诣,著有《存吾春斋诗草》、《水灾歌》、《劝孝歌》等。夏云一生行医济世,淡于名利,同情民众疾苦。他得知河北、山东等省发生水灾,即以所著《疫喉浅论》卖书款赈济灾民。

袁润之

袁润之(生卒年不详),因天生兔唇,故人称袁豁嘴。兴化人。民间艺人。清光绪年间在扬州教场南首开设泥人像店。他所捏的泥人像,是用苏州小粉土剔作,不开裂,不变形。做法是捏段镶手。泥人头大如鸽蛋,颈中置一竹签,插在稻草扎制的不盈尺的身型中,手足用铜丝系在身型上,外穿四季可以更换的衣服。胡须、发辫用生丝染色做成。头戴小帽,其余如烟荷包、眼镜套、纽扣等佩戴什物,皆做得精致玲珑。他与肖像画家薛晓棠同室开业,两人经常切磋肖像技艺。因而他在彩绘开相方面功夫很深。他能够准确调配复杂的泥人脸部颜色,点画眼睛,更是十分传神。捏像时,常与人交谈,逗人说笑,以捕捉对方的表情特征,是以捏出来的人像形神兼备,栩栩如生。品种主要有单像、夫妻双像,合家欢群像等。

袁豁嘴多才多艺,除能做泥人像外,还能做大型神像,过去扬州庙宇中就有他塑造的神像。他曾参加在南京举办的南洋劝业会(商品博览会),当场表演捏制泥人像,获会颁奖章。因泥人像工艺繁杂,收费较高,非一般平民财力所能及。所以,他常做些端午节的老虎、判官;中秋节的八仙人;春节的财神等小件应时而售,故而他虽身怀绝技,生活却并不富裕。但他的佳作,却仍在民间流传了下来。如今扬州博物馆内,藏有他为当时的名画家郑芹甫所作的泥人小像。

李恩绶　李丙荣

李恩绶(1835～1911),字丹叔,号亚白,晚号讷庵。清道光十五年(1835年)出生。镇江人。地方史学者。清末附贡生。自幼聪颖好学,博览群书,诗文精解独到,不喜欢时文,因此科举不利。以教馆、作幕和卖文自给。他为清末镇江文坛的领袖人物,作品先后刊行的有《读骚阁赋存》、《讷庵骈体文存》、《缝月轩词》、《冬心草堂诗选》等。

光绪初参加修纂《丹徒县志》。修成后,他继续搜集地方掌故,编纂成《丹徒县志摭余》10卷。他死后由长子李丙荣继续编采,扩充成20卷。其他著作还有《巢湖志》、《香花墩志》、《紫蓬山志》、《采石志》、《庐阳名胜辑要》、《润州赋钞》、《历代诗人祠堂记》等。选辑其中精华部分为《讷庵类稿》。宣统三年(1911年)去世。

李丙荣(1867～1938),字树人。清同治六年(1867年)出生。李恩绶之子。镇江近代文史学家。清末民初镇江刊刻文献和修复石迹等事,多半由他经办并作序记。民国27年(1938年)去世。

陈兴芝

陈兴芝(1881～1911),清光绪七年(1881年)生。睢宁县城北潘村人,出身于地主商绅家庭。祖籍镇江,清光绪初其祖父经商徙入睢宁,在城外开设一爿义兴隆钱庄。数年经营,颇有积蓄,于是,在睢宁购置房产土地,农商兼营,家业兴旺。光绪三十一年,兴芝考入徐州中学堂,随后赴日留学,回国后,考入上海交通大学,光绪三十四年秋回家定居。宣统三年(1911年),辛亥革命兴起,驻清江的清军十三协士兵携械哗变,一部分人路过睢宁。兴芝闻知,跑至城外迎接,将队伍带到潘村,开仓散粮,烧饭慰劳士兵。随后由陈兴芝集中官兵讲话,申明大义,官兵愿意跟陈兴芝闹革命。兴芝率军准备攻打宿迁后南下时,清军杨道台诈说投降,大摆宴席,诱使陈兴芝入城,酒至半酣,不料被伏兵杀害。兴芝之三弟陈兴芸闻知其兄兴芝被害,亲率兵东进,不幸被土炮击中,时年20岁。

陈德才

陈德才(1883～1911),原名广生。清光绪九年(1883年)生,宿迁埠子镇人。辛亥革命时,在扬州参加敢死军第二营。宣统三年(1911年)十一月,该军围攻南京,进攻幕府山炮台时,他冲锋在前,用大刀连杀敌10余人,敌溃。后发现他仅一人,又回头围击。他又连杀数人,自己则腹背多处受伤。他见自己队伍被敌阻于数十步外,高呼:"敌人已不堪一击,你们快上来,我要为民族尽忠了!"喊罢,一头撞死于一巨石上,时年28岁。敢死军在他精神鼓舞下，勇气倍增，很快占领南京。

张符元

张符元（？～约1911），清河县（今属淮安市）人。光绪二十四年（1898年）贡生，直隶候补知府。他热心乡里公益事业。清末倡办新学，他是积极推进并身体力行者。光绪二十九年，他就自家房屋并购附近部分民房创办私立绳武高等小学堂，招收一班学生约40人。光绪三十三年，又首倡并带头捐大部款项创办江北公立中学堂。同时，因绳武高小校舍毁于火，他把私立绳武高小也迁附于江北公立中学堂内。为了建校舍，他捐资建西式楼房九幢，并购置校具费三万余金。每年的经常费用，他捐入田租四千千文。宣统初年，驻清江浦的大吏以张氏倾资兴学，请朝廷嘉奖，经学务公所吴涑等查核，张氏所捐房屋器具等共值银三万三千五百九十八两六钱，朝廷遂予以嘉奖，他的儿子张福增、张福锦等亦因而受到优先录用。

周阿生

周阿生（1832～1912），又名生观，清道光十二年（1832年）生于无锡县（今无锡市区）惠山。著名惠山泥塑泥人。他是著名彩塑泥人周坤发之子。自幼随父学艺，早年曾制作小观音、济公、张仙送子一类泥耍货。后来他学会用"捏段镶手"的手法制作手捏泥人，题材以戏曲内容为主。他创作的老生、小生、美女、武将、寿星等泥人头陶模，栩栩如生。如塑造女性的形象端庄善良而秀美，武将面貌威武勇猛，老者的神态慈祥和蔼。周阿生年轻时曾结识有名的佛塑泥人朱毂生，故他的不少作品带有佛塑艺术的痕迹。其代表作"蟠桃大会"就是采用佛塑的手法，描绘各路神仙庆贺西王母寿诞的故事。作品以假山为背景，层层叠叠，共布置27个人物和4匹坐骑，气势宏伟，场面热闹。人物的位置错落有致，相互呼应，布局紧凑，结构完整统一。作品中的人物各具神情动态，或举目远眺，或低首凝思，或娓娓清谈，或手舞足蹈。衣纶简练，形神生动，富有装饰趣味。他对惠山泥人的传统品种小花囡、小如意等，都曾作过精心修改，艺术品位较高。他还曾创作过小玩意、老寿星、小鞑子、刘海等十几种儿童泥耍货，丰富了惠山泥人的品种，他的作品由当时彩绘匠师陈杏芳上彩，色彩文雅柔和，鲜明大方，使作品富有图案装饰美。他俩长期合作,一塑一彩,堪称惠山泥塑艺术史上的典范。民国元年(1912年)周阿生病逝。

吴士恺

吴士恺(1843～1912),字华初。生于阳湖县(今武进)遥观乡薛墅巷。同治六年(1867年)举人。翌年又联捷进士,为翰林院庶吉士。历任广西贵县,山东平阳、齐东、商河、泰安等县知县。任商河县知县时,徒骇河泛滥成灾,他不辞辛劳,亲率吏民抢堵决口,妥善做好数万灾民赈济工作。后任浙江余姚、武康、海盐等县知县。在海盐任所修筑海塘有功绩,升候补知府,兼盐运使官职,又因办理海运功绩卓著,保举道员,升任严东镇关总办。回原籍探亲时,兴办永诒义庄、永诒学堂,用以济贫扶危,资助后辈上学。两次捐出1万银元,建造义庄房屋8间,陆续买田500亩,以50亩作宗祠祭扫用,其余为义庄永远基业,全年所收田租,分发给族中困难户。清末,废科举,兴学堂,他又将义庄田300亩拨归学堂,作为办学基金。光绪三十三年(1907年)正月,以吴氏宗祠为校舍,创办永诒小学堂,使当地青少年免费上学。民国元年(1912年)农历六月病逝。

孟佐天

孟佐天(1881～1912),原名钱山。建湖县恒济镇人。辛亥革命先驱者,烈士。早年在家乡任塾师时,正值《辛丑条约》签订,他深恨清廷腐败,常与同乡青年议论国事,为国家的前途和命运而忧虑。光绪三十二年(1906年),孟佐天去南京投奔南洋陆军第九镇。先后结识柏文蔚、熊成基、范传甲、伏龙等革命党人,受到孙中山革命学说的影响,坚定了民族革命的信念。不久,经同盟会江苏主盟人章梓介绍入会,同时更名"钱山"为"佐天",以表达他辅佐孙中山创建共和的意愿。光绪三十四年,他和伏龙襄助熊成基发动安庆起义。起义失败后,只身潜回故里,在青年中宣传反清思想。辛亥革命后,他渡江南下,在皖省民军领袖柏文蔚部下供职。同年11月,他奉柏的命令到安东(今涟水)一带集合会党,组织人枪,参加苏浙皖民军会攻南京的战斗。次年1月,他率部2000余人渡江北上,进到东沟、益林时,为清吏间谍离间所中,部队解体,孟险乎殉职。不久,柏文蔚派他和王士英率百余人枪前往海州组织起义。途经宝应,孟率人入城筹集军需。该县军政府负责人拒不理睬,反说孟出示的证件纯系伪造,将孟一行逮捕。然后,捏辞电告黄兴,诬孟为土匪,提请处决。黄兴不明真相,复电准如所请,柏文蔚致电解释,孟等已被杀害。

民国元年(1912年)春,南京临时政府追认孟佐天等人为革命烈士,处决了杀害他们的元凶。民国16年秋,国民政府追授孟佐天为陆军中将,并抚恤烈士家属。

周振铎

周振铎(1892~1912),淮阴县(今属淮安市)码头镇人。幼从父芝荣习诗书。鉴于清廷腐败无能,他毅然献身革命,加入民军,驻守镇江一带。宣统三年(1911年)冬,奉命围攻南京,与清军提督张勋战于高资。他奋勇作战,但不幸被俘。张勋见他年少英俊,诱其投降,并询其所需。周振铎素质刚毅,秉持忠义,大声责骂张勋为虎作伥,高呼"我要张勋的头,别无所需"。几经威逼利诱,不为所动,后惨遭杀害,尸骨无存,时年20岁。

徐 嘉

徐嘉(1835~1913),字宾华,一字遁庵。清道光十五年(1835年)生,山阳县(今淮安市)人。学者。幼时即好读书,家贫几乎废学业,但"志不少辍"。20岁,就以府试第一名,受到淮安知府恒廉的欣赏。同治九年(1870年)中举,遵循母训,不参加大挑考试,居家开馆授徒,"以经世致用为急,品行不轨于正者摈不纳;后生有一善,称之不容口",从其学习的先后有数百人。母亲去世后,选为昆山县教谕,"敷教正俗,能尽其职,昆人士仰如泰斗"。任满考绩卓异,因年老辞官归里。他一生研学不辍,"日手一编,考订不倦,生平著述等身"。存世者十余种,其中《顾亭林诗笺注》尤精详淹博。著名学者俞曲园称他为"亭林功臣"。他还专事灯谜,光绪三年(1877年),与段朝端等组建隐语社团体,二人合著有《隐语鲭艘》。时淮安谜风之盛,与京、沪等地齐名。徐嘉于民国2年(1913年)去世。

沙淦

沙淦(1885～1913),字宝琛,别号愤愤。抗袁英雄,烈士。清光绪十一年(1885年)出生于通州(今通州市)李观音堂。通州公立高等小学高材生。光绪三十一年东渡日本,留学东京成城警监学校。后加入孙中山组织的同盟会。宣统三年(1911年)回国,著书办报,宣传革命,极力抨击袁世凯违背民意,破坏共和。同年于南京对清军策反,险遭捕杀。武昌起义中于汉阳参加救护工作。回上海后,与上海都督陈其美(英士),共谋发动进攻上海制造局之役,事成,任陈其美都督府参谋。民国2年(1913年)7月,"二次革命"军兴,积极参加讨袁活动,因革命军饷给不继,以红十字会野战医院名义返南通,拟往江北各县筹募捐款。岂料刚抵南通即为袁氏爪牙所捕,未及讯问,省电忽至,于8月11日在城北王家坝被害。其遗骸归葬李观音堂东北,称"沙烈士墓",狼山山腰建有沙淦烈士碑亭。

樊炎

樊炎(1887～1914),原名光炎,化名林大爻。清光绪十三年(1887年)生,泗阳县崇河中市(今魏圩)人。"二次革命"时,江北讨袁军副司令。幼年随父读书,时清廷腐败,樊炎受民主革命思潮影响,曾改名樊也哙,表示他有志像樊哙反对暴秦那样,为推翻清王朝而勇敢战斗。光绪三十四年设馆授徒,传播革命思想。宣统元年(1909年),投入镇江新军第九镇第三十三标赵声部,次年加入中国同盟会。参加广州新军起义和黄花岗起义,时为陆军排长。旋参加光复,后任江北讨袁军副司令。民国3年(1914年),奉命潜赴淮北征募志士,组建军队,作讨袁准备。后因奸人告密,樊炎等30余人于汤家沟被江北都督蒋雁行部逮捕,8月15日就义于清江浦,时年27岁。

吉亮工

吉亮工(1857～1915),字柱臣,一字住岑,别署莽书生。清咸丰七年(1857年)出生。扬州人。光绪十七年(1891年)中举。他因愤于清政府昏庸腐败,痛心疾首之余撰写了《风先生传》,云:"先生姓风氏,名风,字风风……喜风,遇风辄狂笑,笑不止,即大哭。人见其哭笑无由也,怪之,以为有癫病。先生亦不辩也。"实为自身之写照,遂自号"风先生",时人以其号称之。工诗文书画,诗潇洒自然,曾入冶春后社。画承"扬州八怪"遗风,善写苍松怪柏、飞禽走兽及佛像等,往往不拘成法,随意气所之。书法巧力雄厚,多为狂草,有"龙章凤篆"之称。今扬州瘦西湖公园"徐园"门额,即其手泽。民国初,徐宝山慕其名,求其墨宝,他于是写下"从来名士惟耽酒,自古英雄不读书"一联以讽。民国4年(1915年)去世。

康国华

康国华(1853~1916),扬州人。扬州评话艺人。是康派《三国》的创始人。幼年曾在钱庄和珠宝店学徒,因酷爱听书而致误事,被辞退。李国辉闻其事,收为学生。他勤奋好学,精益求精,在师承的基础上,将"方口"改为"圆口",语言流利,语调柔和,语汇通俗。说书注重表演,极目有物,出手有指,传神会意准确,刻画人物性格细致。擅说《火烧博望坡》、《火烧新野》、《火烧赤壁》,人称"康家三把火",有"活孔明"之誉。民国5年(1916年)去世。

庞树柏

庞树柏(1884~1916),字檗子,号苣庵,别署剑门病侠。常熟城区人。诗人。南社发起人,同盟会员。15岁,父死狱中,母继殁。旋进江苏师范学堂肄业,后在江宁思益、上海澄衷、木渎两等、常熟两等学堂任教。诗文秀丽,尤工填词。光绪二十六年(1900年),参与组织三千剑气文社,宣统元年(1909年)南社成立,为发起人之一,并被推为《南社丛刻》词部编辑。辛亥革命时,任上海圣约翰大学中国文学教授,参与擘划上海光复,并策动常熟响应。后趋消极,不问政事。民国5年(1916年)10月1日病逝。著有《龙禅室诗》和《玉玲珑馆词》。

刘少甫

刘少甫(生卒年不详),南京人。商人。清光绪三十二年(1906年)以前,他在清江浦开设有赐福斋帽庄、恒泰和广货庄、中法药房,是清江浦数一数二的大商人。光绪三十二年,淮北大水灾,哀鸿遍野,地方商业大受影响,刘少甫遂约同陈子英到上海招集股份,转而经营面粉加工业,以解一时困厄。上海南市商会会长、金融资本家顾馨一在清江浦办了大丰盈记面粉厂,委刘少甫为经理。宣统二年至三年(1910~1911年),每日可产面粉近千包,参加在南京举办的南洋劝业会竞赛时,被评为第二位。辛亥革命时,因兵乱匪劫,该厂损失奇重,因而停产。民国2年(1913年)始恢复生产,此时他不任经理,仍经营商业,并倡议筹组淮阴县商会,被公推为会长。

倪　德

倪德(生卒年不详),原籍常熟支塘,移居太仓。首创"太仓肉松"的名厨师。他烹饪技术很高,精于炒制肉松,味道酥、鲜、香,胜过城内同行,深得人们喜爱,故请他炒肉松的人极多。此后,他炒制肉松,挑担流动推销,生意兴隆。接着,他在太仓陈门桥北(今五〇街)昭忠祠旁开设倪鸿顺肉松店,兼营酒类,光顾者盈门。当时,太仓是江苏的直隶州,士绅来往众多,闻者无不前往品味,并购回当作礼品馈送亲友,从此,倪鸿顺肉松(今太仓肉松)遂驰誉四方。光绪三十年(1904年),他在武陵桥南塊购地建房,将店迁入,使营业迅速扩大。民国4年(1915年),在江苏省地方物品展览会上,倪鸿顺肉松及鸡松、鱼松获银质奖。民国10年前后,上海、常熟、杭州等地开设倪鸿顺肉松分店,并简装以后运销各地。

庄赓良

庄赓良(1839~1917),原名恺生,字心安。武进县城(今常州市区)人。清大臣。历任辰州、桂阳、岳州、宝庆等地知府。光绪三十二年(1906年)起任湖南按察使、湖南布政使。宣统二年(1910年)春,湖南水灾,粮食歉收,米商囤积居奇,酿成抢米风潮,他尽力平息,反以勾结乱党罪被革职罢官。回乡后闭门读书,书法造诣极深。民国6年(1917年)去世。

茅　谦

　　茅谦(1848～1917),字子贞,号肺山。清道光二十八年(1848年)生于丹徒县(今镇江市区)一个书香之家。幼时全家迁居兴化。学者。他聪颖过人,酷好读书。20岁考取秀才,至城内租屋授徒。又从杨履泰学习,研精算术、天文,通达政治,留心河漕。与杨的女儿结婚。光绪十四年(1888年),应湖南学使的聘请,襄校湖南士卷。在此期间,对三湘水利进行考察研究,写了《论湘皖水利》一文,并远游河北、河南、安徽等地作水利考察。晚年在广东治理水利时,提出疏海口、控江身、掘沟渠、并湖荡的建议。光绪二十年考中举人,次年春去北京会试。时值中日甲午战争中方失败,康有为联合各省举人上书,请求拒和、迁都、变法,史称"公车上书"。茅谦不但签了名,还参加了初稿的拟订。

　　茅谦洞察世变,对中外政教得失进行了比较,著有大量的论文和专著,陈述办教育的重要性。在南京创办养正小学和达材师范学堂,宣传新学,颇有建树。在镇江还与他人合办了南门小学。茅谦还是镇江第一代报人,他受江宁布政使樊增祥之邀,创办了《南洋官报》,为当时江南一大官报。在他的主持下,报纸内容更贴近社会,更适合读者的需要。在清末民初影响很大,发行至全国各个省份。辛亥革命后,曾先后任广东图书馆馆长、北京清史馆协修。民国6年(1917年),在南京病逝。有《肺山文集》行世。

陶　逊

　　陶逊(1871～1918),字宾南。清同治十年(1871年)出生。镇江人。出身望族,自幼喜爱读书,文才出众。光绪二十九年(1903年)与友人创办了南京最早的新式学校——思益学堂。他担任校长,聘请思想进步的青年学者到校任教。次年任清新军第九镇医官。光绪三十二年参加同盟会,在新军中从事反清活动。宣统三年(1911年)武昌起义爆发后,主持江浙联军总兵站,驻沪筹集进攻南京的军需财政,为联军借到上海制造局威力极大的"格林"大炮。民国元年(1912年),担任南京临时政府交通部参事、津浦铁路南段局长,任上清正自守。次年辞局长职,当选为国会参议员。袁世凯窃国后,他追随孙中山赴广州任护法国会参议员。民国7年去世。

屠　宽

屠宽(1880～1918)，字元博，武进县城(今常州市区)人。生于清光绪六年(1880年)。早年东渡日本，进千叶专门医科学校留学。在日本时参加孙中山领导的同盟会。光绪三十一年归国。后任常州府中学堂(今江苏省常州高级中学)首任监督，诸凡学校规模的创制、管理细则的编订等都由他具体负责。民国元年(1912年)附设高等实业科和师范班，还派遣学生到日本留学，造就很多人才。辛亥革命时，领导全校师生200余人，为光复武进，维护地方安宁尽心竭力。后被选为民国第一任众议院议员。民国2年4月，北上参政，居天津。民国8年常州中学建"屠元博先生纪念塔"，纪念他建校的功绩。"文化大革命"中塔被毁，1979年重建。

杨世桢

杨世桢(1857～1919)，字维周。清咸丰七年(1857年)生。清末铜山县城东郊人。7岁入学，苦读10年，屡试不第，自20岁起开始讲学。清末废科举兴学堂，杨世桢邀集张砥庵、虞绍中等人筹集资金，于宣统元年(1909年)创办四维小学堂，自任堂长。后任铜山县视学，并兼任铜山县劝学所总董。民国元年(1912年)2月，铜山县城(今徐州市)光复，杨世桢被举为铜山县大彭市总董。在任期间，举办团练，保卫治安；筹集资金，整修街渠；并于四关设立施医局，筹办铜山县通俗教育图书馆，创办铜山县敬仪女子小学(后扩建为铜山县立第一女子高等小学)。他常说："国家兴亡，首重教育。"民国2年，他又与杨懋卿等合力创办铜山县乙种师范讲习所，亲任所长。杨世桢是铜山新学的奠基人之一，一生主要精力都倾注于地方教育事业。他还十分关心铜山县修志工作，主动承担纂修《铜山县乡土志》的重任。民国8年5月8日，杨世桢病逝。存世遗著有诗集《拙庵诗稿》。

陆松年

陆松年(1860～1919)，名金鸿，以医名松年行。江都县(今扬州市)人。早年从善治外科疾患的扬州中医"年"字门创始人张鹤年学医，因刻苦钻研,学业精进,深得其师器重。满师后,先在扬州东郊沙口杨庄设馆带徒兼行医,后于扬州东关同仁药店坐堂应诊,声誉日隆,成为"年"字门的第一代传人。其再传弟子有常济年、陈焕年、窦祝年、姚瑞年、周跃年、叶洪年、王鉴年等10余人。其长子茂年,名士达,擅喉齿外科。

赵 芬

赵芬(1892~1919),女,字吟香,又字芸香,为赵声之次妹。清光绪十八年(1892年)生于丹徒县(今镇江市区)大港镇。才女,辛亥女杰。幼受父教,聪明过人,10岁能写文章,先后肄业于镇江、南京、上海、香港等女校。赵声筹划黄花岗之役时,即参与运送弹药,通讯联络,至起义失败未稍却;同年武昌起义,随兄念伯、光,在沪召声之旧部,组织先锋队,手制炸弹,亲赴前线,转战于宁沪之间,屡遇危而不惧。南京光复后,因母早逝,别两兄回家侍奉老父。后以父命与北京法政大学校长王家驹结婚,勤俭持家,待人以诚。民国8年(1919年)2月病逝于北京。蔡元培为其立传,称其革命运动与秋瑾相同,豪于饮、工于诗亦同。出则为革命党,处则为良妻贤母,于国于家,皆有所表现,而不永其年,深为其可惜。

吴 涑

吴涑(1867~1920),字温叟,号季实,晚号击存。清同治六年(1867年)生,淮阴人。幼承父学,后受业于淮安徐嘉(宾华),19岁补博士弟子,又延请曲阜孙昭寀(印川)于家,从学二载。几次应试不中,遂弃科举,日夕攻读父亲手校的"四史"、《五代史》、《明史》、《资治通鉴》等书。三十岁以后客游四方,广结好友。光绪三十二年(1906年)大水灾,他积极赞画赈灾。其他如修文庙,建渔沟小学,筹措县教育款产等,出力出资尤多。民国2年(1913年),被选为众议院议员。他反对袁世凯复辟帝制,反对内战不息,曾南北奔走,因收效甚微,他"感时哀事,慷慨悲伤"。民国6年6月赴广州;8月,任护法国会众议院议员。民国9年正月,自广州乘轮船至上海,到家以后,哮喘病严重,竟一病不起,于当年农历二月十六日(1920年4月4日)卒于淮阴县家中。著有《抑抑堂文集》、诗集、札记共15卷。还纂辑有蒋阶《甡余日记》1卷,以及潘德舆、鲁一同、高延第的读书记若干卷。

恽彦彬

恽彦彬(1838~1920),原名昭,字次远,晚号樗园,清道光十八年七月二十二日(1838年9月10日),生于阳湖县(今武进)上店。清同治十年(1871年)进士,授翰林院庶吉士,授职编修,历任翰林院侍讲侍读学士、詹事府内阁学士兼礼部侍郎、工部右侍郎管钱法堂事务,历充国史馆协修、纂修,日讲起居注官、咸安宫总裁、稽察中书科事务、光绪癸未科会试同考官、癸巳恩科江西乡试正考官、广东学政等职。民国9年农历正月二十七日(1920年3月17日)去世。著有《樗园文存》1卷。

程蕙英

程蕙英(生卒年不详),女,字苣俦。武进人。清末民初作家。她才气横溢,工诗,有《北窗吟稿》。"纯乎阅世之言,亦非寻常闺秀所能"。曾历时二十载,三易其稿,于清光绪二十五年(1899年)完成百余万字的长篇弹词《凤双飞》。民国12年(1923年)上海江左书林石印,有瑞芝室主人序。

汤心存

汤心存(生卒年不详),字仲桓。武进人。毕业于南京陆师学堂。清光绪、宣统年间,任四川督练公所帮办,陆军学堂、宪兵学堂监督。受宪兵司令官总督赵尔巽器重,曾奏保任川边兵备道。辛亥革命时,负责护送6国侨民到上海。后委任为陆军部参议官。晋少将军衔,出任东北军幕僚。他不辞辛劳,奔走于边防要地,考察规划,竭尽全力,积劳病故。

虞 硕

虞硕(生卒年不详),字啸轩,亦作啸仙。江都人。清代微雕艺人。曾于清宣统二年(1910年)任蒙城知县,赈救灾民甚众。工书画,善镌刻,"方寸之中能刻万字","其最小之字以大十余倍显微镜照之,犹不能见"。他曾镌赠端方象牙插屏,屏方广3寸,上刻《离骚》全部,被赞为神技。《旧都文物略》一书，论及单刀浅刻技艺事，推虞啸轩为第一。扬州博物馆藏有其象牙浅刻《赤壁夜游图》，在图左上方1.7平方厘米内镌刻了前后《赤壁赋》全文。

吴同甲

吴同甲（生卒年不详），字棣轩，泰州人。祖籍高邮。清光绪五年（1879年）应举，翌年中进士，为翰林院侍讲学士，历任山西、河南、贵州、广东等地主考。光绪三十年署安徽提学使。调布政使，不久实授提学使，辛亥武昌起义，各省纷纷响应。一日吴同甲见抚署牌示官衔军号改易，遂将自藏书籍送给学人，又将历年俸余分赠存右学堂老师，回到泰州，改号"苇塘"，从此不进官署。在乡里，吴同甲以教授蒙童自娱，亦以行医祛病为一乐事。替人看病自己步行至病家，尽心尽力，不厌其烦。民国10年（1921年），江苏省长王瑚为建筑泰州东乡黄村闸一事，某晚至吴同甲宅第相商，对省长的征询，他均直抒胸臆，夜半及翌晨，他以菜粥、腐乳、豆浆、烧饼待之。事后，他对家人说："余平生待人以礼为重，尔当知之。此次款待省长虽简，但不悖礼。彼世鸰颓风，岂可效之。"闻者为之动容。他款待上宾简不悖礼一事成为乡里美谈。吴同甲一生为人谦恭，生活俭朴，去世时家中仅有敝衣残书而已。

杨梅汀

杨梅汀（1839～1922），字孝威。清道光十九年（1839年）出生于海门厅凉帽店（今海门市厂洪乡凉北村）。清光绪元年（1875年），海门同知不顾百姓疾苦，除催交田赋外，还加"预知由单"苛捐，并怂恿税吏鱼肉乡民，群众怒不可遏，自发抗捐。杨梅汀竭力支持群众抗捐，指挥百姓向厅署请愿并获成功，当地百姓赠予"义勇兼优"匾额一方。

经张謇推荐，杨梅汀曾由海门同知封为"董事"，当过"千总"（带兵武官），并担任常乐镇巡警分局长。任职期间，严禁烟赌，惩治盗贼，调处民事纠纷，不遗余力。在查禁烟毒时，对自己的独子和张詧（张謇之兄）的儿子吸毒也不放过。杨梅汀长于医理，家中开设诊所，对贫困户不收费，药费还由他挂账支付。他乐善好施，凡贫困者求助，他总是慷慨解囊，施舍几升粮食或送给衣服、钱币等。杨梅汀七十寿辰时，张謇赠予"孝威先生"匾额一方;邻里乡亲也赠"姜桂弥馨"匾额。江苏省省长韩国钧、中华民国大总统黎元洪也颁予匾额,以表彰杨梅汀的功德。

史纪常

　　史纪常(1875~1922),字曜五。清光绪元年(1875年)年生,宜兴县(今宜兴市)官林镇人。清末中举,赴奉天任知县等职。因聪明练达受到东三省总督徐世昌的赏识。民国后,史历任东三省特派交涉员、奉天省政务厅厅长等职,因维持国体、平反冤狱而官声甚嘉,被民众誉为"青天"。民国11年(1922年)年被任命为黑龙江省省长。

姚序镛

　　姚序镛(1843~1923),自号东甫。清道光二十三年(1843年)出生。靖江县(今靖江市)靖城西门外人。开明士绅。自小受到严格的家庭教育。清宣统三年(1911年)夏,姚序镛受辛亥革命思潮的影响,和他的挚友范简甫等办起了靖江历史上第一个群众文艺团体——醒世团。他们通过编演文明戏剧,讽刺贪官污吏,揭露清廷腐败,宣传孙中山的政治主张。同年10月10日,武昌起义爆发。11月9日上午10时许,在姚序镛的带领下,地方绅士30余人及市民、学生数十人,臂缠白布,手执白旗,整队至南门外,迎接革命军到来。江阴的革命军来到县城后,姚序镛等人一面招待官兵,一面张贴江苏省都督程德全的告示,宣布靖江恢复汉政权。11月11日,姚序镛被公推为民政长。民国元年(1912年)10月19日,孙中山由上海至江阴视察黄山要塞。20日上午,姚序镛怀着激动的心情去江阴拜谒孙中山,向他汇报靖江恢复汉政权的经过。孙中山听后,十分感动,不禁一手握住他的胡须,一手抚摸着他的肩膀说:"矍铄哉,是翁也!"

　　同年底,姚序镛因年纪老迈,主动辞去民政长职务。民国12年无疾而终。

张丽夫　张幼夫

　　张丽夫(1847~1923),清道光二十七年(1847年)出生,扬州人。扬州弹词艺人张敬轩之侄,"张家弹词"的杰出代表。幼年随叔父学习说唱家传《珍珠塔》、《双金锭》、《落金扇》、《刁刘氏》4部书。因叔父过早病故,所学仅为片断,尚不能自立,后得扬州评话艺人李国辉之助,恢复家传弹词,又从他人习弹词、昆曲,使演唱书目多至10部以上,且在技艺上有所发展和创新。著名书画家汪二丘曾称许说:"扬人之说书者,先后百数十人,靡不听之,而以张丽夫君之技术为最。"民国12年(1923年)去世。

张幼夫(1889~1948),清光绪十五年(1889年)出生,丽夫之子,"张家弹词"第三代传人。深得家传技艺真谛,13岁登台作单档演出,后献艺于大江南北。演唱浑厚风趣,继承和发展扬州弹词典雅俊逸的传统特色。民国37年(1948年)去世。

陈韶华

陈韶华(1853~1923),字景虞,号曼秋。宿迁人。书法家。清季庠生。工书法,博学各家,尤致力于北魏及瘗鹤铭、李北海。名闻遐迩,书风影响至邳、睢、桃、泗诸县,有"无陈不成款"之誉。他教授门人,自编学书"四忌八德十六要"教材。执笔取凤眼式,运笔则始艮终乾,结构则计白当黑,论据颇中窍要。其书风深稳遒劲,大气磅礴。民国初年,金坛冯煦在上海主持义赈,他多次鬻书相助。其书作曾获巴拿马赛会金质奖章。民国12年(1923年),陈韶华去世。

郭国兴

郭国兴(1884~1923),清光绪十年(1884年)出生。扬中县(今扬中市)新坝镇人。竹编艺人。幼年丧父,家境贫寒,14岁开始学习竹器编织手艺。他生性聪颖,学艺刻苦,且不墨守成规,往往别出心裁,有所创新,因而竹器成品不但做工细致,而且图案新颖,式样精巧,十分可爱。

民国初年,新坝乡董田佩绅欲以精制竹席销往海外,因久慕郭国兴之名,遂雇他编制。郭精心选料、设计、编制的席面为素色,图案为"二龙戏珠",鳞爪清晰,在云间盘曲腾飞,矫健活泼,观者无不赞赏。

不久,万国博览会在巴黎举行。田佩绅请郭国兴编竹席应展,郭重新设计了图案为"丹凤朝阳"的精美竹席送展。在巴黎中国馆工艺品展览室展出,深得中外人士好评,荣获奖章1枚。

柯剑霞

　　柯剑霞(生卒年不详),安徽贵池县人。曾在讲武堂学习,懂军事。民国13年(1924年)8月,出任盱眙知县。时盱眙境内巨匪帮有两股:一股以薛蛾孜为首,另一股以涂汉卿为首,两股各有二三百支枪。为摸清匪情,他深入虎穴,微服私访,而后制定方案。他首先加强地方武装力量,动员各家购买枪支,加强自卫。在上述基础上,剿抚兼施。薛匪不受抚,他得知踪迹,下令围剿。薛匪得到消息,全部隐藏起来。他调来两只大船,派人爬上桅杆了望,发现炊烟,就命令围攻。土匪突围,绝大多数被击毙,薛蛾孜亦丧。涂营达千人以上,柯剑霞追剿一星期没有成功,于是予以安抚,通过联系、谈判,达成协议。土匪收编后,有些人本性难改,又哗变,他遂决计剿灭。民国14年春,涂营落入官兵四面埋伏之中,缴械后当即正法的有170多名。是年冬,又以清乡办法,以防余孽死灰复燃。任职三年,因为剿匪有功,盱眙地方士绅为之建生祠。他调离盱眙那天,街上每隔三两步就是一个饯桌,桌上放一盆清水,还有一面镜子,象征清如水,明如镜。开路的仪仗是军乐队,接着是数以百计的万民伞、清官旗。鼓乐齐鸣,鞭炮震耳。由于饯桌多,他三步一停,两步一站,经几个小时才到达码头。

郑朝征

　　郑朝征(1867~1926),字侨卿。清同治六年(1867年)生,江苏沛县沛城镇人。郑朝征幼承慈训,立志向学,博闻强记,寒暑罔懈,成为泗上名士。平生尤重道德,急公好义,安贫困,厌名利,自奉俭约,对社会不良风气深恶痛绝。终生家居授徒,以造就人才为乐。民国初年,于沛城西关观音堂创办县立第四初级小学,一身兼任校务,教务。民国7年(1918年),捐献个人房屋10余间,创办私立歌风路小学,自任校长兼教师,首创寒士办学义举。任职期间,循循善诱,治学严谨,一字一义必详考其源,直至正确无讹为止;对学生要求严格,但师生辨疑析难时,却谈笑风生,和蔼可亲,学生莫不敬之爱之,四方学子,争相趋就。去世后,学生念其教泽,乡里慕其德义,欣然捐资竖碑旌表。碑原立于沛城西关,现收藏于县博物馆。

朱良钧

朱良钧(1911~1926),字龙友。清宣统三年(1911年)出生。江都(今扬州)人。少年烈士。民国14年(1925年),考入北京第三中学,学习成绩优异。爱国学生组织反对帝国主义和军阀政府的宣讲队,他是主要成员,每次演讲,慷慨陈词,劝导国人奋起救国。不久被校方斥退。次年1月入北京清明中学读书。3月18日,北京以大学和中学学生为主体的群众5000余人,在李大钊等人的组织领导下,于天安门前集会,会后游行请愿,要求当局拒绝接受八国通牒,遭到军队开枪镇压。朱良钧不幸中弹牺牲,年仅15岁,为殉难中年龄最小者。时报上称誉为"少年之铮铮者也"。民国17年,其灵柩被运回故乡,安葬于城北黄金坝。

沙玉沼

沙玉沼(1845~1927),字鉴渠。清道光二十五年(1845年)生于启东久隆镇北洪贞仓(现启东市合作乡得胜村)。18岁时,赴京捐得清兵部车驾司,一年后还乡,被海门厅委为小安沙沙总。自幼喜爱书法。其书承王羲之父子、赵孟頫、董其昌诸家之长,草书得王氏父子遗韵,行书颇似康熙,稳健遒媚,造诣较深。出名于崇启海沪苏一带。

民国元年(1912年)春,沙玉沼去苏州游玩,听说玄妙观正在招人题匾,就信步前去观看。那天,观主请了当地几个书家高手题匾,尚未最后择定。正巧,一位苏州旧友发现了他,从观主处另领一纸,请他挥毫,沙玉沼也不推辞,饱醮浓墨,稳稳落笔,一笔不俗。"玄妙观"三个大字经精工刻制于匾上,挂于前门正中央。从此,沙玉沼书名大振,苏州书法界赞叹不已。

启海民间文人还留有沙玉沼条幅、中堂。二效镇的第十条石桥,桥名"寿丰桥"三字,亦是沙玉沼的手笔,字体秀逸挺拔。桥脚东侧题有"任驷马高车,一片康庄通二效;绥吉金乐石,数行款识齐千秋"。西侧题有"兴业有为,立德立功真不朽;经营伊始,利人利物本无私"。这两副文华字美的长联,也为沙玉沼手书。沙玉沼晚年家境日衰,常以卖字为生。于民国16年6月29日去世。

王慎之

王慎之(1864～1927),本名慎吾,字思源。泰州人。进步士绅。21岁入县学,后行医,行医时常不受贫苦病人酬金。光绪二十七年(1901年),王慎之在泰州先后组织个人自治会、天足会、禁烟会,主张自洁强身、男女平等。光绪三十年任泰州视学,为维护设于郊区的竞成初等小学堂与知州坚决斗争,迫使准备撤销学堂的知州罢官而去。光绪三十二年,又参加创办私立天职两等小学堂,并卖去田地130亩开设萃华国货社,用实际行动抵制日货,以致家道中落。辛亥革命爆发后,王慎之组织民团、学团积极响应。袁世凯称帝后,王慎之组织爱国共进会,不久扩大为爱国联合会,以反对袁世凯,恢复共和为宗旨。王慎之还创办私立平民学校,亲自授课,免费供给平民子弟书籍簿本。民国14年(1925年)"五卅"惨案发生,王慎之组织泰州外交后援会,上街摇铃讲演,号召罢课罢市,并召开民众大会,游行示威。同时与代用中学校长袁康侯一道,联合进步学生,与教会学校中的美籍校长作斗争。

民国16年国民革命军第二十师光复泰州后,担任国民党泰县县党部宣传工作,并与袁康侯一道策动孙传芳部白宝山、马玉仁起义,但未成功。北伐军占领南京后,王慎之在泰州邑庙召开响应北伐的民众大会,各界人士到会,盛况空前。他向群众宣传三民主义,痛斥孙传芳的罪行,呼吁民众起来革命。4月6日,孙部郑俊彦、周荫人等进攻泰州,进城后搜捕王慎之,误将邻居捕去。王慎之闻讯挺身而出,说:"他不是王慎之,我才是。"4月8日,王慎之被杀害于泰州西门附近,就义前神色不变,慨然说道:"我为民而死,死而无憾!"

方尔咸 方尔谦

方尔咸(1873～1927),同治十二年(1873年)出生。扬州人。光绪十五年(1889年)中乡试第一名。次年赴京会试,"因回避考官而未能入场"。其间,结识梁启超、谭嗣同等人,诗酒唱和,同游京都。因目睹清廷腐败,知科举非兴国之途,遂不再应试。为择求富国强兵之道,曾客游武昌,入湖北张之洞幕数年。返乡后,一度致力于兴办教育,振兴实业。辛亥革命后,扬州成立淮盐科,徐宝山委方负责。方分利其中,遂成巨富。民国16年病逝于扬州引市街故居。

方尔谦(1872～1936),字地山,号无隅,别号大方。尔咸兄。清同治十一年(1872年)出生。扬州人。方尔谦16岁以精研蒙古史提选拔贡生。他无意仕进,于光绪十五年(1889年)出门远游,就馆授徒谋生。先馆于安徽、天津,后任京师大学堂(北京大学前身)教授。他精于文史,善于鉴藏,长于考据,书法挺峭,尤善制联,有"联圣"之誉。"戊戌变法"后,常于报端发表评论,挟击袁世凯。袁为笼络其心,延为家庭教师。袁次子克文,与方感情笃甚,受方影响亦最深,曾谏其父不要称帝,袁世凯怒而不听。方唯恐遭害,与克文一道逃到天津日本租界,以卖字为生,并结为儿女姻亲。民国25年(1936年)逝于天津。

袁康侯

袁康侯(1878～1927),名祖成,号退僧(退生),以字行。清光绪四年(1878年)出生。泰州人。民国烈士,同盟会会员。袁少有才子之称,擅长诗文书法。光绪三十三年出任泰州教育会坐办兼书记,次年因海安凤山两等小学堂急需教员,亲自前往任教。宣统元年(1909年)任南洋劝业会调查科科员。辛亥革命后,出任扬州军政分府参谋长。民国2年(1913年)到上海,任《神州日报》主笔,后被荐为东海县知事,因不满上司行径,不久即返回泰州。民国7年,袁康侯参加创办淮东中学,以私人借贷解决办学经费,困难时甚至出售田产维持。淮东中学更名江苏省代用中学后,任校董兼校长。民国16年北伐战争开始后,袁康侯前往广东实地考察。回泰州后,致信孙传芳,促其下野,并与王慎之一道策动孙部白宝山、马玉仁起义,但未成功。同年4月8日,王慎之被孙部郑俊彦、周荫等人逮捕杀害,袁康侯闻讯悲愤填膺,赶到刑场探视,回来时经过孙传芳部队司令部门前,被哨兵阻拦逮捕。袁康侯威武不屈,捉笔写了数千字的讨逆檄文,次日在文庙附近遇害,时年49岁。

袁康侯曾担任《江苏通志》分纂,著有《东游杂诗》、《晋游杂诗》、《说文今用字课本》等。

糜文浩

糜文浩(1901~1927)，又名仲苏。清光绪二十七年八月十二日(1901年9月24日)生于无锡县(今无锡市)玉祁新桥村。中共早期党员，烈士。民国4年(1915年)在石塘湾县立第六高等小学毕业，考入苏州省立第二甲种工业学校应用化学科，在校期间积极参加"五四"运动，投入到反帝反封建洪流中去。后因家贫中途辍学，即到无锡堰桥胡氏小学任教，后又任自己家乡小学的负责人。民国12年2月，与长兄、中共党员糜文溶等发起组织由玉祁地区数十名青年参加的进步团体——青城导社。深入周围村巷，揭露社会暗黑，讴歌进步与革命。不久，由郑振铎介绍进上海商务印书馆编译所工作。同年上半年，接受中共组织的安排，进上海大学社会系学习，很快参加进步学生团体孤星社，并任《孤星》旬刊理事和编辑。民国13年，经杨贤江介绍加入中国共产党。是年冬，赴莫斯科中山大学学习。一年半后回国，任中共上海区委沪西支部组织委员，负责工会工作。民国15年4月，与妻(中共党员王采贞)一起调中共中央秘书处工作。在上海工人第三次起义前夕，糜文浩具体负责枪支弹药和其他军需物品的筹集与供应工作。武装起义时，直接投入南市区的战斗。胜利后，任上海总工会机关报《平民日报》编辑部主任，宣传革命理论。"四一二"反革命政变后，按上级指令，将该报改名为《青天白日报》，秘密出版，揭露国民党右派的反动面貌。5月8日，糜文浩遭英国巡捕逮捕。翌日，即被引渡给国民党当局。历经酷刑，严守党的机密。5月11日下午5时，从容就义于枫林桥刑场，时年26岁。

安友石

安友石(1905~1927)，乳名小敏，号钟云。清光绪三十一年(1905年)生于金匮县(今无锡市)安镇泽上村。中共早期农运干部，烈士。少时在张泾桥县立第五高等小学读书，毕业后先后在安镇、东亭及苏州阊门等地小学任教。民国15年(1926年)春末，到广州第六期农民运动讲习所学习。同年夏，经同届学员杭果人介绍参加中国共产党。9月结业后回沪担任国民党江苏省党部农民运动特派员和中共无锡独立支部委员，在无锡开展农民运动。民国16年3月14日，无锡县农民协会在安镇三善堂成立，安友石任农会主席。3月21日,北伐军抵达无锡后,他公开领导农会斗争土豪劣绅,废除大斗大斛。4月14日,无锡反革命事变后,即从无锡城区撤返安镇,召开农运干部会议,讨论继续巩固和发展农民协会的问题。5月初,他赴沪向中共江苏省委汇报工作,后因工作需要留在上海,担任省委农民部秘书,继续从事农运工作。6月26日与省委书记陈延年等一起被捕。在狱中,受"严刑审讯,鞭笞至皮开肉绽,脊骨隐约可见",仍坚贞不屈,7月19日,壮烈牺牲。

巫钲一

巫钲一(1906~1927),清光绪三十二年(1906年)出生于通州西亭镇(今属通州市)。在南通读中学时,爱读进步书籍,并接济贫困同学,深恶军阀横行。民国13年(1924年)考入上海大学,认识早期共产党人恽代英。翌年受指派回南通,以国民党特派员身份改组国民党通如县党部,并在工人、学生中宣传孙中山先生的三大政策,将进步青年组织起来。"五卅"惨案发生后,又自上海返通,介绍惨案真相,鼓动学生和市民开展反帝爱国运动,还以私资出版《滴血报》,创办大同文化服务社,出售进步书刊,宣传进步思想;并与窦止敬、叶胥朝等于如皋、掘港建民鸣社,创办《民鸣报》,反对强权,争取自由。其活动引起地方反动当局的注意,民国15年,被迫流亡日本,后考取东京早稻田大学经济系,因积劳成疾,于民国16年去世于日本。

陆铁强

陆铁强(1907~1927),化名鲁德成、沈惠农。清光绪三十三年(1907年)出生于江苏崇明(今属上海市)。中共早期党员,烈士。陆铁强在崇明中学读书时,受进步思想影响,19岁高中毕业即投身革命。民国15年(1926年)3月,受国民党江苏省党部委派,赴广州农民运动讲习所学习,受到毛泽东、周恩来、彭湃、萧楚女、恽代英等教育,不久加入中国共产党。同年9月学习结束,被派往崇明担任县委书记。是年秋,崇明西沙水稻因灾减产,地主不肯减租,陆铁强鼓动7000多名佃农减租抗暴。毛泽东在《向导》第179期上撰文,高度赞扬震撼大江南北的西沙农民运动。11月,陆铁强在中共上海区委会议上被选为江浙地区农委委员。民国16年9月,陆铁强以省委特派员身份秘密来到海门。10月底,中共海门县委成立,陆任第一任书记,化名沈惠农,选择曹家镇西的沙家仓地区开展农民运动。不久,海启农村第一个党支部、第一个农民协会秘密诞生,陆铁强亲自担任支部书记,农会会长。11月9日,在海门下沙曹家镇组织千余农民示威游行,高呼"打倒土豪劣绅"等口号,革命声势大振。陆铁强看到农民已发动起来,决定抢在敌人到来之前组织暴动,并连夜作了布置。12日,他率领民众在杨秀兰小店与反动警察殊死搏斗,因足部负伤被捕。13日凌晨,在海门茅家镇被秘密杀害,时年20岁。

武仲芳

武仲芳(1847～1928),清道光二十七年(1847年)生,宿迁人。自幼种田,未曾读书。家道中落,仅有地十余亩。因勤于耕作,收获多,渐渐买田雇工,一二十年间,有田达七八百亩。他对耕种、收获、施肥、制肥,皆随处用心研究,因此能发现掌握规律性知识。由于耕种有较完善的方法,所以农作物产量及成色,都高于邻田。对耕畜饲料、棚舍,都按其习性和时令作出适宜布置。将母猪、子猪、肥猪分圈饲养。猪圈南面开门,另三面开窗。窗洞填上整砖,春暖逐渐抽砖,至夏全抽去;秋凉增砖,冬天全堵上,做到冬暖夏凉。使猪圈内干燥清洁、猪住得舒适、肥不抛散。他饲养牲畜,不仅生病少,生长快,而且积肥多,利农田。他对工人,工资、饭食从优,工作时久,劝令休息。工人在田间遇雨或气温突寒,就送去雨具或棉衣。工人家有喜丧事,另加补助。并常教育子孙善待工人,农家可向地求利,不要与人争利。他精研农耕,体贴人情,科学管理,为封建社会中所罕见。民国17年(1928年),武仲芳去世。

唐 棣

唐棣(1856～1928),字萼楼,清咸丰六年(1856年)出生。镇江人。他是唐老一正斋膏药铺的第八世业主。清同治十三年(1874年)其父唐沐去世,即接办膏药铺。他以"修合虽凭我意,存心自有天知"自勉。常告诫子孙,不得偷工减料,并规定出售的膏药"包退包换",外地需求者,无论趸批或零购,均通过邮寄。膏药行销山东、河南,远及东北各省,还受到东南亚地区华侨的欢迎,享有"一正斋膏药,过了黄河就放香"的美誉。民国4年(1915年),他派儿子唐元兰前往蚌埠开设过分店。民国11年向农商部申报了"万应灵膏"商号注册执照。唐萼楼主管店业53年,是一正斋膏药铺的鼎盛时期。民国28年,经实业部商标局核准"以唐萼楼肖像为秘制万应灵膏注册商标"。民国17年去世。

孙大鹏

孙大鹏(1859~1928),字海南。今建湖县钟庄镇人。清光绪二十三年(1897年)中举人。次年,由礼部资送会典馆充誊录官。后以"在事出力",议叙知县,但因回里服丧未获授职。光绪三十一年服除入都,援例以知县身份分发浙江候补。期间,历办催米、勘荒、查案等差。时值浙江筹备立宪,孙入浙江省宪政研究所,考取得优等,旋免试进入法政学校官班深造,以优等第二名毕业。

宣统二年(1910年),孙大鹏被巡抚曾子固委其为绍属征兵官。次年,由布政使吴引荪委办湖州厘捐局事宜,旋代理乌镇同知。浙江宣告光复后,孙返里定居。先后捐资、献田,创办大孙与海南义庄,育弃婴,济孤寒。借用庵寺房屋办大孙、梁垛国民小学,劝说寺僧捐献寺田作为办学基金,开县境中部利用寺产办学的先例。因其热心地方公益,深孚人望,先后被推为梁垛保卫团董、盐城县临时参议会议员。民国14年(1925年),捐献楼屋12间、粮田5顷,创立私立海南初级中学,并自任校长。他治校有方,颇延时誉。民国17年夏,孙大鹏病故。著有《盐城芹香录考证》、《三衢采访记》、《草堂杂咏》、《遁斋文存》等。

胡雨人

胡雨人(1867~1928),原名尔霖,以字行。清同治六年(1867年)生于无锡县(今无锡市)堰桥村前。同盟会员,教育家,水利专家。光绪十五年(1889年)中秀才,光绪二十四年考进南洋公学。继入日本弘文学院师范科,他积极参与留学生的革命活动并加入孙中山创立的兴中会(后为中国同盟会会员)。光绪二十八年回国,与父兄在家乡创办胡氏蒙学堂和师范传习所,设女学,首创单级独教复式教育方法。继又创办图书馆,藏书10万余册。宣统元年(1909年),应聘为北京女子师范学堂教务长。辛亥革命期间,参加"光复"无锡的斗争,被推为无锡县议会第一任议长。当年从事水利研究,著《江、淮水利调查笔记》、《淮、浙、泗实测蓝图》两种。民国2年(1913年),出任北京女子师范学校校长。次年南下任江阴南菁中学校长。民国7年,应荣德生之邀,回锡办公益工商中学任第一任校长。民国9年底,发起成立无锡县水利研究会,致力于治理无锡水旱灾害。经实地勘查,提出《无锡全县救治旱潦之计划书》,但由于遭东南乡地方封建势力的反对,他的建议未被采纳,但他依旧关心家乡水利事业,后在所写的《太湖水利手稿》中提出开凿太湖河道直通长江的设想。民国13年,他出任宜兴中学校长。在校3年间从不接受任何报酬。为纪念这位学校创始人,宜兴中学特建造一幢"雨人楼"。民国17年1月17日病逝。无锡人士为纪念他办学、治水的功绩,于民国24年2月在其家乡村前公园内为他建立一座全身铜像,铜像在"文化大革命"期间被毁。今在无锡堰桥镇吴文化博览苑重建胡雨人铜像。

刘君霞

刘君霞(1899~1928),又名永昌、俊遐。清光绪二十五年(1899年)出生于如皋双甸镇(今属如东县)。中共早期党员,烈士。出身于贫民家庭,小学毕业后到粮行学徒。民国6年(1917年),考入无锡测量局学习测绘。次年分配到如皋县清丈局任清丈员,经常接触农民,对农民疾苦非常同情。"五卅"运动后,投身革命,在农民中传递进步书刊,向农民揭露贪官污吏、土豪劣绅的罪行,宣传革命思想。民国15年,加入中国共产党,不久任中共如皋县城中区委书记。次年5月,如皋县总工会筹备处成立,国民党如皋县党部特别委员会委任刘君霞为县总工会主席。刘君霞陆续建立了黄包车、理发、浴室、成衣、丝线等行业工会,并成功地领导了如皋黄包车工人罢工。民国17年,如泰"五一"农民暴动,他负责在城里策应,因奸人告密被捕,受尽酷刑,坚贞不屈。于5月9日被国民党当局杀害于如皋城西门外大校场。

谢远定

谢远定(1899~1928),号伯平。清光绪二十五年(1899年)生,湖北省枣阳县人。中共早期党员,烈士。民国6年(1917年)秋考入私立武昌中华大学附中,先后参加了互助社和利群书社,受到新思想的熏陶。民国10年5月,加入中国社会主义青年团,民国11年下半年加入中国共产党。历任社会主义青年团南京地委书记、中共南京小组组长、青年团南京地方执行委员会委员长。民国12年底,谢远定以个人名义加入国民党。同时,为加强党团员教育,谢远定等还联合进步学生组织南京社会科学研究会,组织大家学习政治、经济和时事。他亲自撰写文章,与青年学生谈人生观、道德观。民国14年春担任共青团武汉市第十二支部书记。上海"五卅"惨案发生后,他被派往鄂北地区发动群众,在进步师生中发展党团员20余人,建立中共襄阳党团特支,并任特支书记。民国15年初,谢远定到广州参加北伐军,先任第四军十二师政治部秘书,后任军政治部宣传科科长。10月10日,北伐军攻克武昌,谢远定又调国民党汉口特别市党部任宣传部秘书,并主编党部理论刊物——《汉声周报》。翌年八九月间,谢远定调回鄂北,组织农民武装、创立革命根据地。9月,他担任中共随县县委书记,组建了鄂北地区人民武装——工农革命第九军鄂北总队。鄂北特委成立后,他任特委宣传部长。民国17年上半年,因白色恐怖严重,鄂北特委与省委失去联系,谢远定自告奋勇赴武汉寻找省委。当他与省委接上关系,准备返回鄂北时,因叛徒出卖而被捕,8月牺牲于汉口大智门车站外,时年29岁。

章学廉

章学廉(1900~1928),字洁夫。清光绪二十六年(1900年)生,淮安县(今属淮安市)菱陵人。烈士。毕业于江苏省第三农业学校。民国16年(1927年)10月加入中国共产党,不久担任淮安农民自卫军独立中队队长。横沟寺暴动前,他将岳父六十寿辰所收的300块礼金拿出作为活动经费,又将家中的4支枪献出来;带领农民首先收缴自家和其亲戚大地主胡兆荣家的田契,并加以焚毁。民国17年2月12日,章学廉率领的一支暴动队伍已进入大胡庄一带。是时,国民党军队正在追剿另一支暴动队伍,章学廉立即回师增援。打退敌人几次冲锋后,他腿部负伤,不能随队伍一起转移,便孤身一人退避到大胡庄胡兆荣家。胡遂勾结另一地主唆使一些坏人,将章学廉杀害,并砍下头颅,悬门示众,时年28岁。

谷大涛

谷大涛(1904～1928),原名寿年。清光绪三十年(1904年)生,淮安县(今属淮安市)宋集乡人。烈士。先后就读于淮安县第三高等小学、江苏省立第九中学。民国14年(1925年)夏初中毕业后,在本村谷圩小学任教。民国15年春考入黄埔军校,同年夏结业,在军校加入中国共产党。民国16年秋,他以国民党第九军江北招募新兵委员的公开身份,回淮阴秘密进行组织活动,任中共淮安特支委员、中共淮安县委军事部长、淮安县农民自卫军副大队长等职。民国17年2月,谷大涛参加和领导了横沟寺暴动。2月10日,他负责散发红袖章,并带领大家进行暴动宣誓。12日,敌人兵分三路镇压横沟寺农民暴动,他率领的一路农民武装,正面阻击来犯之敌,经两小时激战,打退敌人两次冲锋。战斗中,谷大涛为掩护其他同志撤退,伏在紫马周荒坟地里牵制敌人。当敌逼近时,他奋起还击,不幸中弹牺牲,时年24岁。

张兆山

张兆山(1908～1928),化名张进攻。清光绪三十四年(1908年)出生于如皋高明乡小西庄。中共早期党员,烈士。民国14年(1925年),考入江苏省第二代用师范(今如皋师范)。民国15年冬,加入中国共产党。次年春,北伐军进抵江南,军阀孙传芳所属五省联军的一部分退守张黄港一带,企图阻止北伐军渡江北上。张兆山率领如皋师范进步同学到大西庄,发动农民协会会员200余人游行示威,高呼"打倒军阀孙传芳"、"打倒联军"、"欢迎北伐军"等口号,声势浩大,敌人大为震惊,未敢干涉。民国17年春,张兆山任共产主义青年团如皋县委负责人。当时中共江苏省委决定在如皋、泰兴组织农民暴动,他分工负责交通联络工作。暴动开始,张兆山配合苏德馨带领一支农民队伍为前锋,备有土炮、长枪、土机关枪等,取得攻打卢港地主庄园的胜利。"五一"农民暴动失利后,张兆山隐蔽到南通。6月,省委派他协助苏德馨至如皋东乡工作。6月15日,与苏德馨一起被捕,并于7月8日晨,同时就义于如皋南门小校场。时年20岁。

张廷仁

张廷仁(1909～1928),字建人,清宣统元年(1909年)出生。高邮镇人。祖先蒙族。中共早期党员,烈士。民国10年(1921年),考进南京工业专科学校,结识了共产党员华岗、吴芳,开始接触马克思主义。"五卅"惨案时,参加罢课、抵制英日洋货的斗争。民国14年下半年,在反帝爱国的群众运动中参加共青团,同年加入中国共产党。

民国15年7月在南京工业专科学校毕业后,经中共南京地委介绍,由上海国民党江苏省党部推荐报考黄埔军校。同年8月1日进校,编入第六期,在驻广州东北部沙河镇燕塘二团三连军营学习,共产党员关系由组织同时转入。张廷仁除模范地参加军政学习外,还做群众工作,与国民党右派孙文主义学会作斗争。因活动能力强,平易近人,言词锋利,深得同学们好评。

民国16年4月15日,广州发生反革命政变,黄埔军校和省港罢工委员会的武装被解除。10多天后,张廷仁被捕入狱。在离广州市区10多里的南石间惩戒场狱中,他参加了中共领导的斗争。次年初,恢复中共组织关系。在一次为改善伙食的罢饭斗争中同看守据理力争,看守便借故给他换了一副更沉重的脚镣。经一年多的摧残,他患了肺病,病情很快恶化。民国17年秋被折磨致死,年仅19岁。

薛宝润

薛宝润(1859～1929),字醴泉,以字行。清咸丰九年(1859年)生于江阴县(今江阴市)马镇北渚。民族资本家。15岁去上海在同乡人开设的颜料号当学徒。满师后,自设咸康颜料号,专销德商颜料。在第一次世界大战前已获厚利,积资白银达300万两。大战爆发后,受德商委托代管谦信、礼和洋行的所有业务和存货。因颜料货源断绝,价格猛涨,他又获利白银500万两,成为上海巨富。他先后将资金投向工业,清光绪三十年(1904年)投资上海宝成纱厂白银150万两;投资无锡振新纱厂50万两;民国初年由祝丹卿介绍向江阴利用纱厂投资36万两,任公司董事长;民国7年(1918年)又投资河南郑州豫丰纱厂200万两,购买英国纱锭20万枚,成为当时中国民族资本家兴办的最大纱厂。民国10年又投资无锡豫康纱厂50万银元。

后在沪开设同和润、永吉润、盛康润、瑞昶润、宝康润等"润"字号钱庄。并在襄阳公园旁购地40亩,构筑"醴泉别墅"。民国14年,祝丹卿倡办征存学院,他捐资25000银元,并任主席校董。第一次世界大战结束后,外国资本卷土重来,洋货大量倾销,中国棉纺织业受到沉重打击,纱厂纷纷倒闭,薛宝润亏损甚大,仅剩无锡振新和江阴利用两纱厂勉力维持。民国18年,在逆境中颓然死去。

陈叔璇

陈叔璇(1900~1929),字明岜,排行第五,被称为陈老五。清光绪二十六年(1900年)出生在江阴周庄陈家仓一个没落地主家庭。中共早期党员,烈士。在上海东亚体操学校读书时,受"五四"运动影响,积极探索革命真理。民国12年(1923年)去无锡西河头艺芳小学当体育教师,积极参加抵制日货等反帝爱国运动。民国14年,加入中国共产党,并以个人身份加入中国国民党,担任国民党无锡区党部执行委员。民国15年冬,参加中共上海区委举办的农民运动训练班学习。后历任中共江苏省委农运特派员、国民党江阴临时党部农商部长。"四一二"反革命政变后,和其弟陈宇中(蒋云)转入农村,筹建中共江阴县委。10月,中共江苏省委特派钱振标回江阴建立县委,他任县委委员,参与领导后塍、杨舍、峭岐等地农民暴动。国民党江阴县政府以3000元大洋的赏格登报通缉,陈叔璇一度调至中共常熟县委担任领导工作。民国17年下半年任中共淞浦特委委员。民国18年6月1日,他回乡检查工作后准备去上海,乘班船经西旸桥时被国民党当局长寿保安团逮捕解江阴。审讯中,他拒不承认自己的身份,受尽酷刑,坚贞不屈。7月23日下午在江阴君山刑场英勇就义。

张劲枢

张劲枢(1901~1929),清光绪二十七年(1901年)生于海州城内(今连云港市内)。"五四"运动期间在板浦参加爱国学生运动,担任江苏省立第八师范学校学生会委员。民国14年(1925年)参加国民党,在海州镇守使白宝山搜捕革命党人时,缒城而下,投奔北伐第十七军,在该军政治部工作。民国15年离开部队,回海州筹备成立东海农民协会,开展打倒土豪劣绅、贪官污吏等活动。民国17年任东海县总工会主席,兼任《东海民报》社长。当时驻新浦国民党军第四旅旅长谭曙卿向日本、朝鲜大批出口粮食,造成地方粮价猛涨。张劲枢组织民众自卫团控制大浦码头,配合码头工人罢工,拒运出口粮食。当时谭曙卿在新浦组成军警联合稽查处,以禁烟禁赌名义敲诈勒索。而谭竟在新浦东亚旅社挟妓赌博,还霸占新浦新新舞台女伶花艳舫,有一天竟误了花艳舫演出时间,观众哗然。第二天《东海民报》主编陈嗣衡写了短评《虎髯蓝领搂个粉白黛绿》在副刊上发表。民国18年7月,张劲枢提出"取消军警稽查处以解民困案",在全县党政军联席会议上通过。谭杀心顿起,于7月24日下午派士兵百余人包围联席会议会场,以搜捕共产党为名,将张劲枢、陈嗣衡逮捕,经严刑拷打,于民国18年7月26日将张、陈处决。

徐名章

徐名章(1901~1929),又名徐建如。清光绪二十七年(1901年)出生于如皋江安六甲。红军,烈士。民国17年(1928年)秋,加入中国共产党,任中共如皋县委委员,是如泰工农红军的一位勇猛战士。民国18年10月9日,如泰工农红军进攻申家埭敌据点,恶霸地主周松平指挥保卫团死守碉堡顽抗,红军战士伤亡较多。当发起冲锋时,徐名章奋勇冲进碉堡,首擒周松平,迫使其他敌人缴械投降。11月在樊家集战斗中,徐名章率领突击班冲在最前面,被敌轻机枪压在50米外的小河沟里。徐名章发现近旁有一块荞麦地,便叫班长用排子枪向敌人射击,自己从荞麦田里摸过去,一把抓住敌人打得发烫的机枪,同时飞起一脚踢中敌人腹部,夺过机枪,掉头猛扫,突击班战士乘机一拥而上打垮了敌人。战斗中徐名章不幸腰部中弹,被护送到六甲老家,因伤势过重医治无效牺牲。

郭锡康

郭锡康(1904~1929),清光绪三十年(1904年)出生于如皋吴家窑。烈士。小学毕业后在磨头岳父家学中医,后回家种田。民国17年(1928年)夏,加入中国共产党,不久担任中共如皋县南乡区委书记、县委宣传委员。当时干革命缺枪少钱,郭锡康决定贩猪去上海赚钱买枪。当他到上海将猪出售后,计算卖猪款可买到12支手枪,就将猪款全部买了枪。回来后,他谎称钱被赌输了,主动提出分家,将自己得的3间房、4亩田和1头驴,全都卖了归还猪款。民国18年3月,郭锡康化名王新珠,再次赴沪买枪。5月9日,在上海英租界三马路一家旅馆附近,被国民政府如皋县公安局长沈靖华拘捕,当天下午被解回如皋。在狱中,他受尽折磨,但始终未吐一字。赴刑场时,他痛骂县长钱佐伊和公安局长沈靖华,并沿途演说:"共产党是全国人民的救星,共产党一定会胜利!"6月23日,在如皋南门小校场从容就义。时年25岁。

王胪卿

王胪卿(1850~1930),南通县(今南通市)人。清道光三十年(1850年)生。著名中医,儒医世家十七代传人。清末,将祖传九世之"王氏保赤丸"秘方由庆和春药号精制出售,后王氏保赤丸由庆和春堂药号炮制出售。民国15年(1926年),王胪卿任南通市中医研究会会长。民国19年去世,享年80岁。新中国成立后,经王氏嫡孙王绵之亲授制法,王氏保赤丸由南通制药厂组织生产,远销海内外,享有盛名。

卢德润

卢德润(1898~1930),清光绪二十四年(1898年)出生于如皋石庄空田村。烈士。民国16年(1927年)参加革命,同年加入中国共产党。后任中共石庄区区委书记。一次,卢德润和他的战友张芝山、马敬之、徐学贵、徐永良等人攻打高家庄恶霸高伯鲁所组织的保卫团,他们出其不意除掉了敌人的岗哨,向敌人巢穴猛扑,保卫团的人员惊慌失措,四处逃窜,被卢德润等活捉6人,缴枪10支。民国19年农历十月初五,他以到岔林港买肉过节作掩护,侦察保卫团的情况,不幸被捕。敌人凶残地用铁丝穿他的双手,解送至石庄严刑逼供。卢德润坚贞不屈,10月12日,在夏庄桥桥口壮烈牺牲。

吴 芳

吴芳(1899~1930),又名武芳。清光绪二十五年(1899年)生,湖南省华容县人。中共早期党员,烈士。幼时就读于私塾,民国4年(1915年)考进岳阳湖滨中学,民国7年入长沙船山学校。"五四"运动爆发后,他积极参加反帝爱国斗争。为寻求救国救民的真理,吴芳从船山学校毕业后即赴上海,在一家作坊里当洗染工。民国9年,他参加上海共产主义小组出版的通俗刊物《劳动界》的编辑工作,同年加入社会主义青年团。翌年春,吴芳和刘少奇、任弼时、萧劲光等赴苏联莫斯科东方共产主义劳动大学学习。同年冬,转为中共党员。民国11年暑假,吴芳担任苏联远东华工视察员。

民国14年春回国,被分配在南京浦口党支部工作。他领导浦口、浦镇铁路工人到南京城内进行示威,并开展募捐运动。6月中旬,吴芳被调往上海总工会,负责办理救济罢工工人事宜。10月,任中共浦口地方委员会(后改称南京地方委员会)书记。他积极进行党的宣传教育和组织工作,仅8个月,就使党员人数由53人增加至146人,党的支部由4个增加到6个,还开办了下关五卅工人学校,组织和领导南京市民反对日本帝国主义出兵满洲的集会游行。民国15年6月,调任上海闸北区委书记兼工人部长。民国15年10月,吴芳任山东区执行委员会书记。在区委的领导下,到翌年5月,山东的党员由500人增至1500多人。民国16年4月,他作为山东党组织的代表,出席在武汉召开的中共第五次全国代表大会。7月,调任青岛市委书记,次年春又调回上海。民国19年春,吴芳任湖北省总工会党团书记。4月,在中共湖北省代表大会上,被选为审查委员会委员。9月16日,由于叛徒告密,吴芳和武汉市委委员、汉口区行动委员会书记秦了君等被捕,不久被国民党当局杀害。

仇建忠

仇建忠(1902~1930),清光绪二十八年(1902年)出生于草篷镇(今四甲镇窑港村,属通州市)。红军,烈士。民国10年(1921年)南通师范毕业,受曾在上海大学读书的共产党员俞海清、仇恒忠的教育,在通东老家参加革命。民国16年秋,加入中国共产党。翌年冬,负责中共南通县委在三益区草蓬镇举办的武装训练班,培养武装骨干。民国18年春,县委在通东4个区成立武装小队,并任仇建忠为三益区队负责人。民国19年2月,中国工农红军江苏第一大队成立,仇建忠任大队长。2月9日,指挥红军战士一举攻下八索镇县政府警察局,俘敌10多人,缴获手枪1支,盒枪3支,步枪7

支,首战告捷。3月22日,又率领300多名红军战士,攻打敌据点四甲坝。是夜二更时分,率领战士冒着细雨和寒风,从丁家园出发,埋伏在四甲庙内。半夜,仇建忠一声令下,战士突然袭击,一举攻克警察中队部和警察局、区公所,缴获长短枪百余支、手提式机枪2挺,打死、活捉敌军助理员各1人,救出红军战士和群众20多人。

4月,中国工农红军第十四军成立。仇建忠任二师一大队长。6月9日,在新街附近,被三条镇出动的省保安队包围。在激战中,仇建忠右上胸中弹负重伤。突围后,被送往上海养伤,终因伤势过重医治无效,不幸去世。时年28岁。

刘少猷

刘少猷(1902～1930),原名平楷,字履端,化名闻铃、朱潜(铨)、一飞等。清光绪二十八年(1902年)生,云南彝良人。中共早期党员,烈士。7岁进私塾,后相继入国立小学、昭通省立第二师范、昆明省立一中求学。"五四"运动时,在昆明参加云南爱国学生会活动。民国11年(1922年)改入国立北京美术专门学校,翌年秋转入国立北京世界语学校,年底加入社会主义青年团,民国13年加入中国共产党。翌年初,负责中共信阳党团支部宣传教育工作。后任中共信阳地方执行委员会书记、中共豫陕区执行委员会委员、河南省总工会委员。民国15年2月,北方国民革命军失利,直系军阀吴佩孚卷土重来,河南形势恶化,党的活动转入地下,他被迫撤离信阳,调上海工作。同年秋,调任中共南京地委委员,负责津浦铁路南段(徐州至浦口)工人运动。翌年初,奉派担任国民党(左派)南京市党部常务委员。3月24日,国民革命军北伐"光复"南京,国民党南京市党部及所属区党部和区分部由秘密转为公开,他按照地委的要求,公开领导南京人民革命斗争。其间,他相继成立了南京市总工会、农民协会、商民协会、教育工作协会及工会纠察队。同时,他还主持了全市欢迎国民革命军江右军大会。南京"四一○"事件后,因遭国民党当局通缉离开南京。4月中旬,被派回南京恢复中共组织,任中共南京地委书记。到南京后,迅速在下关建立起党组织,还组织兵工厂的党员破坏军火生产,组织工人贴标语、散传单。6月改任中共上海沪东区委书记。大革命失败后,在上海坚持白色恐怖下的地下斗争,任中共江苏省委候补委员兼沪东区委书记。民国17年初改任中共上海闸北区委书记。3月底被中共中央指派为中共湖北省委委员。7月初担任中共湖北省委书记。同年11月中旬,湖北省委机关再次遭到破坏,他脱险后到上海向党中央汇报。不久被派为中央巡视员赴东北帮助工作。民国18年1月,在沈阳主持成立中共满洲临时省委,任书记兼军委书记。2月16日党中央批准成立正式省委,任常务委员、代理省委书记。不久被调离东北到上海党中央工作。同年秋经中共云南省委要求,被派回云南加强省委领导。10月到达昆明,任中共云南省委组织部部长,曾代理省委书记。民国19年初于昆明被国民党当局逮捕。在狱中受尽酷刑,严守机密,坚贞不屈,鼓励难友坚持斗争。同年7月在昆明英勇就义。

夏雨初

夏雨初(1903~1930),清光绪二十九年(1903年)生,安徽省郎溪县人。中共早期党员,烈士。民国7年(1918年)考入芜湖萃文书院(后改为中学)。在校时因思想活跃,被同学推为学生代表。"五四"运动中,他组织游行示威,进行政治宣传,成为郎溪学运的中坚,并引起反动军阀的注意。民国12年,离开芜湖来到北京,初入财政部银行讲习所,后转入中国大学。他在学校期间加入中国社会主义青年团。民国14年暑假返乡,组织皖南山区声援"五卅"的活动。他还以宣传三民主义和五权宪法为名,以进步青年为骨干,组织三五俱乐部。翌年,转为中共党员。民国16年3月,北伐军第二军进攻南京途经广德时,他秘密前往广德,配合国民革命军创立国民党左派县党部,还积极组织农民协会,建立农民自卫军,镇压作恶多端的县知事。"四一二"反革命政变后,于4月26日被与国民党右派勾结的地方豪绅马惠南等人逮捕,不久"允许取保出狱"。同年11月,在郎溪、宣城地区组织农民自卫团,任党代表,带领农友镇压土豪,开仓济贫。民国17年9月,夏雨初奉派到上海,负责中国赤色工会上海沪西区工人运动联合会工运工作。其间,他创办工人夜校,积极为皖南红军独立团筹运枪支,协助武装斗争。民国18年1月,参与领导上海棉纱厂工人同盟大罢工。民国19年2月,他调任中共南京市委常委,7月任中共南京市行动委员会委员,负责策划国民党首都的武装暴动。7月29日,在下关美华理发店研究暴动计划时,被国民党当局逮捕。8月18日牺牲于雨花台,时年27岁。

陈唯吾

陈唯吾(1904~1930)，又名恩和，化名曹平。清光绪三十年(1904年)出生于江阴城内西横街。烈士。民国13年(1924年)毕业于江苏省立第一师范。民国16年在上海由罗亦农介绍加入中国共产党，任共青团江阴县委宣传部长，当时公开身份是小学教师。同年冬，他奉钱振标派遣，去上海购买武器，并机智地运回乡间，参与江阴县农民武装暴动。民国17年春，陈兼管江阴城区党的工作。在农民暴动中，他派出工人同志参加，并由报社内的共产党员以记者身份下乡采访暴动详情，予以披露。10月，任共青团江阴县委书记。此时农民暴动已被镇压下去，他以教育局督学身份，在城区掌握敌人动向。一次获悉国民党当局县公安局长派20多名警察到顾山去"清剿"，他即借巡视学校为名，跟踪而去。趁顾山镇长宴请警察时，派人通知同志们安全转移。民国18年4月，陈唯吾接任中共临时江阴县委书记，重新进行党员登记。工作重心放在发展城市的职工运动方面，至民国19年3月，全县恢复25个党支部。5月30日，组织领导江阴利用纱厂1300多名工人大罢工。8月16日晚，在月城戴庄南面的夜叉头坟场召开农民积极分子会议，部署抢粮斗争，夜宿峭岐竹林庵。国民党当局派人来抓捕，他因子弹卡壳而被捕。押到江阴，受尽酷刑，坚贞不屈。8月27日下午在江阴寿山公园以北金刚腿遇难。

俞海清

俞海清(1904~1930)，清光绪三十年(1904年)出生于通州五总村(今属海门市王浩乡昌盛村)。中共早期党员，红军，烈士。江苏省第七中学(今南通中学)毕业后，考取上海大学，时瞿秋白、恽代英等正在该校讲课，俞海清受到革命思想的熏陶。民国14年(1925年)"五卅"惨案发生后，积极投入运动。同年，加入中国共产党。蒋介石发动"四一二"反革命政变，俞海清受共产党的派遣，回到老家从事党的开辟工作。先后在南通县石头镇小学、余东第九高级小学任教，同时任国民党南通县第二分部执行委员。俞海清白天教书，晚上到农民家中宣传革命道理，发动群众开展抗租抗税斗争，并在积极分子中先后发展俞金秀、仇建忠等一批共产党员。民国17年春,建立通东第一个中共支部,俞海清任支部书记。是年秋,任中共余东区委书记、南通县委委员。10月23日,获悉汤家苴(今王浩乡冯梁村)恶霸地主汤廉臣为嗣子结婚去余东采购礼品,及时派人将情报送到红军游击队手中。第二天上午,在王灶河渡口(今王浩乡王灶村)将汤廉臣活捉,后以武器交换进行谈判,未成,决定攻打其老巢汤家苴。汤家苴地主对俞海清十分痛恨,他们勾结民国政府军队,放火把俞家的住房全部烧光。此后,其家属不得不暂时避居上海大场。民国19年5月,俞海清从事红十四军一师一大队领导工作,参加和指挥攻打四甲坝、余东镇、汤家苴等战斗。7月22日清晨,带领红军一部,在西小川港姜家大园(今四甲镇东南村)被四甲坝出动的保安队包围,在激战中,俞海清见敌众我寡,为避免遭到更大损失,便命令部队突围,自己留下掩护,不幸身中数弹倒入河中,英勇牺牲。

薛衡竟

薛衡竟(1904~1930),又名薛文。清光绪三十年(1904年)出生于江西宁岗。烈士。在江西参加红军,民国18年(1929年)10月中旬,受中共江苏省委派遣至如泰工农红军担任领导工作。他从健全班排组织、加强思想教育、开展军事训练入手,提高军队素质和战斗力。为防止敌人对红军的围剿,灵活采取避实击虚、声东击西的游击战术,主动向皋南乡进军。红军到达如皋镇涛区后,薛衡竟对敌我态势作了研究,采用调虎离山之计,一举捣毁驻有敌公安分局和区公所的小马桥据点。次年初,红军在泰兴刁家网一带休整,薛衡竟一面整训红军,一面捕捉战机。1月18日,风雪大作,天寒地冻。他亲率红军大队长途奔袭顾高庄,出其不意,攻其不备,一举俘获全部敌人,缴获步枪38支,手提机枪4挺,小炮1门,红军无一伤亡。薛衡竟又率领红军攻克蒋垛、古溪据点,营溪、搬经等地,敌人闻风而逃,使如皋至黄桥、曲塘至靖江之间形成大片红军活动区,红军大队亦发展至千余人。4月,中国工农红军第十四军建立,薛任军参谋长。4月26日,红军在泰兴横垛乡西刘桥村附近,与数倍之敌血战一整天。入夜,红军子弹耗尽,为了保存力量,部队边打边向古溪以南撤退,薛衡竟带一个班断后,在阻击敌人追击时,身负重伤,英勇牺牲,时年26岁。

王玉文

王玉文(1905～1930)，化名李达三、汤三、丁海筠、丁邦达。中共早期党员，烈士。如皋县(今如皋市)搬经镇人。民国12年(1923年)考入江苏省立第二师范学校(上海龙门师范)。民国15年，自费出版小说集《飘鸟之死》，以抨击黑暗。同年加入中国共产党，毕业后回乡执教芹湖小学。民国16年，担任国民党如皋县党部宣传干事。民国17年4月，打入国民党卢港区行政局，参与组织领导如皋西乡"五一"农民暴动。暴动失利后，国民政府如皋县政府悬赏500元通缉王玉文，他转移到上海。7月，担任中共海门县委书记，先后在启海地区发展党员200多人。民国18年8月28日，王玉文和中共如皋县委书记韩铁心将两县红军游击队集中编队，正式成立如泰工农红军。10月9日，王玉文和韩铁心指挥如泰工农红军和赤卫队400余人，攻克北申家埭据点，活捉了反动地主周松平，全歼守敌40余人，缴获10箱弹药和大批枪支。随后又埋伏于沿河口，重创卢庄保卫团。民国19年2月，中共江苏省委派干部来如泰地区组建中国工农红军第十四军。王玉文严密部署，精心组织接送工作，并亲自前往迎接军长何坤及张爱萍、何扬等上级派来的军事干部。3月，回到泰兴，继续担任中共南通特委委员、泰兴县委书记。后又任通、海、启、如、泰5县巡视员。8月，黄桥总暴动失败，30日在宁界乡周家荡遭叛徒枪击牺牲，时年25岁。

秦 超

秦超(1905～1930)，原名秦志铭。清光绪三十一年(1905年)出生于湖北枣阳。中共早期党员，红军，烈士。民国14年(1925年)秋，于枣阳县立白水中学加入中国共产主义青年团，翌年春转为中国共产党员。民国16年6月，去苏联莫斯科东方大学中国特别军事政治学习班学习。一年后，转入莫斯科高级射击学校和步兵学校中国连受训，并担任该连共青团支部书记。民国19年春回国，派至在江苏如皋的红十四军二师任师长。5月下旬，为拔除地处南通县、工事坚固的"白龙党"地主武装据点汤家苴，他率领百余名红军战士埋伏于汤家苴西2公里多的大高桥，准备阻击三余镇增援之敌。岂料主攻战斗打响后，敌省保安队余世梅部闻讯从石港乘汽车赶来增援。秦超指挥阻击部队击退援敌多次冲锋,在激战中腹部受重伤而不幸牺牲,时年25岁。

韩铁心

韩铁心(1905～1930),原名德渊,字跃龙,号子云。清光绪三十一年九月十二日(1905年10月10日),出生于海安韩洋乡大桥村。中共早期党员,烈士。民国12年(1923年)秋,考入江苏省立第一代用师范(今南通师范),受"五四"运动的影响,思想进步很快,成为学生会的积极分子。民国14年,"五卅"惨案发生后,韩铁心与同学一起到各地演讲,散发传单,募捐支持上海工人的斗争,动员各界游行示威、罢工、罢市,抗议英、日帝国主义的侵略罪行。民国15年,加入中国共产党。不久即任师范党支部书记。次年秋,韩铁心打入国民党控制的南通县总工会内部。为了贯彻中共中央"八七"会议关于组织武装暴动的精神,又转移到南通东乡的余东、余西一带帮助建立农民武装,准备暴动。民国17年在如皋参与"五一"暴动的领导,暴动失败后撤到上海,在中共江苏省委农委书记王若飞主持下,总结了经验教训。会后,担任南通特委委员,在南通城、唐闸、平潮等地活动。6月28日,因叛徒告密,在唐闸被捕。国民政府立即在《中央日报》《新闻报》、《南通日报》刊登"江北共产党总司令韩铁心在唐闸被捕入狱"的消息,并将他解送南京特种刑事法庭。后经党组织精心组织营救获释。

民国18年6月,韩铁心继任中共如皋县委书记。到如皋后,大力整顿、健全党的组织和农民协会,与中共泰兴县委书记王玉文配合,大力发展工农武装。8月28日,如泰工农红军正式成立。此后两个月,他们领导如泰工农红军除奸反霸,开展武装斗争,开辟了一大块游击区,把如皋、泰县、泰兴3县的边区连成一片。民国19年2月9日,韩铁心率领红军占领高家庄,救出被捕干部、群众,红军又乘胜打下刘家渡。这时,驻老户庄的国民政府警察队猛扑过来,激战中,韩铁心身中数弹,仍坚持指挥,最终击退敌人。因伤势过重,后转上海治疗无效,于5月23日在上海宝隆医院去世,时年25岁。

石 俊

石俊(1907~1930),又名石俊光、石劲弹、石冠千。清光绪三十三年(1907年)出生于如皋搬经群岸村。中共早期党员,烈士。民国12年(1923年)夏,考入江苏省第二代用师范(今如皋师范)。民国15年加入中国国民党。次年初,加入中国共产党。同年秋,反对校长禁止学生参加革命活动,组织学潮,坚持斗争一学期,迫使江苏省民政厅罢免校长的职务,但石俊等学生骨干亦被开除学籍。民国17年2月,石俊转至南京晓庄师范读书,任中共晓庄师范党支部书记。同学们亲切地称他为"石哥哥",推举他担任学生会主席。8月,任联村自卫团晓庄独立大队队长。民国19年1月,石俊联络中央大学等多所学校,成立南京自由大同盟。是年4月,为声援南京下关工人为首的罢工斗争,石俊出任副指挥,领导了声势浩大的游行示威。5月中旬,任中共南京市行动委员会委员兼宣传部长,组织领导在夫子庙前的反军阀大示威,任总指挥。示威活动中不幸被捕,受尽酷刑,坚贞不屈。9月21日,于南京雨花台英勇就义,时年23岁。

陈国藩

陈国藩(1908~1930),别名志承。清光绪三十四年(1908年)出生于通州兴东镇(今属通州市)。中共早期党员,烈士。于江苏省第一代用师范(今南通师范)学习期间,受马列主义熏陶,积极投入"五卅"惨案后援会活动,并利用暑期,去西三区中心地点曹家店一带作反帝反封建宣传。民国15年(1926年)夏,与刘瑞龙等人于棍梓街小学召开有数百农民参加的大会,揭露地主罪恶,发动组织农民协会。翌年夏,参与组织南通革命青年社。同年9月,加入中国共产党。寒假中,被派往大生副厂(今通棉二厂)作工运工作,并于店员中发展党员,成立支部。民国17年6月初,中共南通县委遭敌破坏后,代理南通县委书记。7月下旬于南通城被捕,由于敌人未抓到证据,不久释放。后进上海浦江中学读书,与刘瑞龙等秘密筹划组建武装力量,设法购买枪支弹药,由青龙港运回南通东乡。民国18年11月,为中共南通县委委员,与陈宗恒等坚持武装斗争。民国19年3月,担任余西区委书记。6月初,任红十四军第二师二大队政治指导员,与大队长陈宗恒率领部队多次参加重要战斗,指挥果敢。同年10月,于跑灶庙召开紧急会议时被敌包围,突围时腰部中弹,因失血过多而光荣牺牲。时年22岁。

汤汝贤

汤汝贤(生卒年不详),沭阳县人。曾在苏联莫斯科东方大学就读。毕业回国后,于民国15年(1926年)经党组织介绍到广州,在叶挺部队任过职,后随北伐军到武汉工作。"四一二"反革命政变后,任中共江苏省委特派员。是年11月到淮阴进行建党工作,历任中共淮盐特委委员、特委书记兼淮阴县委书记等职。民国19年6月,调任中共山东省委常委、军委书记兼青岛市委书记。

王凤岗

王凤岗(1901~1931),又名王竹森。清光绪二十七年(1901年)出生于如皋西南邹埭村。中共早期党员,烈士。民国16年(1927年),和其弟王凤藻同时加入中国共产党。入党后,积极从事党的活动。民国19年,担任中共如皋县委宣传委员。为了团结更多的穷兄弟参加革命队伍,王凤岗通过"拜把子"的形式,与邹贵成等结成"十兄弟",宣誓:"协力同心,患难与共,效忠革命事业,永跟共产党,为穷人求翻身。"次年7月17日,王凤岗在陈天福家开秘密会议,被叛徒告密,敌人立即出动大批军队包围了陈天福的住宅。王凤岗临危不惧,指挥大家沉着应战。敌人的包围圈越缩越小,火力越来越猛,王凤岗知道敌我众寡悬殊,久持必有不测,决定突围。邹贵成首先冲出,却被敌人捉住,敌人把邹贵成父子二人绑到陈天福家门前,喊话:"王凤岗不投降,先杀邹贵成的老子,再杀邹贵成;王凤岗投降,不杀一个共产党。"王凤岗对战友们交代说:"请转告我家中,不要为我伤心,把我的儿子抚养成人,将来为我报仇雪恨。"说罢,挺身而出,大声呼喝:"我王凤岗来了,你们要说话算数,把其他人放了。我王凤岗一人做事一人当,要杀要剐随你们。"敌人抓到王凤岗后,诱降逼供均无效,当晚将其杀害。

袁世钊

袁世钊(1901~1931),清光绪二十七年(1901年)生。松江人。中共早期党员,烈士。民国13年(1924年)加入中国共产党。北伐战争时,发动松江、青浦农民撬铁路、扒公路,阻挠北洋军援军南下。国民党清党后,袁世钊又组织农民协会、红军纠察队,发动松江农民搞秋收起义。民国17年1月1日,袁世钊领导"枫泾暴动",张榜公布恶霸地主的罪状,焚毁田契和借据,镇压7个恶霸地主。暴动遭到国民党当局的镇压,袁被通缉,转移至上海及沪宁线从事革命活动。同年9月~12月,任中共镇江县委书记。次年4月4日在上海被捕,关押于苏州监狱。袁世钊在狱中又发动并领导狱中的共产党员和革命志士进行各种形式的斗争,并计划越狱,由于叛徒告密,袁世钊与30多位在狱中斗争的同志被解至设于镇江的江苏省临时军法会审处。民国20年3月11日,牺牲于镇江北固山下,时年30岁。袁世钊牺牲后,其大哥、三哥来为之收殓,建墓于桃花坞。镇江市建立烈士陵园时,移其墓于烈士陵园。

骆继乾　唐德芳　宋景煜

骆继乾(1911~1931),生于盐城,祖籍句容县。烈士。民国17年(1928年)夏,加入中国共产党。次年夏,担任中共盐城县委委员,负责全县青运工作,并在盐中、职中、时化、景鲁等中学学生中建立读书合作社,发展成员50~60人,阅读为反动当局所禁止的进步书报。同年秋,骆根据中共盐城县委指示,把党的活动从城市扩大到乡村,由盐城中学转入地处盐城西乡的亭湖中学,引导青年学生成立智能增进社,组织学生阅读进步书刊,定期印发社刊。此时,又发展一批进步同学入团、入党,建立中共亭湖中学支部。11月,他在亭湖中学组织后援会,支持淮美中学反对帝国主义文化侵略的斗争行动。民国19年春,亭湖中学校长推行奴化教育,他和罗成培等鼓励众多学生罢课示威,包围校长室,为此,被开除校籍。离校后,继续组织失学青年为党进行宣传活动。同年初夏,他和张汉文一起,在驻盐城兜率寺的国民党二十五路军梁冠英部,成功地组织了士兵索衣索饷斗争。

唐德芳(1902~1931),又名步琨,盐城县唐家舍(今属盐都区鞍湖镇)

人。烈士。民国17年春,加入中国共产党地下组织,编入中共盐城城厢支部。同年秋,到唐家舍和江家庄开展党的宣传活动,民国28年初夏,任中共盐城县委委员,负责农运工作;并在水府庙、江家庄各发展七八名党员,分别成立党支部,组织党员和群众开展"五抗"(抗租、抗粮、抗丁、抗税、抗捐)斗争。

宋景煜(1912~1931),又名金玉,盐城城厢人。烈士。民国18年7月,在盐城中学读书时经骆继乾介绍加入共产党。他积极协助骆继乾组织读书合作社,常以替父亲卖笔墨的身份掩护,秘密传递革命书刊。民国19年10月10日,中共盐城县委得悉国民党盐城县党部要在晚间举行国庆提灯庆祝会,遂决定乘机扩大政治宣传。当晚,骆继乾、唐德芳、宋景煜等潜入游行队伍,寻机散发《告盐城人民书》和以"打倒国民党"、"打倒土豪劣绅"为内容的传单,被反动当局发觉。当游行队伍行至薛家巷附近,骆继乾再次发传单时,被国民党侦缉逮捕。是夜,唐德芳、宋景煜等相继被捕。县政府和国民党县党部组织的特别法庭连夜审讯,妄图得出口供,破坏中共地下组织。法官允诺他们,只要供出地下党情况,便可无条件释放,自择学校,毕业后介绍就业。国民党盐城县党部还派年轻姑娘,浓妆艳抹周旋于室内劝说,他们都坚贞不屈。反动当局无计可施,4天后将他们押往国民党江苏省政府所在地镇江。他们先遭到百般摧残,后拒政客诱降。民国20年2月21日,骆继乾、唐德芳、宋景煜3人被反动当局判处死刑,在镇江城郊京砚岭梦滩刑场英勇就义。3人就义前,慷慨激昂,振臂高呼:"共产党万岁!""苏维埃万岁!"

穆子奇

穆子奇(1903~1931),原名缪元其,又名缪子义,清光绪二十九年(1903年)出生于如皋胜利乡朝西庄。烈士。民国17年(1928年)春,加入中国共产党。5月1日,中共如皋县委在如皋西乡举行农民暴动时,穆子奇发动朝西庄一带农民参加。次年秋后,江安区、卢港区再次出现革命高潮,他先后担任中共卢港区委书记,县委宣传委员、组织委员。民国19年4月16日,红十四军攻打老户庄,他组织卢港、江安一带的赤卫队和革命群众支援前线,抬担架,送茶送饭,后勤工作干得十分出色。7月成立县革命行动委员会,当选为负责人。为了整顿党纪,7月12日,他和中共南通特委书记刘瑞龙、红十四军军长李超时等领导人在水洞口召开整纪大会,处决了原县委经济委员、红十四军特务队队长孙盛。11月,奉召去上海参加反立三路线。中旬被任命为中共如皋县委书记。同年冬,偕同曹玉彬、朱香九等5人回如皋做恢复工作,途经江阴被捕。民国20年3月12日,在镇江北固山就义。

汤仕伦 汤仕佺

汤仕伦(1906~1931),字叙五,化名李秀生、李修来、周发。清光绪三十二年(1906年)出生于如皋江安东燕庄。中共早期党员,烈士。早年就读于江安第六国民学校,毕业后考进如皋乙种工业学校,后因家庭贫困,辍学回家。

汤仕佺(1904~1931),又名汤益生。烈士。汤仕伦的三哥。

兄弟二人,分别于民国15年(1926年)、民国17年加入中国共产党。民国17年5月1日,他们参加如皋西乡农民暴动,攻打蒋家埭、卢家庄、卢港、三十亩等地大地主庄园,共缴获长枪10多支,火药枪2支,并发动周围农民分了地主的粮食、衣物。7月,汤仕伦任县委委员,汤仕佺任西乡区委书记,两人负责筹款工作。次年2月,汤仕伦任中共如皋县委书记。4月11日,汤仕伦和县委委员于咸带领10多名队员到长脚圩地主李昌泰家缴枪。傍晚,他们装作采桑叶,自一号圩出发赶到李家,从后门进去,连打两枪,迫使李昌泰交出4支德国造短枪。不久,汤仕伦、汤仕佺被调往上海工作。民国20年1月17日在上海远东饭店开会时,与何孟雄等20多人同时被捕,同年2月7日在龙华遇难。

徐家瑾

徐家瑾(1904~1931),字汝怀,化名沙文静。清光绪三十年(1904年)出生于如皋石庄镇。中共早期党员,烈士。民国10年(1921年)考入江苏省立第一代用师范(今南通师范)。民国13年加入社会主义青年团,并组织马克思主义研究团体晨光社。次年春加入中国国民党。"五卅"惨案后发起组织南通学联,并被推为南通五卅后援会主席。民国15年春,在通师附小任教师。同年加入中国共产党。不久,转至如皋东乡马塘小学工作。

民国16年,"四一二"反革命政变后,徐家瑾至武汉农民运动讲习所学习。汪精卫叛变,徐家瑾只身赶赴江西,参加"八一"南昌起义。后又随军南下广东,任职于叶剑英教导团。广州起义失败后被捕入狱,越狱后潜奔上海,由中共江苏省委派回如皋协助县委领导"五一"农民暴动,后任中共如皋城城中区委书记、代理县委特派员,并打进国民党县党部机关报《皋报》任主编。因发表短文《饭碗》揭露当局罪恶,被捕入狱,并押于苏州司前街监狱。在狱中,徐家瑾被选为监狱中共特支委员,领导两次绝食斗争,使南京政府为之震惊。民国19年10月,中共江苏省委部署越狱,因叛徒告密未遂。徐家瑾等转押镇江军法会审处,被改判死刑。在镇江狱中,他曾组织难友越狱,又告失败。徐家瑾对前来探监的长兄说:"从参加革命第一天起,我就准备在必要时把生命献给党和人民。"民国20年2月25日清晨,全副武装的军警闯入牢房,传唤徐家瑾。临行前,他与难友从容诀别:"小人趋利,君子殉志。今我之死,死得其所矣!"上午9时,徐家瑾在镇江北固山下英勇就义,时年27岁。

缪元珍

缪元珍(1907~1931),本名缪元山。清光绪三十三年(1907年)出生于如皋高明乡小溪村。中共早期党员,烈士。民国16年(1927年)春,加入中国共产党,任党支部书记,参加过如皋西乡"五一"农民暴动。暴动失败后,他撤往江南。民国19年底,党组织派他随中共如皋县委书记于咸回如皋做恢复工作,担任县委委员。这时,白色恐怖笼罩着如皋地区,他先后到常州等地找到"五一"暴动失败后撤到江南的马永盛、孙永志等人,动员他们回来参加革命斗争。民国20年8月28日,他和于咸、孙玉才等人,转移至小溪庄缪永文家,被坏人告密,数百名敌人于当天下午3时包围了他们的住房。缪元珍在于咸指挥下沉着应战,坚持战斗3个多小时,打死打伤敌人30多人。子弹将尽,敌人放火烧屋,于咸冲出门外,不幸中弹牺牲。缪元珍和孙玉才只得退回屋内,用仅有的子弹坚持战斗到最后,在烈火中献身,时年24岁。

冯金妹

冯金妹(1908～1931),女,又名冯岳蓉,俄文名尤琳娜。清光绪三十四年(1908年)生于无锡县(今属无锡市)前洲塘村。中共早期工运、学运干部,烈士。出身农家,6岁丧父。15岁时,随姐到上海纱厂当童工。民国14年(1925年)春参加纱厂同业总罢工,经受考验,被吸收参加中国共产主义青年团。"五卅"运动中,参加反帝大游行,与英国巡捕搏斗,多处受伤,在姐妹们掩护下脱险。不久,加入中国共产党,在中共沪东区委工作。"四一二"反革命政变后,与董必武、萧劲光等一起赴苏联。在海参崴党校训练后,转入莫斯科中山大学学习,取名尤琳娜。学习期间,她与无锡同乡李乾元相爱,结为夫妻。民国19年5月,返回无锡,担任中共无锡县委委员、城区区委书记,从事工运与学运。7月,正值高温,资方不执行劳资协议。冯金妹发动万益、源丰、乾丰、瑞昌、德大裕5家丝厂的女工联合罢工。坚持5昼夜,取得胜利。当年12月,遭国民党反动军警逮捕。因未暴露身份,经中共组织营救获释,继续积极活动。民国20年1月13日,中共无锡县委机关遭破坏,冯金妹等13人被捕。押至镇江监狱。在狱中,5次遭受酷刑,坚贞不屈。4月11日上午,带怀孕之身牺牲于镇江北门外刑场。

高文华

高文华(1908～1931),化名程清,笔名高潮。清光绪三十四年(1908年)生于无锡城内岸桥弄。中共早期青年运动干部,烈士。民国11年(1922年)秋,在无锡读完小学,考入南京东南大学附中。民国13年7月,入黄埔军校第三期学习。次年加入中国共产党。民国15年7月,参加北伐战争,任国民革命军总司令部工兵团党代表。民国16年返锡,以《中山日报》编辑的职业为掩护,从事党的宣传工作。11月中旬,担任共青团县委书记,转移到农村发展革命力量。翌年3月26日,他化装成菜农进城,召开团干部会议,遭国民党反动军警逮捕。7月被判刑9年,囚于南京老虎桥江苏第一监狱。在狱中,他按自定的读书计划,学习革命理论。为避开当局检查,他尽量找外文版书籍阅读。同时以笔为武器,继续战斗。民国18年3月,写成叙事长诗《人祸》,揭露社会黑暗,歌颂人民革命。当年7月,狱中千余难友举行绝食斗争,他又写出《饿囚之死》等文章,控诉当局对难友的迫害,鼓舞大家团结斗争。3年多狱中的非人生活和残酷迫害,使他身体状况日益恶化,于民国20年7月16日,因染患伤寒去世,时年23岁。

曹玉彬

曹玉彬(1908～1931),化名郑树春、郑富春、郑文林。清光绪三十四年(1908年)出生于如皋高明。中共早期党员,烈士。民国12年(1923年),考入江苏省第一代用师范(今南通师范)读书。民国16年毕业前夕,因参加革命活动被开除,回家后于8月中旬经同学韩铁心介绍,加入中国共产党。这时家中强迫他结婚,他立志革命,不愿早婚,逃至南京。年底奉命去河南豫西、豫东从事党的地下工作。次年冬,被派至徐州一带做开辟工作。民国19年春,回如皋任红十四军一师二团六营政治教导员,后任教导大队队长。5月1日,当选为如皋县工农革命委员会委员、中共如皋县委军事委员。同年9月红十四军失利后,撤回上海。年底,中共江苏省委派他和穆子奇、朱香九等5人回如皋做恢复工作,途经江阴,因叛徒告密被捕。民国20年3月12日,牺牲于镇江北固山。

陆培之

陆培之(1872～1932),字鉴微,清同治十一年(1872年)生于无锡县陆丼(今无锡市郊区河埒乡龙山村陆丼)人。工商业者。因家境贫困,从小未曾上学。平时靠种田和帮人挑水等劳动所得维持温饱。光绪二十八年(1902年),应招到上海一家私营铁号当伙计,遭到同伙的妒忌诬陷,不满一年,即被辞退。几年以后,他仍到原先的铁号做伙计,由于勤快认真,很快精通本行业务,深得店主信赖。平时省吃俭用,积余全部用以购买股票,后铁号亏损,他便出资将铁号买下,改名恒丰铁号。由于经营注重信誉,生意愈做愈大。适逢第一次世界大战,外货断绝,国内供应紧张,铁价陡涨,恒丰5年之内获利60万元。以后又在上海开办大有油厂、经纬纱厂等,并与周舜卿、祝大椿等合资创办恒昌源纱厂。曾任上海市铁业公会会长。陆培之致富后,热心社会公益事业,他将经营所得,在陆丼陆续创办培之第一小学、培之第二小学和其他几所小学,使家乡清寒子弟得以入校就读。民国7年

(1918年),和荣氏兄弟(宗敬、德生)各出资2.5万元,修筑由无锡火车站至惠山的通惠路;同年又独资在陆卅开辟东大池风景区,并在附近建造镇纶丝厂、恒益粮栈,使陆卅面貌大变。民国12年,又与荣氏兄弟合资将西门至梅园的锡梅路(今梁溪路)改铺成石片路,并自筑支路与东大池衔接。20世纪30年代初,他经营失败,寓居故里。民国21年8月,因时疫病逝。

吕万林

吕万林(1897~1932),盐城市城区新兴镇三灶村人。中共早期党员,烈士。家贫无田,幼年随父到上海谋生,14岁进入沪西区内外棉五厂(今上海国棉二厂)粗纱车间当童工。民国14年(1925年),加入中国共产党,先后参加"五卅"运动和上海工人第一、二、三次武装起义。民国16年"四一二"反革命政变后,经党组织选派赴莫斯科中山大学学习3年,回国后先在上海全国总工会工作,后任中共中央特派员。民国21年8月,吕万林偕妻去河南开封、郑州巡视。因未悉中共河南省委已遭破坏,刚至开封即被叛徒带领的国民党侦探逮捕,不久被杀害。

赵克明

赵克明(1899~1932),清光绪二十五年(1899年)七月生于启东蔚兴镇一个佃农家里。烈士。9岁入学,小学毕业后入私塾。24岁时,考取崇明简易师范。民国14年(1925年)毕业,同年参加国民党。民国16年秋天,他与共产党员顾南洲等人发动广益、辅安、大同3个乡成立农民协会,赵克明为辅安乡农民协会负责人。地主慌了手脚,请辅安乡行政局长封了农会。赵克明等人立即组织3个乡3000名群众聚集在汇龙镇外沙行政公署请愿。经过交涉,农会恢复了活动。民国17年,加入中国共产党。仍保持国民党员身份,被选为国民党县党部监委干事,并在县财政科任科员,还在国民党县农民协会整理委员会里任宣传干事,利用这些合法身份做共产党的秘密工作。白天在机关工作,夜里刻印散发宣传标语、传单,召开会议。4月,发动永兴地区农会会员、群众上千人,游行示威,斗争恶霸地主。次年初,中共启东县委成立,任县委委员。这年夏天,启东遭到蝗害,庄稼几乎失收。地主不顾农民死活不愿减租,赵克明一面发动群众消灭蝗虫,一面组织农民去县政府请愿,县长施方白支持农民的举动,由政府出面,限令地主减租。

自从夏钺青当了启东县县长后,启东形势日趋恶化,赵克明与中共县委一班人冒着风险,坚持斗争。民国19年,被选为县农会会长。4月30日,为领导红五月暴动,被跟踪的警察抓捕。赵克明身陷囹圄,仍矢志不渝,叮嘱探监的妻子:"文件书籍要深埋保存好,千万不能落入敌手!"并说:"共产党一定会成功。我死了,子孙后代会享福的。孙中山临终还告诫:'革命尚未成功,同志仍须努力。'"他还把妻子给的5元钱转送给另一个难友,让其买通关节获释。在"八八"暴动中,赵克明被救出,后去上海避居。在上海,他婉言谢绝了妻子的劝说、好友的资助,不去外地避居,继续忙于联系,发展组织,筹划枪支,重整旗鼓,为革命积蓄力量。他鼓励战友,要坚信革命总会成功,只要朱(德)、毛(泽东)健在,总有希望。夏钺青被撤职查办后,换了更可恶的费公侠当县长。民国21年6月,费以重金悬赏捉拿赵克明。赵克明在上海爱文义路再次被捕。6月21日,江苏高等法院第二分院刑事庭开庭审理,指控赵克明是启东共产党首领。赵克明沉着冷静,坚决否认敌人的指控,严词斥责叛徒无耻嘴脸。审讯后,赵克明被押回启东。敌人用尽毒刑,赵克明视死如归。8月17日夜,赵克明坦然告别难友,昂首挺胸,走上刑场,被敌人秘密枪杀在汇龙镇西市梢。

沈方中

沈方中(1900~1932),女,原名沈梧珍。清光绪二十六年(1900年)出生于浙江长兴县包桥乡。中共早期党员,烈士。民国11年(1922年)毕业于湖州女师。民国14年就读于上海大同大学。同年秋,转入上海大学社会学系学习,在党的领导下,积极参加革命活动。一次,在沪西小沙渡路上对日本纱厂的中国女工进行反帝反封建宣传时被捕入狱。不久,经上海学生联合会营救出狱。是年冬,加入中国共产主义青年团。民国15年,沈方中走出校门,投身革命,在杨浦、吴淞、闸北等区做青年女工工作。民国16年春,加入中国共产党。3月21日,参加由周恩来领导的上海工人第三次武装起义。"四一二"反革命政变后,她又一次被捕,后经其父保释出狱。民国17年,任中共东台县委委员,3月东台县委遭敌破坏,她再次被捕,被押至南京第一模范监狱,后由党组织和亲友营救出狱。次年去上海,先后在共青团江苏省委和中共中央机关工作。民国21年9月下旬,因叛徒告密,地处上海善钟路仁兴里10号的党中央训练班遭破坏,她第四次被捕,再次囚于南京监狱。当时沈方中刚分娩不久,在敌人残酷折磨下她坚贞不屈,于民国21年12月11日病逝于狱中,时年32岁。

杨玉英

杨玉英(1901～1932),女,字石癯,化名杨斯萍、石英。清光绪二十七年(1901年)生于金匮县胶山(今无锡东北塘乡)垯坝头村。中共早期妇女干部,革命烈士。12岁时,父母双亡,指腹为婚的男孩病死。由此被乡间封建势力视为"克父母,克丈夫"的"不祥之人",遭受欺凌。在继母帮助下,刻苦自学,考入竞志女校。民国16年毕业后,她在城内崇安寺小学任教。在新三民主义影响下,加入中国国民党。当年3月,任无锡妇女协会常委。7月,任国民党无锡县特别委员会妇女部长、青年部长,从事妇女运动。她极力提倡女子就业,创办妇女百货商店、女子理发店、女子书店。为培养女店员,还设立女子训练班。她发起废娼运动,并筹建妇稚教养院、女子工艺传习所。此举遭到当地权绅的抵制。为此,她写了《敬告无锡慈善机关经理处各委员》的公开信,揭露地方士绅为抵制筹建妇稚教养院而自行组织慈善机关经理处的阴谋。民国17年上半年,她联合旅沪学生会、无锡学联等团体发动打倒当时称霸无锡的国民党无锡清党委员会委员杨祖钰的斗争。杨倒台后,人心大快,有副对联称赞她:"作事颇有肝胆,此人远胜须眉。"民国18年1月,杨玉英入上海大陆大学读书。翌年,加入中国共产党,与中共党员曾斯延结婚。民国20年初,杨玉英夫妇受组织派遣至开封工作。4月,曾斯延遭国民党当局杀害。她怀着身孕坚持斗争。5月,担任中共河南省委秘书长兼妇女部长。"九一八"事变后,分娩不久的杨玉英将爱子交群众抚养,在郑州组织集会,发表抗日演说,夜以继日地工作。民国21年夏,中共河南省委机关遭破坏,杨玉英与省委书记、团省委领导人一起被捕。是年8月20日凌晨遭杀害。时年31岁。

穆绍臣

穆绍臣(1901～1932),清光绪二十七年(1901年)生,盱眙县城人。烈士。幼年读私塾。民国20年(1931年)春,加入中国共产党。后担任共产党地下交通联络站领导人,他除了传递情报外,还为革命工作募捐款、制红旗、散传单等。有一次,传单贴到县政府大堂上,引起官方的惊恐。民国21年4月,武飞、李桂五、徐德文在西高庙领导农民暴动,成立盱眙红军游击队。这支队伍在盱眙山区发展壮大,国民党当局调重兵前来围剿,穆绍臣利用自己的公开身份为游击队送情报、买药品、救伤员等。红军游击队失败后,穆绍臣被交通员张二秃子出卖,张带骑兵旅的人,深夜到穆家搜查。这时穆绍臣已躲进盱城山上的龙山寺。后回家探望时被捕。30多位乡亲具保要求释放,遭到拒绝。骑兵旅对他严刑逼供,拷打,并用烙铁烙,还把烫起的一个个大水泡划开,浇上盐水。后来又上夹棍,灌辣椒水,他还是守口如瓶,不吐真情。8月30日,打折双腿的穆绍臣被抬到刑场,在西高庙和李桂五同时就义,时年31岁。

朱者赤

朱者赤(1902~1932),原名朱雄武。靖江土桥镇龙飞村人。烈士。民国16年(1927年)开始接受马列主义。不久,由中共党员蒋润芳介绍,加入中国共产党。次年秋,朱者赤担任东沙区委书记。民国17年(1928年)12月22日,中共靖江县委书记蒋润芳、江阴县军事委员茅学勤和朱者赤等人率兵四路夜袭了国民党靖江县政府设在东来庵、花来庵、文武殿、朝阳殿的四所盐卡,缴获步枪11支,子弹数十发。接着又查抄了恶霸地主刘惠卿的田契、借据,为贫苦农民出了气。27日上午,袭击了国民党泰兴县公安局驻毗卢市第六分局,焚毁了该局的房屋、缴获子弹千余发。国民党县政府随即调集保安团、冬防队、公安队,并联合泰兴县国民党军队开往毗卢市进行镇压。由于双方力量悬殊,中共靖江县委决定撤离靖江,朱者赤隐居到上海的一位亲戚家里。民国18年5月,朱者赤被捕。在狱中,朱者赤丝毫没有削弱革命斗志,组织和领导难友们与牢头狱卒展开了一系列斗争,并运用巧妙的策略,使狱内与狱外的斗争联系起来。民国20年,陈桂清接任国民党靖江县长,采取卑鄙的手段,从朱者赤妻子那里骗得了苏州法院的判决书,决定对朱者赤加以杀害。民国21年4月6日清晨,朱者赤被押出监狱。一个刽子手为朱端来酒菜,朱夺过酒杯掷在地上,气愤地说:"喝什么断头酒,共产党人怕死就不革命了!"警察用独轮车将他押赴刑场,他几次挣扎着下车,坚持步行。一路上,他不断与熟人打招呼,并对胞妹六姑娘说:"我的一生是清白的。死后,你把我的尸首领回去,不要让那些狗东西糟蹋了。"临刑前,他高呼:"共产党万岁!苏维埃政权万岁!"

符恼武

符恼武(1903~1932),清光绪二十九年(1903年)出生。镇江人。中国世界语运动发起者之一。民国8年(1919年),在上海加入胡愈之创设的上海世界语协会,被选为执行委员,并与黎维岳积极筹组全国世界语协会。后又加入国际性的环球世界语学会,被委为该会驻镇江代理员,和许多国外世界语学者建立了通讯关系。民国16年,在镇江创设了镇江世界语学会。民国19年7月,符恼武赴日本参加第七次世界语大会,代表中国世界语学者致祝词。回国后邀约日本等一些国家的世界语学者来镇江演讲。在镇江创办了《破晓》、《黎明》等世界语刊物。在润商、穆源等学校举办世界语班和星期研究班,还编印了《世界语中文大词典》草稿和全国世界语运动总调查等。

"九一八"事变后,他积极响应汉口世界语学会的呼吁,与全国各地世界语团体联名发表宣言,向全世界揭露日本军国主义侵略暴行,并用个人名义发表《给日本同志的公开信》。

王玉如

王玉如(1906~1932),原名余庆,又名峰亚。清光绪三十二年(1906年)生于阳湖县(今武进)剑湖乡严庄村。中共早期党员,烈士。民国15年(1926年)1月参加国民党,2月加入中国共产党。历任国民党横山桥区分部执行委员和中共横山桥支部干事、严庄桥中共支部书记、中共武进县西南区委书记。民国17年先后任中共武进县委常委、组织部长、宣传部长、县委书记。秋,发动农民暴动未成,遭国民党当局通缉。翌年秋,任中共上海法南区委宣传部长,后任区委书记。因党组织遭到破坏,偕妻高美芝(中共党员)回到武进家乡继续斗争。民国21年6月,在奔牛小学被捕,关押在镇江监狱,遭到严酷摧残,于7月22日病死狱中。

冯硕仁

冯硕仁(1907~1932)。东海县白塔埠村人。烈士。幼时就读于石峰市小学,民国12年(1923年)考入江苏省立第十一中学,后转入东海中学。民国17年秋加入中国共产党。民国18年初,东海中学校长谷延隽、训育主任陆秋斋对学生员工实行法西斯统治。4月,在学校中共党支部组织下,校工与厨师们举行同盟大罢工。冯硕仁积极活动同学,支持罢工,迫使校方发给饭费。冯硕仁在五一国际劳动节纪念会自由讲话时,批评学校当局实行的法西斯制度。陆秋斋受到当众指责,恼羞成怒,诬冯硕仁违反校规,决定在总理纪念周时,要冯硕仁在总理遗像前罚站。中共东海中心县委研究决定,借此发动东海中学学潮。5月6日在全校师生大会上,陆秋斋宣布一些学生违反校规,勒令登台认罪。冯硕仁昂首步上讲台,据理力辩,群情激愤,致使陆秋斋挨了木板,谷延隽的头顶被套上痰盂。纠察队员带走谷延隽和陆秋斋,纪念周变成了全体学生大会。大会通过了驱逐谷、陆二人的决议。月底,反动军警来校镇压,党团员和进步师生疏散。冯硕仁被学校开除。

民国18年6月13日,军警包围白塔埠,抄了冯硕仁的家。此后,冯硕仁负责白塔埠地区党的工作,活动在陇海铁路南北。期间,他领导雇工要求增加工资的斗争,使雇工工资由每年30元增加到50元。民国19年7月,东海县行动委员会成立,冯硕仁为行委委员,与徐润斋等人组织、发动了牛山暴动,在牛山顶上竖起了红旗。牛山暴动后,冯硕仁被派往南京打入国民党军队,从事兵运工作。民国21年春,由于军委机关出了叛徒而被捕。同年秋英勇就义于南京。

丁 香

丁香(1910~1932),女,又名丁贞、白丁香。清宣统二年(1910年)生。苏州人。中共地下工作者,烈士。出生后为弃婴,襁褓中留有字条,"丁贞,宣统二年庚戌年二月十五日(1910年3月25日)午时出生"。家庭身世,无从稽考。

苏州基督教监理会美籍教士白美丽小姐(MissBeauty·White)将其收养,改名白丁香,常以"丁香"称之。白美丽小姐喜爱丁香,将丁香托付给出身贫苦的教友吴师母哺育抚养。吴为人忠厚善良,视丁香为己出,以母爱谆谆教诲,耐心启迪。丁香在成长中养成勇敢、勤劳、朴素的美德。白小姐还请有专长的牧师、教友给丁香教授国语、圣经、历史、地理、钢琴等课,要求甚严。后又送丁香去东吴大学攻读生物、代数。丁香在东吴大学读书期间,常与一些进步同学谈论时事,关心国事,接受进步思想,听过共产党人萧楚女的演讲,积极参加爱国募捐,支援工人罢工斗争。民国19年(1930年)4月,丁香加入中国共产主义青年团。翌年转为中共党员。民国21年4月,丁香与东吴大学同学、中共地下党员阿乐(原名陆于弘)结婚,一起到上海从事党的地下工作。9月,党组织要她去北京从事地下工作,不久被敌人逮捕,押解南京,在狱中坚贞不屈。同年12月3日子夜,被绑赴雨花台,当时丁香已怀孕3个月。临刑前,国民党特务还以"怜惜"胎儿诱她投降。丁香厉声骂道:"呸!不要脸的东西,我一辈子没有受过卑鄙的怜惜,我更不要阶级敌人的同情,这对我是莫大的污辱。"敌人劝降不成,将丁香杀害,时年22岁。

周趾麟

周趾麟(1911~1932),又名子林、慈昌,化名胡阿毛。清宣统三年(1911年)出生于崇明外沙永昌镇。启海地区早期共产党的领导者,烈士。幼年丧父,由兄胡元礼抚养长大。在海门中学读书期间参加共青团,并为共青团组织的负责人,后转为中共党员,多次组织、发动学生运动,他办的夜校成了党的秘密活动场所。反动派要逮捕他,他立即撤离。回到启东,在郁家村等地积极发展党组织,不久,担任共青团启东县委书记,成为中共启东县委的得力助手。

民国19年(1930年),启东"八八"暴动失败后,周趾麟坚持战斗,承担起全县党组织领导工作。后与中共江苏省委派来的同志密切合作,恢复和整顿党组织,并把溃散的原红十四军启东大队的人员、武器重新集中起来,建立武装小组,开展小型、灵活的斗争。民国20年初夏,省委决定启海两县委合并建立启海县委,周趾麟任县委书记,党的活动范围逐步向海门转移。同年冬天主持召开第二次启海县委会议,决定组建武装,由其兼政治委员。翌年5月20日,周趾麟和其他7人在海门癞疤镇被捕,敌人施以酷刑,他毫不动摇。7月1日夜间被押出监狱,周趾麟铿锵回答敌问:"共产党人是杀不尽的！一定会打倒你们！"当夜周趾麟在汇龙镇娘娘庙前英勇就义,时年21岁。

韩秀三

韩秀三(1880～1933),字子韶。涟水县李集乡韩庄人。教育工作者。童年聪颖好学,清光绪三十四年(1908年)进安东乙种师范传习所学习。宣统二年(1910年),韩秀三在家创办韩庄初等小学堂,民国7年(1918年)增设高级班,为韩氏私立高等小学。办学期间,家中草房20间和场地全归学校使用。种田30亩,所收粮食、蔬菜供师生改善伙食。他作为校长,日夜操劳,除管理校务外,还亲自任课,并令家中妇女帮助料理伙食。他办学自求循序渐进,对教学抓紧抓实,对教师礼遇有加,因此,学生学业猛进,升学率高,校誉日增,求学者日众,多次受到江苏省教育厅传令嘉奖。他在《创办韩氏私立高等小学记》一文中说:"吾涟私人创办学校,不一其人。曾几何时,纷纷停辍。非人之才智不若予也,实以人尚高华,吾求实际,人皆急进,吾独徐行,是以得年年扩充,以有今日也。十数年来,风雨飘摇,持以恒心,坚以毅力,本校幸运,赖以绵延,此予所差堪自持而自慰者也。"民国17年秋,因积劳成疾,他不满50岁已步履艰难。民国22年夏,韩秀三病逝。吊客1500余人,挽联300多副。涟水县县长陈国寿挽曰:"举校学子莘莘,热血铸成新事业;半生穷年矻矻,焚膏笃守旧家风。"

徐鸿英

徐鸿英(1902～1933),小名金保。清光绪二十八年(1902年)出生于江阴。中共早期党员,烈士。因家贫,中学未毕业便在家帮助父亲为人抄写谋生。后读完县师当小学教师。民国13年(1924年)7月任袁家桥小学校长,兼办农民夜校,加入中国国民党。民国15年加入中国共产党。翌年任中共城区支部书记。秋冬,配合江阴东乡农民武装暴动,秘密从事传递消息、张贴标语等活动,一度被捕,因证据不足而释放。后去南沙王家埭,参加后陆等地农民暴动。民国21年秋,江阴党组织遭到破坏,在困难条件下,他担任中共江阴县委书记。民国22年4月12日,奉命乘轮船去武汉,被国民党当局县公安局长追踪,14日在湖北湖口遭杀害。

顾臣贤

顾臣贤(1908~1933),又名季子通。清光绪三十四年(1908年)出生于南通唐闸芦泾港(今属港闸区)。革命烈士。17岁入资生铁厂学钳工。民国17年(1928年)加入中国共产党,担任中共南通资生铁厂支部书记,不久任中共南通城区区委委员。民国18年,为配合农村武装斗争,组织部分工人成立红色军事小组,秘密训练。翌年3月任中共通海特委委员。5月下旬被捕,由于敌人没掌握证据,被监禁2年零6个月后获释。民国22年3月,任中共南通中心县委书记兼南通县委书记,着手党的恢复工作。4月,与中共江苏省委巡视员卢世芳等组织唐闸五厂工人同盟罢工和请愿。6月8日因叛徒告密,他与卢世芳等被捕。当夜,他在狱中召开紧急会议,决定"无条件保卫党",坚持斗争。7月初被解送镇江,备受酷刑,仍坚贞不屈。9月14日,英勇就义于镇江北固山下。

吴汝连

吴汝连(1909~1933),化名鲁连夫、路连夫。革命烈士。清宣统元年(1909年)出生于如皋车马湖乡一个贫苦农民家庭。民国17年(1928年)任江安六甲小学体育教员。民国19年2月,加入中国共产党;同年3月,任镇涛区委书记兼游击队队长。6月11日,率部配合红十四军一师攻打石庄,战斗中,身上3处负伤,转上海治疗,伤愈后留在上海互济会从事地下工作。民国20年秋,继于咸后任中共如皋县委书记,数度回如泰边境恢复工作。民国21年2月,中共江苏省委决定成立如泰县委,吴汝连任书记。为打开局面,他回乡后严惩恶霸地主和反动分子,整顿和重建各地党的基层组织,并以游击队武装护卫,领导群众进行春荒斗争。4月26日,吴汝连至泰兴县珊瑚区筹建革命行动委员会,因敌人以数倍兵力围剿,撤至磨头区隐蔽活动。27日夜,吴汝连率队奔袭曹庄埠,夜宿戈家堡,不幸被敌人包围。吴汝连率领战士坚守,激战一天,于突围中牺牲,时年24岁。

周 斌

周斌(1909~1933),原名周以群,化名寒松、沈复海、武文周。革命烈士。睢宁县苏塘乡峰山人。9岁入乡塾读书,16岁考入南京金陵大学附中,后转入睢宁县中师校。19岁再次去南京求学,因参加学生联合会,组织学生反对学校当局,被开除。民国18年(1929年),周斌利用办学之机,在家乡开展农运工作,积极参加张官圩农民抗官租斗争。民国19年3月加入中国共产党。民国20年夏,周斌在蚌埠、临淮关一带从事工运活动。同年10月调回家乡,重新恢复曲头小学,自任校长,学校一切费用由周斌家庭承担。他以教学为掩护,积极从事革命活动。民国21年4月17日,中共睢宁县委发动曲头—马浅武装暴动,周斌具体组织指挥,带领队员到自己家,将粮食、衣物等分给群众。同年7月,周斌调到中共徐州特委做联络工作,后任中共徐州特委军事委员。民国22年6月,中共徐州特委遭到敌人破坏,周斌被捕。在狱中,敌人使用威逼、利诱、酷刑,均未能使周斌屈服。是年7月30日,英勇就义,时年24岁。

钟培贤

钟培贤(约1850~1934),字希伯。约生于清道光三十年(1850年)。扬州人。清曲艺人。晚清秀才,早年教私塾,因只教唱曲,不教书,故不久散馆。此后,便从事清曲艺术表演与研究。先唱旦,后唱生。擅长泼口,声音宏亮,富于变化,声誉卓著,有"扬州曲王"之称。他一生创作、改写了许多曲词,深受清曲界的赞佩。其中《贾宝玉哭祭奠》,被收入《红楼梦书目》。兼工民族乐器,民国23年(1934年)去世。

邵天雷

邵天雷(1868~1934),字无妄,另号瓜傭。淮安车桥人。南社成员,著述丰富。家世书香,幼勤奋好学。光绪三十二年(1906年)入两江法政学堂,中途辍学,回乡任教,是周实、张冰等进步青年的师长和朋友。入南社,以诗文鼓吹革命。民国20年(1931年),任上海持志大学历史教授,后因体弱归里。民国23年病逝。著有《周易通义》、《史记评注》、《左传评注》、《庄子评注》、《孟子评注》、《韩、苏诗文集评注》、《持大群史大纲》、《持大群经大纲》、《剥庐诗文集》、《磨砚拾渖随笔》和《冰雷合稿》等。

顾 衡

顾衡(1909～1934),字屏叔。无锡人。民国12年(1923年)考进东南大学附中学习。民国14年后,在追悼孙中山活动中受恽代英、萧楚女等影响,参加爱国反帝运动。翌年,加入国共合作的国民党。民国16年夏,考入东南大学。同年加入由共青团员翟凤阳等人组织的大地社。民国17年,"五三"济南惨案后,他愤然脱离国民党,并放弃自己的专业,去北平从事革命工作。民国19年10月,参加中国共产党,不久调中共北京市委工作,年底又被派往安徽太和县恢复党组织。民国20年11月,中共太和县委成立,顾衡任书记。县委成立后,注重开展工运、妇运、兵运工作,组织罢工和兵变,到翌年春,全县已有自卫队武装2000余人。

民国21年,中共南京组织遭到第七次大破坏,特别支部仅有八九名党员。次年夏,党组织派顾衡任中共南京特支书记。到任后,他不畏艰难,不顾个人安危为恢复和发展党的组织积极开展工作。他把工运作为重点,组织党员在工厂、码头、军事机关以及学校进行革命活动、发展党员、营救被捕人员,又组织读书班、工程学会、反帝大同盟等进步组织。民国23年,中共南京特支改为中共南京市委,顾衡为市委负责人,负责组织工作。同年6月,江苏省委遭受破坏,旋即南京党组织受到第八次大破坏;8月7日,他在沙塘园被捕入狱,不论敌人用刑还是诱降,他都坚贞不屈。民国23年12月4日顾衡在南京雨花台就义,时年25岁。

管尚平

管尚平(1878～?),字成夫,吴县(今苏州市区)人。生于清光绪四年(1878年),外务官。肄业于北京同文馆。历任驻俄使馆翻译官、外交部翻译官、出使各国考察宪政大臣翻译官、伊犁中俄交涉局总办、黑龙江瑷珲交涉员、北京政府外交部交际司科长等职。民国4年(1915年)至民国6年,署驻伊尔库次克领事;民国8年署驻赤塔领事;民国16年5月,代理驻海参崴总领事;当年9月调署黑河总领事。民国17年3月署驻伯力总领事。民国18年1月调署驻伊尔库次克总领事。翌年4月调代驻伯力总领事。民国20年4月至23年1月任驻伯力总领事。

青　权

青权(1860~1935),清咸丰十年(1860年)出生。江都人。高僧。出身望族,熟读四书五经。光绪二十七年(1901年)起担任镇江金山寺方丈,为临济宗第四十四世和临济宗金山分宗第十三世高僧。民国8年(1919年),其法弟宗仰法师到栖霞寺出任方丈,宗仰欲重修遭战争破坏的栖霞寺,向青权求援,青权慨然将金山寺的部分佛像、法器、用具相赠,大力支持宗仰。栖霞道场自此改为金山分宗,栖霞寺改为金山法派。民国24年青权方丈圆寂。圆寂前,他遗嘱将其灵骨安塔栖霞。

方寿颐

方寿颐(1888~1935),清光绪十四年(1888年)生于江阴祝塘镇北街。因家道清寒,15岁进无锡北塘同和润钱庄为学徒。为人朴实勤勉,深受徽籍董事赏识,提为文牍,数年后升任经理。20余岁已露头角。民国10年(1921年)前后,他为振兴实业,与申、锡工商人士薛醴泉、贝润生、张蓝萍、奚鹤年、薛南溟等,集资140万元(合白银100万两)筹建豫康纺织有限公司,在无锡北郊黎花庄购地120亩,建筑厂房,引进英国机器及纱锭2万枚,出品商标为正牌月娥,副牌九龙,他由董事会选为经理,在昆山、太仓、常熟东乡等地设立收花站,并设公记纱号,专事推销产品。同时,在祝塘创办纱厂,定名豫康二厂,又开设祝塘义仁聚布庄及璜塘久记、文林仁记、长寿聚记3处分庄,收放土布,行销苏北一带,业务都很兴旺。乡亲有求助者均慷慨相助。他任经理时,治厂甚严。车间总管孙仁允屡受斥责,怀恨在心,以重金收买兵痞,于民国24年3月,将方寿颐刺杀于祝塘返锡的汽艇中。

张荣生

张荣生(1900~1935),又名云飞。清光绪二十六年(1900年)生,涟水县人。烈士。民国20年（1931年）加入中国共产党。历任中共涟水县委书记、中共淮盐特委委员。民国23年11月，废黄河下游疏浚工程开工，由于层层克扣，监工又随意打骂民工，民工苦不堪言。民国24年2月一天，涟水二区民工要求导淮工程处退换霉变面粉，遭拒绝。民工强行退换，被警备队枪杀2人，伤1人。张荣生等即发动民工罢工，要求严惩凶手，抚恤死难民工家属，被拒绝，民工于当夜放火烧工棚，解散回家。罢工坚持半月之久。不久，因叛徒出卖，工地党组织被破坏，张荣生被捕押于涟水监狱，后被毒死，时年35岁。

吴致民

吴致民（1900～1935），清光绪二十六年（1900年）生，湖北省黄梅县人。中共早期党员，烈士。7岁读私塾，17岁赴武昌启黄中学读书，不久，与启黄中学的同乡宛希俨，一起结识了恽代英、林育南等人，并参加互助社。"五四"运动中，积极参加反帝爱国活动。民国9年（1920年），恽代英在互助社的基础上创办利群书社，吴致民为书社筹集经费，并与邓雅声、李子芬等集资创办书报流通处（后改为醒民书社），销售《共产党宣言》、《新青年》等进步书刊。民国10年考入东南大学。翌年10月，参加中国社会主义青年团。后因反对压制民主被开除出校。民国13年11月，被选为团南京地委执委，负责农、工教育工作。"五卅"惨案发生后，他积极参加声援上海人民的爱国反帝斗争，参与建立南京各界沪案后援会下关办事处和记洋行工人工会，组织和记工人罢工。民国14年转为中国共产党党员。翌年6月，任中共南京地委书记。7月31日，调任武汉码头总工会秘书长，后任湖北省总工会秘书长。大革命失败后，他去鄂东领导秋收暴动，任鄂东特委书记。民国16年10月，他在家乡黄梅县领导全县农民举行暴动。民国18年1月任中共中央巡视员到阳新指导工作，3月，兼任大冶中心县委书记。次年6月任鄂东南特委书记。同年夏，创办彭杨学校（为纪念彭湃、杨殷二烈士），任校长。9月起，他又根据上级扩军5万人的指示，参与建立红五军、八军、十五军等部队的工作。后在中华苏维埃第一次代表大会上，被选为中华苏维埃共和国中央工农民主政府执行委员。不久，吴致民调离鄂东南，先后任中共湘鄂赣省委执行委员、常务委员、宣传部长、组织部长等职。民国22年10月，兼任鄂东南地委书记。民国24年2月，吴致民所在部队遭国民党军队偷袭,吴中弹牺牲,时年35岁。

徐名正

徐名正(1912~1935),民国元年(1912年)出生于如皋石庄镇。烈士。14岁考入江苏省第二代用师范(今如皋师范)前期师范科。民国19年春,考入广东欧阳予倩办的戏剧研究所附设的戏剧学校学习。次年春,由戏剧家熊佛西介绍进北京大学文学系作为旁听生,研究戏剧。不久日本侵略军进逼北平,徐名正回到家乡,由中共如皋县委书记吴汝连介绍加入中国共产党。同年秋,受党组织的派遣,入如皋师范读书,任中共如皋师范支部书记。民国21年五一国际劳动节前,吴汝连布置他赶制数千份署名为"如泰工农行动委员会"的标语,如师党支部的同志突击刻写印刷,4天内全部完成。次年4月,吴汝连等7人被围牺牲,2人被捕,如师党支部暴露。徐名正机智地撤出如师,转到上海私立正风中学继续读书,在工人中开展宣传教育。同年夏,回到如皋任城市民众教育馆馆员。10月10日受到如皋国民党当局通缉,避往厦门,化名罗伦,参加十九路军工作。闽变失败,转去闽南,于民国23年到达中央苏区,在苏维埃中央政府机关报《红色中华》报社任秘书长。10月中央红军长征,他随兼任该社社长的瞿秋白行动,民国24年2月,在福建长汀被捕牺牲,时年23岁。

杨邦彦

杨邦彦(1857~1936),字振声,号艮斋。清咸丰七年(1857年)出生。镇江人。18岁考取秀才后,设塾授徒,后去南京两江师范任教,与同乡赵声同事,结为好友,受到革命思想的熏陶。不久被派赴日本留学,入明治大学经纬学堂师范科。在日本加入同盟会。光绪三十一年(1905年)回国后,受地方人士推举,担任镇江府中学堂监督,又被推为丹徒县教育会会长、城厢自治议事会议长。辛亥革命时,杨邦彦与李竟成、林述庆等积极配合,团结地方人士。他邀集地方官员各界代表人物开会,向他们阐明时局大势,促使驻防副都统载穆同意缴械投降。镇江光复后,他担任军政府民政部长。民国2年(1913年)夏,他又出任丹徒县知事。两次担任地方行政长官,虽时间都只有几个月,但对稳定地方秩序,做过有益的工作。此后,他主持地方教育行政8年,全力筹谋经费,添办了不少学校和通俗教育馆、公共体育场等。一度入北京任众议院议员,但看到政治腐败,无可作为,于是"废然而返"。民国9年,杨邦彦参加修纂《续丹徒县志》,任总干事,经他多方筹募款项,并对志稿作了最后修改,民国19年出版。民国25年去世。

赛金花

赛金花(1872~1936),女,本姓赵,名彩云。原籍安徽休宁,生于苏州。光绪十二年(1886年)鬻为稚妓,榜名富(傅)彩云。光绪十三年被在籍状元洪钧纳为妾,后随洪钧出使俄、德、奥、荷等国,在国外3年中以外交官家属身份出入各国社交场合。光绪十九年洪钧病逝后至上海重操旧业,取名曹梦兰。光绪二十四年至天津,组金花班,改名赛金花,翌年迁北京。八国联军攻陷北京时,曾与德国军官过往甚密,见联军在京暴行,曾劝其稍加收敛。光绪二十九年因虐待幼妓致死而入狱,后押解回苏州。民国6年(1917年)至上海与国会议员魏斯灵结婚,改名魏赵灵飞。民国8年魏氏病故,遂留居北平,晚年生活潦倒。民国25年12月4日赛金花病逝于北平。墓葬在陶然亭。

陈三立

陈三立(1853~1937),字伯严,号散原。义宁(今江西修水)人。晚清诗人。光绪十二年(1886年)进士,封官吏部主事,随其父至湖南。但他淡于名利,通籍后,累10年不就职,以诗歌、古文辞自娱。戊戌变法时,其父陈宝箴任湖南巡抚力主新政。他积极参与维新运动。戊戌变法失败,西太后以"招引奸邪"等罪名,将其父子革职,永不叙用。其父忧愤而卒,葬于南昌西山(即散原山)。因以筑室于其上,名为"散原精舍",自称散原老人。

光绪二十六年四月,他应友人薛申伯之约,携眷来南京,赁屋寓珠宝廊。翌年,又赁居中正街。光绪二十八年,任三江师范总稽查。其间,他曾捐宅参与创办南京第一所新制小学——思益小学。光绪三十一年,买得建筑材料,在青溪上游之西岸西华门头条巷构屋十楹,榜曰"散原精舍",亦称"金陵别墅"。民国18年(1929年)起,他先后寓居南京达9年,创作了几十万字的诗文。陈三立工诗文,是晚清同光体诗人的首领,被称为"呼保义宋江",被汪国垣列为"生涩奥衍"一派,取境奇奥,造句瘦硬,炼字精妙,为梁启超等所推崇。著有《散原精舍诗集》、《散原精舍文集》。

抗日战争爆发前后,郑孝胥等两次拉他到伪满洲国任职,均遭严辞拒绝。民国26年因病中拒绝服药而死。

曹家达

曹家达(1868~1937),字颖甫,一字尹孚,号鹏南,别号巢老人。清同治七年一月二十八日(1868年2月21日)生于江阴城内司马街的望族世家。名中医。光绪二十一年(1895年)就读南菁书院,工文学、善词画、明医理。性耿介傲岸,人皆呼为"曹戆"。光绪二十六年中举。后绝意仕进,征选知县不应。中年迁居上海,与武进孟河旅沪名医丁甘仁知交。丁举办上海中医专门学校,被聘为教授并兼辅元堂施医局诊疗工作,执教10余年,讲授中医经典《伤寒论》、《金匮要略》等课程。治学严谨,启迪后进。名中医王一仁、秦伯未、程门雪、丁济方、章次公等皆出其门下。曹家达为典型的经方派代表人物,主张研究中医应从源寻流,不可舍本逐末。处方用药均依准《伤寒》、《金匮》。治疗一些疑难之症,辄着手成春,于贫者求医常不取酬,且资其药。日军挑起侵略上海的"八一三"事变后,他携家属离沪返澄。民国26年(1937年)12月7日,日军在江阴城内肆虐,一妇女被迫逃往曹家达家。他闻声拄杖而出,痛斥日军暴行,被当场残害。著有《曹颖甫医案》、《伤寒发微》、《金匮发微》、《经方实验录》;另著《梅花诗集》、《气听斋骈文拾零》等。

曹仲容

曹仲容(1872~1937),无锡城内盛巷人。儿科中医。曹氏儿科,自明末以来相传300余年,代有名医。曹仲容为19世孙。他幼年秉庭训习医,攻读中医经典及历代名医著述,并兼习《颅囟经》、《小儿药证直诀》、《金鉴儿科心法》等中医儿科经典。对上祖遗著《痘学真传》钻研尤深。曹仲容擅治时令热病,对小儿痧痘尤精。民间流传:"若要小儿病安康,曹家门前坐、等、看。"他诊病有四个特点。一向病儿父母详问病史;二视患儿精神、面色、身形;三闻啼哭咳嗽等声;四是细察舌苔、舌质指纹,然后参合引证治之。

贫病不计,首重医德,是曹氏世代相传的医风。他常对贫病者资助药费和车船费。凡患者非一诊可愈者,常备丸散,先服汤剂,续用成药,以减少城乡往返之劳。在下乡出诊时,遇有邀请看病者,只收门诊费,不收出诊费。民国11年(1922年),曹仲容参与发起组织中医学会和施诊给药局,以后每年夏、秋季参加义务应诊。

陈恒和

陈恒和(1883~1937),祖籍丹阳,清光绪九年(1883年)出生于江都杭集(今属邗江),后定居扬州。古籍鉴定专家,现代扬州图书出版业的代表人物。他生性敏毅,幼时便能通文字。时杭集雕版印刷发达,以刻书为业者很多,他深受影响,走上了从事书业谋生之路。18岁起从其舅父学习目录学。逐步通晓刘歆的《七略》和班固的《汉书·艺文志》,掌握目录学方面的基础知识。还学会修补古书的技术。30岁时,到上海以版本学闻名的李紫东开设的忠厚书庄,一方面专事古书修补,一方面于业余协助购书籍,向李紫东讨教版本目录学及古旧书经营业务。民国12年(1923年),回扬州创设陈恒和书林,开始独立从事古旧书买卖,同时他悉心搜集乡邦文献稿本,历时5年,择其要者24种雕版印行,名曰《扬州丛刻》,计47卷、12册。刊刻时资金短少,其妻"脱簪珥以助"。陈恒和书林还刊刻有蒋伯超《榕堂续录》等书。他的工作也弥补了民国时扬州私家及书坊刻书的空白。他因突发脑溢血病逝于民国26年。

李素伯

李素伯(1908~1937),原名文达,字素伯、质庵,号梦秋、梦秋子,笔名所北。海门县(今海门市)人。民国17年(1928年),以优异成绩毕业于南通中学师范班。历任南通实验小学、南通乡村师范国文教员。民国22年,回到师范教授国文。李素伯是20世纪30年代颇有成就的青年作家,创作旧体诗词数百首,发表于《艺风》、《爝火》杂志的有《思往事八解》、《春之夜》、《信》、《偶感》、《挽庄弟》、《重来濠上》、《次韵谢怡师赠言》等诗作。他还在诗歌创作理论方面进行了探索,在《学艺》和《文学》杂志上分别发表《中国诗人与自然》、《漫谈新诗》两篇很有见地的论文。散文理论研究论著有《小品与大品》、《自己的话》、《小品与要闻》、《旧调重弹》等。发表于《中学生》杂志上的《春的旅人》，当时脍炙人口，曾被选入北新书局的活页文选和不少学校的语文补充教材。他的笔名被编入《现代中国作家笔名录》(1938年)、20世纪70年代的《二十世纪中国作家笔名录》,《现代文学辞典》也收录了他的资料。

李先春

李先春(1862~1938)，清同治元年(1862年)生，高淳县人。18岁随祖父李遵衡学艺。因其天资聪颖，学习认真，技艺日有长进。他精于建筑设计，又善雕梁画栋，技艺高出侪辈之上，有"活鲁班"、"木仙"之称。清朝末年，地方士绅发起在东坝上游的胥河中央建亭阁，并发出通告，广泛征集设计图案，招标承建。李先春得悉后，构思创作出一精彩主体图案，即被选中，并由他负责承建工程。阁建成后取名"钟英阁"，又名"梓童阁"。这是一座四面三层的水上楼阁，面东背西，登高可以凭栏远眺。栏杆上装有精雕细刻的狮虎头像。屋顶飞檐翘角，两条巨龙昂首腾飞，为远近闻名的景点。1958年因开挖沪芜大运河被拆毁。

光绪三十一年(1905年)东岳庙戏楼(后改东坝戏楼)被烧毁，民国6年(1917年)地方上决定请李先春重建。他接受任务后，跑遍邻近州县观察，吸收各家之长，在原来的基础上重新设计施工。戏楼采用宫殿式大屋顶，高13米，居中"宝刹"高1.7米。脊尖高翘，安装三根"丰"字形铁钗。正台屋面采用横梁架设"珠车斗"，向外延伸至屋檐，转角处出"斜角梁"，并采用"铁角撑"上承梁椽起翘。两翘角上各系风铃一只，"铜钟高悬、风吹齐鸣"。台顶呈八角形，"藻井"中绘有"二龙戏珠"。台中间有两只悬空花篮。戏楼所有的雕刻无不线条流畅，刀法精巧，布局合理，神态逼真(该楼今仍保存完好，为省级文物保护单位)。

李先春于民国27年去世。

吴笠仙

吴笠仙(1869~1938)，名树本，字笠仙，以字行，号餐英阁主人、秋圃老农、东篱野叟。清同治八年(1869年)出生。扬州人。画家。工诗，长于篆刻,尤精于绘画。擅长画人物、山水和花鸟,中年后专攻画菊,曾亲植菊花百余种于庭院,朝夕观察,细心揣摩,着意写生,创立了工笔与写意相结合的画法,在画坛上独树一帜,奠定了扬州画坛"吴氏菊派"的基础。

他为人耿直,不阿权贵,被人誉之为"菊花傲骨之化身"。清末,曾应一旗人之求作泥金菊花条屏16幅,后得知为进贡慈禧太后寿礼,不以为"荣耀",反而气愤地说:"这近于诳骗,早知是献慈禧,我是决不画的!"抗日战争爆发后,为拒绝日军登门索画,他于门上贴出一纸条:"笠仙年老多病,恕不再卖画矣。"民国27年(1938年)因日军强行索画不止而气愤投水致死。

朱南山

朱南山(1872~1938),字永康。清同治十一年(1872年)出生于通州(今南通市区)。中医妇科专家。年轻时师承名医沈锡麟,擅用伤寒大方,长妇科。朱氏提出调血气、疏肝气、补肾气为妇科立法之大纲。用药强调"药必对症,用必够量",并有"药不中鹄,箭成虚发;过量损正,多贻后患"之说,且善采民间验方。20世纪30年代,集资办上海新中国医学院。朱南山于民国27年(1938年)去世。

秦亚宾

秦亚宾(1872~1938),原名良贵,号冠卿。清同治十一年(1872年)生,江苏沛县湖屯乡朱楼村人。13岁入学,成绩突出,被县长马光勋誉为奇才。因愤恨清政府腐败,攻师范,立志以教育救国。徐州省立第七师范讲习科毕业后,与挚友张翰香等创办沛县王楼小学,义务任教。因教学成绩优异,升任县立第一高等小学校长。继升县视学、教育局长。任职期间,废私塾,办新学,拆寺建校,不遗余力;大力整顿沛县师范。苦心经营10余年,使沛县学风大振。

民国初年,盗贼蜂起,地方不宁。秦亚宾办团练,卫桑梓。沿湖一带,水患频仍,他倡议当局浚河建涵,导水入湖,并亲临工地督工。陈楼闸附近地权,原为团民所有,工程一时被阻。秦亚宾亲与团民交涉,贾地施工,工程得以顺利完成,一乡受惠至今。"冬勘号地"原为高小湖村民私产,嗣经当局收为学田,数百家农民失去生计,秦亚宾赴省力争,终使田归故主,高小湖村民至今感德。

民国9年(1920年),参与纂修《沛县志》。民国13年,被中华书局聘为《中华大字典》编辑。同年,受徐海道尹聘,任道尹公署咨议。晚年,多方延聘讲学,桃李遍丰沛,出其门墙者多为知名之士。乡里屡次集资,欲立石颂其德,秦亚宾辞曰:"我为地方造福,非为沽名钓誉,父老果爱我,请以此钱办学。"里人不忍夺其志,于朱楼西办高小1所。民国27年,秦亚宾苦于国势日倾,忧愤成疾,不久病逝。

戴善章

戴善章(1880~1938),原名戴元,清光绪六年(1880年)出生。扬州人。扬州评话艺人。以演说《西汉》、《西厢记》、《西游记》闻名于世,自称"三西居士",人誉之为"三西才子"。他自幼家境清贫,16岁时,路见一行人遭歹徒抢劫,挥拳相助。事后得知,被劫行人是善说《西汉》的扬州评话艺人任永章,便拜任为师,两年学成。19岁正式登台,小有声誉,后续向师祖许鸿章、师叔刘春山再学习。28岁时,典当母亲的裙子、套裤,购回《西游记》。经过两年的苦心修选,揣摩润饰,完成了自创评话《西游记》。首次登台演说便轰动书坛,直至离世,演说《西游记》近30年之久。其书艺胜过其师,名震书坛。

戴善章秉性刚直,对当时官场腐败及社会上种种不公正的现象极为痛恨,常将所见所闻巧妙地安插在书中,嘲讽时弊,抨击奸伪。20年代后期,与王少堂、康又华、吴少良同在镇江演出,听众中有国民党省政府"五厅"官吏,他便借机发挥,以妖喻官,辛辣而又含蓄,使一些贪官污吏哭笑不得。民国27年(1938年)去世。

张肇桐

张肇桐(1881~1938),字轶欧、翼侯,号一鸥。中国早期矿冶工程学家,无锡县(今无锡市区)人。他早年肄业于上海南洋公学,光绪二十七年(1901年)赴日留学,参与发起留日学生革命组织青年会,次年回国。光绪三十年他考取官费留学比利时,获比国海南工科大学路矿硕士学位,辛亥革命后回国,历任北洋政府工商部矿务司司长、农商部矿政司司长、江苏省实业厅厅长、山东临城矿务局总办、国民政府工商部商业司司长等,参与创办地质调查研究所、矿冶研究所等科研机构。

杨荫榆

杨荫榆(1884~1938),女,小名申官。清光绪十年(1884年)生于无锡城北门长安桥。中国最早女子高校教育管理人之一。光绪二十九年在其兄杨荫杭创办的锡金公学就读,学习近代数理知识,是为男女同校风气之先。后至苏州景海女中读书两年左右。又转上海务本女学读书,直至毕业。光绪三十三年江宁学务公所录取她官费留学日本,先后在青山女子学院、东京女子高等师范学校(理化博物科)学习。宣统三年(1911年)毕业回国。民国2年(1913年)应聘任江苏省立第二女子师范学校教务主任。翌年任北京女子师范学校学监。民国7年,教育部首次选派教授赴欧美留学,她应选入美国哥伦比亚大学攻读教育专业,民国11年获硕士学位后回国。民国13年,杨荫榆任北京女子师范大学校长。民国14年,因压制学生运动,开除进步学生许广平、刘和珍等,受到校内师生和外界的谴责,8月被免职。民国14年冬回到苏州。后至苏州女子师范任教,并在东吴大学、苏州中学兼教外语。民国24年在娄门创办二乐女子学术社,任社长。民国26年,日军侵占苏州。她目睹日军种种暴行,数度到日军司令部提出抗议。民国27年1月1日,两名日军士兵诡称司令部传见,将她诱至盘门外吴门桥上,一日军突然开枪击她,并将其抛入河中,复击数枪,杨荫榆惨死河中,终年54岁。次年安葬于苏州灵岩山绣谷公墓。

李钟瑞

李钟瑞(1896~1938),女,名毓珍,以字行。清光绪二十二年九月初九(1896年10月15日)生于无锡。养蚕专家。早年毕业于无锡竞志女学,复入苏州浒墅关省立女子蚕业学校,为该校民国5年(1916年)首届毕业生,留校从事教务工作,并负责校外育蚕指导事宜。民国6年以后历任无锡女子职业学校校长、金坛县立女子学校教务主任、江苏省立育蚕试验所技术主任暨分所所长、实业部顾问等职。她亲自编写教材,赴宜兴、溧阳等县传授育蚕知识。民国8年,她在无锡北乡方巷自创无锡蚕种制造场,亲任场长。

该场所产蚕种质量优良,多次获得上海总商会丝绸蚕茧展览会、物品展览会的嘉奖。曾协助丈夫薛明剑编辑出版《无锡指南》,创办《无锡杂志》,并任主编。民国16年受聘为中央妇女部编辑。擅诗文,撰写不少有关栽桑、育蚕、制丝知识的诗歌,流传江南农村,著有《宣讲笔记》、《蚕业辞典》、《实用养蚕学》、《实用养蚕法》等书。其中《实用养蚕法》于民国25年由中华书局出版。抗日战争初期,她积极从事抗日后援工作。日军侵占无锡前夕,她随薛明剑迁重庆,并协助编辑《江苏乡讯》,报道家乡被日军侵占后的破坏状况,激发人们的抗日爱国热情。民国27年11月6日,因积劳成疾病逝于重庆。抗日战争胜利后,薛明剑于故乡玉祁建钟瑞图书馆以资纪念。

王尘无

王尘无(1911~1938),原名王承谟。清宣统三年(1911年)出生于海门县(今海门市)。"左联"负责人之一。民国16年(1927年),考入无锡国学专修馆攻读文学,毕业后进入上海持志大学。求学期间,结识共产党人和进步人士,思想觉悟提高很快,民国19年加入中国共产党。次年,大学毕业后回海门家乡从事革命活动,不久,任中共启海县委秘书。民国21年春,王尘无为躲避当地国民党保安队捕捉,只身潜往上海,与上海文艺界、电影戏剧界的进步作家和地下党组织取得联系,参加左翼作家联盟,被选为"左联"执行委员,接着又参加了"剧联"。民国22年初,上海电影界成立电影小组,王尘无为小组成员。其后"剧联"又成立影评小组,他为负责人。王尘无与夏衍、阿英、郑伯奇等一起,经常撰写影评,宣传党的文艺方针,推荐进步影片。同时无情地揭露、抨击封建、反动、庸俗、低级的影片。他的文章笔锋犀利,受到广大读者的欢迎。他也成为当时沪上很有影响的影评家。被誉为影评战线上的一员虎将。

民国25年冬,王尘无肺病加剧,经战友资助,去杭州疗养。养病期间他写了《浮世杂拾》一书,从另一个侧面展露了他的艺术才华。抗日战争爆发后,王尘无虽重病缠身,但他念念不忘抗日将士,在《救亡时报》上发表许多抗日诗篇。

曹典初

曹典初(生卒年不详),号叔辅。满族。原籍湖南长沙,后移居江苏宝应县。晚清翰林学士,著名实业家。他曾在翰林院攻读农学三年,熟谙稼穑。清光绪二十九年(1903年),钦点为翰林学士。宣统二年(1910年),他和安徽知州鲍有恪到山阳县西南白马湖畔(今岔河镇东南)购水荒地、旱荒地各6个区,招股集资,招聘佃农垦殖。经数年经营,他创办长湖垦殖公司,"垦成两圩(今岔河镇头圩、二圩),熟田逾万亩。筑堤五、石洞一、塘一、渠一、沟十三。建屋三所,一在公司,为护卫栖息之所;一在头圩,为管理中心。余屋囤贮谷粟,隙地植中外花木,以供闲时娱玩。又督佃种棉饲蚕,兴集成市,建织布工厂、制茧工厂、罐头制造所数处。还设农垦讲习所、农家识字学塾。河曰丰润,集曰丰敞"。他对植物的种,进行认真研究、实践。初种棉花,因土壤不适,加之常遭水灾,产量低下,便改种水稻,从泰州招雇百余老农指导,亩产达二三百斤。为便于农耕管理,他将围垦土地分为33个耕作区,每区以一个字命名。头圩20个区,二圩13个区。每区有土地三五百亩。区与区之间开沟相隔,沟渠纵横交错,既利于排灌,又便于行船。清末民初开凿的沟渠至今依然发挥作用。他衣着朴素,生活节俭,对佃农及附近百姓乐于相助,借钱借粮从不计息,深受百姓赞誉。他还爱好书法。民国27年(1938年)白马湖畔大水,长湖垦殖公司遭灾,损失巨大,难以恢复。加之日军侵华战乱影响,曹典初被迫退役卖田,离岔河去上海,以卖字为生。

蔡克浑

蔡克浑(1857~1939),名凤翱,号少涵。清咸丰七年(1857年)生,宿迁卓圩乡人。20岁考中廪贡生。任微善堂义学教师十余年。清末废科举,兴学堂,他首创进化乡第一国民小学,续办文昌阁第二高等小学,任校长达20余年,朱瑞、马伦、蔡贡庭、马爱亭等宿迁早期革命者均出其门下。民国2年(1913年)起,任县参议长3年。去县开会,吃的是家中带去的煎饼,穿的是土布衣服。一次县里派轿子到蔡老庄接他开会,当时他正在喂牛,来人误认为是他家伙计,便说:"县太爷请你家参议长去议事。"他回答说:"浑三先生(他排行第三)不用轿,马上就到。"来人回到县衙时,他已从小道先到了。

来人才知喂牛的正是议长。任议长期间,从不与县官、同僚酒肉往来,只带一名工作人员住"二衙",以便听取民意。在议事时坚持正义。当时宿迁佛教势力很大,他力主用庙产办学,并建议增加富户税额,以减轻贫苦农民负担;每次会议后,都将提案、决议等印成会议录公布,以防政府束之高阁。六塘河上游南堤险段较多,汛期常决口。他年近七十,积极倡导由民间集资疏导河床,整修险堤。在集资、规划和施工中,他样样参加,并亲临工地,住工棚,自带干粮,与民工同甘共苦。经3个冬春,河工告成,沿河居民均受其益。蔡克浑于民国28年去世。

程锡庚

程锡庚(1893~1939),字莲士。镇江人。18岁毕业于南京江南高等学校。民国初任海军部秘书,奉派赴英留学。民国8年(1919年)毕业于伦敦大学,著有《现代中国政治研究》,获得经济学博士学位,被推荐为伦敦经济学会会员、美国国际法学会会员。巴黎和会时他以学者资格参加中国代表团。民国10年任外交部和约研究会委员,以专门委员身份赴日内瓦出席国际联盟大会,任"国联"行政会中国代表团秘书。民国12年任财政部秘书、全国财政讨论会专门委员。

民国17年被派赴巴黎,办理中法退还庚款案。民国19年任南京大陆银行经理。"九一八"事件发生后,他搜集了大量材料,分析日本军国主义者侵略行动的特点。民国23年任外交部特派员,办理山西、绥远、河北等省交涉事务,与日本侵略者相周旋。不久冀察政务委员会成立,他被调回外交部。民国28年去世。

王韩氏

王韩氏(1898~1939),女,嫁夫姓王,俗称王大娘。清光绪二十四年(1898年)生,籍贯不详。淮海戏演员。自幼随父韩玉考学艺,工花旦。她嗓音天赋条件好,音色美,音域宽,口齿清,能以声传情,世有"王大娘的唱和说一样亲切,王大娘的说和唱一样动听"之誉。她善于将地方小调和其声腔融进自己的唱腔中,曾自创"起腔调"、"二黄尾子",丰富了淮海戏唱腔,艺人们敬称她为"盖山东"。代表剧目有《皮秀英四告》(饰皮秀英)、

《点兵》(饰樊梨花)、《大书馆》(饰张梅英)、《骂鸡》(饰卢凤英)、《劝嫁》(饰祝英台)等。民国28年(1939年),王韩氏因贫病交加,在涟水县扬口去世。

朱惺公

朱惺公(1900~1939),字松庐。清光绪二十六年(1900年)生于丹阳吕城镇。报人。其父为中医,家境清贫。朱惺公少时聪敏好学,后为生活所迫辍学到商店当学徒。他坚持自学,抽空进修,因而文思大进,渐有文名。后投身报刊出版业,先后在《浙江商报》、《时代日报》、上海中国化学工业社和机杼出版社任编辑。抗日战争爆发后,坚持留在上海进行抗日活动。于民国27年(1938年)2月任上海《大美晚报》副刊《夜光》编辑,矢志于抗日爱国的宣传活动。他登载《中日关系史参考》、《明代何以能平靖倭寇》等文章,并连续发表《民族正气——中华民族英雄专辑》和《汉奸史话》。敌伪对其恨之入骨,次年汪伪特工组织以"中国国民党铲共救国特工总指挥部"的名义,以"将被国法宣判死刑"进行恫吓。朱惺公毫不退缩,公开发表《"将被国法宣判死刑"者之自供》一文,宣称:"盖以如此死法,死为烈士矣!这年头,到死能挺直脊梁,是难能可贵的。贵部即能杀余一人,其如中国尚有四万万五千万人何?余不屈服,亦不乞怜,余之所为,必为内心之所安、社会之同情、天理之可容!"文章洋溢着崇高的民族气节,以辛辣嘲讽的语言痛斥了汉奸卖国罪行,显示了同汉奸们斗争到底的决心。此文一出,群众争相传阅,极大地打击了敌伪的嚣张气焰。

民国28年8月30日下午4时,朱惺公在上海河南路、天潼路河滨大厦旁,遭三名暴徒袭击、恫吓,但朱威武不屈,终遭枪杀。时年39岁。9月1日,上海文化界联谊会为其举行追悼大会,挽联是:"读书明立节,挽士林之颓风;严词斥叛徒,为民族而增光。"民国34年抗日战争胜利后,受到国民政府明令表彰。民国37年,上海文化界人士为其修建坟墓,竖碑勒石,以为纪念。

宋希庠

宋希庠(1902~1939),字序英,清光绪二十八年(1902年)出生于通州

(今通州市)石港镇。民国16年(1927年)毕业于南京东南大学农科。一度留校任农科编辑,兼负责农事指导推广。后任国民党中央党部农民部主任干事。历任江苏大学区立苏州农业学校教员、省农矿厅合作事业指导委员会委员兼农矿厅编审等职。民国19年1月,国民政府农矿、教育、内政三部合组中央农业推广委员会时,被聘为该委员会秘书。著有《农垦》、《农业论丛》初集、《中国历代劝农制度考》、《水利概要》、《实用农业推广学》等书。与人合著《农村经济》一书,并主编《农业周报》。

日军侵华,在内忧外患交迫之时,他向社会大声疾呼,要求振兴农业,拯救农民,并提出改进农政、加强农学研究等具体意见,受到各有关方面重视。南京被日军侵占后,举家迁回石港,曾被聘任为迁于余东的南通中学教员、教务主任等职。宋希庠于民国28年初病逝。

赵万庆

赵万庆(1909~1939),又名赵寿昆。宣统元年(1909年)生,江苏沛县鹿楼乡赵庄人。先后在丰县尹小楼初小、丰县第一高小、丰县师范读书。丰师毕业后,任小学校长数年。民国18年(1929年),加入中国共产党,在丰沛边境从事党的地下工作。民国20年8月1日,和徐州特委特派员武广春在丰县城开展"八一"宣传活动,因叛徒韩敬禹出卖被捕。他虽受尽酷刑,仍坚贞不屈。最后,国民党丰县当局以"危害民国罪"判其5年徒刑。民国23年秋,提前获释。回家后,为恢复发展党组织继续奔走,于丰沛边境相继建立"少共团"、"贫农会"、"鞭杆会",组织农民开展抗捐抗税斗争。民国26年8月,和李公俭等发起建立了抗日组织——丰、沛、鱼、砀4县统一委员会。当年底,中共丰县县委恢复,赵万庆任组织部长。翌年4月,任徐西北区委秘书长。8月,任中共苏鲁豫特委社会部长。民国28年5月任苏鲁豫区党委社会部长。同年秋,湖西地区发生"肃托"事件,赵万庆被诬为"托匪",在单县郝平房村惨遭杀害,时年30岁。现已平反。

纪毓秀

纪毓秀(1914~1939),女,民国3年(1914年)生,宿迁人。民国24年,入北平清华大学外语系。先后参加"一二·九"大游行和"一二·一六"大示威。后她和同学李昌、杨学诚、凌则之等组成中华民族解放先锋队,此间,加入中国共产党。民国25年底,毅然奔赴绥远前线。后来,她又到山西太原,参加牺牲救国同盟会工作,被选为"牺盟"常委,负责"牺盟"的组织工作。她的工作十分出色,当时被誉为"山西三大妇女领袖"之一。在晋北山区极端艰危的环境下,一直坚持不懈地工作。因积劳成疾,于民国28年病逝于山西抗日前线,时年25岁。

孙兆立

孙兆立(1919～1939),丰县华山镇孙庄人。民国8年(1919年)出身于佃农家庭。15岁时靠亲友资助读小学。民国23年(1934年)考入丰县中学。上中学期间,他接触进步教师孙叔平等人,阅读了一些马列主义书籍。民国26年中学毕业。11月,他随同王效斌、王昭渊、李真、常瑞林去延安抗大学习,因敌人封锁无法到达延安,经八路军驻西安办事处介绍,到山西临汾八路军学兵队学习。在学习期间,加入中国共产党。民国27年春学兵队学习结束,他被分派到安徽北部工作,因没找到游击队,他去武汉,不久回县,做中国共产党组织的发展工作,后担任三区区委书记。7月,他任中共丰县县委书记,公开身份为县动员委员会的秘书。民国28年初,中共丰、沛、鱼中心县委建立。他担任丰、沛、鱼中心县委委员。秋,湖西"肃托",被诬为"托匪"遭受逮捕。11月被杀害,时年20岁。现已平反。

李汝镰

李汝镰(生卒年不详),沭阳县西圩人。西圩附近13个庄都姓李,他是李姓宗族首领。幼年讨过饭,做过苦工,后来在海洲镇守使白宝山部下当连长,家境遂由穷而富。家里开槽坊酿酒,后在新浦开设汽车运输公司。李汝镰为人正直,是非分明,乐善好施,对穷人多有照顾。民国28年(1939年)初,日军侵占沭阳,他召开13庄庄主会议,商讨对策。他在会上说:"国民党不抗日,我们自己保家乡。"13庄成立13个分队,西圩建立总队,他担任总指挥。是年3月30日夜,日军300多人配合解世吾伪军,包围了西圩,企图消灭这支抗日武装。他带30余人占据炮楼、西圩街,分兵把守,13庄自卫队各自为战。打退敌人进攻,歼敌30余人。乘间隙,他调整兵力部署,要求死守阵地,与西圩共存亡。敌人又从南圩门进攻,用机枪封锁大门,一步步向前推进。时东圩门已被攻破,40多个敌人窜进街道。但他冷静应战,战斗进行到天黑,李汝镰被炮弹掀起的石块击中头部,伤势很重。他康复后,积极拥护共产党抗日主张,多次到抗日根据地商讨抗日大事。他还曾利用自己特殊身份,营救共产党干部孙若溪、李赐南等人。

茅乃封

茅乃封(1878~?),字汉台,晚号禅云。清光绪四年(1878年)出生。丹徒县红旗口人。光绪二十三年中举。次年与其父茅谦赴沪,佐理《蒙报》。光绪二十八年入江南陆师学堂第一期,与赵伯先等同学,次年毕业,被派赴日本考察军事。归国后几经周折,终于在光绪三十三年被任命为新军第二标教练官,兼统带事,开始实现其从戎报国之愿望。宣统元年(1909年)被派为七十六标第三营管带,驻防云南大理府。宣统三年,镇江军政府成立后,林述庆等推茅为宪兵司令,以维持地方军队风纪。孙中山乘专车自上海到南京参加中华民国临时政府成立典礼时,茅奉命率部担负警卫之责。他先后任南京宪兵司令、江苏省宪兵总司令等职。他拒绝袁世凯多次电召,坚不为袁所用。国会解散后,曾为袁世凯所通缉。

朱子卿

朱子卿(生卒年不详),清末民初人。祖籍安徽,世居南京。三代业医,弱冠时业受庭训,又师从名医王立功学业。精通医理,尤精伤寒温病诸症,求诊者甚众,每收奇验,一时医名大振,远近求医者不可胜数。朱重医德,医术精明,用药灵活,经验丰富,病家无不称道,时为南京名医"三卿一石"之一。有一湿温病患者,病已危殆,其状苔焦黑,脉模糊,神志不清,仅存一息。诸医束手,咸称不治。朱察色诊脉告病家曰:"勿惊惶,病可治。"立一清化方,命其遵服。翌日复诊,热退神清,病已若失。病家叩问何故?朱曰:"因投滋腻药过多,伏邪不去。虽劫液伤阴,生气未绝,不可再服滋腻之药,乃服清化之剂,病当愈。"问何以知其生气未绝?朱答之曰:"见其焦黑苔下有新苔,脉亦有气,以吾之经验诊断,尚有生气,可以治之。"病家称谢不已。民国初期资助医学会会务经费,乐于助人。著有《医案集》4卷,未付印,因战火散失。其子朱衡三承父业行医于重庆市。

沈新萍

沈新萍(1868～1940),字础实。清同治七年(1868年)生,宿迁县(今属宿迁市)宿城镇人。中国同盟会成员,主张办学。16岁中秀才。弃举子业,研究西学。光绪末年,考入日本东京弘文学院。不久,结识孙中山,加入中国同盟会,从事民主革命活动。学成归国后,回县从事教育工作。民国元年(1912年)1月,被推举为苏北民众代表,到南京参加孙中山临时大总统就职典礼。他在宿迁先后创办国民小学、女子小学和县立甲种师范讲习所。还先后任宿迁县劝学所所长、县署学务课长,私立怀仁中学和宿迁师范学校教员。他任钟吾高小校长时,坚持学用结合,加强学生品德教育和体育锻炼,平时和学生同吃、同住、同上自修课,常年吃住在校。其家距校仅数百步,但他很少回家过问家事。"五四"运动发生后,宿迁各校师生群情激愤,游行声援,沈新萍却力主"爱国必须读书,学好本领才能救国",不准钟吾小学学生停课上街游行,致激怒学生,并将他架出游街。县知事伍支涛令警察夺下沈新萍,致学潮加剧,后学生迫使省府将伍支涛撤职。民国27年11月,宿城沦陷,沈新萍与长媳和两个孙女避居县西南叶圩,以卖衣为生。数月后,日军派伪官员礼迎其回城,并许以高官厚禄,他勃然大怒:"七十老人,不惜一死,即死,遗尸亦不入城!"民国29年12月5日,沈新萍在贫困和忧愤中病逝。

陈福俊

陈福俊(1880～1940),字占九。清光绪六年(1880年)生,宿迁县(今属宿迁市)宿城镇人。画家。自幼爱画山水。清光绪末年,徐州名画师李兰来宿卖画,收他为弟子。他孜孜不倦,艺事益进。他画大绿山水,并作米点,又画云龙,云气烘染,如闻雷雨声。三年后,李兰过宿,见陈福俊的画,惊喜曰:"若画进步如斯,可以与江南大家相见矣。"民国13年(1924年),作品参加江苏书画展览会,获一等奖。民国15年始客居上海,受乡前辈黄伯雨(黄以霖)推荐,为华洋义赈会作募捐画。民国29年去世。

周人菊

周人菊(1883~1940),名伟仁,字人菊,以字行。清光绪九年(1883年)生,淮安车桥人。南社和中国同盟会成员。幼入塾,后考入两江师范学堂,参加南社和中国同盟会。辛亥革命时参加山阳光复,曾为同学周实、阮式(都是南社成员)鸣冤,使案件得以昭雪平反。并搜集周实遗篇,编校《无尽庵遗集》。后任广东汕头《大风报》编辑,又任上海《太平洋报》主笔,宣传国民革命。民国4年(1915年)回乡任教,民国20年出任上海持志大学文学教授。后供职于国民政府侨务委员会,并任江苏通志馆编纂,继而主持《南京日报》笔政。民国26年底返淮,以诗文揭露日军暴行等。民国29年去世。

蔡文斗

蔡文斗(1887~1940),原名蔡魁。清光绪十三年(1887年)生,泗县东乡(今泗洪县魏营乡蔡圩),著名艺人。自幼聪慧,乡邻公认为才子。他喜交游,好赌博,散财如泼,不久家道衰落。为生活计,遂置鼓板,从师江湖艺人魏大建学唱大鼓书。他谙熟民间流传的话本、评书,且记忆力极强。自此,他浪迹江湖,卖艺为生。他才思敏捷,富于联想;说书吐字清楚,有板有眼;唱腔抑扬顿挫,可人听闻。数年间,声名不胫而走,长江以北苏皖边境,不知其名者甚寡。常于南京、蚌埠等地售票献艺,听众场场座满。民国16年(1927年),他在双沟唱书,一部唱完,镇中人仍挽留再三,请其改唱一部新编书目。那日,蔡文斗见房东门前堆有麦糠,糠上放一张木犁。于是灵机一动,略加构思,晚上便开始唱自编书目《黎大人做康州》,又唱月余方止。他在本村唱书,从不收费,如逢家中玉米脱粒,他便往打谷场上一坐,敲起牛皮鼓,立时,村邻纷纷而至,边剥粒边听书,悠悠而乐,玉米剥尽而书场止,散罢皆大欢喜。蔡文斗民国29年去世。其创作有《官私斗》、《大赌博》、《小秃子闹房》等。脚本为子孙收藏,后毁于"文化大革命"中。

胡子良

胡子良(1898～1940),字纪桥。清光绪二十四年(1898年)生,沛县大屯镇丰乐村(今山东省微山县赵庙乡丰乐村)人。抗日战争前夕,任沛县杨屯乡小学校长、国民党沛县第四、六区区长等职。"七七"事变后加入中国共产党。民国27年(1938年),任国民党沛县冯子固部三团团长。同年,转任国民党沛县特务团团长。民国29年,升任国民党苏鲁豫皖游击指挥部七纵队少将司令兼国民党滕县县长。是年底,日军包围沛北小屯,胡子良英勇反击,中弹牺牲。

吴乐群

吴乐群(1902～1940),原名永聚,清光绪二十八年(1902年)生,淮安苏嘴乡人。烈士。民国14年(1925年)毕业于江苏省立第九中学,此后多次领导当地民众进行反对土豪劣绅的示威游行。并在龚营创办了一所小学,进行义务教育。抗日战争爆发后,他同胡荴川在交陵镇开办失学青年补习班,着重进行抗日救亡教育。民国27年春,他与李干成、万金培等人发起组织涟水抗日同盟会。同年冬,他发动演出募捐,募得650多块银元送上八路军前线。旋又组织一批武装,参加涟水独立中队。后组织上又将他派回地方,继续搞群众宣传,并负责对友军的联络和宣教工作。民国29年初,他被国民党逮捕。同年3月12日,被国民党杀害,时年38岁。

张公任

张公任(1905～1940),原名人杰,字公任。清光绪三十一年(1905年)出生。泰兴人。国民政府抗日将领。历任无锡县工会委员、国民党县党部委员、江苏省党部常委。日本侵略军侵占上海时,张公任回苏北作武装斗争,任通如区右翼指挥官,受韩德勤部袭击,退出黄桥,转任鲁苏皖边区游击总指挥部秘书长,后任第三纵队司令,提出"不问党不党,只问抗不抗"的口号。从此,与陈玉生合作抗日。民国29年(1940年)患胆黄症而逝。

李 复

李复(1906~1940),字礼复。清光绪三十二年(1906年)生于宜兴臧林一户富裕家庭。烈士。苏州美术专科学校毕业。民国23年(1934年)春在常州创办尚美(后改尚德)女子职业学校,任校长。擅长绘画,教学有方。学校发展到初高中各3个班。抗日战争爆发后,投笔从戎。于民国27年初组建苏南人民抗日义勇军,并以家资充军饷,奋起抗日,部队一度发展到百余人。他于民国27年8月入皖南新四军军部学习,学习期间加入中国共产党。民国28年他接受陈毅司令员委派,出色地完成劝募寒衣的任务。后历任中共太滆工作委员会委员、太湖行动委员会财经科长、新四军独立二团副团长等职。坚持对敌斗争。革命日益壮大,日伪惶恐不安,竟将他的独生子劫持作为人质,写信威胁说:"赶快投降,否则杀死你的儿子。"李复不为所动,加紧厉兵秣马,狠狠打击日伪军。民国29年11月初,奉命率一个连与独立一团王丰庆部会合,伏击日军运输船;9日,夜宿武进寨桥乡吊桥村。翌日清晨,遭日军千余人包围,浴血奋战,掩护中共苏皖区党委书记邓仲铭突出重围,王丰庆团长牺牲,他继续指挥部队突围,弹尽之后,挥刀拼搏,连中数弹,脑部被日军连刺3刀,壮烈牺牲。

周之祯

周之祯(1910~1940),又名生保,清宣统二年(1910年)生于武进县(今常州市区)汤庄乡小东庄。烈士。民国17年(1928年)进上海火柴厂做工,结识中共党员汪志龙,被安排在工会做文书兼厂职工子弟学校教师,不久,加入中国共产党。积极从事党的秘密活动。民国20年10月被捕,判有期徒刑4年。刑满回乡,在霍庄等地当塾师。民国26年抗日战争爆发,组织青年教师出版抗日刊物。翌年秋,赴皖南新四军教导队学习,重新入党。民国28年春,由中共苏南特委派回武进北部开展抗日活动,发展中共党员,组建抗日武装。民国29年1月,中共武进(武北)县委成立,任书记,建立以安家舍为中心的抗日游击基地。同年4月,被敌人抓去,严刑拷打,惨遭剜目、割鼻、截耳,坚贞不屈。最后被敌人以巨石系足,沉入长江。

凌焕曾

凌焕曾(？~1940)，字敏成。丹徒城(今镇江市区)人。商人。自幼家境贫寒，早年在上海某颜料店学徒。出师后经人资助，在镇江老西门大街(今大西路)开设增泰来颜料店。第一次世界大战结束后，颜料价格暴涨，凌顿成巨富。因而又增开布店、药房，并在江浦、金坛、丹徒等地购置经营房地产，成为江南一带名闻遐迩的巨商。

民国11年(1922年)秋，凌出资3万余元，在太平桥东道署衙门旧址(今丹徒县政府及解放路小学)创办敏成学校。先开办初中1班，附小学1班；翌年停办初中，改为两等小学，初高级共设4班，有学生百余名。贫寒子弟入学，一度不仅免收学杂费用，还免费供应一顿午膳。其后改为六年制完全小学。因办学成绩显著，得到江苏省教育厅的赞许和省主席的明令嘉奖，颁给"矜式南邦"匾额一块。凌于民国29年病逝于上海。

夏孙桐

夏孙桐(1857~1941)，字闰枝，一字悔生，晚号闰庵。清咸丰七年(1857年)生于江阴城内三代有科名的仕宦之家。文史学家。幼而颖异。10岁能文。光绪十八年(1892年)中进士，选翰林院庶吉士，授编修，与修国史会典。光绪二十四年、二十九年两充会试同考官。光绪二十六年、二十七年任四川、广东乡试副考官。光绪三十三年起历任浙江宁波、湖州、杭州知府，有政绩。任杭州知府时，规划疏浚城河，亲自踏勘。未及一载，改道员，值辛亥革命去职。他任史职久，多习掌故，民国初入清史馆编纂嘉、道、咸、同四朝臣工列传和循吏、艺术两传，共100卷。后任总纂。又佐徐世昌辑《晚清簃诗汇》及《清儒学案》。民国5年(1916年)袁世凯称帝，夏孙桐深恶痛绝。返里后在沪隐居，与章太炎、蔡元培、叶恭绰、杨度、张謇、梁启超等常有文函交往。一生精力大半尽于著述，矜慎不苟，言必以诚。中年尤工填词。梁士诒评说："孙桐文学渊博，工诗又善填词。其词风格遒上。兼有南朝乐府风味。"在词坛上影响甚大，与道光、同治间著名词人蒋春霖并誉为"苏南江阴两词人"。著有《观所尚斋文存》7卷、《诗存》2卷、《补遗》、《悔龛词》各1卷。

许树枌

许树枌(1861~1941),号情荃,又号白也,别号江东说剑生,晚号画隐老人。清咸丰十一年(1861年)出生于如皋柴湾镇。清光绪十一年(1885年)中秀才,光绪二十年补廪生。工文史,善诗书画。后赴江苏学政黄漱兰在江阴所建南菁书院攻读,毕业后回如皋安定小学任教员、校长数年,治校严谨,颇孚时望。光绪二十八年,如皋师范学堂创立,被聘为学监,兼授国文、历史、图画等课达8年之久。民国3年(1914年),于如城马家巷开创平民工厂,任厂长达10年。民国10年兼任(白)蒲(立)发公路主任董事,历3年完工。民国13年,被江苏省省长韩国钧聘为顾问,后因病归柴湾画隐园以诗文书画自娱。与齐白石书信交往甚密,与张大千、吕凤子、韩国钧、冒鹤亭等互有唱和。民国27年柴湾沦陷,许树枌举家避居东乡双池。终因愁思日深,心情忧郁,于民国30年病逝。

生前著有《读五千年未见书丛谈》、《历史讲义》、《画隐园文赋诗词抄》、《养蜂答问》、《怡情小识》、《浙游日记》、《课孙迩言》、《劫余吟》等。

荣月泉

荣月泉(1868~1941),名永清,以字行,清同治七年(1868年)生于无锡县(今无锡市郊)荣巷。他早年毕业于上海电报学堂,历任清台澎电报总局总管,上海电报总局英文翻译、电话提调,北洋政府交通部电政司司长兼全国电报督办等职,民国7年(1918年)起脱离官场至荣氏企业集团,成为管理骨干。翌年"五四"运动期间,他正在欧洲考察工业,接奉荣宗敬电令专程赴巴黎向和会中国代表团请愿,要求顺应民意,力争收回国权。后他历任无锡茂新、汉口申四、福五等厂经理,申、茂、福三新总公司五金材料部主任等职,民国30年病逝。

欣汝明

欣汝明(1873~1941),字哲夫。清同治十二年(1873年)生。高邮湖西闵家桥(今金湖县闵桥镇)人。名医。清光绪十五年(1889年)从堂兄欣澹庵习医,研习《内经》等医家经典著作,对明代李中梓和清代叶天士等名家学说有独到见解,临床实习中,师古而不泥古,敢于探索。光绪十八年后独立在高邮湖西行医,屡起沉疴,声誉鹊起。他对中医内、妇、儿等科造诣较高,尤以治疗疑难杂症著称,因其辨证如神,用药精当,一张处方常在七八味左右,故被人称为"欣八味"。民国年间,有一张姓男青年,患羊角疯六载,经常口吐血沫,昏迷不醒,经欣用北秦皮、白矾等几种丸方治疗,很快病愈。抗日战争前期,高邮县一位律师患中风,半身不遂,被诸多医家视为不治之症而拒于门外,经欣用药精心治疗,不久痊愈。除善治疑难杂症外,他在治疗内科温热危重急症方面也有独特技艺,如真心痛(心绞痛等)、痿症(骨髓炎等)、温热(伤寒)等患者,经他治疗好转或痊愈者甚多。他常常对患病穷人免费施诊施药,深受百姓爱戴。并在百忙中热心授徒,广植后进,传授弟子10余人,大多成为当地名医。

欣汝明于民国30年(1941年)去世。所著《欣哲夫医案医话》一书,经其门徒整理,部分选登在北京《中医杂志》上,后又有部分汇入《现代名医医案选》一书,还有部分医案被《中医文摘》等刊物选用。他的名字载入1985年江苏科学技术出版社出版的《江苏历代医人志》。1988年,安徽科技出版社出版的《跛鳖斋医草》亦载有"欣八味与占课"一节。

吴翠轩　吴森仁

吴翠轩(1876~1941),清光绪二年(1876年)生,泗阳县来安乡吴大园人。烈士。出身于富裕家庭,自幼读书,民国24年(1935年)从事教育工作。抗日战争开始,吴翠轩年逾花甲,投笔从戎。民国27年,参加吴觉组织的民众抗日自卫队。当时,部队给养没有着落,吴翠轩自动变卖家产捐助。日、伪、顽对吴翠轩多方威胁利诱,他毫不动摇。民国30年,恶霸蒋长久和汉奸戴仙山相互勾结,策划阴谋,邀吴翠轩到八集李家湾"商谈联合抗日事宜"。他不计个人安危,毅然只身赴约,因而身陷魔掌,不屈被杀。

吴森仁(1922~1944),吴翠轩第四子,民国11年(1922年)生。烈士。民国27年随父一起参加民众抗日自卫队。民国29年,淮泗县抗日民主政权建立,吴森仁任蒋袁区区队长,同年加入中国共产党。民国32年,任淮泗县独立团四连连长。民国33年11月9日,在粉碎日伪扫荡中,他以一个连的兵力,打垮日伪军700余人。在追击溃敌至白水乡小李庄时,他腹部中弹,仍继续追杀。不幸又一颗子弹击中胸部,壮烈牺牲,时年22岁。

后淮泗县委、县政府举行隆重的追悼大会,淮北军区司令员张爱萍、政委邓子恢致函吊唁,华中军区后勤司令员吴觉送了挽联:"父烈士,子烈士,父子烈士;老英雄,少英雄,老少英雄。"

施宗淑

施宗淑(1891~1941),女。通州(今通州市)金余镇人。少时得父亲指点,粗通文墨,后与二姐宗洁学刺绣,因心灵手巧,大有长进,所绣《狮子滚绣球》在金沙工艺美术展览会上展出,深得地方名流赞赏。宣统元年(1909年),经张謇推荐,姐妹俩至北京颐和园皇家刺绣科深造,绣艺日臻精良。辛亥革命后回到南通,被张謇聘为女红传习所教师,得以经常与刺绣名家沈寿切磋技艺。她与宗洁合绣《牧马图》,针法高超,于巴拿马万国博览会展出时荣获银质奖章;中国政府也为她俩颁发银质奖章1枚。施宗淑于女红传习所任教20多年,桃李满天下。其精致绣品《三猫图》,所绣的3只猫依偎在一只扁形竹篮里,栩栩如生,呼之欲出。

顾南洲

顾南洲(1898~1941),清光绪二十四年(1898年)出生于崇明外沙永兴镇。烈士。于民国12年(1923年)通州师范毕业。民国14年去南汇教书,结识了共产党人王捷三、侯绍裘,加入中国共产党。民国16年初,参加设在武昌的江苏省党务训练班学习。这期间,适逢召开第四次全国劳动大会,顾南洲应邀参加。同年8月,辗转回到家乡。联络泰兴、如皋、南通、海门一批进步分子,在曹家镇秘密召开江北活动分子会议。会后,在永兴地区发展党组织。在秋收时节,联合国民党进步人士,在崇明外沙地区组织辅安、乐同、广益3个乡农民协会,发动农民与崇明地主展开减租斗争,发动数千农民示威,自任总代表,率领队伍前往外沙行政公署请愿,获胜。民国17年2月,任中共海门县委组织部长。民国18年1月,中共启东县委成立,任县委委员。不久,出席了省委在上海召开的苏北地区(扩大)会议。他与县委其他成员一起,建立各种群众组织,发展党员,开展武装斗争。一次他带领赤卫队攻打惠安镇盐廒,缴获10支枪,武装了自己的队伍。接着,他在中共中央设于上海的某机关做济难工作。次年秋,参与领导启东"八八"暴动,他率领一支队伍冲进敌人监狱,救出一批被捕的战友和群众。暴动失败后,再次离启,化名张文瑞去上海继续开展革命活动。民国20年底,他与其他11位同志一起被捕,幸有第三党人士施方白尽力营救出狱,从此他与党组织失去联系。他与妻子施兰馨在上海办了几所小学。民国22年后,在上海振德中学任教务主任,仍关心时局,忧国忧民。

民国26年"八一三"事变后,顾南洲和振德中学校长瞿犊等为了不做亡国奴,毅然回到启东,将大革命时期失散的党员、赤卫队员重新组织起来,挖出埋藏的枪支,拉起了一支抗日游击队,并与国民党启东动员委员会接上关系。次年3月27日,日军首次侵犯汇龙镇,顾部与费一夫的侦查队合并成立启东抗日义勇军,顾南洲被推为副总指挥。4月5日,日军再次入侵,顾南洲联合其他部队,组织抵抗,打响了启东人民抗日第一枪。接着,顾南洲与瞿犊部队于久隆镇首尾夹攻路过日军。为了寻找战机,顾南洲率抗日义勇军3个中队去南通北刘桥严惩敌人。5月中旬,抗日义勇军改编为特务总队第一大队,顾为副大队长。后改为一支队第三大队,顾仍任副大队长。在南通土地堂两次伏击日军。期间,多次设法找中共组织,希望部队得到党的领导。经多方奔走,于同年底和上海的党的外围组织"武抗"接上关系。为了争得在启东的抗日地盘,民国28年初,顾南洲与费一夫、曹持衡等部队再次联合攻打驻于南清河的陆洲舫司令部。其后,省保安旅前来清剿,部队被打散。顾南洲再次集中散兵,加入启东人民自卫总队,编为一大队,任副大队长。不久,部队改编为苏北抗战支队第二总队第二大队,开往海门,顾南洲改任总队部参议。10月,二大队在凤凰桥被国民党顽固派缴械,部队解散。经受多次曲折,顾南洲苦闷地闲居家中。

次年冬,新四军东进后,顾南洲被安排到江苏省第四税务总处工作,民国30年春,任苏四区盐管局盐警队长,在苏北沿海开展税收工作。同年4月11日,被国民党顽固派董伯祥部队逮捕,杀害于吕四东门来鹤桥。1951年,启东县人民政府追认顾南洲为革命烈士。

郁永言

郁永言(1907~1941),字云燕,号禹昌。清光绪三十三年(1907年)出生于通州正场(今属通州市)。烈士。出身于富裕农家。民国11年(1922

年)考入江苏省第一代用师范(今南通师范)。民国17年,入南京国立中央大学经济系深造。民国18年秋,加入中国共产党。民国21年,受聘为南通女子师范学校历史教员。他善于结合教学,向学生灌输马克思主义,教育她们关心国家存亡、民族安危,并逐步把一些要求进步的学生引上革命道路。"一二·九"运动爆发后,他积极支持学生赴宁请愿,为此被学校解聘。民国25年夏,去四川重庆另谋生计,仍经常给一些学生寄政治书刊,勉励学生进步。民国27年下半年,毅然前往延安。不久,被分配至中共山东分局《大众日报》社任第三版编辑,后任通讯部长。民国30年秋,日军在山东发动秋季大"扫荡",报社随分局机关与敌周旋,不料于蒙山某地区遭敌包围。经一夜激战,机关大部分人员突围,而郁永言等近10人于战斗中英勇牺牲。

李培根

李培根(1910~1941),原名李荣明,又名小春。清宣统二年(1910年)出生。扬中人。烈士。先在上海当店员,后回家设塾谋生。民国22年(1933年)在参加县塾师训练班受训时,曾当面质问国民党县党部书记长虞清,揭露国民党的假民生主义。民国25年夏,报考扬州公民训练师资养成所,结业后回扬中,先后担任区中心校教官、校长。次年11月,参加管文蔚等组建的丹阳抗日自卫总团,着手筹建扬中青年抗日团。民国27年2月日军首袭扬中后,李培根加入泰兴县国民党张松山部,并和冷瑞麟等在泰兴一家小客栈秘密成立扬中第一个民间抗日组织——苏南抗日同盟会,到扬中张贴、散发传单,揭露日军罪行,宣传、鼓动群众抗日。是年6月,新四军在江南首战韦岗告捷,李培根赋诗称赞。此事被张部发现,李潜回扬中,成立扬中青年抗日团,任团长。随后到江南参加了江南抗日义勇军挺进纵队,不久到"挺纵"政治部战地服务团工作,加入中国共产党,任"挺纵"战地服务团支部委员。他们以姚家桥为基地,不时到扬中开展活动。

民国28年4月,李培根任服务团团长。同年2月任扬中县抗敌委员会主任。4月,任扬中县抗日民主政府县长。其堂弟李荣山居然依仗权势,为非作歹,祸害乡里。李培根多次对其规劝,均无效果,反而变本加厉,继续作恶,乡民深受其害。当年秋,李培根将其拘捕,核实罪状,判处死刑。说:"李荣山屡教不改,罪在难赦,不杀,有损抗日民主政府的声誉!"婉言谢绝了亲友的求情,将李荣山正法,为地方除了一害。

民国29年底,李培根调任镇江县抗日民主政府秘书长(代行县长职权)。次年1月24日深夜,李培根等投宿于镇江县伏元乡名中医郭凤鸣家,因奸细告密,遭到伏击。为了不落入魔掌,他用最后一颗子弹自戕,时年31岁。

夏定才

夏定才(1912~1941),民国元年(1912年)生,浙江奉化人。中国共产党党员。民国29年8月横山事变发生后,他随部队突围,撤出江(宁)当(涂)溧(水)地区。到了江宁地区,以后因工作需要,他接任江(宁)当(涂)溧(水)句(容)四县国民抗敌总会主任。翌年8月,四县国民抗敌总会结束,正式成立江宁县抗日民主政府,他被任命为第一任县长。为了争取伪乡、保长为抗日出力,他于民国30年9月15日来到湖熟镇李家巷,召集伪乡、保长开会。不料此事被汪伪特务侦知告密,伪句容四区自卫团当即派兵包围了李家巷,夏定才因撤退不及被捕。被捕后,敌人将他作为要犯押到句容城内。日军警备队以句容县看守所看押不严为由,特将他提去关押审讯。自此夏定才受尽日本警备队严刑拷打,残酷折磨,但他始终坚贞不屈,一言不吐,于民国30年慷慨就义,时年29岁。

任 迈

任迈(1913~1941),原名国潘,号介屏,民国2年(1913年)生。丹阳人。烈士。8岁入味青学塾读书。少年时常到邻居夏霖家听讲革命故事,受到革命思想教育。民国20年"九一八"事变后,年仅18岁的任迈不顾家庭的阻挡,离家北上参加义勇军,被家人从北平强行追回。嗣后,他又以到杭州医专读书为名离开丹阳,在杭州积极参加抗日救亡活动,受到国民党浙江省党部的怀疑,民国24年被迫离杭赴沪。经多方努力,找到中共上海地下组织,次年秋冬,在上海地下党的领导下,为党保存秘密文件,做了许多党的外围工作。同年末,遵照党的指示回到丹阳,开展抗日救国宣传工作。

民国26年"八一三"淞沪抗战爆发后,任与彭炎、洪流等组织丹阳青年流亡服务团,由茅山辗转西行到达南昌。民国27年1月,加入中国共产党,先后担任中共九江临时工委组织委员、江西省青年服务团工作队第八队党支部组织委员。不久调景德镇中心县委工作。同年11月,和彭炎、周婉如等按中共东南局指示,离开南昌到皖南。民国28年1月10日,随叶飞的1个连队到达茅山根据地,先后任中共苏南特委委员、民运部部长,丹南县委书记,丹南中心县委副书记兼组织部长等职。

民国30年2月,中共丹南中心县委在句容县樊甲下皇村樊玉琳家开扩大会议。会后大部分同志当晚转移。任迈与袁先锋等人留宿村上,被汉奸告密,遭到宝堰据点的日伪军袭击,不幸被捕。在押解宝堰途中,经过丁桥,任乘敌不备,猛地从离河面丈余高的石桥上跳进冰河中,潜到桥洞下,不顾敌人枪击,把藏在腰间的秘密文件和党员名单撕碎踩入河泥中,自己却再入虎口。在敌人多次的严刑逼供、利诱劝降面前,始终坚贞不屈。数日后他和袁先锋同被押赴刑场,敌人先当他面将袁杀害,以此恫吓,但他始终不为所动,毫不畏惧,直到壮烈牺牲,时年28岁。

张 醒

张醒(1914~1941),女。民国3年(1914年)生,丰县欢口镇张庙人。烈士。民国26年底,张醒和本村邵世珍等人参加了李贞乾在县城举办的抗日训练班。学习结束后,张醒在邵世珍的帮助下,和本村张淑贞在水坑涯组织起妇救会,她当选为会长。她于民国28年经邵世珍介绍加入中国共产党,同年任二区(欢口区)妇女主任。年底到中共湖西后方司令部工作。民国29年调任丰县妇女主任。

民国30年6月,她去城南范庄开展妇女工作,因坏人告密被捕,6月15日被敌人活埋,时年27岁。为丰县第一个革命女烈士。

周乐生

周乐生(1914~1941),江西万安县人。生于民国3年(1914年)。红军,烈士。民国17年加入中国工农红军,民国20年加入中国共产党。历任连党代表、师政治部宣传科副科长、团政治委员等职。在红军长征前的温坊战斗中负重伤,与部队失去联系。抗日战争爆发,找到新四军,恢复工作,在皖南军部参加第一期教导队学习,结业后留队任政治教员。皖南事变后,调任新四军四十七团政治处主任,坚持苏南长漏地区抗日斗争。民国30年秋某日,四十七团和金坛县政府机关驻地(武进县境内)突然遭大批日伪军包围。指战员及地方干部大部已突围,周乐生率后队泅渡过河向武进县东安杨庄转移。他已游到对岸,回头见两个警卫员尚在河心,其中一个险将没顶,他返回抢救,警卫员安全脱险,他自己却被敌弹击中牺牲。

钱国华

钱国华(1915~1941),原名陈盛梁,又名陈宝全,化名陈平。生于浙江定海镇一个工人家庭。烈士。自幼随父居上海就学。民国27年(1938年)9月加入中国共产党。11月调苏南澄锡虞地区,以教书为掩护在锡北地区负责党的工作。民国29年9月,中共澄锡虞地区工作委员会成立,他任工委委员。先后兼任王庄办事处主任、中共澄东工委书记和虞西行署主任等职。为建立各种抗日协会和乡村民主政权,实行"二五"减租,开辟澄东抗日根据地而积极工作。民国30年3月27日,钱国华带领虞西常备队在顾山以东与日伪军作战,英勇牺牲。

潘 克 黄 炜

潘克(1916~1941),安徽当涂人。烈士。民国27年(1938年),参加新四军。民国29年冬,随新四军东进来盐阜抗日根据地。次年2月,任盐城县六区民运队队长。5月,任中共盐城县一区区委书记。

盐城县一区包括城区及近郊,社会情况复杂,特别是日军占领盐城后,多次企图伪化一区。潘克不畏艰险,同区长崔济民等率领区队,向敌伪展开反伪化斗争。民国30年9月23日下午,驻龙冈伪军徐绍南部70多人,由汉奸带路窜至龙鱼舍。此时,潘正在审讯敌探魏小六。发现敌情后,他一面指挥其他同志撤离,一面押魏小六隐蔽屋后,不幸沉没于龙鱼沟牺牲,时年25岁。区署和地方干部群众含泪料理丧事,将烈士遗体安葬于龙鱼舍南面的高地上。

黄炜(1921~1943),名家德,安徽省肥西县官亭乡人。烈士。民国27年(1938年)参加安徽省抗日民众委员会工作团,次年加入中国共产党。民国29年秋于抗大四分校毕业后,随刘少奇率领的干部大队来盐,在商家庄、艾家舍一带坚持边区对敌斗争,任中共盐城县一区区委委员,后任区委副书记、书记等职。次年秋,该区太平乡刘某伙同驻沙沟伪军贩卖枪支弹药,黄连夜组织伏击,缴获长枪13支。民国31年秋,与区长谷必成等人化装成民工,于七花坟附近击毙了汪伪区长夏维邦。

民国32年8月7日,黄炜和通讯员徐广富去县委开会,因患臂痈难行住蔡家舍,次日晨被下乡抢粮的伪军包围。黄徐二人随即向西撤退,至大马沟吴大保渡口时正赶上渡船起渡。船至河口后,伪军追了上来并纷纷向船上开枪。黄炜纵身入水泅渡,不幸溺水牺牲,时年22岁。

民国35年春,中共盐城县委、县民主政府决定:为纪念潘克、黄炜两烈士,将一区改名潘黄区(今为盐都区潘黄镇)。1971年,潘、黄两烈士的棺木被迁葬于大孙庄以南一方池塘中的小岛上,并立碑铭文。

朱岐山

朱岐山(1917～1941),涟水县前进乡双河村人。烈士。民国28年(1939年)春,在婚后第八天即参加涟水民众抗日独立营。不久,加入中国共产党。民国29年9月,他随淮河大队编入八路军第五纵队。来盐城后,历任盐城县抗日民主政府警卫连政治指导员、县大队二连指导员、二区区中队队长、县总队四大队教导员、盐城县抗日自卫总队四大队队长、十三区区长等职。

朱岐山机智勇敢,敌散兵、土匪、地痞闻之丧胆。民国30年7月,为摸清敌情,他和区委委员艾侠及通讯员潜至大冈镇陶大友客栈,被土匪家属密报驻龙冈的汪伪军。敌人改穿便衣,直赴客栈。其时,担任警戒的通讯员鸣枪报警,因子弹哑火,未及开第二枪就中弹牺牲。朱岐山、艾侠听到枪声即刻向外突围,不幸均被俘。朱岐山被敌人用铁丝穿通锁骨带至龙冈,汪伪军法处长、伪师长试图劝降,他坚贞不屈,至死不降。8月初,朱岐山被敌活埋于凤凰桥南西河滩,时年24岁。次年,在茆庄福慧庵以"转祭"的形式,由区委书记主持追悼大会。经县批准,当即从丰乐、勤稼、紫阳3乡中划出10个村设岐山乡。朱岐山英名刻列于阜宁县芦蒲"新四军盐阜区抗日阵亡将士纪念塔"。

戴秉义

戴秉义(1918~1941),阜宁县二区潘荡乡(今为滨海县天场乡)人。烈士。民国27年(1938年)夏,戴秉义于石湖师范毕业后走上教学岗位。教学期间,他仅留极少一部分薪金,大部分用于周济穷人家的子弟。学生、家长和同事,都称赞他是好老师、好同事。民国29年春,为迎接八路军南下开辟华中抗日民主根据地,他离开讲台,返回故里。他四出奔波,向群众宣传抗日道理,并写传单四处散发、张贴。是年9月,他秘密加入中国共产党。10月,赴任八滩财经区员。10月下旬,任八滩区委代理书记。期间,他废寝忘食,动员民众为抗击日本侵略军捐资献物,交粮运草,出色地完成了财经任务,受到区委、区署的多次表扬。12月6日夜,八滩大地主、大恶霸、大土匪头领顾豹岑纠合百余匪众,与混进八滩区队的队副相勾结,里应外合,包围八滩区署,绑架了戴秉义和警卫战士10余人。土匪将他们关押至吴小集东边的勾股甸,要他们"具结归顺"。他严正拒绝后,土匪因害怕八路军部队前来攻打营救,旋将他们捆上海船,并将衣服剥光,严刑拷打;继用铁丝穿起一警卫战士的锁骨,吊上桅杆,然后掀入浪潮汹涌的黄海,以此来威逼他们"俯首听命"。戴秉义顶住了非人的折磨,慷慨陈词,宁死不屈。民国30年1月,匪徒们在对戴秉义进行了一番拷打之后,将他捆绑并附上石头投入黄海之中,时年23岁。为悼念英烈,1957年,县政府命名烈士的故乡为秉义乡,现为秉义村。

方秉文

方秉文(1921~1941),原名王列云。淮阴西坝人。烈士。在淮阴私立诚志中学读书时,与进步同学组建青年工作团,开展抗日救亡活动。民国27年(1938年)冬,青年工作团改为营坝战时服务团,他任编导,先后组织演出《放下你的鞭子》、《画家救国》等剧。次年,加入中国共产党,任中共淮阴县工委和县委宣传部长、淮河大队宣传队长、中共涟东县工委书记等职。民国29年6月,调任中共盐城县委书记。他不畏艰险,走村串户,伍佑、大缺口、前李府、蒋营、孟家庄、秦南、沙沟、东郑庄等地都留下他的足迹。他广泛接触贫苦农民,培养骨干,发展共产党员,群众称他是一块"吸铁石"。同年冬,他兼任盐阜区八路军后方办事处民运干部训练班主任,后调任十二区民运队长、区委书记等职。特务、汉奸、土匪对他怀恨在心,多次谋杀未遂。民国30年7月22日,方秉文所住毗卢庵,夜间遭土匪袭击,在突围中不幸中弹牺牲,时年20岁。后中共盐城县委召开追悼大会,同时枪决了为敌报信的特务空明和尚,将烈士生前工作过的地方改名为秉文区(今为秉文乡)。

苏硕人

苏硕人(1879~1942),名洞宽,又号考槃子,自称"蒙古炳宽",以字行。镇江人。驻京口蒙古八旗六甲镶黄旗人,蒙古姓为额鲁特氏。光绪年间秀才。

苏擅篆书和隶书,篆隶中融入魏碑笔意,既清秀又遒劲,刚柔相济,形成独特的书法风格。声名远播,就学者和求索书画者盈门。抗日战争爆发后,他携全家避居上海,开授家馆授徒,兼售书画谋生,安贫乐道,为表示坚决不与敌伪往来,他把设在上海的书斋称为"汉节堂",取苏武手持汉节、牧羊北海之典故。苏还为镇江风景古迹书写许多碑刻,如《重建招隐坊记》、《焦山如来楼记》等等。民国31年(1942年)去世。

潘稚亮

潘稚亮(1881~1942),名诒曾,以字行,清光绪七年(1881年)生,宜兴丁蜀镇人。金石家。为地方名绅,早年曾出任宜兴县议员、县劝学所所长等职,后在宜兴蜀山镇经营"木石居"别业,隐居终身,从事书法、金石艺术,篆刻为主。他治印工铁线朱文,作品辑在《还读斋印谱》、《省庵印谱》、《潘稚亮印谱》等专著多种,遗印200余方,"善卷张公"、"洞天四宝"两精品为南京博物馆收藏。潘稚亮卒于民国31年(1942年)。

向鸿干

向鸿干(1891~1942),字佐亭。涟水县红窑乡向庄人。烈士。童年从父读私塾。民国8年(1919年)考入百禄沟小学五年级。毕业后于民国11

年在自家宅基地上兴建校舍六间,办起了"私立向庄初级小学"。经三年努力,被批准为县办小学,他任校长。为把学校办好,多次自费到外地学校参观学习,三次去南京晓庄师范。他在向庄小学积极贯彻陶行知的教育思想,积极进行教学方面的改革。为了理论联系实际教学的需要,进一步扩充自己的知识面,他参加浙江省奉化县道生农林函授班学习,并把从函授班学来的农、林、牧、副知识传授给学生,用函授班寄来的各种植物种子、苗木在学校示范种植,把向庄小学办成既是传授知识的文化教学场所,又是小小的农林试验场地。省教育厅授予向庄小学"江苏省农村模范小学"称号,并寄赠一副对联给向鸿干:"启发农林桑麻兼课,主持乡校桃李初华。"民国30年,向庄小学被敌摧毁。抗日民主政府委任他为卧佛乡乡长兼乡中队长,后他毅然投笔从戎,组织和领导地方武装。民国31年夏,在卧佛寺圩南阻击战中牺牲,终年51岁。后区公所在向庄小学院内建亭立碑纪念。

朱树屏

朱树屏(1894~1942),又名朱璋,化名李石坪。清光绪二十年(1894年)生于江阴县(今江阴市)城西郊。烈士。民国4年(1915年),江阴乙种师范学校毕业后,在江阴城内仓湾小学任教。民国16年,加入中国共产党,次年任中共城区教育支部书记。民国19年下半年被捕,自首脱党。后任《正气周刊》编辑、《正气日报》主笔。民国29年9月,"江抗"东路指挥部西移澄锡虞地区,朱树屏参加财经税收工作。民国30年2月2日,江阴抗日民主政府在祝塘建立。他以爱国民主人士身份,被"江抗"东路指挥部司令谭震林任命为江阴县县长。他不避艰险,肩背青布小包、带领民主政府的工作人员,组建农抗、青抗、妇抗、职抗会和铁业工会等群众性抗日组织;团结各阶层进步力量,建立区、乡、村抗日民主政权,实行"二五"减租,兴修水利,发展生产,任命各级校长,发放教育经费,开展敌后抗日教育,加强财经税收工作,为新四军六师输送粮草、经费等,同年3月19日,江南行政委员会筹备会成立,他被聘为委员。6月,调任江南第二专员公署秘书长。8月下旬,日伪"清乡"开始,奉令单独转移。民国31年2月,被国民党忠救军杀害于广德。

陈凤威

陈凤威(1907～1942),化名陈迅易,陈雄。清光绪三十三年正月二十一日(1907年3月5日)生于金匮县(今属无锡市)东亭仓下村。中共早期党员,烈士。民国15年(1926年)毕业于私立公益中学。当年冬,加入中国共产主义青年团。民国16年初返乡,组建农民协会。同年秋,加入中国共产党。11月9日,参加无锡农民秋收暴动。后以小学教员的身份为掩护,在查桥地区坚持地下斗争。日军侵占无锡后,在家乡组建怀西五乡联防大队,任副主任。民国28年5月,该大队编入叶飞率领的江南抗日义勇军,陈凤威任独立支队参谋长。编入"江抗"第二路,随大军战斗于东路地区,6月调任他为设在梅村的"江抗"驻锡办事处副主任。9月,"江抗"撤离无锡。他于民国29年6月重建无锡独立支队,任副司令员。率队参加港下战斗,取得胜利。民国30年3月起,先后任锡北行署黄东区、东查区区长,领导群众开展"二五减租"和锄奸肃特等工作,他在锄奸肃特工作中成绩显著,受到中共路东特委表扬。民国31年春,任中共锡北工委书记兼锡北办事处主任,整理恢复中共组织,发展抗日力量,在敌伪据点林立的水网地区坚持反"清乡"斗争。10月14日,在钱家庄顾巷浜口突遭日军袭击,渡河时牺牲,时年35岁。

李伯敏

李伯敏(1909～1942),又名李祯祥,清宣统元年(1909年)生于无锡玉祁李家巷。社会活动家,烈士。民国13年(1924年)夏毕业于无锡县第五高等小学,即考入江苏省立第三师范分校(今江苏省洛社师范)。后因家贫辍学,进上海立基洋行当抄写员。民国18年起,在丹阳童家桥小学、无锡东北塘茅梓桥小学、北门外蔡氏小学任教。曾与杭苇、陆静山等编辑发行《小宝宝》、《儿童新闻》(周报)。积极参加无锡小学教师为反对扣薪、要求改善待遇的斗争。民国24年夏,和钱秋苇等进步教师发起组织无锡抗日缉私同盟。"一二·九"运动后,发动各界群众往无锡火车站慰问上海学生赴南京请愿团,声援学生的爱国斗争。民国25年3月,和陆静山、周秋野等发起组织无锡新文化研究会,6月又成立无锡世界语协会。8月23日,与陈佩三、周秋野等发起组织的无锡学社成立,李伯敏担任学社理事会主席。学社成立后举办形势报告会,组织宣传队,在《人报》副刊开辟"时事认识"专栏,宣传抗日救亡运动。11月1日又组织无锡各界群众500余人,在锡师附小召开追悼鲁迅先生大会。民国26年1月28日,李伯敏等被国民党当局逮捕,2月间移押镇江。他们坚持认为爱国无罪,与国民党当局进行针锋相对地斗争。李伯敏在6月释放后继续从事抗日救亡运动。"七七"事变后,他赴沪参加全国各界救国联合会举办的救亡干部训练班。7月下旬返锡,参与组织无锡各界青年抗敌后援会,被选为常务理事,负责宣传、募捐、救护等工作。同年11月下旬,李伯敏担任无锡青年抗敌流亡服务团第二队队长,率队到达新四军南昌办事处。民国27年初,他参加新四军政训班学习,后派至九江地区工作,当年三四月间加入中国共产党。不久,担任江西青年服务团战地工作队第二队党支部书记。民国28年初,中共江西新干县成立前方委员会。李伯敏任书记,领导新干、丰城等7县的抗日救亡运动。当年夏化名李白文,在浙江云和县以战时儿童保育会浙江分会第二保育院教导主任的身份为掩护,开展秘密工作。民国30年上半年,李伯敏被国民党江西宪警逮捕,关押在上饶集中营。民国31年6月,集中营转移至福建建阳。李伯敏患痢疾,得不到医治,于下半年病逝。

杨道生

杨道生(1910~1942),原名本基。清宣统二年(1910年)生,淮安西门大街人。烈士。初读私塾,后经营杂货店,在二弟杨述的帮助下,政治思想日益进步,并参加古堡烽火社,从事抗日救亡活动。赴沪采购杂货,同时购办进步书刊和唱片,把杂货店变成宣传革命思想的阵地。"八一三"事变后,他与母亲萧禹毁家纾难,到达成都,根据中共四川临时工委意见,开办成都战时出版社,并担任经理,发行和出版进步书刊。中共成都市图书业支部成立,任支部书记。他组织和领导工人歌咏团和晨呼队,开展各种形式的宣传活动。后战时出版社被国民党特务捣毁,经过一番斗争,得以复业,但处境日益困难。于是,他转移到成都基督教浸礼会《成都英文日报》营业部任经理,党内职务变更为中共川康特委成都市城西区委书记。是时,他遵照特委指示,协助疏散四川大学创办的益群书店。民国30年(1941年)2月13日,前往乐山就任中心县委书记,路过簇桥被特务逮捕,尽管他一直没有暴露身份,但仍被认定为"大共产党"处以"密裁"。民国31年6月3日深夜,宪兵团副带领4名凶手,将他上绑,以破布裹住嘴巴,解押到成都东郊沙河堡厚生农场附近,用刺刀戳进心脏和太阳穴,随即拿镪水腐蚀尸体,时年32岁。他的诗文"游峨嵋山"和"中原"被收入《革命烈士诗抄》。

冯汝南

冯汝南(1913~1942),民国2年(1913年)生,涟水县东胡集乡人。烈士。青少年时练就一手好枪法,有"神枪手"之誉。抗日战争时期,参加地方抗日武装。民国31年4月1日拂晓,日军从阜宁经佃湖、羊旗杆奔袭至东胡集乡小埝村一带,杀人放火。他带领本村"红会"占领了一条交通沟,但"红会"只有长矛、大刀,唯他一人有枪。他伏在沟坡上,一连打倒几个敌人。敌人见对方只有一杆枪,便用机枪封锁,他见一个敌人骑在马上指手划脚,估计是个指挥官,便伸枪将其击毙。又乘敌机枪手换梭子时把机枪手打死。敌人正面受挫,便从两侧迂回包抄,并派出一名射手,抄到冯侧背一座坟包后,冯再度探身射击时,被敌人击中后脑,当即牺牲,时年29岁。

王洪垒

王洪垒(1914~1942),原名王心学。民国3年(1914年)生。沛县朱王庄乡前王庄人。民国20年(1931年),加入中国共产主义青年团。同年暑假考取丰县中学,在校加入中国共产党。民国23年,沛县共产党组织遭到严重破坏,王洪垒和同村地下党员王茂德一起秘密进行党组织的恢复和发展工作。翌年5月,国民党沛县县长苏民强征民工疏浚大沙河,激起全县人民的反对。王洪垒积极带领周围群众,星夜赴沛城参加万人围城斗争,获胜。7月,国民党沛县当局组织民工抢修苏北大堤,前王庄保长强令穷人出工,按地亩出钱,贫苦农民对此意见很大。王洪垒和王茂德一起发动群众斗倒了保长。民国26年,前王庄建立中共第一个支部,王洪垒任支部书记。民国27年6月,赴苏鲁边区抗日军政干部学校学习。结业后,去沛滕边开辟抗日根据地,两个月后回沛,参加配合苏鲁豫支队打击伪军金啸虎的斗争。民国29年11月,任中共沛滕边县委书记。任职期间,先后建立三孔桥、夏镇、白山、桃园寺等党支部和30多人的地方武装。民国30年春,王洪垒率部在薛河涯袭击周侗部郝团、在夏镇袭击胡团均获胜。民国31年5月，日伪军侵犯微山湖，由于叛徒告密，王洪垒在战斗中牺牲，遗体葬于夏镇。民国38年，前王庄群众将他的遗骨移葬至原籍王氏祖茔。

刘治国

刘治国(1916~1942)，湖北枣阳县人。烈士。民国19年(1930年)参加红军。民国23年加入中国共产党。抗日战争爆发后，曾参加平型关大战。民国30年任八路军苏鲁豫支队团参谋长。民国31年12月8日，驻淮阴县古寨日军往老张集方向修公路，刘治国奉命率一个营出击，他指挥部队将敌人打得狼狈逃窜，并乘胜追击。中途敌增援部队赶到，他身先士卒，不幸被敌人击中头部，当即牺牲，时年26岁。

沈 蔚

沈蔚(1916~1942)，原名朱鸿寿，学名朱锡范，吴县(今苏州市区)唯亭人。生于民国5年(1916年)10月14日。八路军新闻工作者，烈士。在镇上小学毕业后，到苏州从魔术师吴永生学艺。民国17年春，到上海震昌木行当学徒。"九一八"事变后，参加上海抗日救国会。民国26年12月，入八路军一一五师干部学校学习。民国27年4月，调入延安抗日军政大学学习。当年6月加入中国共产党。抗大毕业后，到八路军总政治部前线记者团任记者。民国28年5月，任新华通讯社冀中分社副社长兼《冀中导报》社记者科长，并主编导报副刊。民国31年7月13日，在河北安国西张庄村遭日伪军袭击，中弹牺牲。

倪 杰

倪杰(1917~1942)，名崇考。盐城县倪家河(今属盐城市亭湖区永丰镇)人。烈士。民国29年(1940年)秋，他得知盐城建立抗日民主政权，毅然从上海回乡。次年春，加入中国共产党。历任乡指导员、区委委员、区委组织科长等职，先后发展多名青年入党。在兼任新河乡指导员的第三天，敌人即悬赏捉拿他，并烧毁他家5间草房，扬言要杀绝他全家。

民国31年11月30日夜,倪杰和区长李志等9人,到薄沟村进行反伪化活动。次日晨,驻新兴场日、伪军出动包抄。他和苗斌本来可以脱险,但为掩护区长李志等人,又冲进包围圈阻击。待李志等7人转移后,他2人才撤退。在过河时,他肩部、臀部两处中弹;上岸后,再次中弹被捕,被押于新兴场。敌人对他先劝降后拷打,并以"活祭"被其处决的汉奸刘楚三相威胁。他轻蔑地说:"我死何足惜,你们也活不长!"12月1日深夜,倪杰在新兴场南圈门外英勇就义,时年25岁。民国32年,倪杰的英名刻于阜宁县芦蒲乡"新四军抗日阵亡将士纪念塔",后建阳县政府将新慧乡改名为倪杰乡,今为永丰镇倪杰村。

马义宏

马义宏(1919~1942),原名张国荣,曾用名马义植、张宏。民国8年(1919年)生于江都县(今江都市)。革命干部。在江都县初中读书时,秘密阅读进步书刊,到扬州南门清真寺贫民区举办民众识字班,一面传授文化知识,一面宣传抗日救亡,为了声援北平学生"一二·九"示威游行,在校内参加罢课和游行。抗日战争爆发后,参加扬州晨鸣社和"民众宣传团",投入当地救亡斗争。民国26年11月,到延安,进入抗日军政大学三期三大队九队学习。民国27年春参加中国共产党。当年分配到国民政府安徽省民众抗日动员委员会工作。在全椒县群众帮助下,以动委会名义揭露暗中勾敌的大地主。次年任中共路东省委秘书。民国29年12月任中共嘉山县委书记时,县抗日民主政权尚剩下7个乡的活动范围,他深入敌占区领导反蚕食、反伪化斗争,抗日根据地迅速发展至4个区、42个乡镇。

民国30年夏,马义宏调任中共仪征县委书记。当时日伪军在谢集、十二里集等地建据点,"扫荡"根据地,抗日民主政权被压缩到月塘周围的少数地方,处境困难。临危受命的马义宏与丁明志、陈雨田等一起,恢复农抗、工抗、民兵,领导群众开展武装斗争,并借粮互助,解决生产生活问题,还亲自主持士绅座谈会,扩大统一战线,使根据地局面日趋好转。翌年夏,因积劳成疾,他带病坚持工作,终以身殉职,时年23岁。

孙 宁

孙宁(1921~1942)，又名孙志翰，民国10年(1921年)生于浙江宁波一户小手工业工人家庭。烈士。民国27年，他参加国民党浙江省政治工作队，编入由中共党员姚旦任队长的政工二队。是年底，加入中国共产党。民国29年10月，由于国民党当局下令搜捕政工二队队员和进步群众，经中共浙西特委决定，政工二队自动解散，党组织转入地下活动。时任洲泉组组长、党支部书记的孙宁于年底到苏南，在茅山区党委举办的党训班学习两个月。民国30年1月至民国31年，历任中共锡西工作委员会书记、中共宜兴县委书记、中共太滆地委敌工部部长等职。在此期间，他深入太湖溇边，利用渔民中基督教徒做礼拜的机会，进行抗日救亡宣传，组织渔民协会，扩大党在渔民中的影响。他曾出席新四军军部召开的敌工工作会议，将搜集的敌伪情报，提供给有关方面作参考。民国31年6月14日，他从敌占区到宜兴闸口，向地委汇报工作，途遇下乡大"扫荡"的日军，在闸口谈家圩泗水突围时，不幸中弹牺牲，时年21岁。

胡曾钰

胡曾钰(1924~1942)，女。无锡堰桥胡家渡人。烈士。民国28年(1939年)9月，胡曾钰以外出求学为名，瞒住母亲，参加江南抗日义勇军宣传队，走上抗日前线，随军撤到常熟阳澄湖畔。同年，加入中国共产党。民国30年9月，"江抗"改编为新四军六师十八旅，奉命转移到苏北，开辟江(都)高(邮)宝(应)抗日根据地。她随十八旅五十二团转战到高邮，分在二区办事处搞民运工作。当时的高邮，日伪据点林立，斗争十分艰苦。翌年7月，二区划为二、三两个区，她任三区区委宣传科长，分工在长林沟两岸的郭家庄、孙家垛、韩家庄、项薛舍、刘家垛一带开辟工作。民国31年9月，日伪军集中兵力对抗日根据地进行分割"清剿"、"扫荡"。11月，兴化、高邮、樊川、三垛等处日伪军水陆并进，分五路对樊川地区"扫荡"。11月8日，三区机关及游击队50多人宿营在吴陈舍。早晨7时左右，发现东北方向有敌人汽艇，他们便向项薛舍转移。10时左右到达项薛舍，尚未住定，南路敌人便包抄上来。他们又被迫向西北和东北方向转移。胡曾钰为掩护撤离，最后撤到庄子东边麦田里,腿部中弹受伤,不能行走。日伪军猛扑上来,对她连刺两刀,当即壮烈牺牲,年仅18岁。

裘廷梁

裘廷梁(1857~1943),又名可桴,字葆良。清咸丰七年(1857年)生于无锡县城(今无锡市区)沙巷。中国早期白话文积极创导者之一。早年有才学,为"梁溪七子"之一。光绪十一年(1885年)中举。会试落第后与梁启超、严复等鼓吹新学。以京师大学堂主持人名义,赴日本考察教育,致力于开通民智和变法维新的宣传。主张用明白易懂的白话文代替佶屈聱牙的文言文。认为"白话文为维新之本,当今以扩张报务为第一义"。光绪二十四年五月,与友人丁梅轩和侄女裘毓芳等创办《无锡白话报》,是为中国早期白话报之一。刊登《日本变法记》、《俄皇彼得变法记》等文章,倡导变法。百日维新后,被迫停刊。又发起成立白话文学会,积极活动,推广白话文。光绪三十年主持锡金学务公所。恢复竢实、东林学堂和三等学堂,并设立四城小学、乐歌补习所和初等师范学堂。历3年,办学数十所,使入学人数增至2800余人。无锡光复,出任锡金军政分府民政长。民国7年(1918年)无锡县署聘他为县志总编纂。20年代初,新文化运动引发了白话文、文言文之争,裘廷梁提倡白话文,与主张文言文的学者钱基博等反复论争。民国10年1月7日在《新无锡》报上发表致钱基博的公开信,批驳钱的观点。他热情赞助锡社等进步青年社团在无锡推行平民教育的活动。后居上海,仍参与地方公益事业,资助筹建县图书馆和公园。民国26年10月日军侵占上海后,他以悲愤的心情作诗描述敌占区的一片凄凉景象,控诉日本侵略者和汉奸的滔天罪行。民国32年12月8日病逝于上海,享年86岁,著有《可桴文存》传世。

孙 钺

孙钺(1876~1943),字子铁。清光绪二年(1876年)出生于通州(今南通市城区)。张謇为通州师范规划公共植物园物色筹建人才,经推荐,孙钺负责工程建设。光绪三十一年,植物园改建为博物苑,孙钺继续负责苑务。博物苑作为学校教学的补充,孙钺征集文物、制作标本、编订篇目,内容集历史、美术、自然诸项。博物苑不仅是通师师生课余休息之地,也是汲取知识、拓开眼界、供教学之用的基地。民国元年(1912年)南通博物苑单独开放,第二年正式设苑主任之职,孙钺出任,他为中国第一所博物馆的建设,为博物馆服务于教学做了大量的工作。其后,孙钺担任通师教师,主授动、植物课,又在南通学院农科兼任讲师,主讲植物病理学。孙钺课堂教学常不用教本,侃侃而谈,深得学生欢迎。

孙钺生前的著作颇丰,出版的书籍有《用器画》(与人合作编译)、《养牛》、《养羊》、《造林全书》、《日文文法教科书》、《植物病理学》。晚年撰写《南通植物志》,因病半途而辍,民国32年去世。

阎汉亭

阎汉亭(1891~1943),字云楷。清光绪十七年(1891年)生。沛县龙固镇三河尖人。明末抗清义士阎尔梅第十四代孙,为沛北首富。清宣统元年(1909年),赴京应试,中拔贡。他以拔贡资格,先后担任沛县湖田总董事、沛县农场场长。民国元年(1912年),沛县县知事高梅仙聘阎汉亭为沛县二科科长,掌管全县财政大权。民国15年,奉系军阀直隶督办褚玉璞任命他为河南归德府(商丘)道尹。民国18年,阎汉亭在沛县党教两派激烈斗争中被选为沛县救济院院长,曾捐助4500公斤小麦,解决救济院困难。民国27年,他将家中全部枪支交给八路军,支援地方抗日武装。日本侵略者进驻沛城后,修书邀阎汉亭出任县知事,为免当汉奸,阎汉亭北走天津。民国32年回徐州,因肺病复发,病逝,终年52岁。

黄 鑫

黄鑫(1898~1943),字稚甘。清光绪二十四年(1898年)出生于启东东黄仓镇。27岁时,皈依苏州灵岩寺印光法师,法名慧解。34岁时继承祖业,独自经营"大新昌"酱园,主营酱油、酱菜、麻油、酒类等,并仿上海天厨味精厂试制豆鲜汁,色淡味鲜,酱香扑鼻,可与味精媲美。还开办振东轧花厂和锦昌协花行,与人合股经营织造厂。他经营的商品用"寿星"、"醒狮"等注册商标。讲究信誉,凡有质量问题的成品已出售的,可以退货调换,在县内外享有盛誉。民国23~27年(1934~1938年)间,任启东县商会会长。

为发展地方经济,曾去日本、美国了解市场行情,沟通渠道,融通资金;举办国货展销会,促进国货生产与外销;他还协助大同村顾南群在上海办南洋医院,方便崇启患者赴沪就诊,推荐贫苦青年进院谋生。黄鑫从35岁开始,致力于启东佛教事业。组织佛教团体同志道合会,研究佛学,资助修了大同村关岳庙、东兴镇孟将庙。于民国26年,创建启东佛教会,被选为会长。他还乐善好施,济穷扶贫,对亡者施舍棺材。民国32年,黄鑫病逝于崇明汲浜镇广福寺。

李 球

李球(1918～1943),乳名官生。响水县小尖镇人。烈士。自幼勤奋好学,聪颖过人。民国21年(1932年)考入涟水县中学习期间,主动接近进步师生。后因聚众反对校方招生舞弊遭镇压,愤然离校,参加中共地下党组织的宣传队。民国23年,又因党组织遭到破坏,返回家乡。民国27年夏在灌云县殷庄参加由殷树楠发起的抗日组织联庄会。次年春与一些青年以拜把兄弟为名组织起兄弟团,进行抗日救亡活动。后兄弟团改名为青年抗日救国团,经常教唱《流亡三部曲》、《打回老家去》等歌曲,以激发大家抗日激情。民国29年秋末,李动员一批青年相继参加中共淮属地委涟灌阜边区组建的滨海大队。翌年2月任灌云县涟五区联防队文化教员。

民国32年3月下旬的一天夜里,李球睡熟中被坏分子用斧头砍伤,倒在血泊中后感染破伤风而逝,时年25岁。

刁 全

刁全(1920～1943),又名海山。高邮县金沟区西安乡(今金湖县金沟镇)人。民国29年(1940年),参加金沟镇青年抗敌协会,后参加根据地税务工作,不久加入中国共产党。民国31年,担任高邮县货物检查处闵南流动组组长,负责高邮湖畔叶家渡口、庙沟、施尖等地的征税与缉私工作。民国32年4月6日早晨,和缉私员李光前在高邮湖滨徐家坝头一带执行巡查任务时,发现湖面有艘潜逃的重载大船,追上去进行盘查,并下舱仔细察看,发现有大批走私黄豆,责令船主将船开往闵桥分处听候处理。船主拿出一叠钞票贿赂,央求放条生路。刁全严词斥责,发出警告,货主假装说情,乘其不备夺枪。李光前连忙举起检槽向奸商打去,冷不防刁全背部被船主猛击一拳,栽入水中,以身殉职,时年23岁。

周玉珍

周玉珍(1921~1943),女。响水县张集乡人。烈士。民国29年(1940年)参加革命后,她从事党的民运工作,大力宣传抗日。不久,组织兄弟团和姐妹团,向广大青年宣传并布置工作任务,吸收其中一批优秀青年参加革命,加入中共组织。抗日兄弟团和姐妹团成立后,十分活跃。抗日救国兄弟团有100多人,分南团、北团两处。他们的口号是"有志青年团结起来,保家卫国"。兄弟团建立会议、汇报制度,定期布置青年工作任务,由周玉珍等人负责联系。民国30年6月,周玉珍加入中国共产党。入党后,任大通、张集两乡党支部书记,具体负责大通乡一片党的工作,先后发展10多人加入中国共产党。民国31年7月,当选滨海县一区农救会会长后,积极动员广大农民组建各乡、村的农救会、妇救会。她还大力收集枪支,组织成立民兵模范班、联防队,亲自指挥,有效地打击了日、伪的骚扰。农历十一月二十九日(1943年1月5日),高攀荷率手下10多个伪军各带短枪化装成群众赶集,待周玉珍赶至时,伪军立即将她包围并迅速向她靠近。周玉珍见状夺路突围时,不幸中弹牺牲,时年22岁。为了纪念周玉珍,滨海县委决定,将原来的大通乡改为玉珍乡。

金玉山

金玉山(?~1943),灌云县花船庄(今灌南县长茂镇)人。抗日战争中英雄人物。日本侵略军在灌河两岸烧杀淫掠,目睹家乡惨遭荼毒,金玉山发誓与敌不共戴天。他联络志同道合者数十人,伺机杀敌。第一次,他扮成卖油条的,混进三口日军据点,杀死15个日军,缴获12支枪。又有一次,他化装成姑娘登上日军汽艇,打死5个日军。两次袭击,使日军大觉丢脸,十分恼火。民国32年(1943年)5月28日,日军派出一小队兵力,并配备1门六〇炮和2挺机枪,袭击金玉山,他虽殊死奋战,终因寡不敌众,壮烈牺牲。他的头被日军挂在响水口大桥上"示众"。

徐宗汉

徐宗汉(1876~1944),女,又名佩萱。清光绪二年(1876年)生,广东香山县(今中山市)人。同盟会会员,黄兴的夫人。光绪三十三年在南洋槟榔屿加入同盟会,此后即从事革命活动。民国元年(1912年)1月,中华民国临时政府在南京成立,黄兴任陆军总长。2月,广东北伐军姚雨平部队从徐州前线回南京时,带回因战乱、灾害而造成的贫苦儿童200多名。黄兴命陆军部副官处觅民房把他们安顿下来,随后成立开国纪念贫儿第一教养院,由徐宗汉任院长。民国2年"二次革命"失败后,徐宗汉随黄兴流亡日本、美国,从事反袁世凯活动,将贫儿教养院工作交由周其永(女)负责。

民国16年,北伐军攻克南京。次年,徐宗汉按贫儿教养院董事会决议,由沪来宁再度任该院院长。她竭力整顿院务,修订院训、院歌及简章,重申该院为"先总理(即孙中山)开国纪念特殊慈善机关",以收容无家或虽有家但无力教养的革命烈士遗孤及一般赤贫子弟,"施行工读教育,完成生活技能,深造专门人才"为宗旨。当时全院共有孤贫儿360名,按学制和专业分为13个班级。院部设学术部和工艺部,下有印刷、针刺、织染、木工诸工厂。在院儿童亦读亦工,既学文化知识,又习生产技艺。为筹措经费,民国20年,徐宗汉赴美募捐。她把募捐所得用于添置院内设备,同时在安徽宣城购置山地水田3万余亩,开办农场,既作为孤贫儿劳动场所,又作为该院增加经济收入的生产基地。民国26年,日本侵略者发动侵华战争,南京沦陷,开国纪念贫儿第一教养院被迫停办。徐宗汉带领一部分贫儿流亡到暹罗(今泰国),一方面为贫儿募捐,一方面宣传抗日救国,呼吁侨胞支援祖国的抗日战争。从暹罗归国后,她又在云南大理鸡山创设贫儿院,因经费困难,不久即停办。她把那些流亡的贫儿转送到安徽宣城贫儿院农场。民国33年3月8日,她因肝病咯血,病逝于重庆。

夏诒霆

夏诒霆(1878~1944),字挺斋。清光绪四年(1878年)生,江阴县(今江阴市)澄江镇人。近代外交官。他早年以附贡生获清廷驻德使馆官费生资格留学欧洲,学成后历任清驻西班牙、法国等使馆书记官、秘书官等。辛亥革命后回国,历任袁世凯政府国务院秘书、驻日本横滨总领事、代理驻西班牙全权公使等,民国5年(1916年)10月出任北洋政府外交部次长、代理总长职务,后辞职赴南美,任北洋政府驻巴西兼秘鲁全权公使,长达7年。卸任后回国,先后定居于南京、江阴、上海等地,民国33年病逝。

张靖诚

张靖诚(1903~1944),清光绪二十九年(1903年)出生在启东(今启东市)竖河镇一个小商人家庭。利用伪职为中共从事地下工作,烈士。民国32年(1943年)春,伪"清乡"公署委任张靖诚为中古、中庆、南阳、博仁四乡联合办事处主任,兼启东商会会长。后来,在中共海东区委的直接指导下,他利用这种身份,做了大量的地下工作。出于工作需要,张靖诚在与伪三十四师驻南阳的一支部队交往中,接受该师副官之职。他在伪军中广交"朋友",活动更加自由,可以随时送出情报。身兼3个伪职的张靖诚,利用自己特殊身份,冒险营救共产党的干部和群众,还主动掩护海东区税务员进南阳村据点收税。一次,张靖诚接受海东区委布置侦察汇龙镇敌情的任务,一连6天深入敌人心脏活动,把敌人的工事、兵力配备,"清乡"公署机关、碉堡分布、火力设置等摸得一清二楚,画成详细的军事地图,交给了该区梅区长,提供了重要的军事情报。伪"清乡"公署主任后得知张靖诚暗中和新四军来往,于民国33年1月21日诱捕了他。海东区得到情报,派人设法营救,未遂。第三天晚上,伪"清乡"公署主任坐堂审问,用尽酷刑,张靖诚怒目而视,闭口不理,敌人恼羞成怒,举枪把他打死在公堂上,并下令抄家,没收财产。半夜,汇龙、南阳2镇群众,冒着风险,把张靖诚尸体运回南阳村,镇上群众都摆香案祭奠这位为抗日而献身的爱国人士。

许德祐

许德祐(1908~1944),清光绪三十四年(1908年)出生。丹阳城镇人。地质学家。从省立苏州中学毕业后,于民国16年(1927年)考入上海复旦大学外文系,兼修社会科学,积极参加社会活动。经同学陈鲤庭介绍,加入田汉、洪深办的南国剧社担任导演。民国19年大学毕业后留学法国,入蒙伯里大学攻读地质学。民国24年毕业获硕士学位,并加入法国地质学会,当年回国在中央地质调查所工作,任无脊柱动物研究组主任,主要研究湖北的三迭纪地质,嗣后又研究西南地区的三迭纪。民国29年获中国地质学会赵亚曾纪念奖金。翌年兼任复旦大学史地系教授。民国31年,他被选为《中国地质学会会志》编辑。民国33年3月获丁文江纪念奖金。4月,许德祐偕陈康、马以思等赴贵州西部调查地质,在盘县惨遭土匪抢劫杀害,时年36岁。

中国地质学会为了纪念这3位以身殉职的学者,于民国34年设立许德祐纪念奖。有与陈康合著的重要论文《贵州西南部三迭纪》传世。

谢骠

谢骠(1910~1944),字仲佶。清宣统二年(1910年)生,广西宜山县城关人。中共党员,烈士。民国14年(1925年),到桂军某部当抄写员。抗日战争爆发后,他随桂军开赴上海,作战负伤。伤愈回广西,升任营长,后到皖北,任国民革命军第一三八师第四一四团副团长。民国28年2月,出任安徽霍丘县县长。同年10月,中共霍丘县党组织发展他为特别党员。他利用自己国民党县长的身份,积极为共产党工作。民国29年4月,因身份暴露被中共皖西省委派到涡阳"抗大"四分校学习,又辗转到皖东北根据地任职。民国32年1月,调任泗阳县县长兼县大队大队长。他一面开展武装斗争,一面加强民主政府的政权建设,发展生产,兴修水利,扑灭蝗灾,创办学校,发动参军、支前等等。是年夏秋之间,泗阳发生震动淮北的"三青团案件",牵连百余人,数百人被关押,造成重大的冤假错案。后经上级发觉制止,民国33年春全部平反。谢骠对此负有责任,与当时的县委书记和公安局长均受到行政撤职处分。民国33年3月,日本侵略军集中兵力袭击泗阳界集、龙集等区,直达洪泽湖边。29日,敌向裴圩回窜。谢骠奉命率县大队一部阻击,打退日伪军多次冲锋。当机枪手负伤时,他亲执机枪扫射,给敌人以重大杀伤。但终因敌众势强,谢骠英勇牺牲,时年34岁。

戴曙光

戴曙光(1911~1944),射阳县通洋镇人。烈士。高中毕业后,到上海日本人办的同文书院学习日语。"九一八"事变后,组织上海学生赴宁请愿,被同文书院开除出校。不久,考取复旦大学。民国22年(1933年)五一劳动节,上海地下党组织爱国工人、学生、市民,在文化广场举行"飞行"集会,戴曙光等青年学生于赴会途中被捕,在国民党的狱中、法庭上,他经受了严峻考验。后因证据不足,23天后被释放。同年秋,上海地下党组织通知戴曙光赴日本留学。他把鲁迅先生的"横眉冷对千夫指,俯首甘为孺子牛"、"我以我血荐轩辕"的名句当作座右铭。"七七"卢沟桥事变爆发后,他立即离开日本回国,到阔别多年的故乡宣传抗日救国的道理,并积极投入攻打土匪徐伯鸿的战斗。

戴曙光的大哥戴克光,在英国剑桥大学毕业时获得博士学位。回国后先在浙江省政府当秘书长,后到清华大学任教授。二哥戴戎光,是黄埔军校第八期毕业生,后到日本士官学校留学,回国后任国民党江阴要塞司令。按他的社会关系和才干,要在国民党政府里谋一官半职唾手可得,但他毅然选择了革命的道路。民国29年底,他与妻子顾乃湘步行百余里,到东坎找阜宁县抗日民主政府县长宋乃德,并经新四军三师师长黄克诚的夫人、阜宁县委书记唐棣华介绍参加了革命。先任阜宁干校大队长,后任阜宁县政府第三科科长。民国32年初,中共盐阜区委调他到射阳县七区任区长兼武装大队长。为了打开局面,他首先动员父亲和开明绅士献出枪支,组建起一支抗日游击队伍。从此,经常带着这支队伍,深入敌人心脏地带,声东击西、神出鬼没地打击敌人。他带人潜进邵尖敌据点,缴获了顾景班的马枪。去合德敌据点,亲自击毙伪税务局局长。民国32年7月17日,他带领区队破坏合德到通洋的公路,袭击通洋伪据点,活捉2个伪军,夺回被伪军抢去的3条耕牛,缴获驳壳枪1支。敌人对戴曙光又怕又恨,利用蒋信富谋杀戴曙光。蒋信富原是戴的家丁,曾为游击队购买过子弹。敌人收买蒋信富后,要他伪装拉队伍投奔新四军,约戴在绝龙港面谈。民国33年5月30日晚,毫无戒备的戴曙光,带着王允、唐家辰、顾正太、王其华等人,从董尖渡口乘船西行。船到绝龙港口,仍不见蒋信富的人影。他察觉其中有诈,正准备掉转船头返回时,伏敌四起,枪声大作。戴曙光刚上岸反击,不幸中弹,英勇牺牲。

王　澄

王澄(1914~1944),祖籍镇江。新四军团长,烈士。民国3年(1914年)出生在上海一个小职员家庭。民国26年被委派到启东久隆镇防空监视哨任哨长。次年,日军侵占启东,王澄参加了瞿犊组织的抗日游击队。当领导人瞿犊、王进被害后,他与姚力率部暂编入国民政府鲁苏皖边区游击指挥部二纵五支队四大队,王澄任大队长。不久,秘密加入中国共产党。民国29年6月,王澄率部举行了著名的港口暴动,一举生擒五支队队长及支队部人员。此举受到新四军陈毅等人的高度赞扬,部队改编为新四军挺进纵队新五团,王澄任团长。同年10月,率部参加黄桥决战。民国31年秋,担任东南警卫团团长,参与领导了东南地区的反"扫荡"、反"清剿"斗争。次年9月,日伪第一期"清乡"失败,王澄抓住战机,指挥区队、民兵群众声势浩大地包围一个又一个据点,给敌人以沉重地打击。民国33年,指挥反"驻剿"斗争连续作战28次,击败敌人多次"驻剿"、"围剿",在一次掩护县委、行署机关转移的战斗中,打退了日军松川大队长率领的日伪百余人的追击。同年12月26日晨,因新四军电台被敌侦悉,日伪军3路奔袭,向东南警卫团驻地逼近。王澄与政委在野外察看敌情,准备指挥突围,不幸被日军冷枪击中,他俩相继阵亡,时年均30岁。

今野博

今野博(1919~1944),化名金野博、中野博,日本国本州秋田县人。民国28年(1939年)春被征入伍侵华,同年8月"扫荡"山东梁山时被八路军俘虏。民国30年6月发起成立了在华日本人反战同盟(后改为日本解放联盟)山东支部,任宣传部长,发表演说或发表文章揭露日本帝国主义的暴行并宣誓参加八路军。民国32年,来到日照、赣榆两县做反战工作,采用写信、打电话、寄慰问袋、喊话、个别谈话等方式瓦解日军,并在一些据点建立了工作关系。民国33年春,今野博去反战同盟山东支部汇报工作,在一山村被日军俘虏,武工队营救无效,后被押到侵华日军驻济南宪兵队部,面对酷刑,始则闭口不言,后则滔滔不绝发表演说。不久被秘密杀害。民国33年7月,八路军山东军区在赣榆抗日山追悼今野博等抗日阵亡将士,还编演歌颂他的话剧《我们在一起》。1991年4月,赣榆县人民政府建成"日本友人金野博同志纪念碑"。

殷 逸

殷逸(1919~1944),原名殷朝法。民国8年(1919年)出生于丹阳。抗日英雄,革命烈士。民国26年于丹徒黄墟师范毕业时,正值上海抗战。毅然投笔从戎,参加管文蔚等领导的抗日自卫武装。次年8月,加入中国共产党。任部队军需,办小农场以解决给养,并动员母亲卖掉土地为部队购买枪支。民国28年春,随新四军挺进纵队四支队渡江北上。翌年春,调任苏皖支队二营营长。他曾只身闯入敌据点,缴枪8支,人称"孤胆英雄"。他在荷花池设伏,击沉日军运输船2条。当年冬,随军挺进通如海启。不久,去盐城抗大五分校学习,任大队长。民国31年秋,调任南通县警卫团参谋长,积极组织基层干部分期分批进行短期集训,以提高部队战斗力。反"清乡"斗争中,要求留在"清乡"区内,广泛开展群众性的机动灵活的游击战争。第一期反"清乡"斗争胜利后,任南通县警卫团团长。民国32年11月29日,曾与县团其他指挥员一起,设计痛歼日军"别动队",打死打伤日军10多人,当场击毙日酋山本大队长。民国33年4月26日,县政府和县团机关驻兵房东南七管。兵房日伪军20余人化装成下海渔民前来偷袭,他在组织反击中不幸中弹,英勇牺牲。

李文广

李文广(1920~1944),灌云县响南乡(今属响水县)人。烈士。民国28年(1939年)3月,日军侵占响水口。在当地进步人士的影响下,他投入抗日救亡活动。6月,加入中国共产党。是年秋,遭伪军逮捕,后经地下党组织的营救出狱。民国30年秋,担任涟灌阜边区办事处(今响水县前身)灌五区(今响水口一带)区委副书记,分管区民运工作。次年,涟灌阜边区办事处改滨海县,他任一区区委书记。他和区长吕恩覃一起积极领导全区人民进行反"扫荡"、反"伪化"斗争。在他们的努力下,区队迅速扩展到100多人,有力地打击了敌人,保护了人民。民国33年春,县委对各区领导人员进行充实调整,他调任四区区委副书记。他和区委负责同志一起,深入佑东乡领导减租减息运动。该乡共有地主15户,占有几顷田以上的地主10户。经过一系列的斗争,佑东乡减租减息的局面很快打开。至7月底,佑东乡封建地主的统治势力被打垮,发展新党员36名,购置枪24支,加强了民兵力量。中共滨海县委将佑东乡的减租减息经验印发全县各区、乡,号召全县向李文广学习,把减租减息的运动推向新的高潮。8月,他和区委书记程群等带领一个工作队,去滨海四区大广乡发动减租减息。17日晚,工作队吃过晚饭转移到一地主家住下。夜间,敌人集结一部分兵力从响水口出发至大广,次日天亮前突然将工作队的住房包围起来并向房内开枪。子弹打中了李的胸腹部,但他带着重伤跑出房间,伏在猪圈上阻击敌人。由于伤势过重,李文广不幸牺牲,时年24岁。后中共滨海县委在张集召开追悼大会。为纪念烈士,滨海县政府决定将滨海四区改为文广区,将大广小学改为文广小学。

王朝福

王朝福(1925～1944),东台唐洋人。烈士。出生在一个贫苦农民家庭。民国29年(1940年)参加革命,次年加入中国共产党。民国31年,担任民兵副中队长。他动员青年参军,带领民兵深入敌占区破公路、拆桥梁、割电话线、刺探情报,搞得日伪军日夜不安。民国32年5月,唐洋区开展减租减息,他主动将自己从减租减息中得的租息,转送给本村的军属。同年秋,为了保卫秋收,区委要求民兵从政治上瓦解敌人,王朝福接受任务后,带领民兵到敌据点周围张贴标语,散发传单,进行政治喊话。在强大的政治攻势下,据点里的一个班的伪军携枪投诚。他还带领民兵由投诚的伪军班长带路,从敌据点银行里扛出6麻袋伪币,为区游击连增加了一大笔经费。事后,唐洋区游击连给他记了一等功。

民国33年12月27日,王朝福新婚第三天即告别亲人,赶到区队接受新的任务。他奉命带领民兵到三里庙一带埋设地雷阻击援敌。当敌人进入雷区后,他猛拉导火线,由于用力太猛,导火线被拉断,地雷未能引爆。敌人见状,便立即反扑过来。因敌众我寡,王命令民兵迅速撤退,自己留下阻击敌人。阻击中,王不幸腰部中弹被俘。被捕后,他坚贞不屈,大义凛然。他说:"参加抗日,保卫祖国,我犯何罪?有什么招供?有罪的是你们这些卖国贼!"伪连长恼羞成怒,残酷地将他活埋于角斜街北包场,年仅19岁。民国34年1月,中共唐洋区委为纪念烈士,将王朝福的家乡青港村命名为朝福村,烈士牺牲的角斜北街命名为朝福街。

施肇曾

施肇曾(1865~1945),字鹿珊,号省之。吴江震泽镇人。清同治四年(1865年)生。早年为国学生,曾先后就读于上海圣约翰学院、电报学校。从光绪十七年(1891年)起,先后任知县、同知、道员等职。光绪二十年赴美,任驻美使(领)馆随员、领事等。光绪二十三年回国,任汉阳铁厂提调,兼理京汉铁路工程。光绪三十二年五月,任沪宁铁路总办兼招商轮船局董事,光绪三十四年又改任沪杭甬铁路总办。民国元年(1912年),督办陇豫海铁路。民国2年11月,获二等嘉禾勋章。民国3年任国内公债局董事、漕运局总办,民国4年任交通银行董事长,民国8年1月任全国商会公举国际税法平等会赴欧总代表。当年,在震泽创办江丰农工银行,任董事长,扶持当地发展蚕丝业。民国9年创办北平医院。民国10年在无锡学宫旧址创办国学专修馆,聘请太仓唐文治主讲古代文化,并刊刻十三经读本等古籍。民国12年,他与胞弟施肇基等人创办震泽初级中学,并任董事长。同年起,捐资重建南浔至震泽石塘。民国13年,任上海闸北水电厂股份有限公司董事长、永亨银行董事长。民国27年,在上海创办育英中学及附属育英小学。民国34年9月19日,在上海寓所去世。

赵玉森

赵玉森(1868~1945),字瑞侯,因嗜酒豪饮,改号醉侯。清同治七年(1868年)出生于丹徒埤城(今属丹阳)。祖籍丹徒大港。文史学家。少年好学,后入江阴南菁书院深造。30岁到上海南洋公学、南京方言学堂等校教书。后又外出游学,北至奉天(今辽宁),南至两广。宣统三年(1911年)应马相伯聘请到上海复旦公学(民国6年改名复旦大学)任历史教授。同时,又受王云五之聘为商务印书馆编写大学历史教材。民国5年(1916年)北上清华学校执教文史两课,历时9年,罗隆基、闻一多、浦薛凤、何浩若等人都是他的学生。民国14年他回到镇江,在月华山下筑月华楼,与云苏等人结成梦溪吟社,以诗酒为生。他诗才敏捷,诗风豪放,能够突破旧诗框框。沦陷期间,他不任伪职,诗中常常斥骂日伪。诗集手稿藏绍宗藏书楼。民国34年去世,享年77岁。1985年他的孙子赵同在台湾出版其诗集选本。

浦文汀

浦文汀(1874~1945),名大纶,以字行。金匮县(今属无锡市)厚桥镇人。20世纪中国关内最大油厂厂主,爱国实业家。10余岁即随父从商,后在上海、无锡等地粮行习业。勤奋钻研,精于对稻麦杂粮特征、质量的鉴别,为同行所钦佩。清光绪三十一年(1905年),荣宗敬、荣德生慕名聘其为茂新面粉厂办麦主任。民国元年(1912年),他投资1.2万元,与他人合资在上海创办福新面粉厂,任办麦主任。民国6年,以所得薪金与红利在无锡东梁溪路独资创建慎德堆栈,仓容量为8万石;另有储茧仓库1座,可储茧1.6万包。栈地处车站附近,货物驳运便利,常年满仓,年可盈利2万多元。此时他辞去茂新、福新办麦主任实职而改任顾问。次年又投资10万元,在无锡东梁溪路创建恒德油厂,是无锡最大的一家油饼厂。根据市场需要,不断增添设备,生产各种规格的豆饼。所产"天字"牌、"惠山"牌豆饼和豆油除内销苏、浙、皖、闽、粤外,还远销东南亚。顺德油厂日生产能力扩大到日用黄豆60万斤,在中国关内居首位。日军侵占无锡时,恒德油厂损失惨重。民国27年,日商井户边庆藏通过伪组织企图强迫浦文汀租厂合作,遭严词拒绝。当年,他在圆通路创办正德袜厂。后又在北塘沿河开设同记五洋号,经营日用百货。他十分关心教育事业,在东新路建立雅言小学校(解放后改为东路初级中学),提供学校常年经费,便利油厂职工以及附近居民的子弟就学读书。民国34年9月,于苏州寓所突患脑溢血病逝。

杨荫杭

杨荫杭(1878~1945),字补塘。无锡人。早年就读于上海南洋公学,曾先后赴日本早稻田大学留学和美国宾夕法尼亚大学攻读法律。回国后在上海执律师业,参与发起上海律师公会。民国成立,杨荫杭由农商总长张謇推荐,出任江苏高等审判厅厅长兼司法筹备处处长。时官场趋奉之风大盛,他认为有碍于法官断案公正,拒不参加有关活动。在调任浙江高等审判厅厅长后,他不畏权势,不受利诱。有一督军的裙带行凶杀人,苦主告状,地方不敢处理,将有关案卷呈省。他审明犯罪事实,将其判处死刑。省长受托前来说情,并暗示督军大帅将给予种种"好处",他义正辞严回绝。省长又以势相压，他声明，民国既采共和政体，司法就应该独立，对省长软硬两手均不理睬。民国5年（1916年），他出任京师高等检察厅厅长，刚上任，即碰上交通总长许世英贪污大案。他经侦查属实，下令将许氏扣押并准备提起公诉。一时北京政界要人纷纷出面说情均被他以法拒绝。最后中华民国北京政府干预，将杨荫杭停职。他愤然回乡，从此脱离官场，而许世英亦因无颜作官，去职了事。他至上海重操律师旧业并兼任《申报》编辑。他仍坚持"要为无辜者昭雪鸣冤，决不为恶贼恶人文过饰非"原则办事。民国34年，抗日战争胜利前夕病逝。

袁毓棠

袁毓棠（1892~1945），字棣卿。清光绪十八年（1892年）出生。世居高邮北门城外。外交家。袁年轻时就读于江苏省第八中学，常与进步同学印刷、传递革命文稿。民国5年（1916年）毕业于吴淞中国公学商业专科，后考入上海同文书院专攻日文。毕业后，在中国驻朝鲜领事机关工作，历时20余载，工作过的地点遍及朝鲜南北部。旅朝华侨父老，鲜有不知袁领事者。初去朝鲜时任译员，民国17年任参赞主事，以后又得中国驻汉城总领事范汉生赏识，升为副领事，负责釜山领事馆馆务。卢沟桥事变后，一批汉奸仆仆于大陆经朝鲜釜山到东京的路上，袁在釜山不愿为此辈送往迎来，遂辞职不干。民国31年，袁回到上海。后迫于生活，乃不得不折回朝鲜，与其日籍夫人美子同住仁川港的一座小楼上。其时，经常来往于汉城、仁川之间，与老华侨及外交界退居在仁川的幕僚们往来，议论国是，颇发人深省。他说："环顾世界，真正革命成功的是苏俄，大家应该学一点社会科学。"袁毓棠晚年在抑郁悲愤中度过。民国34年去世，终年53岁。

孙宝墀

孙宝墀（1894~1945），字颂丹。清光绪二十年（1894年）生于江阴县（今江阴市）陆桥八字尖村一户清寒书香之家。桥梁专家。父为晚清秀才。民国3年（1915年）考入上海南洋大学攻读土木工程专业。毕业后由交通部选派赴美深造，先在美国桥梁公司实习，继入哈佛大学专攻桥梁结构学，获土木工程硕士学位。民国11年学成回国，先后担任南京河海工程学校、唐山大学、南京中央大学工学院教授和青岛胶济铁路正工程师兼桥梁室主任，参与铁道部整理全国铁路技术标准的设计工作。民国24年初，任铁道部新路建设委员会设计课课长，并任成渝铁路工程局正工程师兼设计课课长。他只身入川，和工程师、技术人员一起跋涉往返于重庆、成都之间，亲自制订工程规范，指导设计，使成渝铁路的建设初具蓝图。他在结构力学、土壤力学等方面有较深的造诣，被吸收为中国工程师学会及中国土木工程师学会会员、中国科学社社员，并被美国土木工程学会吸收为永久会员。民国34年5月26日，在渝寓去世。

余少春

余少春(1894～1945)，清光绪二十年(1894年)出生于海安县海安镇。著名扬州评话艺人。自幼家贫，18岁拜著名评话艺人张少南为师。初学时，余少春先后听过众多前辈的《清风闸》，他博采众长，融会贯通，逐步形成了具有里下河风格的余派《清风闸》。这部书以喜剧形式反映人间悲剧，将旧时代的扬州社会描述得淋漓尽致，一览无遗，后人称之为"奇书"。他还剔除原话本中淫秽语言，并言明糟粕语言不传弟子。民国30年(1941年)，海安沦陷，余少春去如东县栟茶镇演出，在味园茶馆献艺时，有新四军干部前来听书，对余少春的技艺很为赞赏，后在数次群众大会上都邀他说上一段书，藉以鼓舞民众士气。新四军还请余少春联络海安、角斜一带的艺人前往栟茶演出。余少春不仅在里下河地区拥有众多听众，在扬州、镇江、泰州一带也很受欢迎。他的书目甚多，除《清风闸》外，尚有《七侠五义》、《五虎平西》、《粉妆楼》等。著名扬州评话大师王少堂在听了他的《三侠五义》后，亦甚为赞赏。余少春于民国34年去世，终年51岁。

陈佩三

陈佩三(1901～1945)，化名陈贡生、陈源、陈锦昌。清光绪二十七年(1901年)生于金匮县(今属无锡市)梅村陈三房村。烈士。"九一八"事变后，担任无锡县各界抗日救国会保管部副部长，发起成立无锡县工商抗日救国会，积极从事抗日救亡活动。后至上海工作，并加入中共的外围组织——社会主义联盟，曾任该盟的领导成员。后回无锡参加无锡学社，被选为常务理事。民国27年(1938年)2月,加入中国共产党。由新四军驻南昌办事处分配到上饶县江西省青年服务团第五大队工作。同年7月起,奉命到福建闽江地区开辟党的工作,历任中共南平工委、闽江工委书记等职。翌年5月任中共闽北省委秘书长。民国30年5月调回无锡,任中共太湖县委书记。同年7月中共浙西北特委成立时,被选为特委委员,活动于锡南、苏西等地区。民国31年初,任中共无锡(后改锡东)县委书记。在严酷的环境下,他化名陈锦昌,以立泰商号股东老板和小学校长等身份为掩护,在东桥建立立足点,领导锡东军民进行艰苦的反"清乡"斗争。陈佩三长期带病工作,以致肺病复发。民国33年去苏州、上海医疗。民国34年5月病逝于上海,时年44岁。

王 龙

王龙(1908~1945),原名隆恩。清光绪三十四年(1908年)出生。扬中县(今扬中市)人。烈士。其父为乡村塾师。王龙自幼勤奋好学,且天资聪慧,所作诗文深得老师及长者赞许。为人正直尚义,民国21年(1932年)曾因支持"江洲火案"(扬中农民暴动)被国民党当局视为"危险分子"。民国23年因控告贪赃枉法的区长郑振声,反遭通缉,被迫漂泊异乡。民国28年1月,新四军挺进纵队进入扬中。4月,王龙随新四军一支队统战参谋盛威扬至溧阳竹簧桥参加新四军。不久,加入中国共产党。次年秋任扬中县抗敌委员会主任,12月任扬中县长,以后又担任过山南县、武进县县长、中共京沪路北特委敌伪军工作委员会主任,丹北中心县委、苏中五地委敌工部部长等职。民国34年,抗日战争胜利后,他被任命为镇江市市长。同年9月,王龙在丹徒镇江边接受一部分伪军投降时,与另一部分伪军遭遇,不幸被捕,英勇就义,时年37岁。

沈 纯

沈纯(1911~1945),原名杨文儒。今建湖县上冈镇人。烈士。民国29年(1940年)冬,任四区新北乡助理;次年秋后,赴盐阜区行政学院学习。民国31年,加入中国共产党,继任建阳县(今建湖县)四区民政区员兼西乐乡乡长。该乡和新兴场伪化区仅一河之隔,他多次到新兴场西边组织群众藏粮放哨,打坝拆桥,借枪献枪,为烈军属代耕代种。同年冬,区队计划拔除小郑舍敌据点,沈纯受区长指派,化装成商人潜入小郑舍侦察敌情,正巧遇上清查户口的敌人,他充作一户主的儿子,机敏地完成了侦察任务。民国32年秋,他得知伪乡长为敌筹粮,遂以替其嫂祝寿为名诱其赴宴,席间逼他交出了全部筹粮并转送抗日民主政府。

民国34年6月12日夜,沈纯到沈家油坊(今永丰乡联盟村内)开会时,被驻新兴场的伪军包围。为了保护同志,他厉声说:"我就是乡长沈纯。"他被捕关押于新兴场后,任凭敌人软硬兼施,终未屈服。组织上计议以百余人劫狱或答应伪军条件以100担大米来营救他,均被他婉言拒绝。为挫败伪军阴谋,他写下遗书后自缢身亡。

史楚琪

史楚琪(1912～1945),又名史平之、史品之,民国元年(1912年)生于宜兴官林。烈士。民国21年秋,加入中国共产党。次年春,中共无锡县委扩建为中心县委时任中心县委秘书。同年7月,由于内奸和叛徒的告密,中心县委书记吴仲超等10人被捕,无锡的党、团中心县委均遭破坏。史楚琪于危难之际,在无锡城郊马家桥小学重建县委,并与中共江苏省委恢复联系。在他的主持下,城区的工厂支部陆续恢复。学校共青团活动日趋活跃,东北乡农民的抗租、抗债及反对清丈土地的斗争也形成高潮。同时与苏州、常熟、靖江、武进等县的党组织重新建立联系。民国23年6月,史楚琪奉调赴沪,任中共江苏省委外县工作委员会巡视员。同年秋因省委机关迭遭破坏而失去与组织的联系。他以摆地摊卖咸鱼为掩护,留沪寻找党组织,同时参加以宋庆龄为主席的中华民族武装自卫会的抗日救亡活动。日军侵占无锡前夕,史楚琪和原无锡中心县委组织部长任梅林一起,率领部分爱国青年参加江西省青年服务团第三组,在景德镇一带从事抗日宣传活动。民国27年春,受中共赣北特委派遣,他以难民身份去乐平县从事党的组织发展工作,不久,任中共乐平县委书记。民国29年3月起,历任中共赣北特委和中共中央东南局之间交通联络工作兼中共芦溪区委书记、中共祁门工作委员会第一任书记、中共皖中区委组织部组织科长、中共巢无县委组织部长、新四军沿江办事处财粮科科长等职。民国34年春因内奸告密不幸被捕,又因叛徒指认,被日军查明身份,关押于安庆日军特务组织所属监狱。同年,在抗日战争胜利前夕遇害,时年33岁。

王　商

王商(1917~1945),安徽省皖北人。烈士。民国26年(1937年),抗日战争爆发后,与师生一起宣传抗日,不久加入中国共产党。高中毕业后,投笔从戎,参加新四军学生团,曾任某部二团教导员。民国30年被俘,关进上饶集中营,不久越狱来到苏北。民国33年春,被分配到南河区任区委书记。他以满腔热情和忘我精神,经常奔走于陈大沟、冷舍、昌义庄、前三港一带,为发展党的组织和人民武装作出了贡献。在开辟、创立、巩固和发展南河根据地的斗争中,出生入死,屡建奇功。是年夏,带领民兵在陈家港附近的九港打退敌人的"扫荡",并捉获两名伪军,其中一名是为非作歹、民愤极大的伪区长警卫。经批准,他在海安集召开群众大会宣布所犯罪行,后将其枪决。此举震慑了伪军、土匪。民国34年农历七月十五日(1945年8月22日),敌人出动两个连的兵力向南河区的五、六港等地进犯。王商带领区队和民兵阻击敌人,战斗从上午9点打到下午4点,非常激烈。敌人多次进攻被打退后,开始向陈家港方向溃逃。王商举起望远镜在坟头上察看敌情时,被敌人打来的冷枪击中头部,不幸牺牲,时年28岁。

张胜武

张胜武(1917~1945),民国6年(1917年)生,涟水县朱码乡人。八路军警卫团长,中共党员。民国28年参加涟水抗日义勇队,曾潜入日军侵占的涟水城内,杀死日军帮凶邵小喜,然后安全撤离。此一除奸行动,打击了汉奸们的反动气焰。后任八路军陇海南进支队第八团特务连连长。民国30年6月,率特务连与扫荡的日伪军激战,打死日伪军多人,而特务连无一伤亡。同年秋,调任涟水县警卫团副团长,后升为团长。因积劳成疾,民国34年冬病逝,时年28岁。

陈凤山

陈凤山(1921~1945),盐城市亭湖区便仓镇人。烈士。系家中独子,但仍主动要求参加基干民兵。民国32年(1943年)9月9日,乡基干民兵中队被敌包围,他首先开枪阻击,并吹起集合哨子迷惑敌人,使全中队顺利突围。此后,陈被提升为班长。民国34年7月6日夜,便仓据点伪军80多人偷袭民兵中队驻地,陈凤山涉水占领要道阻击,使中队再次安全转移,他自己却因负伤、弹尽被敌捕至便仓。敌人对他先打后吊,再用"老虎凳",逼他交出干部住地和枪支弹药,他总是一句话:"不知道!"后被押到伍佑伪军师部,敌人用钢针刺他十个指头,并用铁尺在针上刮,说是"弹琵琶";还用烧红的铁锅炕,用铁丝穿过肩胛骨吊打。陈任其折磨,至死不屈,直至气息奄奄。敌人气急败坏,残忍地割去他的两只耳朵。7月15日,陈凤山惨遭敌人杀害,头颅被悬于树上并抛尸路边,壮烈牺牲,时年24岁。

李耕川

李耕川(1922~1945),亦名李川。民国11年(1922年)生。江苏沛县唐楼乡孟楼村人。烈士。16岁时与中共沛县地下党员接触,受到共产主义启蒙教育,经常热情帮助家乡地下党组织送信。民国29年(1940年),参加沛县抗日救国会,同年加入中国共产党,任武装交通员,负责沛南泰山庙至丰沛边一段交通工作。民国30年,在苏鲁豫边区农民联合会任交通员,不久参加沛县武工队。民国31年,任中共徐北地下中心县委抗日武装小五队队长。带领小五队,在微山湖武装大队的配合下,以微山湖为根据地,转战方圆100多里的丰、沛、萧、滕、铜诸县,担负保护县委机关、巩固发展抗日根据地、保卫交通线和群众利益的任务。当年,李曾带领队员数人,在甄王庄附近的沛城—夏镇公路上活捉汉奸队长胡嘉等10人。只身收缴申庄汉奸队10余人的枪支。民国33年,率小五队突击队员翻越围墙,炸死顽抗之敌,巧妙地拔除沛城东关奶奶庙的日伪军岗楼。民国34年3月22日,带领小五队突击队员进入徐沛公路旁的萧庄,截击往徐州运送子弹的日军军车。在激烈的战斗中,李耕川腿被打断,仍顽强战斗,终因弹尽,壮烈牺牲,时年23岁。群众送挽联曰:"微山湖畔斗顽敌,机智英勇,屡立战功敌胆寒;沛铜路上杀鬼子,身先士卒,以身殉国万民悲。"

郭光裕

郭光裕(1923～1945)。民国12年(1923年)生,邳县(今邳州市)占城乡郭宋庄人。中共苏鲁豫边区的著名领导人郭子化之子。自幼就受到革命思想的熏陶,民国25年夏参加革命工作。民国28年9月,出任中共苏皖边区青年部青年科长。次年2月,任泗县县委宣传部长;7月,任泗南县县委宣传部长。在兼任泗沭县独立团政委期间,根据军人素质情况,和团长晏盛明研究,及时进行整编,相继建立了各区、乡武装。民国30年秋,郭光裕感染肺结核病。但他仍以顽强的毅力,带病坚持工作。为了支援程道口战役,他和县长夏如爱一起,组织4000多名民工向前沿阵地送粮草、送弹药,转运伤病员。民国30年1月,郭光裕任泗阳(后改为泗沭)县委书记兼县独立团政治委员。有计划地把积极分子组织起来,进行培训,发展党员。他在工作中注意团结各阶层抗日民主人士,镇压汉奸和恶霸。团结了一批爱国人士,扩大了对敌斗争力量。民国31年秋,他病情加重,经治疗,病情稍有好转,他就回县工作。当时环境艰苦,经常与日伪军迂回作战,天寒地冻,多次涉水。因劳累过度,病情恶化,于民国34年1月15日病逝,时年22岁。

吕　畴

吕畴(1923～1945),女。民国12年(1923年)生,南京市人。烈士。日军侵占南京后,面对血腥大屠杀,她立志要参加抗日队伍,替死难同胞报仇。民国22年,她在南京信府河、中华门一带,结识地下党员陈扬,在陈扬的启发教育下加入中国共产党。因工作需要,她将寡母送往厨子营舅父家,秘密开展地下活动。是年冬,她身份暴露,组织上把她转移到江宁县龙都的一个村庄暂避。民国34年初,南京地下党组织通过江宁县委书记陆纲,让她到江宁县帮助工作。时组织上派她协助原陡门口农会主任高立平,负责禄口的义陵、爱陵、孝陵、信陵4个乡建立农会,实行减租减息,开展扩军等工作。她经常晚上要跑20多里路,两只脚磨起水泡,但总是微笑着不叫一声苦。一次她和高立平到敌人据点附近的章山王去开会,章山王距敌人据点秣陵关仅2华里,敌伪军随时可去。但她大胆发动群众,号召妇女组织起来,向敌伪和土豪作斗争。在章山王开展工作后,她不顾疲劳,又与高立平一起赶到10多里外的洋桥后圩去开展工作。经过3个月的艰苦努力,义陵等4个乡的农会组织全部建立起来。她和高立平还积极动员群众参军,向青年宣讲抗日救国的道理,经过动员有37名青年报名参军,连普真寺的2个小和尚也毅然走出山门,投入抗日洪流。

民国34年9月,吕畴等人按上级指示,在禄口的杨树湾办理变卖公粮事宜,被坏人告密,是月底,秣陵关伪军70多人向杨树湾扑去,吕畴在撤退中牺牲,时年22岁。人们把她葬在焦家岔的大堤上,1965年,南京市政府将她的遗骨迁到雨花台下花神庙公墓安葬。

姚公铭

姚公铭(1924~1945),字戊天。盐城市亭湖区伍佑镇人。烈士。民国27年(1938年)4月,日军侵占伍佑,姚随母避居东乡。他的床头挂有"生而何欢,死而何惧"、"大丈夫有志事竟成"等条幅,借以勉励自己。民国30年秋,盐东县敌工部争取了住在他家的汪伪三十三师副官邓某,并发展他为情报员。民国34年春,加入中国共产党,改名姚树人。是年10月8日,姚将伍佑敌据点的火力网分布图、地形图和敌情变化等写成密信交联络员。联络员出哨卡时,密信被哨兵查出,敌人立即戒严。姚闻讯后迅速烧毁文件。正当他准备转移时,不幸被捕。伪军法处对他审问、威胁、引诱、严刑拷打,他始终回答:"共产党员是硬骨头,要杀就杀,你们不要梦想从我嘴里得到一点你们需要的东西!"9日下午,伪师长亲自提审,并以钢针刺其十指,用皮带打得他遍体鳞伤。姚痛斥敌人,在狱中高唱《义勇军进行曲》,自撰挽联:"幼丧父,长杀身,寡母扶孤,廿二载深恩未报。"下联未及写下便被敌人带走。10日,他在被敌绑赴就义地点时,沿途高呼:"共产党万岁!"他每呼一句,就被敌人打几记耳光。临刑前,坚立不跪。疯狂的敌人用刀砍下他的头颅,又用铁丝穿其两耳,悬首"示众"。

姚公铭壮烈牺牲后,10月底伍佑解放,地方政府召开追悼会,并将烈士生前活动过的八大家一带命名公铭乡,烈士所住过的街道为公铭街。

陈秉恭

陈秉恭(1888~1946),字静尘。清光绪十四年(1888年)生,泗阳县仓集镇罗庄村人。特区副参议长,副县长。幼年读私塾,后毕业于淮阴省立第三农业学校和无锡社会教育学院。继任泗阳县社会教育指导员兼县立师范社会教育课教师。任教期间,与该校学生、中共秘密党员谢楠关系密切。谢楠被捕,他到监狱探望,县教育局以"赤化嫌疑"解除他的职务。时隔不久,陈秉恭又联络进步青年,在洋河镇东岳庙筹办平民学校。学校尚未开学,就被歹徒烧毁,并扬言:"如果再干下去,就要他的好看!"陈秉恭没有被吓倒,冲破阻力,自筹资金在家乡办了一所初级小学,教周围农民孩子识字。直到日本侵略军占领洋河镇,学校才停办。民国31年(1942年)秋,运河特区成立,陈秉恭任特区副参议长。当时日、伪、顽、土匪、小刀会,各种势力并存,陈秉恭不顾生命危险,经常深入敌占区争取中间势力,分化瓦解敌人。敌人恨之入骨,一面悬赏捉拿,一面派人放火烧毁他家的房子,以示威胁,他毫不理会。政府拨款,让他把家里房子盖起来,他却用这些钱去买枪械子弹,交给地方民兵抗日。民国33年春,运河特区撤销,并入宿、泗等县,陈秉恭任宿迁县副县长。是年冬,加入中国共产党。时他已年逾半百,但仍带领民工支前、上河工,处处身先士卒。他因积劳成疾,民国35年春病逝,终年58岁。

卞乃秋

卞乃秋(1895~1946),名玉璜。盐城市亭湖区便仓镇人。烈士。18岁时在当地教书,25岁时到上海日人缫丝厂做记账工。后因痛打欺侮工友的工头遭通缉被迫离厂,到姜堰范家营设私塾教书。民国25年(1936年),携妻、子返回故乡。盐城县抗日民主政府建立后,卞乃秋边教书边配合地方干部工作。在减租减息、土改等运动中,他搞宣传,帮助写田契,清点斗争果实。民国35年12月29日拂晓,当地"还乡团"头子徐同安等人偷袭季家舍,卞乃秋不幸被捕。当被押至圩东乡曹港河口(今属大丰市)时,他见离刘庄敌据点不远,便站定不走,说:"宁死解放区,不进虎狼窝。"敌人逼其交出由他保存的账册和分浮财名单,他大骂不绝,后被敌用刺刀戳穿嘴巴枪杀,终年51岁。民国36年春,县民主政府在蒋湖庄召开全县文教大会,号召全县教育工作者学习卞乃秋的英雄事迹。

沙杨氏

沙杨氏(1897~1946),女,婚前名杨玉珍。东台市时堰镇人。烈士。民国19年(1930年)嫁孟家垛(今东台市后港镇沙杨村)贫苦农民沙四和为妻,人称沙杨氏。民国33年参加革命,两年后加入中国共产党。她在减租减息运动中积极与地主斗争,痛斥地主:"你们这些大地主,一样活儿都不干,粮食却堆积如山;我们种田的,天天做农活,常常没粮吃。这不是我们命穷,而是你们收的租太多。你们不减租,我们吃不饱,哪来心肠做军鞋支援'联抗'打鬼子?鬼子打不走,你们的日子也不好过啊!"土地改革时,她斗地主,分田地,工作十分积极,敌人对她恨之入骨,一心想拔掉这颗眼中钉。

民国35年9月一个夜晚,沙杨氏在孟家垛开会,被叛徒告密,不幸与时堰区副区长戴振中、农救会长刘存山一同被捕。敌人对她先威逼利诱,后施以毒刑,要她供出共产党的组织情况,她一字不吐。敌人恼羞成怒,于9月25日将她活埋,时年49岁。就义前,她将一条青布裤子给难友请其转交大儿子沙金茂,叫他长大后干革命为妈妈报仇。民国35年冬,中共时堰区委决定将孟家垛改为沙杨村。

汪元臣

汪元臣(1900~1946),清光绪二十六年(1900年)生于仪征。医学家。其父汪秉忠,曾任江苏省议员、沙田局长。汪在第一次世界大战后赴德国柏林大学攻读医科,获医学博士学位。民国17年(1928年)回国,在表兄黄胜白帮助下创办江苏省立医院(设于镇江),任院长兼外科主任。抗日战争爆发后,率医院员工连同设备迁往重庆。民国30年任教育部医学教育委员会副主任。从事医学教育,仍兼任江苏省立医院院长,抗战胜利后返回镇江,任善后救济分署苏宁分署卫生组组长兼江苏省立医院院长,负责恢复医院的工作,民国35年初夏开放门诊。当年5月汪因脑溢血去世,时年46岁。按遗愿实行火葬。当时镇江还未有火葬场,遂采用寺庙火葬方式,将遗体置于缸中火化,此举开了一项风气之先。

惠峻山

惠峻山(1906~1946)，又名菊宝，化名宋吾全。清光绪三十二年(1906年)生于金匮县(今属无锡市)梅村河南巷。烈士。他10岁进私塾，时断时续。18岁起，靠种田磨豆腐度日。民国16年(1927年)11月，参加中共领导的无锡农民革命军秋收暴动。民国27年春，在家乡组织防夜队，抗日保家。次年4月，加入中国共产党。民国29年8月，任中共梅北区委副书记，全力筹建农民抗日协会。10月，当选为无锡县农民抗日协会主席，发动农民建立区、乡、村三级农抗会。翌年1月，专事指导各抗日团体的工作，领导农民开展"二五减租"。民国31年，担任中共锡东县委委员、秘密工作部部长，领导反"清乡"斗争。民国32年7月，担任县委组织部长，在艰苦的环境中整理党的组织，开办党员训练班，培养基层干部。民国34年10月，改任锡东县特派员，单线领导秘密党员坚持原地斗争。次年6月17日夜，在南三房村遭国民党东亭区自卫队和保安队100余人的包围。在突围时负伤，因伤口感染，患破伤风症，于6月30日病逝，时年40岁。

徐浩泉

徐浩泉(1913~1946)，民国2年(1913年)出生于如皋姜北乡庭庄村。烈士。民国29年新四军东进后，徐浩泉参加抗日民主政府办的苏四区暑假文教研究会学习。民国31年初，至如西县车镇区担任财粮助理。次年，领导派他回家乡开展抗日活动，担任姜北乡调解委员、如西县参政会参政员。民国35年1月15日，驻南通的国民政府七十一军九十一师违反停战协定，于白蒲镇打响侵犯苏中解放区的第一枪，酿成轰动全国的"白蒲事件"。当年3月，北平军事调停执行部派出淮阴执行小组来如皋调停，徐浩泉受白蒲人民的委托，向执行小组递交了《停战令》及国民政府军队侵占白蒲时的调查书，并当面向美方代表邓克陈述国民政府军队进攻白蒲当天遇难的7位死者名单及其亡人牌子上的日期，都是死于1月15日，而不是1月13日。邓克在铁的事实面前表示："国民政府军队应退回原防地。"从而使国民党代表陷入困境。国民党南通专员徐谟嘉恼羞成怒，密令佳姚乡指导员萧弼带领乡自卫队，于3月21日前往徐浩泉家中将其杀害。血案发生后，苏皖边区一分区《江海导报》、华中《新华日报》、中共中央《解放日报》以及国民党统治区进步报纸都报道了这一消息，引起了全国人民的极大愤慨。

吴 翼

吴翼(1914~1946)，原籍武进县郑陆乡塘上村，民国3年(1914年)生于江阴县(今江阴市)篁村的小商人家庭。烈士。上海商业专科学校毕业后，在魏村和篁村等小学任教。抗日战争爆发后，积极参加抗日救亡活动，民国27年在中共领导的武北抗日青年训练班学习后，走上革命道路。民国28年夏，加入中国共产党，任篁村中共支部书记。历任区民政助理、区长、县农抗会副主任、山南县长、江镇办事处主任、中共江镇县委书记和扬中县委书记等职。民国33年，吴翼在扬中领导群众配合新四军主力部队摧毁了老郎街、油坊桥、八字桥等敌据点，打死日军5人，俘虏日伪军三四百名，缴获长枪300多支，子弹4箱，给敌人以沉重打击。民国34年10月，随军北撤，在苏中兴化地区工作。翌年7月15日，渡江南下，任澄西特派员，领导武工队坚持斗争。10月2日拂晓，于武进梧岗乡章家头村，遭武进五区保安队突然袭击，不幸中弹身亡。

谢景鸿

谢景鸿(1916~1946)，民国5年(1916年)生，上海市人。出生在一个自由职业者家庭。民国26年夏毕业于上海复旦大学土木工程系，被分配在津浦铁路徐州站任练习生。谢景鸿到徐州工作时正值日本侵略者扩大侵华战争，就地报名参加徐州第五战区抗日青年救国训练班，走上抗日救国的道路。民国27年初，加入中国共产党。由于日军的侵犯，徐州形势紧张，谢景鸿被组织转移到大别山地区工作。民国27年10月，成立皖东北第八工作团，谢景鸿任团长，对开辟皖东北根据地做了大量工作。从民国28年底，开始先后任中共苏皖区委宣传部宣传科长和苏皖行署财经科长。民国30年8月，中共淮北区委(原中共苏皖区委)从区党委机关抽调谢景鸿等10余名干部到邳睢铜地区工作，谢景鸿先后任中共邳睢县委副书记兼邳睢县武装大队副政委、中共邳南县委副书记。民国31年4月任中共睢宁县委副书记，后任邳睢铜联救会副主任。民国34年8月，谢景鸿再任中共睢宁县委副书记兼组织部长。民国35年初又兼任睢宁县联救会主任。在此期间,他创办编印《工农兵大众》、《群众工作》、《民兵工作》等读物,对引导群众奋起抗日,起到积极作用。民国35年11月24日,国民党军队对淮北解放区大举进攻。11月26日,中共邳睢铜地区干部撤退至洪泽湖西岸龙集、太平集、界集一带时被国民党六十九师包围,在突围中谢景鸿不幸牺牲,时年30岁。

林少克

林少克(1917~1946),又名乌石降。红军,新四军老虎团团长,烈士。民国6年(1917年)出生在福建平和县伍寨乡一个贫苦农家。民国21年冬,参加中国工农红军闽南独立第三团,翌年加入中国共产党。历任战士、班长、副连长等职。新四军新军部成立后,任一师三旅七团三营营长。民国33年3月4日,在车桥战斗中,率三营协同一营攻克该镇。民国34年上半年,参加浙西、孝丰地区的三次反顽战斗。民国34年,任新四军八纵六十四团副团长,参加指挥解放宜兴丁蜀镇的战斗。在渡江北撤途中,率六十四团攻取长江边申港镇,歼敌一个营。民国35年5月,任华中野战军一师三旅七团团长。7月,率领素有老虎团之称的七团参加苏中战役。13日,在宣(家堡)泰(兴)战斗中,指挥部队突破敌人层层防线,与兄弟部队一起攻克宣家堡。如(皋)南战斗中,把指挥所设在前沿阵地,林少克不顾个人安危,率部直扑敌四十九师师部,生俘敌二十六旅少将副旅长。丁(堰)林(梓)战斗中,他组织火力掩护部队突袭。如(皋)黄(桥)路战斗中,他采取多路突击的打法,全歼一八七旅指挥所之敌。次日,与兄弟部队一起全歼敌一八七旅。民国35年9月10日,在海安围困战中,他不顾安危,亲临前线指挥所指挥战斗,不幸中弹牺牲。时年29岁。

吴廷燮

吴廷燮(1865~1947),原名承荣,字向之,又字次夔,晚号景牧。清同治四年(1865年)生于山西榆次。江宁(今江苏南京)人。历史学家。光绪二十一年(1895年)中举,同年由誉录叙通判。光绪二十七年调署太原府同知,次年擢太原府知府。光绪三十年入京政务处,后历任巡警部警政司郎中、巡警部右参议。光绪三十三年充宪政编查馆编辑，并应徐世昌邀纂《奉天通志》，次年完成《奉天通志》沿革表、职官表、大事志等初稿。宣统二年（1910年），调任度支部参议，后又补内阁法制院参议，署副使，兼弼德院参议。辛亥革命后，历任袁世凯大总统府秘书、政事堂主计局局长、北洋政府统计局局长、外交部藏案研究会会员、阎锡山顾问。民国17年（1928年），他受张学良之聘为沈阳萃升书院主讲，授史学，讲《明史纪事本末》，又受聘为《奉天通志》馆总纂。"九一八"事变后，他返回南京。民国36年被聘为国民政府国史馆纂修。吴廷燮以学者和史学家头衔知名于世，且精力过人，博闻强记，喜研讨近代历史，精于表谱学之研究，以毕生精力致力于史籍及其他有关方镇资料的编辑工作。著有《景牧堂文集》、《蒙古备志》等；编辑有《历代方镇年表》56卷、《清十三朝系年要录》、《山右石刻丛编》、《清史稿·藩部传》、《东三省沿革表》、《江苏备志稿》等数十种。吴廷燮于民国36年去世，享年82岁。

蒋瑞春

蒋瑞春（1879～1947），字燧，号曜年，以医名瑞春行。清光绪五年（1879年）出生于扬州，祖籍宜兴，祖父时迁扬。家世业医，为蒋氏伤科第八代传人，精伤科。蒋氏祖传的接骨法，在治愈肘关节部骨折后皆遗留功能障碍，伸者不能屈，屈者不能伸直。蒋燧在悉心研究后，采用辨证施治的方法，将动静结合，固定与活动结合，患者经他治疗，无不恢复正常。另外，他对急慢性阑尾炎、蜂窝组织炎以及久不愈合的外科疾患，均能药到病除。20世纪20年代中期，被推为江都县中医公会委员，率先捐资创办《医药月刊》。他慷慨好友，乐善喜施，对贫苦的群众，皆在施诊后，让其凭自己的处方到指定中药店免费取药。民国20年（1931年）"九一八"事变发生，蒋燧痛心疾首，他拍案而起，自费印发了揭露日本侵华阴谋与罪行的小册子300本，广为宣传。民国26年底侵华日军占领扬州，年近六旬的蒋燧不堪其辱，亲率全家流亡湖南、四川等地。所到之处，均免费义务为百姓治病，并控诉日军的罪行。抗日战争胜利后返扬，因历年劳顿，于民国36年农历正月十五日（2月5日）去世，终年68岁。蒋燧爱武术、气功，又工草书，善围棋，能诗文。

谷寿夫

谷寿夫(1882~1947),日本东京人。日本战犯。日俄战役时从军。民国26年(1937年)中日战争起,充任日军第六师团长。同年12月12日,他率部攻陷南京中华门,即开始屠杀南京军民。翌日与中岛、牛岛、末松等部队,分窜南京各区,展开大规模屠杀,继以焚烧奸掠。12~21日,他纵兵在中华门花神庙、石观音、宝塔桥、下关草鞋峡等处,进行灭绝人性的大屠杀,惨遭集体杀戮及焚尸灭迹者达19万人以上。在中华门、下关码头、东岳庙、堆草巷、斩龙桥等处,被分批残杀的尸骸经慈善团体掩埋者达15万人以上,被害总数共30余万人。其间,在美国大使馆职员陶格拉斯晋钦等人住宅以及国际红十字会病院内,搜劫财物亦不可胜计。民国36年3月10日,经南京审判战犯军事法庭判决"共同纵兵屠杀俘房及非战争人员,并强奸、抢劫、破坏财产"的战犯谷寿夫死刑,4月26日在南京枪决。

蒋师愈　徐庆烈

蒋师愈(1897~1947),字伯韩。涟水县蒋庵乡蒋西庄人。蒋师愈在上海美术专科学校毕业后,先后执教于淮安九中、安徽泗县中学、江苏宜兴中学,声誉鹊起。民国21年(1932年)返回涟水创办涟水职业学校,职校举办三届,分别为藤竹科、化工科、普通科,学校蒸蒸日上,成绩斐然。民国28年,涟城沦陷,学校解体,人员疏散,蒋师愈闷居在家。后淮海区抗日民主政府领导人金明、李一氓先后访问他家,待他以"三顾"之礼。他热血奔腾,奋袂而起,遂出任淮海行署文教处长,继而出任副参议长。

徐庆烈(1907~1949),字季刚。涟水县前进乡马圩人。民国16年毕业于涟水县立师范学校,先后任陈家港、洪桥、方渡等小学校长,八路军陇海南进支队第八团成集兵站副主任,官荡区副区长,并加入中国共产党。后调任淮阴县督学,旋创办淮海第二中学,担任校长。

民国33年,淮海第二中学迁至新桥镇东大雄庵,蒋师愈被派往第二中学与徐庆烈同任校长。二人团结办校,学校越办越好。民国34年9月,新四军打响解放淮阴城的战斗,蒋、徐二人率领师生冒着炮火赴前线劳军,克敌后迅即入城接收汪伪管理的淮阴中学。淮中刚入正轨,又奉命让与苏北工专,蒋、徐再率旧部至淮阴渔沟镇建校。民国35年秋,他们率师生随军北撤,途中,二人鼓励师生树立必胜信心,待机打回老家,消灭敌人。蒋师愈至通化,因辗转艰辛,气候不适,竟一病不起。民国36年12月18日病故于通化。徐庆烈在北撤途中担任华东野战军第七纵队卫生部主任秘书。民国36年奉命返回苏北,担任涟水中学校长。民国38年2月病逝。

倪秀英

倪秀英(1908～1947),女。盐城市亭湖区新兴镇人。烈士。童年时,随祖母和母亲乞讨度日。婚后,公公和两个孩子先后饿死。民国29年(1940年)冬,新四军来盐城县,她成为本村抗日活动积极分子。民国34年3月,任新河村妇女委员,带领妇女动员参军,运送公粮,赶制军鞋。同年10月,加入中国共产党。民国35年6月,倪秀英任村妇女会长。她带头揭发地主罪行,严密监视当地敌特嫌疑分子的动向。12月19日,国民党军队率"还乡团"占领新兴场,上级通知将通榆公路沿线的公粮运到根据地三尖乡,不料敌人闻讯拦截,承担警戒任务的倪秀英,深知送情报已来不及,在危急时刻,她迅即跑去扯起车篷(事先有"如有敌情,扯车篷为号"的暗号)。干部群众看到信号,赶忙转移公粮。地主向敌人告密说:"倪秀英是共产党员,联络暗号为扯车篷。"敌人将她捕至新兴场审讯,她咬紧牙关,忍受坐"老虎凳"、吃"挂面"(即用钢条抽打肉体)、灌"醒脑汤"(即用辣椒水从鼻子里灌)等酷刑。中统特务董会宾待倪秀英从昏死中醒来后问道:"你想死还是想活?"她坚定地回答:"人生总有一死,子子孙孙万万年!"民国36年1月11日夜,敌人把倪秀英绑至新兴场南圈门,推入土坑活埋,将其头颅露在外面,再开枪杀害,时年39岁。

李慎柏

李慎柏(1909～1947),清宣统元年(1909年)生,洪泽县岔河镇夏桥村人。烈士。家境贫寒,以打工为生。民国30年(1941年)7月加入中国共产党,历任乡农会长、区农会理事、农会主任等职。民国34年5月任淮宝县胡桥区委书记。民国36年1月30日,因叛徒告发,李慎柏被俘。国民党军用铁丝把他的掌心穿起来,拖向高良涧。他一路高呼"打倒国民党反动派"

等口号。后被敌人活埋,时年38岁。李慎柏牺牲后,《淮海报》"七一特刊"发表专题文章悼念他;淮宝县政府把胡桥乡命名为慎柏乡。

张鹏举

张鹏举(1911~1947),泰兴人。烈士。民国26年(1937年)10月回泰兴,参加抗日救国活动。民国28年,加入中国共产党,历任中共泰兴县八区(后称蒋华区)区长、县政府财务科长、泰县县政府秘书等职。民国34年春,张回泰兴任县长。同年9月,他与中共泰兴县委书记莫珊组织干部群众配合分区主力部队,于12日光复泰兴县城,发粮5万斤赈济县城贫民,贷款2万余元支持156户小商贩复业。10月,组织群众抢修溪桥,保证了渡江北撤的苏浙军区部队和辎重及苏南部分地方干部顺利通过县境。12月31日,国民党军队大举进犯泰兴城,县政府机关被迫撤到农村,他与县委书记叶梯青领导军民开展锄奸反霸斗争和减租清算运动,保卫8年抗战的胜利果实。民国35年,苏中"七战七捷"首尾两仗均在泰兴境内打响,他与县委书记叶梯青组织干群送粮草、抬伤员、运弹药,以大量人力、物力支持前线,保证了战斗顺利进行,受到粟裕司令员的好评。民国36年3月,国民党军队对泰兴进行"会剿"。16日,县团驻地被围。张鹏举带领县团的干部战士突围,由于弹尽援绝,他不幸被俘。敌军押着他在黄桥"游街示众"。他慷慨陈词,痛斥敌人。国民党泰兴区长、县长等几度对他诱降,均遭痛斥;后又轮番审讯,亦无所得。4月11日,鹏举临刑,直立不跪,膝部连遭数弹,仍屹然挺立。中第六颗子弹时,身躯才慢慢倒下,旋又挣扎站起。行刑排长按他肩时,他用尽最后之力咬其手臂,至此,方倒于血泊中,牺牲时年36岁。

王 祥

王祥(1912~1947),又名王强。民国元年(1912年)出生于灌云县。神枪手,烈士。他自小练就一手好枪法。民国30年,日伪军侵占兴化,国民政府军队不战而溃,王祥被抓丁当了伪军,随军进驻海门灵甸镇。他不甘心当伪军为虎作伥。不久,拖枪反正,参加富余区队。在一次战斗中,不幸被悦来镇伪军抓去,又被迫当伪军。几个月后,又带了3个人、4支枪参加富余区队。民国31年10月20日,区队在范龙小店遭遇从凤凰桥、悦来镇出来的200多名伪军,王祥沉着指挥6名战士,埋伏在要道口,敌人过来一个他就撂倒一个,吓得敌人不敢前进一步。正在这时,东南方响起枪声,东南警卫团一个排增援上来。伪军拖着12具尸体和伤兵溃逃。民国33年7月30日夜,富余区队对入侵富安镇的日伪军进行第二次袭击,王祥带领一个班从正面方向攻击,击毙日伪军多人。王祥在参加富余区队两年多时间里,共打死打伤36个日本兵和10多名伪军,在东南地区威震敌胆。民国34年3月,出席苏中四分区群英会,被评为分区一等神枪手。回县后任东南警卫团二连副连长。抗日战争胜利后,所在连上升为华中野战军一师某团某连,并随部队北撤。民国36年1月,他在山东枣庄战斗中牺牲。

易乃千

易乃千(1913~1947),河南省固县段集乡人。烈士。民国17年(1928年)参加革命,同年加入中国共产主义青年团。民国19年,加入中国共产党。他在部队生活了19年,先后任班长、排长、副连长、连长、副营长、营长、副团长等职。民国35年7月,国民党军大举进犯解放区,易乃千率领部队从皖中平原转战苏中前线。在两次李堡战斗中,英勇善战,威震敌胆,名扬苏中。在通榆公路几次阻击战中,他机智勇敢,沉着指挥,出色地完成任务,受到上级党委的嘉奖。民国36年4月20日,易乃千率部队参加解放大中集战斗。21日上午,盘踞在大中集的国民党军第十二团,在解放军强大的攻势下,妄图突围。易亲临其必经之地大中集二卯西河石桥口坐镇指挥,成功地阻击围歼了这股突围逃跑之敌。此次战斗,活捉敌十二团团长段明武、副团长郑锦和及营长以下600多名官兵,同时还歼灭"还乡团"等地主武装数百人。然而,就在战斗即将取得最后胜利的时刻,残敌的一颗子弹飞来,易乃千不幸中弹牺牲,时年34岁。

周文科

周文科(1913~1947),又名济、毅、殿伯。淮阴县刘老庄人。烈士。民国27年(1938年)秋,与陈书同、纪乐天同赴山东寻找中共组织,并随山东抗日组织在鲁西南一带活动。同年冬,他前往第五十七军万毅团学兵队受训,五十七军北撤后,他回淮阴参加抗日义勇队。民国28年3月加入中国共产党,成为淮阴党组织重建后首批发展的党员之一。此后,历任淮阴县抗日义勇队指导员、九团政治部主任、三营教导员、张集区区长、淮阴县民兵总队长、警卫团副团长、东海县警卫团团长、独立团参谋长、淮涟二支队参谋长、淮阴县副县长兼县大队副大队长等职。周文科骁勇善战,胆略过人,是一员名副其实的"虎将"。他带着弟弟周文忠、周道一起参加革命,三人身材魁梧,作战英勇,被公认为"周氏三只虎"。民国32年7月,淮海地方武装全力拔除淮沭公路上的徐溜据点。据点里的伪军负隅顽抗,周文科带着一警卫员,穿过交通沟,来到据点前,一脚踢开大门,"砰!砰!"两枪,冲上去,高喊一声"缴枪不杀"。几十名伪军一见是"周大虎"来了,乖乖地举手投降。他视群众为亲人,没有一点当官的架子,看上去像个文人,群众都亲切地称他为"周大奶奶"。每到一处,他都对战士重申群众纪律,带头帮助老百姓挑水、扫地、做农活。在艰苦环境里,人民群众节衣缩食,自筹粮草供给这支队伍。他爱兵如子,视战士为手足。他把妻子郭文给他做的衣服和鞋子分给战友,自己却穿草鞋和空心棉袄。环境紧张,有时一夜挪几个地方,大家都困得睁不开眼,倒下便睡着了,他怕战士着凉,半夜起来查铺盖被。行军打仗他和大家一起步行,却让上级配给他的马给战士驮背包,或驮伤病员、或者干脆让小警卫员骑着。民国36年5月4日,在陆夹沟一带追歼"还乡团"的战斗中,周文科不幸腹部受伤,次日辞世,时年34岁。

王 炎

　　王炎(1914~1947),女,又名倪瑞兰。民国3年(1914年)8月出生于海门县务本乡(今启东市合作乡)一户贫农家庭。烈士。9岁丧父,后随母亲和3岁的妹妹去倪家仓干活。10年后,母亲又积劳成疾离开人世,王炎以身抵债换取一身衣服,为母草草入殓。从此王炎成了使唤丫头。民国29年参加新四军,不久加入中国共产党并去盐城抗大分校学习。抗大毕业后,任掘东区委保卫委员,并负责北圩乡民运工作。民国32年,随部队回到启东,任县委委员、县妇委书记。她关心群众疾苦,组织、帮助妇女学文化、学时事,鼓励她们要支持家人参加革命,也要争取自身参加革命。民国34年9月,王炎被选为苏中区妇女代表大会代表,并以苏中四分区代表团副团长身份参加大会。民国36年6月,因叛徒出卖被捕。敌人对王炎软硬兼施,妄图使她屈服,但她咬紧牙关,忍受常人难以忍受的皮肉之苦,守口如瓶。

敌人无计可施,将她押赴刑场,王炎怒斥敌人,疯狂的敌人用刺刀一刀一刀地往她身上乱刺,王炎成了血人,英勇牺牲,时年33岁。

叶梯青

叶梯青(1914~1947),原名景根,化名金耿、陈阿大。民国3年(1914年)出生。浙江余姚县马渚镇人。烈士。民国22年(1933年),加入中国共产党。民国30年,组织决定叶梯青到苏中根据地开展秘密工作,任三分区秘工部长。民国31年任苏中三地委秘密地委书记。他把领导机构深入到敌占区靖江城内,取得了不少重要情报。民国34年,改任泰兴县委书记兼县团政委,工作成绩卓著,多次受到领导的表扬。民国36年3月,国民党军一〇二旅一部和两泰保安队及反动地方武装,对泰兴县发起疯狂"清剿"。敌人以五倍的优势兵力,包围县团宿营地姚家庄。在混战中,叶梯青不幸中弹牺牲,时年33岁。为纪念他,曾一度把新街区改名为梯青区。灵柩迁到"烈士堂"安葬,建墓立碑。

魏其虎

魏其虎(1914~1947),泗阳县李口乡魏庄人。烈士。民国29年(1940年),淮泗县抗日民主政权建立,他被任命为县第二完小校长。次年7月加入中国共产党,不久调任淮泗县文教科督学。民国31年初,调任吴集区区长。上任当天,被敌人当成农民,抓去筑碉堡。他乘机详细侦察敌人内部情况和火力部署,当晚带领区队,连夜一举把敌据点摧垮。同年夏,淮阴、码头、陈集据点的日伪军一齐下乡抢粮,他把区队分成几个战斗小分队,留一部分人掩护群众藏粮、转移,自己带一部分人奔袭码头、陈集的敌人巢穴。他们东打几枪,西放几枪,弄得敌人晕头转向,抢粮敌人不得不龟缩据点。民国33年初,他调任吴集区委书记;7月,又任淮泗县副县长。民国34年冬,任淮宝县副县长。民国35年秋,淮宝县被国民党军队占领。12月1日,他带领县大队配合主力部队一营,一次捣毁国民党8个乡公所。同年腊月,他化装成乞丐,到老坝头国民党军队据点内侦察敌情,当晚率部进攻,俘敌12人,缴枪15支。民国36年1月30日,他和淮宝县警卫连在黄集和国民党军队遭遇,四面被围,他当即决定向白马湖转移。他们在湖边一个村子顽强抵抗,他右腿中弹,不能行走,战士要背他转移,他坚决留下掩护。部队冲了出去,魏其虎却英勇献身。

吴学连

吴学连(1916~1947),响水县黄圩镇人。烈士。民国29年(1940年)秋,他带头参加乡民兵中队。次年,加入中国共产党。民国32年,驻涟水、响水口的日伪军经常到云梯关一带"扫荡",时任乡民兵中队长的吴学连,带领民兵,利用"青纱帐"(高粱、玉米田)和熟悉的地势,用土枪土炮,打击下乡骚扰的日伪军。同年秋,驻佃湖据点的日伪军以一个营的兵力,向双套地区"扫荡"。吴沉着指挥民兵三面埋伏,当敌人接近时,用"土大喷"等武器一起开火,敌疑为新四军主力,有重武器,便鼠窜而逃。民国33年,吴带领民兵中队,配合主力部队,在攻打佃湖战斗中,身先士卒,英勇顽强,第一个冲进敌据点,将红旗插上佃湖镇。当年,他被选为民兵模范,被评为特等射手,受到县政府的嘉奖。民国35年6月,国民党军队大举进攻解放区。时任黄圩区民兵大队长的吴学连带领区大队配合主力,不断打击来犯的国民党军队,并积极动员青、壮年参军、参战、支前。是年秋,任滨海县民兵支队副支队长。由于当时生活条件艰苦,战事频繁,加之劳累过度,他患了严重的哮喘病,但仍然坚持工作,后因病情严重,经组织动员,才于次年住进盛庄医院休养治疗。海匪刘九功等对他恨之入骨,当探知他因病住院时,便率百余人,于11月27日,袭击盛庄县医院,吴学连勇敢地与敌人拼搏,终因寡不敌众,壮烈牺牲,时年31岁。

顾 毅

顾毅(1916~1947),女,原名顾永慈。南通市人。烈士。民国27年(1938年)春,南通被日本侵略军占领后,顾毅和妹妹及一批进步青年,离开家乡,到如西乡进行抗日救亡宣传活动。民国28年初,到如皋北乡西场的保安一旅薛承宗部政工队工作。如皋县烟民感化训练班成立后,顾毅被调去担任妇女队队长。民国29年冬,如皋县成立了抗日民主政府,顾毅即离开保安一旅,到如皋县抗敌动员委员会工作。是年底,加入中国共产党。民国30年夏,顾毅被调到南通县通东地区搞开辟工作,担任六甲区委书记。

民国33年初,她被调到宝应县氾水区任组织科长、区委副书记、芦村区委书记。民国34年,因天旱无雨,氾水地区发现蝗虫。她带领群众连续奋战20多天,扑灭了蝗虫,并开挖河道,兴修水利,向地主借粮,保证群众安度灾荒。同年冬,江都、高邮、宝应等地相继被国民党军队占领,斗争形势日趋紧张。她提出:"在敌强我弱的形势下,要生存,只有争取群众,斩除地头蛇,打击还乡团。"经过精心准备,一天深夜,她带领几个游击队员,突袭抓获罪大恶极的还乡团头子柏某,将其就地处决。第二天消息传开,震破敌胆。民国36年夏,宝应县委组织土改复查工作队,顾毅任指导员,参加地委巡视团到溱潼县廉贻区。廉贻区是敌我争夺的拉锯地带,干部随时有被告密、逮捕、杀害的危险。顾毅不畏艰险,经常深入该区领导群众开展对敌斗争。8月11日,当地的一个"地头蛇"将她的行踪密报给敌人,她不幸被捕。敌人对她拷打逼供,但她始终没有暴露身份。天亮后,敌人要将她押往据点,她坚决不走,与敌人展开搏斗,当场壮烈牺牲,时年31岁。

吴 平

吴平(1917~1947),又名吴金才。盐城市亭湖区青墩镇人。烈士。民国31年(1942年)5月,加入中国共产党并调县武工队工作,先后任正东、新东、新南等乡民兵中队长,盐东县盘湾区第一联防队队长等职。他多次带领民兵,打击下乡抢粮的汪伪军和国民党顽军。民国36年4月6日,一股国民党军队和"还乡团""扫荡"至烧火墩,吴平率领联防队伏击,战斗持续4个多小时,打退敌人多次冲锋,毙敌200余人,他一人即毙敌11名。此次战斗中,为救护负伤的战友,他带领3名战士冲向一块坟地,吸引敌人火力,不幸腹部中弹,肠流体外。他用手将肠子塞进腹腔,捂住伤口,继续指挥战斗。战友立即将他背下阵地,在抬往射阳县境八大家抢救途中停止了呼吸,时年30岁。中共华中十一地委《黄海日报》曾在头版以"吴平同志光荣殉国"予以报道。盘湾区各界千余人集会追悼,盐东县县长陈达致悼词。

何 正

何正(1919~1947),民国8年(1919年)出生于江西安福县。烈士。民国24年(1935年)参加红军。民国26年加入中国共产党。民国29年秋,随新四军东进,参加黄桥决战时负伤,留任黄桥区区队长。后任泰兴县独立团一营营长、苏中一分区南线支队特务营营长。民国35年秋,进华中党校学习。民国36年2月学习结束后,调任如皋县警卫团参谋长。2月19日,何正率领县团仅留下的两个连与分区特务营及泰兴县团一起,一举攻克周庄头中心据点,歼敌200余人,镇压反动乡保长及"还乡团"首恶分子108人,救出被捕干部群众100余人,缴获大批武器装备,摧毁碉堡。3月,国民政府军队集中兵力对如皋西乡进行三月大会剿,何正率领县团与敌进行拉锯式游击战,收复了焦港以东大部分地区。4月10日上午,何正率部击退窜犯申家埭的敌保安队、自卫队。下午,敌纠集200余人向井耳头一带反扑,被何正率部击溃。夜间,何正率部奇袭石灰庄,毙敌自卫队长以下20余人。一日三捷,军威大振,军分区通报表扬,何正升任副团长。9月18日,何正率县团两个连进入靖江县东部开辟新区,敌人三路合击,何正沉着应战,此次战斗共毙敌120余人,缴获机枪3挺,步枪50余支。10月,国民政府驻如皋部队派重兵至龙游河东"驻剿"。何正于10月29日晚派遣一支突击队化装成国民政府军官兵奇袭如皋城,驻守龙游河河东的两个团只得撤回县城,自卫队、"还乡团"也纷纷撤回中心据点。12月10日,驻石庄国民政府军队一个连配合保安队200余人北犯癞宝庄,沿途烧杀抢掠。何正率部围歼,激战中中弹牺牲。民国37年,县人民政府将何正和陆纯(何正之妻)遗骨合葬于吴庄烈士陵园。

邵伟光

邵伟光(1919～1947),民国8年(1919年)生,浙江杭州人。烈士。民国30年到苏北根据地工作。民国35年10月任中共淮宝县委副书记。次年1月14日县总队收复淮宝。国民党淮海绥靖区得知后,出动一个团,配合孙良诚部队及淮宝周围数县保安队,计2000余人,分三路进攻淮宝。30日,邵伟光带领黄集区队,从龚庄向南转移,渡过往良河,在管兴圩东侧遭敌三面夹击。战斗中,邵伟光腹部中弹。区队战士扶着他,边打边撤。为保证撤退速度,避免全军覆没的危险,他命令区队撤退,自己担任掩护。战士们挥泪撤走,邵伟光支撑着流血的身躯,伏在圩堤缺口处,背靠结冰的白马湖,面对蜂拥而来的国民党军,沉着应战,弹无虚发。吓得敌人不敢贸然前进,为区队转移赢得了时间。当驳壳枪仅剩一颗子弹时,邵伟光毅然举枪自尽,时年28岁。淮宝县委将岔河区张桥乡改名伟光乡,以志纪念。

蔡一新

蔡一新(1919～1947),女。烈士。民国8年(1919年)生,出身于上海一家银行高级职员家庭。民国21年"一·二八"淞沪抗战后,蔡一新在所在的工厂,开展抗日救亡活动。她参加前线医疗服务团,经受战火考验。民国26年上海"八·一三"事变后,她再次参加前线救护工作。民国27年,受组织派遣,和朱群、姚力等人到苏北启、海地区,依靠爱国青年王澄的社会关系,发动失业工人、青年和农民组织游击队,开展抗日救亡活动。同年底,她加入中国共产党,任战地文工团党支部委员。后来,她因工作需要到溱潼小学当教师,以此作掩护,开展党的群众工作。在她的宣传发动下,一批青年加入革命队伍。民国28年,她被调回部队从事政治工作,参加过郭村战斗。不久,调任泰州下河区委组织科长,积极开展抗日和建党建政工作。民国29年新四军东进后,她赴靖江县开辟新区,担任民运工作团副团长、县委妇女工作部长、县委委员兼第四区党务特派员。民国30年,调任如西县委妇女部长兼石庄区委书记。民国32年春,仍回靖江任妇女部长兼宣传部副部长。民国33年4月,她参加苏中党校整风学习。结束后,仍回靖江县委任妇女部长。抗日战争胜利后,靖江县委组织武装力量对盘踞靖江城的伪军进行围攻。县城解放后,她继续担任县委妇女部长兼组织部副部长。民国35年元旦,国民党军队进占靖江,形势紧张。她在孤山富前埭刚分娩,靠近县城,处境危险。组织上用独轮小车将她和婴儿连夜转移20多里,寒风侵袭,婴儿冻死在怀中,她又患伤寒,医药缺乏,久治不愈。民国36年7月28日病逝。

闵鑑青

闵鑑青(1922～1947),原名宽楼。民国11年(1922年)出生。宝应县石桥乡龙河村人。烈士。自幼家境贫寒,民国32年10月加入中国共产党,年底担任龙河乡党支部书记。他平易近人,关心群众,深受群众爱戴,民国33年夏,当选为龙河乡乡长。不久,根据地开展了轰轰烈烈的锄奸、反霸、减租减息运动。闵鑑青严格执行政策,不徇私情,他领导群众斗地主,开仓分粮,勒令高利贷者退还借据。实行"二五减租"时,闵鑑青有个叔祖父是地主,闵拒绝他多次求情,仍按规定减了租。民国35年6月担任中共陶林区委书记后,出色地完成了土改任务,并带领区干部和区队巧妙地和国民党军队周旋,勇敢机智地打击敌人。初冬,敌人在陶林区南、北、西三面集结了大量军队,准备分兵合击,"清剿"鲁垛外围地区,闵鑑青带领3个同志潜伏在紧靠鲁垛的范舍,正处于敌人的"清剿"圈内。第二天中午,各路敌人按预定计划向前推进,闵鑑青等人与敌人相距只2华里左右,他冷静地领着大家向姜庄方向突围,一口气跑到姜庄北桥口,才发觉敌人已堵住去路,他们立即向敌哨兵射击,并投出手雷,爆炸的火星点燃了草堆,风助火势,姜庄顿时湮没在浓烟烈火之中,许多群众奔来救火,闵鑑青等人乘机一边打枪,一边高喊:"缴枪不杀!"敌人中了埋伏,丢下抢来的粮食、禽畜,仓皇逃命。

民国36年2月,国民党两营正规军加上"还乡团"等进驻大小官庄,严密封锁水陆要道,妄图把陶林区队一网打尽。闵鑑青带领区队巧妙地跳出敌人的封锁圈,像一把尖刀插入敌人空虚的后方,使其首尾不能相顾,阵脚大乱,"围剿"以彻底失败告终。民国36年3月15日陶林区委在祖全乡小胥庄开会,"还乡团"突然包围他们的驻地。闵鑑青为了掩护大家安全转移,从耳门冲出去,投掷手榴弹把敌人引向自己,顽强地向逼近的敌人射击,直到壮烈牺牲,时年25岁。

闵鑑青牺牲后,中共苏中二地委决定将陶林、刘堡、官庄三区合并为一个大区,命名为鑑青区,将其牺牲所在乡命名为鑑青乡(现为鑑青村)。

马广山

马广山(1924~1947),东台县唐泽乡(今广山镇)人。烈士。自幼勤奋好学,但因家境贫寒,不久辍学。民国30年(1941年),日军侵占时堰,马广山参加抗日救国运动,后回唐庄组织民兵,开展武装斗争。民国33年8月,加入中国共产党,先后担任廉贻区联防队长、武工队长,溱潼县溱北区区队长等职。民国35年,国民党军队进攻解放区,唐庄、张纪庄、郭家堡被"还乡团"占领。马继续坚持斗争,夜间到"还乡团"控制地区贴标语、散传单、掷手榴弹、放冷枪,迫使驻张纪庄的自卫队撤逃到郭家堡。民国36年5月初,郭家堡"还乡团"进犯唐庄,马广山和溱北区区长一起带领联防队分南北两路阻击,击毙敌头目,其余敌人纷纷缴枪投降。郭家堡"还乡团"遭打击后,仍顽固地经常到唐庄四周骚扰,抢夺粮食,上级决定集中兵力打掉郭家堡敌据点。5月15日,马带领组织委员徐志信、公安股长陈文元等一行6人,到张纪庄引诱敌人出击。当他们走到唐庄西北的窑头坝时,被埋伏在麦田里的敌人包围。马左腿中弹,忍痛向西撤退,继腹部又被子弹击中,流血不止。敌人沿着血迹,跟踪寻打。马发现敌人扑到身边,挣扎举枪还击,不幸被走在前面的叛徒一枪击中,英勇牺牲,时年23岁。建国后,东台县政府为纪念马广山烈士,决定将唐泽乡命名为广山乡,今为广山镇。

王 珏

王珏(1926~1947),兴化县(今兴化市)陶庄乡人。烈士。民国33年(1944年)毕业于朱严师范学校。同年,加入中国共产党,任区武装干事。次年调廉贻区工作,先后担任区委宣传干事、武工队长、副区队长、区队指导员等职。

民国36年8月12日早晨,王珏随同区委书记周学山,带领区队、联防队多人到边区活动,夜宿东里堡时,遭国民党兴化县四区自卫中队和"肃奸"大队100多人偷袭。为掩护区委领导安全撤退,队员们分散突围,王冲在最前面。当冲到东里堡西北角长满柴草的墓地时,为吸引火力,转移敌人的追击目标,王珏向敌人猛烈开枪。敌人从四面向墓地包围,王子弹打尽,只剩下一颗手榴弹。正当他准备与敌人同归于尽时,不料手榴弹未能拉响,敌人蜂拥而上。王珏置生死于度外,赤手空拳与敌人搏斗,终因寡不敌众被俘。被俘后,敌人施用种种毒刑逼他自首交出党的秘密,但毫无所获。王珏说:"共产党员骨头是硬的,严刑拷打是不会屈服的,你们只能打断我的筋骨,却不能动摇我的革命意志","我只有一个头,你们要杀就杀吧。"8月18日,敌人将王珏杀害,时年21岁。建国后,东台县政府将东里堡西村改名为王珏乡(现为王珏村),以纪念烈士。

陈湘浦

陈湘浦(1867~1948),金坛县(今金坛市)社头乡张村人。爱国士绅。他家有良田百余亩。光绪十七年(1891年),童试第一名,后在社头集镇当塾师。光绪三十四年,他在张村创办振华小学。得到县知事颁发的"文化先河"嘉奖。在教学之余喜读新书新刊物。辛亥革命后,孙中山就任临时大总统,他在社头茶馆广为宣传,并当众剪下自己的长辫子。在他的带动下,家人、学生、乡人都纷纷剪掉辫子。他反对张勋复辟,痛骂军阀割据混战。国民革命军北伐军至社头时,他组织乡民烧茶备饭,热情款待。在乡间,他乐于为民排扰解难,办事公道,成为金坛南乡享有盛名的士绅。民国27年(1938年)6月,新四军一支队挺进茅山地区,他带头献军粮。陈毅司令员曾专程登门慰问他,赞扬他的爱国行动。民国29年,金坛伪政权以"通匪"的罪名把陈湘浦抓走,后被释放。民国30年1月,皖南事变发生后,他奋笔写下"渝共磨擦真可恼,骨肉相残惹人笑,吁嗟呼!亡国惨祸在目前,为告磨君要知道"的诗篇。不久,新四军十六旅返回金溧地区,张村成为新四军驻地,他家成了新四军伤病员医院。陈湘浦为使伤员早日康复,拿出钱粮支持。部队出外执勤,他与家人料理伤病员。一次国民党顽军四十一师某营趁新四军出外执勤包围他的住宅,逮走伤病员,用枪威逼他发表反共声明。他断然拒绝,并赞扬中国共产党领导的新四军是抗日的队伍,还说:"老朽七十五,断头不在乎,抗日当务急,国共要团结。"国民党顽军烧毁他的住宅。民国33年,他被选为苏南人民代表,并在大会上作了抗日救国的发言。翌年10月,他随新四军北撤,因年老力衰行动不便,被动员返回,于民国37年10月病逝。

徐国安

徐国安(1872~1948),字静仁。清同治十一年(1872年)出生。镇江人。祖籍安徽当涂。实业家。年未二十入庠为秀才。一生以经商、办实业为主。起初往来于镇江、扬州卖盐,进而在苏北沿海从事制盐,在实业界崭露头角。民国成立后,在上海创办溥益纺织公司,在当涂创办福利民铁矿公司,溥益公司曾发展到纱绽5万余枚。福利民公司先后开采了南山、小姑山、梅山等铁矿,后又筹办小型炼钢厂未成。他还协助张謇、胡筠等创办南通纺织学校、大有晋盐垦公司、大丰盐垦公司、大生六厂、大生八厂、中南银行等。民国11年(1922年)张謇成立南通实业总管理处,请他担任纺织管理处主任。民国15年一度担任国民政府财政部盐务署长。民国23年被推为大生纺织、盐垦公司董事长,成为南通实业集团的领袖之一。在镇江曾先后捐款创立弘仁医院和京江中学。民国37年去世,享年76岁。

夏兆麐

夏兆麐(1885~1948),字绍侯,号耐庵。清光绪十一年(1885年)出生。泰州人。地方文献专家。宣统三年(1911年)毕业于两淮师范本科,民国16年(1927年)入国立第四中山大学社教讲习会学习,毕业后在泰县县立图书馆供职,先后任馆员、主任。同时担任泰县教育行政委员会委员、县政府文献会委员、修志局委员,并任《泰县志》民政部分分纂。夏兆麐平生服膺顾炎武,讲究民族气节。日军侵占泰州时,离开图书馆,转徙里下河小纪、叶甸等地教书为生。抗日战争胜利后,重回图书馆任馆长,获得县政府"殊有操守"的奖状表彰。夏兆麐热心搜集、整理地方文献,在图书馆前后工作16年,编撰著作20多种,为研究泰州的历史保存了大量资料。夏兆麐不仅善于从旧史料中索隐钩沉,编成《梓闻余录》、《泰县氏族略》、《吴陵艺苑》等,而且注意撰述亲历亲闻的资料。对民国16年联军与党军在泰州激战,民国20年泰州大水,民国21年、民国22年大旱,民国21年冬祁寒,民国25年大风,民国28年、民国29年日军轰炸泰州以及民国期间县长逸事、名人逸事、泰州民俗、方言、土产、民生状况等,他写的《泰县三大灾异录》、《春红晚白轩杂缀》、《血影啼痕录》、《吴陵牧影》、《泰县风俗谈》、《泰县方言补》、《吴陵野纪》等都有记述。

周至堃

周至堃(1905~1948),原名卢子江,又名卢志英、卢涛。清光绪三十一年(1905年)出生于山东昌邑望化埠村。中共早期党员,烈士。民国10年(1921年)秋,考取东北绥宁镇守使署军官讲习所,开始军旅生涯。民国14年,加入中国共产党。民国22年冬,在南京从事地下工作时被捕。经组织营救于民国23年出狱。此后,在江西、贵州等地做秘密情报工作。抗日战争爆发后,他到江南一带扩大人民武装。民国29年10月,应"联抗"部队司令黄逸峰的邀请,任"联抗"部队副司令兼参谋长。在部队组建初期,他为"联抗"军政干部训练班上军事课,培养了一批军事骨干,以适应建军需要。民国31年2月,新四军一师讨伐伪军李长江部。他率领"联抗"一部分指战员攻克马沟镇,后又率部驻防姜堰。日军为救援李长江,从海安向姜堰侵犯时，他又率部在曲塘阻击，完成任务后，转移到农村坚持斗争。民国31年5月，他离开"联抗"到上海做军用物资供应工作。抗日战争胜利后，任中共华中局上海联络部特派员。民国36年3月2日下午，由于叛徒出卖，在上海被捕，后被解送南京，关在宪兵司令部监狱。民国37年12月27日深夜，被敌人杀害，埋在雨花台前的密林里。周至堃在牺牲前，写下"胜利在望，死而无怨"8个字，表现他从容就义、视死如归的崇高革命精神。

王仲安

王仲安（1911～1948），原名化络，又名王民。泗县兴隆乡（今盱眙县境）人。烈士。13岁入私塾，失学后到盱眙城药铺当学徒。不久，赴上海闸北警士训练班学习，又辗转于临淮关、蚌埠、上海等地做工。民国21年（1932年），"一·二八"事变爆发，十九路军在沪抗击日军，他积极投入支前行列。上海沦陷后，他返回家中。时胞兄王赞虞正在家乡从事中共地下党活动。他遂于失望之中看到希望。民国27年，王赞虞因抗日英勇献身。他掩埋了哥哥的遗体，集国恨家仇于一身，积极投身抗日救亡运动。同年底，入皖东北抗日军政干校学习，不久加入中国共产党。民国29年后，历任峰山区峰东乡乡长、双沟区区长。民国31年，泗南县召开第一届参议会，他当选为副参议长，后被选任泗南县副县长。他勤政求实，联系群众。无论春耕春种、兴修水利，还是征收公粮、生产自救，事事亲作安排，并极喜欢与部下、群众一起劳作谈心。群众评价说："王民这人再好不过了，没有哪件事不是为老百姓着想的。"民国35年11月，淮北地区被国民党军队攻占。他先退避洪泽湖，后遵照洪泽湖工委决定，上岸疏散隐蔽，昼伏夜行，辗转至淮南、上海。淮北挺进支队重返淮北，他当掉棉衣，凑钱买车票送战友先返淮北根据地。民国37年春，他返回家乡，因身体欠佳，随江淮七地委机关活动。民国37年10月，王仲安在泗阳县洋河镇与敌遭遇，战斗中壮烈牺牲。

杨 斌

杨斌（1912～1948），原名远源，化名杨佛如、陈家庆、陈月亭。祖籍湖北石首，迁居高淳。民国24年（1935年）在北平参加"一二·九"运动，次年加入中国共产党。抗日战争爆发后被派往山西新军工作。民国27年调任中共中央东南局青委委员、民先队负责人。民国29年12月到上海负责交通联络工作。皖南事变后,中原局为加强上海的交通联络机构,决定成立新四军驻上海办事处,由杨斌任主任。民国32年调苏中区党委任秘密工作部部长。次年10月任苏中五地委城市工作部部长。民国34年任华中二地委组织部长。民国35年任华中十地委副书记兼城市工作部部长。民国36年5月14日傍晚,正当他和地委书记金柯商量工作时,叛徒带领特务突然闯入,将他们逮捕。翌年4月,特务将被折磨得奄奄一息的杨斌抬出监所秘密杀害,时年36岁。

胡特庸

胡特庸(1913~1948),原名胡太阳,又名吴威。湖北省大冶县罗家桥乡人。烈士。早年在湖北省第九中学读书时,参加武汉学联的革命斗争活动。民国26年(1937年)冬,赴汤池参加由陶铸主办的合作事业训练班学习。民国27年4月,加入中国共产党,并任中共大冶县委委员、城区工委书记。同年11月,县委机关被当地反动武装包围袭击,他突围后去皖南担任党的秘密交通员。民国28年7月后,先后担任安徽滁县工作团副团长、中共合肥分区区委书记。民国29年11月,胡特庸先后任盐城县工救会秘书,中共盐城十三区区委书记,二区区委书记,六区区委书记兼区长,一区区委书记,县委组织部长,盐东县委社会部长、组织部长、副书记、书记兼县总队政委等职。民国37年6月,国民党军队黄百韬兵团北犯,妄图摧毁中共华中工委和苏北兵团的指挥中枢,其阴谋未逞,即佯装收缩。胡特庸和盐东县委领导成员得知敌人已撤至盐城,随即决定分头活动,回县委机关坚持斗争。不料,敌人在撤回盐城的当夜,又派出二十五师一部伪装成解放军十一纵队官兵,复又潜入南洋岸镇,并在要道、渡口普设岗哨,严密封锁消息。6月8日中午,胡特庸与盐东县总队副政委程步凤两人一起来到洋湾渡口,招呼摆渡人将他们渡过新洋港。当渡船行至河心偏南时,胡发现船上有多名伪装敌人,随即纵身跳入河中,不幸被敌人开枪击中,以身殉职。6月22日,中共盐东县委在南洋区新丰乡召开追悼大会,将永丰区改名为特庸区(今为射阳县特庸镇)。

卢锦珠

卢锦珠(1917～1948)，民国6年(1917年)出生于如皋夏堡卢桥。战斗英雄、特等功臣，烈士。民国29年冬，参加新四军，次年加入中国共产党。民国33年10月，部队与日伪军在大顾庄展开遭遇战，当时担任排长的卢锦珠，一连刺死3个日兵，荣立三等功。次年春，卢锦珠担任白蒲区队长，不久调回县团任五连连长。9月围攻泰兴城，他指挥五连出色地完成攻打小东门的战斗任务。随后围攻如皋城，带领五连冒着暴雨从南门强渡护城河，架云梯，登城墙，打开城门，让大部队直插城内。民国36年6月，分区部队和如皋县团攻打珊瑚区西侉子庄守敌，卢锦珠连担任打援，他率一排设下伏击圈，击垮敌人1个营援军。苏中一分区嘉奖一排为"野外战斗英雄排"，记集体一等功。卢锦珠获优秀指挥员称号，并被提升为县团一营营长。7月，卢锦珠在何正副团长领导下，拔除范湖洲据点，迫使李桥、白雁桥、南马塘等10多个小据点的国民政府军队不战而逃。10月7日，驻磨头的国民政府军队窜到荡头村抢劫，何正派卢锦珠前往拦击，当部队胜利返还时，忽听到东南方向枪声大作。卢锦珠意识到何正团长带的通讯班遇到敌正规部队，立即率部回援。敌人受到夹击，损失惨重。战斗结束后，苏中一分区司令部授予卢锦珠所部"坚持敌后阵地的特等功臣连"，并授予"打仗先锋，缴获最丰，全国第一，立功光荣"的奖旗。民国37年1月11日，卢锦珠率一营攻打李三圩据点，在战前察看地形时中弹牺牲。

李　耀

李耀(1920～1948)，原名后敏，字捷三，化名耀光。泗阳老县城内西门大街人。回族。烈士。民国26年(1937年)，李耀参加"反帝大同盟"，从事革命活动。抗日战争爆发后，泗阳县成立抗日同盟会，李耀是倡导和组织者之一。他曾任抗日同盟会的铁血剧团副团长，在县城及洋河、众兴、八集、新袁、穿城、王集等集镇演活报剧、唱歌、演说、散传单、贴标语，宣传抗日救亡。民国28年2月，他参加泗阳县常备队；7月，赴皖东北参加新四军；9月25日，随军回泗阳活动。民国29年9月下旬，抗日民主政权淮泗联防办事处(不久改称淮泗县政府)成立，他先后任陈集、李口区区长。年底，调任淮泗县总队二中队队长。民国30年6月,调任营门区区长。到任后,曾几次带领区队袭击日伪军据点,日伪军视之为眼中钉。同年9月,李耀调泗阳县任中杨区区长,在当时的"三青团案件"中无辜被捕,不久平反。后调到运河特区任陈圩区副区长。民国34年初,调任仓集区区长。同年9月,他任灵璧县灵南区区委书记兼区长。民国35年7月2日,国民政府军以一个团兵力配合"还乡团"进攻灵南区。李耀将全区17个乡的干部、民兵,组成两连游击队,配合主力一个营,坚持"区不离区",和敌人周旋,几乎天天打仗,夜夜转移。9月,撤向津浦路西,不久编入豫皖苏军区三分区,任政治部主任。民国37年12月初,淮海战役第二阶段,国民党军孙连仲残部一个旅,流窜到河南商丘附近卢庙一带抢掠财物。12月8日,李耀带领一个团兵力南下,歼灭这股敌人。经过两次冲锋,敌人竖起白旗投降。李耀带领两个警卫员深入敌部,站在大桌上讲话,不料被一个拒降分子冷枪击中而牺牲,时年28岁。

姜 亚

姜亚(1922~1948),又名颂元。民国11年(1922年)出生。泰县县城人。烈士。童年随父旅居南通,小学毕业后回泰州,入精勤学社读书。民国26年参加泰县文化界抗日工作团,投身抗日救亡运动,次年又参加鲁苏皖边区游击总指挥部政训队,作宣传鼓动工作。民国29年郭村战斗爆发,姜亚对李长江发动内战的行径大加抨击,遭到逮捕。郭村战斗后获释,不久即去曲塘参加"联抗"部队战地工作团。民国30年8月,姜亚任"联抗"四大队三中队副指导员,同年加入中国共产党。民国32年7月墩头战斗中,姜亚奉命率一个排担任阻击,掩护县政府机关转移。自凌晨打到中午,最后姜亚等弹尽被俘,押往东台。东台狱中有"联抗"战士30多人,姜亚将大家组织起来,乘中秋节看守松懈时越狱回到"联抗"驻地。民国34年冬,"联抗"部队番号撤销,姜亚任新四军三分区特务第五团宣教副股长,又调军政大学受训。民国36年7月,任华东野战军六纵十八旅五十二团三营教导员。姜亚关心同志,战斗中得知阵地上有负伤的战士,总要想方设法组织抢救。行军不顾自己伤口未愈,见有生病的战士即将骡子让与他们骑乘。姜亚也十分注意政治工作,行军途中自编自演宣传节目鼓舞斗志。民国37年11月,姜亚所在部队参加了淮海战役。鼓庄攻坚战中,姜亚的三营担任主攻,在向纵深推进时,一片堤岸陡峭的水塘拦住去路。激战中营长牺牲,敌人借有利地形反扑过来。姜亚振臂一呼"冲上去就是胜利",冒着弹雨率先趟水冲上堤岸,全营紧紧跟上,直插鼓庄中心,夺得了胜利。接着姜亚又率三营参加后黄滩战斗,并担任主攻,冲锋信号弹刚升起,姜亚即率领部队冲出战壕,猛冲猛打。敌人疯狂扫射,姜亚中弹倒地,他不顾伤痛,组织了第二次冲锋,终于胜利结束战斗。姜亚因流血太多,又感染了破伤风,于12月29日牺牲,时年26岁。

鲁 锐

鲁锐(1922~1948)。沭阳县韩山镇尚庄村人。烈士。出身农民家庭。民国29年(1940年)9月,考取八路军第五纵队三支队在沭阳县张圩举办的随营学校,从此踏上革命道路。次年加入中国共产党,历任副班长、团支部书记、连指导员、副营长、营长等职。民国35年12月,新四军发动宿北战役,时鲁锐为三纵队九旅第二十八团八连指导员,任务是攻击敌六十九师师部驻地人和圩。18日晚,他带领连队摧毁敌工事,直逼碉堡。由于碉堡较高,所携梯子太短,影响战斗。他挺身立于碉堡下,梯子架在肩上,弓着腰,让战友顺着脊背登梯,轰坍碉堡,攻占人和圩。在这次战斗中,他立了一等功,并获华东三级人民英雄称号。次年元月5日,《大众日报》以《人和圩歼灭战》为题,报道了他和八连的事迹。民国36年5月,鲁锐在孟良崮战役中受伤。住院治疗期间,为伤员读报,调解纠纷,组织轻伤员帮助群众抢收庄稼。7月10日,《拂晓报》以《战斗英雄休养中立功》为题报道鲁锐的感人事迹。民国37年,他担任第三营营长时,淮海战役打响。同年1月,鲁锐在王塘村遭遇战中牺牲,时年26岁。1950年10月,中国人民解放军二十一军追认他为华东一级人民英雄。

赵寿先

赵寿先(1923~1948),曾用名我中、毅、达三,化名李萍、刘家宏。民国12年(1923年)出生。江都(今扬州)人。烈士。民国24年考入江苏省立扬州中学。后入上海日本人办的海军测绘技校,见中国学生常受歧视,愤懑难抑。一次顶撞日方校医,被迫离校。民国31年,辗转到达重庆,考入中央大学,目睹大后方种种黑暗现实,愈益忧伤,开始思考救国之计。民国33年,在中共党组织的介绍下,参加新民主义青年社,从事革命活动。抗日战争胜利后,美国特使马歇尔来华为国共两党"调停"。赵寿先针对此事,亲书"要求民主,反对内战,切望和平"的英文信,并邀集同学签名,转交马歇尔本人,表达中国民众的愿望。民国35年3月,赵寿先等人组建的工社组织,在中央大学学生自治会中占主导地位。是年秋,该校迁回南京,他又以中国民主同盟和中国农工民主党党员身份,参加"反饥饿、反内战、反迫害"活动,组织学生请愿团示威游行。民国36年,任教于上海高级机械学校,不久加入中国共产党。次年辞职,从事革命活动,任中国农工民主党上海市委青年委员会主任。遵照中共党组织的指示,在农工民主党中筹建中共统战支部并任支部书记。民国37年,国民党反动派加紧迫害进步青年,赵寿先组织同志转移苏北、浙江,自己却留下继续开展工作。是年10月不幸被捕。在国民党反动派的严刑逼供下,坚贞不屈,并设法告知被捕的其他难友,自己愿意顶一切"罪名",准备一死,以使更多的同志保留下来。11月24日凌晨,他从三楼窗口跳下,壮烈牺牲,时年25岁。

周粉英

周粉英(1927~1948),女。东台市溱东镇人。烈士。8岁父亲去世,9岁母亲改嫁,此后随姨父生活。民国35年(1946年)参加游击队。不久,担任紫石县沙岗区解放乡妇女主任。同年5月加入中国共产党,次年任乡长。她带领群众斗地主,分田地,分浮财,在主要交通河道打坝,阻拦国民党军和自卫队下乡骚扰。民国37年1月5日,周粉英奉令监管20多名反革命犯。为预防"还乡团"偷袭,她与农救会长周长桂、儿童团长周长宝连夜将犯人转移到周家舍河东三面临水、地形隐蔽的王尧生家。不料事泄,"还乡团"连夜窜至王家。周发现敌情,立即组织突围,终因寡不敌众,不幸被捕。敌人对她威逼利诱,要她交出共产党游击连的秘密,遭严词拒绝。敌人恼羞成怒,用尖刀将她连捅数刀,鲜血直流。1月6日,周被押到国民党时堰区公所牢房,先吊在门口示众,接着严刑逼供。周被打得遍体鳞伤,始终坚贞不屈。第三天,敌人将她反绑游街并逼她喊反动口号。她愤怒地说:"你们杀吧,杀了我一个,自有千千万万的人为我报仇!"敌人无可奈何,命令凶手用钢丝穿她的十指和乳房,她几次昏厥,始终未吐露共产党和游击连的机密。

1月8日,敌人将她活埋于时堰镇东南圩田里,时年21岁。

吴　晋

吴晋(1890~1949),字少佑,一字晋生。阳湖县(今常州武进)遥观乡薛墅巷人。早年毕业于法国炮兵工程专科学校。第一次世界大战爆发后,曾加入法国军队任军事教练,后任中国观战军事委员会副官兼驻法国公使馆参赞。"一战"结束后,他出席巴黎和会任中国代表团秘书,不久调任国际联盟行政委员会中国代表办事处航空军事专门委员。巴黎和会结束回国,任东三省巡阅使署外交处长。与觊觎中国东北领土的日本军国主义交涉斡旋,深为张作霖、张学良所倚重。民国15年(1926年),安国军总司令部在北京成立,他任外交处长。翌年国民革命军向北挺进,北京政府面临崩溃。张作霖为维持其军阀统治,向国际反苏阵线的列强讨好,派吴晋以安国军特使的身份,屡次向英国公使蓝普森表示,不惜"破裂与俄国的关系",求得英国的好感。民国16年4月,逮捕李大钊、路友于等革命党人30余名,后李大钊被张作霖杀害。吴晋被张作霖升为安国军外交部次长兼情报局局长。民国17年,安国军被蒋介石的军队打败,他随奉军退至东北。奉军归顺南京国民政府后,他历任东北边防军司令部长官公署顾问、欧美研究投资开发东三省实业全权代表等职。民国25年西安事变后,闻张学良被软禁,他颇为不满,曾一度串连东北军与国民军对立,险遭国民党特务暗杀。后避居香港不问世事。民国38年5月去世。

冯立生

冯立生(1905~1949),原名冯坤。清光绪三十一年(1905年)出生。宝应县郭桥乡赵河人。爱国教育家。毕业于南洋大学(上海交通大学前身)。求学期间,受中共地下组织的影响,秘密阅读了《共产党宣言》,初步接触马克思主义,深受启迪,先后参加了民国8年(1919年)的"五四"爱国运动与民国14年"五卅"惨案后的反帝爱国大游行。在第二次国共合作时期,他拥护孙中山倡导的"联俄、联共、扶助农工"三大政策,加入改组后的国民党。民国16年因反对"清党"被国民党清除出党。冯立生大学毕业后,进华洋德律丰公司(中德合资企业)任助理工程师,因不满德国职员对华人的歧视,愤而辞职。不久受聘去南京中学(民国25年改名镇江中学)任教。民国26年10月因局势紧张,学校解散,冯返回故乡赵河。民国29年冬,冯家被日军焚烧一空,生活陷入困境,但他断然拒绝南京伪教育部函邀。次年初,抱着教育救国的理想,他欣然接受宝应郑渡群众的邀请,开办冯氏补习班。由于他学识广博,教学认真,入学的人都取得长足的进步,前来就读的学生日益增多,全盛时曾达60人。冯立生创办补习团后,在中共地方党政领导的关怀和支持下,克服游击环境的艰苦,坚持敌后教学,把补习团办成革命熔炉,培养一大批有文化有作为的青年干部。民国33年,中共领导的宝应县政府创办安宜师范,任命冯为副校长,兼管教务,他工作倍加勤奋,经常忙到深夜。次年8月,宝应县城第一次解放,改任冯为宝应中学校长。民国35年秋,解放军主动撤离运河线,他带领宝中部分师生转移到东决溪和兴化老圩一带水荡地区坚持教学,在革命最艰难的时刻,他毅然请求加入中国共产党。民国37年底,宝应县城第二次解放,冯立生继续担任宝应中学校长。大局初定,百废待兴,他夜以继日地为发展宝应中学教育而艰苦创业,因操劳过度,肺病复发,医治无效,于次年3月5日去世,时年44岁。葬于宝应烈士陵园。

孟士衡

孟士衡(1906~1949),原名昭铨,又名十道,号士衡。清光绪三十二年(1906年)生,吉林省珲春县人。烈士。民国21年(1932年),日军侵占东北后,弃家出走,流亡关内。民国27年来到郑州孙桐宣部队任职。后经人推荐,任国民党冀察战区党政分会总务科科长。在他任职期间,坚持促进国共的真诚合作,为推动边区联合抗日做了大量工作。民国29年,赴晋西北面见朱德,当面聆听革命教导,并带回《论持久战》、《新民主主义论》等进步书刊,广为散发。不久被捕,囚于洛阳监狱达一年之久,保释后,在国民党鲁苏皖边区党政分会任教官、参议,后任河南新蔡县今是中学校长。抗日战争胜利后,孟士衡担任徐州日侨、战犯管理所总务科长。遂因痛恨国民党当局破坏"双十"协定发动内战的罪恶行径,毅然辞去公职。民国37年7月,孟士衡受民革中央委派在南京组建民革南京地区组织,并担任市民革主任委员。为配合中共的地下斗争,他策动南京部分大专院校学生开展反饥饿、反内战游行活动,还组织半公开的外围组织——中国宪政学会。民国38年初,为配合中国人民解放军解放南京,他组织东北流亡自救互助会、公务员联谊会等团体,开展进步活动,还在民革南京地下组织中策划举行南京暴动,因事机不密,2月12日在上海被国民党当局逮捕;5月9日,在上海宋教仁公园被杀害,时年43岁。

萧 逸

萧逸(1915~1949),原名徐德纯,乳名广金。民国4年(1915年)出生于南通县竹行镇(今属南通市)。战地记者,烈士。民国26年,历尽艰险到达延安;翌年,加入中国共产党,为鲁迅艺术学院第一期学员。结业后专修俄语,学成后于延安文协搞创作。民国34年春,与茅盾之女沈霞结婚。同年8月,党组织决定他俩去《晋察冀日报》工作。启程前,沈霞因人工流产受细菌感染去世。他强忍悲痛,只身前往张家口,随军转战南北,不避艰险进行火线采访,及时报道了正太、清风店、石家庄等战役的胜利消息。所采写的新闻评论《揭穿中央社的牛皮》一文,用涞水战役中国民政府军新编32师被歼、师长被击毙、军长自杀等确凿事实,揭露国民党中央社吹嘘打了胜仗的谎言。民国38年3月,在华北野战军二十兵团任前线记者,随军会攻太原。4月15日,太原城东前沿阵地敌军请降。当他和敌工干事向敌碉堡喊话时,却被敌人冷枪击中而不幸牺牲。

成建军

成建军(1918~1949),原名成勤。民国7年(1918年)出生。湖北省阳新县杨林乡文宣村人。烈士。民国20年,13岁的成建军参加儿童团并担任大队长,次年又加入中国共产主义青年团,任团支书和青年队长。民国23年,成建军参加中国工农红军,在鄂东南红三师迫击炮连任司号员。民国27年2月加入中国共产党,历任班长、排长、连长。皖南事变后辗转回到新四军六师师部,担任教导大队二队队长。不久,六师奉命渡江北上,开辟江(都)高(邮)宝(应)抗日根据地,成建军先后任高邮团作战参谋、苏中二分区特务营营长、宝应独立团团长等职。他善于指挥战斗,不断取得反扫荡斗争的胜利。成建军又是一名优秀的思想政治工作者,常深入连队做过细的思想政治工作。民国38年4月渡江战役前夕,为肃清长江北岸的残敌,担任华东警备七旅二十一团团长的成建军,奉命率部歼灭盘踞在扬州城南施家桥(今邗江县施桥镇)据点的守敌,并担任主攻。敌人妄图突围逃窜,他亲自指挥和带领部队围歼敌人,被一流弹击中胸部,抢救无效,不幸以身殉职。

人 物 表

　　本志人物表,一是收录江苏籍及在江苏境内建都(含行都)的皇帝68名。其中:西汉13名,三国吴4名,东晋11名;南朝宋9名,齐6名,梁6名,陈5名;五代杨吴4名,南唐3名,南宋1名,明3名,南明1名;另有建国不满半年的东晋时的楚国和南朝梁时的汉国各1名。二是收录隋至清历代状元112名,其中武状元19名。按1994年江苏行政区域为准,其中苏州(含清时吴县、长洲、元和三县)33名,南京(含清时江宁、上元二县)19名,常州(含清时武进、阳湖二县)9名,常熟8名,昆山7名,无锡(含清时无锡、金匮二县)5名,金坛4名,扬州(含清时江都、甘泉二县)3名,南通(不含清时通州所领如皋、泰兴,指今南通市区及通州市)、宜兴、泰州(含今姜堰市)、仪征、太仓各2名,镇江、如皋、吴江、溧阳、丹阳、泰兴、溧水、宝应、兴化、淮阴(清时清河县)、铜山、阜宁、连云港(清时海州)各1名。江苏籍归属今何县(市)不详者1名。此外,还收录了清代历任江苏巡抚,民国历任江苏省省长、民政长、省主席、清末与民国时期省级议会、参议会、咨议局历任负责人,1922年7月至1949年9月境内中共地方组织历任主要负责人。因为这些资料在《江苏省志》的相关专志中已经系统收录,为节省篇幅,防止简单重复,我们采用互见的方法,只注明相关资料所在志书的章节。

一、皇帝表

（秦至清）

西汉，共有13位皇帝。

姓名、生卒年、在位年代、谥号、庙号	籍贯或出生地，墓地	主　要　经　历
1. 刘邦（前256，一作前247～前195），前206～前195年在位，庙号为太祖、称汉高祖	秦末沛县丰邑中阳里（今江苏丰县），葬于长陵（今陕西咸阳东）	详见《江苏省志·人物志》44页。
2. 刘盈（前211～前188），前195～前188年在位，谥号惠帝	籍贯今江苏丰县，葬于安陵（今陕西咸阳东）	汉高祖刘邦长子。汉高祖二年（前205年）立为太子。他生性懦弱，刘邦曾想废除他，改立刘如意为太子，因遭张良等大臣反对而作罢，高祖十二年（前195年）刘邦病死，他于五月即位。后因执掌大权的吕后谋杀高祖爱妃戚夫人及其亲儿子刘如意，刘盈被吓从此不再问政事，病死于长安未央宫。
3. 刘恒（前202～前157），前180～前157年在位，谥号文帝庙号太宗	籍贯今江苏丰县，葬于霸陵（今陕西西安东）	汉高祖刘邦第三子。高祖十一年（前196年）被封为代王，都晋阳。吕后死后，立刘恒为帝。他执行"与民休息"的政策，又削弱诸侯势力，以巩固中央政权。病死于长安未央宫。旧史家把他同以后的景帝统治时期并举，称"文景之治"。
4. 刘启（前188～前141），前156～前141年在位，谥号景帝	籍贯今江苏丰县，葬于阳陵（今陕西省高陵县西南）	汉文帝刘恒第三子。文帝前元元年（前179年）被立为太子。文帝死后即帝位。他改田赋十五税一为三十税一，进行削藩，平定"吴楚七国之乱"后，把诸侯任命官吏的权力收归中央，王国行政由中央所任官吏处理，巩固中央集权。病死于未央宫。旧史家把他和文帝统治时期并举，称"文景之治"。

续上表

姓名、生卒年、在位年代、谥号、庙号	籍贯或出生地,墓地	主 要 经 历
5. 刘彻（前156~前87），前140~前87年在位,谥号武帝,庙号世宗	籍贯今江苏丰县,葬于茂陵（今陕西省兴平县东北）	详见《江苏省志·人物志》56页。
6. 刘弗陵（前94~前74），前87~前74年在位,谥号昭帝	籍贯今江苏丰县,葬于平陵（今陕西咸阳西北）	汉武帝刘彻少子。后元二年（前87年），武帝在巡视途中得病,遂立他为太子。武帝死后,他年仅8岁继帝位,由大司马、大将军霍光等人受遗诏辅政。他能辩真伪,执行武帝的政策,移民屯田,多次派兵击败匈奴、乌桓的扰乱。元平元年（前74年）四月,他患绝症而死。
7. 刘贺（生卒年不详）	祖籍今江苏丰县,出生地今山东省巨野县东南	汉武帝刘彻孙,昭帝刘弗陵侄。5岁袭父封为昌邑王。昭帝死后,因无子,霍光等大臣于汉昭帝元平元年（前74年）六月,迎立他继位。他即位后,整天饮酒作乐,淫戏无度,闹得皇宫乌烟瘴气。在位仅27天,即被霍光所废,并送回封地昌邑（今山东省巨野县东南），削去王号,改封山阳郡。刘贺史称昌邑王。
8. 刘询（前90~前49），前74~前49年在位,谥号宣帝,庙号中宗	祖籍今江苏丰县,葬于杜陵（今陕西省西安市东南）	字次卿。汉武帝刘彻曾孙,戾太子刘据孙,史皇孙刘进子。刘据因遭江充陷害株连满门,幸存者皆被削籍为民。刘询为祖母史家所养,居位于民间。刘贺被废后,霍光等臣将他迎入宫中,先封为阳武侯,同年七月继帝位。翌年改年号为"本始"。他任用贤能,平狱缓刑,轻徭薄赋,发展生产,广开言路,国内安定。又置西域都护,归属汉朝中央政权。降服匈奴呼韩邪单于。他病死于长安未央宫。

续上表

姓名、生卒年、在位年代、谥号、庙号	籍贯或出生地，墓地	主要经历
9. 刘奭（前76～前33），前49～前33年在位，谥号元帝	远祖籍今江苏丰县，葬于渭陵（今陕西省咸阳市东北）	汉宣帝刘询子。8岁被立为太子。宣帝死后继帝位，翌年改年号"初元"。他"少而好儒"，"号令温雅"、中央集权被削弱。竟宁元年（前33年），匈奴呼韩邪单于来朝，"言愿为汉婿"，他"以后宫王嫱（字昭君）赐单于"（后匈奴和汉朝和睦相处半个多世纪）。同年他病死于长安未央宫。
10. 刘骜（前52～前7），前33～前7年在位，谥号成帝	远祖今江苏丰县，葬于延陵（今陕西省咸阳市西北）	汉元帝刘奭子。元帝在位时立为太子。元帝死后他即位。翌年改年号为"建始"。他"以元舅王凤为大司马，大将军，领尚书事"。王氏得权始此。他生活荒淫，不理政事，大权渐被外戚掌握。太后的7位兄弟皆封为侯，侄子王莽封为新都侯。死于长安未央宫。
11. 刘欣（前25～前1），前7～前1年在位，谥号哀帝	远祖籍今江苏丰县，葬于义陵（今陕西省咸阳市西）	汉元帝刘奭庶孙，定陶王刘康子，3岁袭父封为定陶王。成帝刘骜在位时收为养子。绥和元年（前8年）立为太子，翌年四月继帝位。第二年改年号为建平。他文辞博敏，不好声色。继位后他曾用大臣孔光等拟定限田，限奴婢，抑制非法兼并的方案。后因遭贵族官僚反对而作罢。死于长安未央宫。
12. 刘衎（前9～6），前1～6年在位，谥号平帝	远祖籍今江苏丰县，葬于康陵（今陕西省咸阳市西）	原名刘箕子。汉元帝刘奭孙，中山王刘兴子。3岁袭父封中山王。哀帝刘欣死后，王莽迎立刘衎为嗣，他后继帝位。翌年改年号为"元始"。他8岁即位时，由大司马王莽掌权。王莽为了篡位，将刘衎母子分开，并杀尽刘舅家。元始五年十二月（6年1月19日～2月16日）间刘衎被王莽毒杀（一说病死）。

续上表

姓名、生卒年、在位年代、谥号、庙号	籍贯或出生地,墓地	主 要 经 历
13. 刘婴(5 一说 3,~24),6~24 年在位	远祖籍今江苏丰县	汉宣帝刘询玄孙。楚孝王刘嚣曾孙,广戚侯刘显子。平帝死后王莽立他为帝。继位时年仅 2 岁,由王莽摄政,改年号为"居摄",居摄三年(8年)王莽宣布即帝位,改国号为"新",废黜刘婴,降封他为安定公,闲居长安。西汉亡。后由方望等起事,劫刘婴逃离长安,并在临泾县(治所在今甘肃镇原南)拥立为帝。在更始军的攻打中为乱兵所杀。

三国吴,建都建业(今南京),有 4 位皇帝。

姓名、生卒年、在位年代、谥号、庙号	籍贯或出生地,墓地	主 要 经 历
14. 孙权(182~252),222~252 年在位。死后追尊为吴大帝	吴郡富春(今浙江富阳),葬南京钟山南麓	详见《江苏省志·人物志》75 页
15. 孙亮(242~260,一说 243~?),252~258 年在位。字子明,史称废帝。	吴郡富春(今浙江富阳)	孙权少子。吴赤乌十三年(250 年),孙权废太子和,立亮为太子。太元二年(252 年)四月孙权病死后继位,改年号为"建兴"。后被孙琳废黜降封会稽王。由将军孙耿押至会稽(今浙江绍兴)居住。
16. 孙休(234~264,一说 235~264),258~264 年在位,谥号景帝	吴郡富春(今浙江富阳),葬于宣陵(今南京市城东 12.5 公里外)	字子烈,孙权第六子。孙权在位时封为琅琊王。孙亮被废黜后,由孙休继位,改年号为"永安"。设法将孙琳诛杀,并铲除其势力。永安七年(264年)七月,他病重,急召丞相濮兴入宫托孤,辅助太子孙,不久病死宫中。

姓名、生卒年、在位年代、谥号、庙号	籍贯或出生地，墓地	主　要　经　历
17. 孙皓（242~283）字元宗；一名彭祖，字皓宗，264~280年在位，史称末帝	吴郡富春（今浙江富阳）	孙权之孙，孙和之子，孙休在位时封皓为乌程侯。孙休病死后改立他为帝，改年号为"元兴"。他在位期间，专横残暴，奢侈荒淫。兴元二年（265年）吴迁都武昌，翌年还都建业。后期，他更宠信佞臣岑昏，整天饮酒作乐，朝政昏暗，大失民心。天纪四年（280年）三月，晋六路出兵攻吴，王濬水师一路抵达建业城下，孙皓率文武百官，出城投降，吴国亡。他被晋军押至洛阳降封为归命侯，病死于洛阳。
东晋建都建康（今南京），有11位皇帝，另有桓玄改国号为楚，自立为帝。		
18. 司马睿（276~322），字景文，317~322年在位，庙号为中宗，谥号元帝	河内温县（今河南温县西）	详见《江苏省志·人物志》83页。
19. 司马绍（299~325），字道畿，322~325年在位，谥号明帝，庙号肃宗	河内温县（今河南温县西），葬于武平陵（今南京鸡笼山）	晋元帝司马睿长子。元帝在位时立绍为太子。元帝死后继帝位。翌年改年号"太宁"。太宁三年（325年）闰八月，绍病死于建康宫中的东堂。
20. 司马衍（321~342），字世根，325~342年在位，谥号成帝，庙号显宗	河内温县（今河南温县西），葬于兴平陵（今南京鸡笼山）	明帝司马绍长子，太宁三年（325年）三月立为太子，同年明帝死，他继帝位。翌年改年号为"咸和"。咸康八年（342年）六月他死于建康宫中西堂。

续上表

姓名、生卒年、在位年代、谥号、庙号	籍贯或出生地,墓地	主 要 经 历
21. 司马岳（322～344）,字世同,342～344年在位,谥号康帝	河内温县（今河南温县西）葬于崇平陵（今南京东部紫金山）	明帝司马绍之子,成帝司马衍之弟。咸和元年(326年)封吴王,后改封琅琊王,咸和九年拜散骑常侍加骠骑将军。咸康五年(339年)迁侍中司徒。咸康八年六月成帝病重,诏立司马岳为太子。同月成帝病死后他继帝位,翌年改年号为"建元"。建元二年病死于建康宫中的武乾殿。
22. 司马聃（343～361）,字彭子,344～361年在位,谥号穆帝,庙号孝宗	河内温县（今河南温县西）葬于永平陵（今南京市幕府山南）	康帝司马岳长子。建元二年(344年)九月立为太子;同月继帝位,时年仅2岁。翌年改年号为"永和"。即位后由褚太后临朝摄政。用大将桓温驱逐庾氏势力。桓温势力日益强大,企图篡夺帝位。升平五年(361年)五月,他病死于建康宫中的显阳殿。
23. 司马丕（341～365,一说340～365）,字千龄。361～365年在位,谥号哀帝	河内温县（今河南温县西）葬于安平陵（今南京市鸡笼山南）	成帝司马衍长子。晋咸康八年(342年)封为琅琊王,后拜散骑常侍。又加中军将军。升平三年(359年)除骠骑将军。升平五年五月穆帝病死时无儿子,褚太后和会稽王司马昱便于同月迎立他为帝。翌年改年号为"隆和"。后他为求长生服药中毒病死于建康宫中西堂。

续上表

姓名、生卒年、在位年代、谥号、庙号	籍贯或出生地,墓地	主 要 经 历
24. 司马奕(342~386),字延龄,365~371年在位,史称废帝	河内温县(今河南温县西),葬于吴陵(今吴县境内)	成帝司马衍之子,哀帝司马丕之弟。咸康八年(342年)封为东海王。先后拜散骑常侍、镇军将军,改封琅琊王,转侍中骠骑大将军,开府仪同三司。兴宁三年(365年)哀帝死时无子。褚太后和司马昱于同月迎立他为帝。翌年改年号为"太和"。他在位时,桓温专横跋扈,王室又有司马昱执掌朝政,他成了傀儡。太和六年(371年)十一月,司马奕被废黜,将他押送到原东海王府,降封为海西公。翌年又被迁往吴县(今江苏吴县)居住。他安于屈辱,避免了杀身之祸。太元十一年(386年)病死于住所。
25. 司马昱(320~372),字道万,371~372年在位,谥号简文帝,庙号太宗	河内温县(今河南温县西),葬于高平陵(今南京市东郊紫金山西南方)	晋元帝司马睿少子。先后封琅琊王、会稽王,拜散骑常侍,迁右将军加侍中,进抚军将军领秘书监,进抚军大将军、录尚书六条事,进位司徒,进位丞相。太和六年(371年)十一月,桓温废司马奕后,于同月立他为帝。改年号为"咸安"。他继位后一切听命桓温。咸安二年(372年)他病危,宣布立昌明(司马曜)为太子,并在一天之内,连发4道诏书,请桓温回京辅政。桓温不理睬。他只好写下遗诏:授权桓温摄政;"如果太子不值得辅助,可取而代之,自行称帝"。后在大臣们的反对下,又将遗诏改成:"国家大事都要一一禀告大司马(桓温),太子要像刘禅对待诸葛亮一样,敬重桓温。"同月,他死于建康宫中。

续上表

姓名、生卒年、在位年代、谥号、庙号	籍贯或出生地,墓地	主 要 经 历
26. 司马曜(361～396,一说 362～396),字昌明,372～396年在位,谥号孝武帝,庙号烈宗	河内温县(今河南温县西),葬于隆平陵(今南京市紫金山西南)	简文帝司马昱第三子。曾封会稽王。咸安二年(372年)七月立为太子。简文帝死后继帝位,翌年改年号为"宁康"。由褚太后听政。司马道子和桓温子桓玄当政。他沉溺于酒色,朝政荒废。太元二十一年(396年)九月,他强拉着宠爱的张贵人一起饮酒,当张贵人酒足并极力谢辞的情况下,他却开玩笑地说:拒不陪饮,则要以违抗君命而定罪。张贵人在他的戏弄和羞辱下,遂召来心腹宫女,乘他熟睡之机,用被子将其活活闷死。
27. 司马德宗(382～418),396～418年在位,谥号安帝	河内温县(今河南温县西),葬于休平陵(今南京东郊紫金山)	孝武帝司马曜长子。太元十二年(387年)八月被立为太子。孝武帝死后,于同年匆忙立他为帝。翌年改年号为"隆安"。他昏庸懦弱,继位后先后由会稽王司马道子、琅琊王司马德文揽权,他始终是个傀儡。元兴元年(402年),大将桓玄率反晋大军会攻建康,翌年十二月攻破建康后,桓玄称帝,废司马德宗,封为平固王,移居寻阳(今江西九江市)。元兴三年,刘裕攻入建康,桓玄败逃至寻阳,挟他于江陵(今湖北省江陵县)。桓玄被杀后,卫将军刘毅于义熙元年(405年)迎司马德宗还建康复位。义熙十四年十二月,刘裕的党羽、中书侍郎王韶之乘他生病时将其勒死。

续上表

姓名、生卒年、在位年代、谥号、庙号	籍贯或出生地,墓地	主 要 经 历
28. 司马德文(385~420,一说 386~421),419~420 年在位,谥号恭帝	河内温县(今河南温县西)。葬于冲平陵(今南京东部紫金山西南)	孝武帝司马曜子,司马德宗胞弟,曾受封为琅琊王。义熙十四年十二月(419 年 1 月 12 日至 2 月 10 日),刘裕杀司马德宗后,伪造遗诏,立司马德文为帝。翌年改年号为"元熙"。他在位时,朝政大事由刘裕控制。刘裕为篡夺皇位,于元熙二年(420 年)六月,草拟诏书,逼司马德文禅位。他禅位后被刘裕降封为零陵王,迁居秣陵县城(今湖北省荆门县)。翌年九月,刘裕命人将他毒死于住所内房。
29. 楚国桓玄(369~404),字敬道,一名灵宝,404 年 1 月 1 日~5 月 28 日在位自立为帝,改国号楚。	谯国龙亢(今安徽怀远西北)	东晋明帝司马绍女婿桓温之子,袭封南郡王。曾任义兴太守,江州刺史,后任荆州、江州二州刺史,都督荆、江、司、雍、秦、宁、梁、益八州军事,兵马日盛。元兴元年(402 年)晋以司马元显为征讨大都督,讨伐桓玄。他举兵东下迎击,收买刘牢之(司马元显部将)倒戈,攻破建康。元兴二年,桓玄废晋安帝,北府将领刘裕等起兵讨伐,桓玄兵败西逃,退回江陵,被益州兵所杀。

南朝宋,共有 9 位皇帝,均在南京即位。

| 30. 刘裕(363~422),字德舆,小字寄奴,420~422 年在位,谥号武帝,庙号高祖 | 祖籍彭城(今徐州)迁居京口(今镇江),葬于初宁陵(今南京麒麟门外) | 详见《江苏省志·人物志》93 页。 |

续上表

姓名、生卒年、在位年代、谥号、庙号	籍贯或出生地,墓地	主要经历
31. 刘义符(406~424),小字车兵,422~424年在位,史称少帝	祖籍彭城(今徐州)	宋武帝刘裕长子。晋元熙二年(420年)刘裕灭晋称帝后立为太子。永初三年(422年)五月刘裕病死后继帝位。翌年改年号为"景平"。他即位后,游戏无度,不理朝政,且不听群臣劝谏。景平二年六月,宰相徐羡之等大臣进京废刘义符为营阳王,由邢安泰把他押往吴郡居住。后在押送途中被邢安泰杀死于吴郡境内的金昌亭。
32. 刘义隆(407~453),小字车儿,424~453年在位,谥号文帝,庙号中宗	祖籍彭城(今徐州),葬于长宁陵(今南京中山门外麒麟门东林村)	宋武帝刘裕第三子,少帝刘义符弟。少帝被废杀后,他被徐羡之等大臣从江陵迎入建康,于同年八月继帝位,改年号为"元嘉"。继位后,诛权臣徐羡之等人,无辜杀害檀道济,坚持武帝的集权政策,减免赋税,劝课农桑,开学馆,奖掖儒学,使境内经济文化得以发展,被史家誉为"元嘉之治"。后因全面防御北魏进犯,耗竭民力,国势日衰。元嘉三十年二月,他因废黜太子之事泄露,被太子刘劭所杀。
33. 刘劭(?~453),字休远。在位4个月,史称刘劭太子	祖籍彭城(今徐州),墓地不祥	宋文帝刘义隆长子。元嘉六年(429年)三月被立为太子。他品行恶劣,更为早登帝位,竟私下诅咒父亲早死。元嘉三十年二月,当他得知文帝准备废黜自己的消息后,立即召集私养勇士,杀死文帝及大臣江湛、徐湛之,于同月自行称帝,改年号为"太初"。三月,刘劭弟、武陵王刘骏起兵讨劭;五月,诸军克建康台城,(今南京鸡鸣山南干河沿北),捕杀刘劭,并悬首示众,暴尸于市曹。

续上表

姓名、生卒年、在位年代、谥号、庙号	籍贯或出生地,墓地	主 要 经 历
34. 刘骏(430~464),字休龙,小字道民(一作道人),453~464年在位,谥号孝武帝,庙号世祖	祖籍彭城(今徐州),葬于景宁陵(今南京中山门外麒麟门)	宋文帝刘义隆第三子。元嘉十二年(435年)封为武陵王。元嘉三十年二月太子刘劭弑父夺位。三月太尉沈庆之拥刘骏起兵讨刘劭。四月,他从寻阳起兵东下至新亭(今南京南),在部下推动下称帝。五月,该军克台城杀死刘劭。翌年改年号"孝建"。他即位后,荒淫无度,好赌博嗜酒而又贪财,还任意戏弄侮辱大臣。大明六年(462年),他宠幸的嫔妃殷淑仪病死,他哀伤过度而起病,自此少理朝政。大明八年闰五月病死于建康宫中。
35. 刘子业(449~465),小字法师。464~465年在位,史称废帝或前废帝	祖籍彭城(今徐州),葬于今江苏省江宁县龙山	宋孝武帝刘骏长子。孝武帝在位时立为太子。大明八年(464年)孝武帝死后继帝位。翌年改年号为"永光"。他继位后,大肆淫乱,又生性残暴,常以小事滥杀大臣、宫人。永光元年(465年)十一月,湘东王刘彧派侍从阮佃夫等联络刘子业的侍从寿寂之等攻杀刘子业。
36. 刘彧(439~472),小字荣期,465~472年在位,谥号明帝,庙号太宗	祖籍彭城(今徐州),葬于高宁陵(今南京西北中央门外幕府山)	宋文帝刘义隆第十一子。元嘉二十五年(448年)被封为淮阳王,后改封湘东王。刘子业即位后,视他为隐患,屡次试图除去他。永光元年(465年)十一月,刘彧和阮佃夫等人将刘子业攻杀。同年十二月他即位为帝,改年号为"泰始"。他即位后,猜忌骨肉,残杀宗室,孝文帝的14个儿子和救过他命的建安王刘休仁,皆被他无端杀害。泰豫元年(472年)正月,刘彧病死。

续上表

姓名、生卒年、在位年代、谥号、庙号	籍贯或出生地,墓地	主 要 经 历
37. 刘昱（463～477），字德融，小字慧震,472～477年在位,史称后废帝	祖籍彭城（今徐州），葬于今江宁县境	宋明帝刘彧长子,泰始二年（466年）被立为太子。翌年改名昱。刘彧病死后继帝位,时刘昱年10岁,由阮田夫等四人专权,他生性残忍,滥杀无辜,甚至要用中领军将军萧道成的肚腹当靶子练习箭法,朝野恨之。元徽五年（477年）七月,萧道成联络刘昱侍从将刘昱杀死。他死后被废为苍梧王。
38. 刘准（467～479,一说469～481）,字伯谋,小字智观。477～479年在位,谥号顺帝	祖籍彭城（今徐州），葬于今江宁县境	宋明帝刘彧第三子。泰始七年（471年）封安成王。元徽五年（477年）刘昱被刺死后,萧道成等迎刘准入京,同月继帝位,改年号为"昇明"。他继位后由萧道成专权。昇明三年四月,萧道成逼他退位,降封为汝阴王,迁居丹阳。同年五月刘准被杀。

南朝齐共有皇帝7位,其中在南京称帝的6位,在今湖北省江陵市称帝的1位。

姓名、生卒年、在位年代、谥号、庙号	籍贯或出生地,墓地	主 要 经 历
39. 萧道成（427～482）,字绍伯,小名斗将,479～482年在位,谥号高帝,庙号太祖	祖籍东海兰陵（今山东枣庄市东南），后迁居南兰陵（今常州西北）。葬于丹阳陵口泰安陵	详见《江苏省志·人物志》98页。
40. 萧赜（440～493）字宣远,小字龙儿。482～493年在位,谥号武帝,庙号世祖	南兰陵（今常州西北）人。葬于景安陵（今江苏省丹阳市前艾乡田家自然村附近）	齐高帝萧道成长子。萧道成即位后立萧赜为太子。建元四年（482年）三月高帝病死。他继帝位,改年号为"永明"。在位时,他遵奉高帝遗训,厉行节俭,爱护兄弟子侄,境内较为安定。永明十一年（493年）七月萧赜病死。

续上表

姓名、生卒年、在位年代、谥号、庙号	籍贯或出生地,墓地	主　要　经　历
41. 萧昭业（472～494），字元尚，小字法身，493～494年在位,被追废为郁林王	南兰陵（今常州西北）人	武帝孙,文惠太子萧长懋子,武帝即位封南郡王。文惠太子早死,立他为皇太孙。武帝死后,西昌侯萧鸾拥立萧昭业为帝。翌年改年号为"隆昌"。继位后,他浪费无度,不理朝政,军国大事由萧鸾独揽。后见萧鸾威望震主,准备将其除去。隆昌元年（494年）七月,萧鸾发动宫廷政变,由其党徒将他勒死于延德殿旁的西斋。
42. 萧昭文（480～494,一说479～494）,在位五个月。史称海陵王或恭王	南兰陵（今常州西北）人	武帝萧赜孙,郁林王萧昭业弟。永明四年(486年)封临汝公。郁林王即位后改封新安王。隆昌元年（494年）七月郁林王死后被萧鸾立为帝,改年号为"延兴"。他继位后,一切听命于萧鸾。同年十月,萧鸾以太后之名将他废黜,降封为海陵王；十一月被医官害死于建康宫中。
43. 萧鸾（452～498），字景栖,小名玄度,494～498年在位,谥号明帝,庙号高宗	南兰陵（今常州西北）人,葬于丹阳兴安陵（坐落在今丹阳市荆林乡三城巷东北500米处）	郁林王萧昭业叔。永明年间封西昌侯。自拥立萧昭业为帝后,他执掌朝政大权。隆昌元年（494年）七月杀萧昭业,立萧昭文为帝,他被进封为宣城郡公。旋他又杀诸王。后鸾进爵为宣城王。同年十月他废杀萧昭文,自立为帝,改年号为"建武"。即位后,为保持帝位,他又杀高帝、武帝子孙十王。建武五年(498年)七月,他病死在建康宫中的正福殿。

续上表

姓名、生卒年、在位年代、谥号、庙号	籍贯或出生地,墓地	主 要 经 历
44. 萧宝卷（483~501），初名明贤,字智藏,498~501年在位,谥为东昏侯	南兰陵（今常州西北）人	齐明帝萧鸾第二子。建武元年（494年）被立为太子。建武五年七月明帝死后继帝位。他自幼耽于玩乐,不爱读书。继位后玩性不改,厌烦朝政,又不听朝臣劝谏,全由亲信宦官左右,引起朝野不满。永元元年（499年）,先后发生江祐等人的未遂宫廷政变和始安王萧遥光的谋废帝自立之事件。政变流产和萧遥光被杀后,萧宝卷却大开杀戒,弄得人心离散,大臣人人自危。境土日削,国势衰落。翌年,高帝族弟萧衍在襄阳起兵讨伐萧宝卷。永元三年三月,萧衍拥立明帝第八子南康王萧宝融称帝于荆州（今湖北省江陵市）,宣布废黜萧宝卷,而降封为涪陵王。同年十月,萧衍军围建康,十二月萧衍入建康,萧宝卷被砍杀。

南朝梁共有8位皇帝,其中在南京称帝6位,外地称帝2位,另有侯景改国号汉,自立为帝。

45. 萧衍（464~549）,字叔达,小字练儿,502~549年在位,谥号武帝,庙号高祖	南兰陵（今常州西北）人,生于秣陵同夏里（今南京市）,葬于修陵（坐落在今江苏省丹阳市荆林乡三城巷刘家庄附近）	详见《江苏省志·人物志》111页。

续上表

姓名、生卒年、在位年代、谥号、庙号	籍贯或出生地,墓地	主要经历
46. 萧正德(？~549),字父和。548~549年在位,史称临贺王	南兰陵(今常州西北)人	梁武帝萧衍侄,临川靖惠王萧宏第三子。武帝无子时曾收他为养子,并立为太子。后武帝有了亲生儿子。天监元年十一月(502年12月15日至503年1月13日),武帝立亲生儿子萧统为太子,并废正德太子称号,封西丰侯(后封临贺王)。自此怀恨在心,处心积虑地想谋取皇位。后,侯景知其谋位之心,就密令拉拢他。太清二年(548年)十月,侯景以立他为帝作诱饵,诱使他作内应,后当侯军兵临城下时,他就打开城门(宣阳门)放叛军进城。同年十一月,侯景立正德为帝,改年号为"正平"。翌年三月台城(梁宫殿所在地)陷落;五月萧衍死后,侯景为平顺民心,立萧纲为帝,废萧正德为侍中、大司马;六月萧正德被侯景绞杀。
47. 萧纲(503~551)字世缵,小字六通,549~551年在位,谥号简文帝、庙号太宗	南兰陵(今常州西北)人,葬于庄陵(今江苏省丹阳市荆林乡三城巷刘家庄附近)	梁武帝萧衍第三子,昭明太子萧统弟。天监五年(506年)封晋安王。萧统死后,他被立为太子。自称癖爱诗文,提倡淫艳的"宫体诗",内容多反映糜烂的宫廷生活,曾风靡一时。太清三年(549年)五月武帝死后被侯景立为帝,一切听命于侯景。大宝二年(551年)八月被侯景软禁于永福省。同年十月为侯景所杀(被侯景部下活活闷死)。明人辑有《梁简文帝集》。

续上表

姓名、生卒年、在位年代、谥号、庙号	籍贯或出生地,墓地	主要经历
48. 萧栋(？~552),字元吉,在位4个月,史称豫章王	南兰陵(今常州西北)人	梁武帝萧衍曾孙,昭明太子萧统孙,豫章王萧欢长子,父死他袭封豫章王。此时已家道中落。大宝二年(551年)八月,侯景幽禁萧纲,立他为帝,改年号为"天正"。同年十一月,侯景自立为帝,改国号汉,废黜萧栋,降其为淮阴王。承圣元年(552年)四月侯景被攻杀,梁皇宫又为争夺帝位而相互攻杀。同年十一月,湘东王萧绎在江陵自立为帝,同年,萧绎派部将朱买臣把他扔入长江溺死。
49. 萧渊明(？~556),又名明,554~555年在位,追谥为闵帝,又史称贞阳侯	南兰陵(今常州西北)人	梁武帝萧衍侄。曾被封为贞阳侯。中大同二年(547年)东魏叛将侯景被梁收降后,武帝派萧渊明率军北上接应,被东魏俘虏。承圣三年(554年)元帝萧绎在江陵被杀,北齐(此时东魏已演变为北齐)立萧渊明为梁朝帝,"送之南还"。翌年二月北齐派人护送他回梁即位,遭吴兴太守裴之横阻挡;三月他至东关斩裴之横;五月,王僧辩迎他入建康即位,改年号为"天成"。同年九月,司空陈霸先因反对王僧辩立他为帝,发动兵变,攻入建康,缢杀王僧辩父子,废他为司徒,建安公。后他为陈霸先杀害。

续上表

姓名、生卒年、在位年代、谥号、庙号	籍贯或出生地,墓地	主　要　经　历
50. 萧方智（543～558），字慧相，小字法真,555～557年在位,谥号敬帝	南兰陵（今常州西北）人,葬于江阴西石桥苍墩村	梁元帝萧绎第九子。太清三年（549年）封兴梁侯。后封晋安王。当年十二月萧绎被杀后,王僧辩、陈霸先立他为帝。天成元年（555年）五月,萧渊明即位后改立他为太子。同年九月,陈霸先称杀王僧辩废萧渊明；十月陈霸先重立萧方智为帝,改年号为"绍泰"。他复位后,以陈霸先为尚书令,都督中外诸军事,独揽朝政大权。太平二年（557年），十月封陈霸先为陈王,旋代梁为帝,废封萧渊明为江阴王,被押出皇宫,迁居别处。陈永定二年（558年），他被暗杀而亡。
51. 侯景（503～552）自立为帝,改国号为汉,552年1月1日～4月29日在位	朔方（今内蒙古杭锦旗）人	详见《江苏省志·人物志》112页。
南朝陈共有5位皇帝,均在南京即位。		
52. 陈霸先（503～559），字兴国,小字法生,557～559年在位,谥号武帝,庙号高祖	吴兴长城（今浙江省长兴县）人,葬于万安陵（今江宁石马冲）	详见《江苏省志·人物志》113页。
53. 陈蒨（522～566），字子华,559～566年在位,谥号文帝	吴兴长城（今浙江省长兴县）人。葬于永宁陵（今南京栖霞山甘家巷）	昭烈王陈道谭长子,陈武帝陈霸先侄,后被武帝收为养子。曾拜会稽太守。陈霸先代梁称帝后,他被进封临川王,拜侍中、东安将军。永定三年（559年）六月武帝病死,同月陈蒨继位。翌年改年号为"天嘉"。他继位不久,萧庄、王琳等萧梁的残余势力北齐进攻建康,他组织军民大败敌军,后又击退北周军队的进攻。他在国内的威望甚高。天嘉七年（566年）四月,他病死于有觉殿。

续上表

姓名、生卒年、在位年代、谥号、庙号	籍贯或出生地,墓地	主要经历
54. 陈伯宗（552～570），字奉业，小字药王,566～568年在位,史称废帝或临海王	吴兴长城（今浙江省长兴县）人	文帝陈蒨长子。永定三年（559年）被立为太子。天嘉七年（566年）四月文帝病死后继帝位。翌年改年号"光大"。光大二年（568年）十一月,安成王陈顼以陈伯宗个性懦弱不宜担当大任为由,将他废黜,降封为临海郡王,迁出宫中。太建二年（570年）四月,陈伯宗病死。
55. 陈顼（530～582），字绍世,小字师利,569～582年在位,谥号宣帝,庙号高宗	吴兴长城（今浙江省长兴县）人,葬于显宁陵（今南京雨花台西南方牛首山西北）	昭烈王陈道谭次子,文帝陈蒨弟,废帝陈伯宗叔。曾袭父封昭烈王,后改封安成王。废帝被废黜后于太建元年（569年）春正月即皇帝位,改年号为"太建"。太建五年,派吴明彻等伐北齐不断取胜。此时,他仅图划淮河自守,苟安江表,坐失良机,给北周攻灭北齐,统一北方提供可乘之机。北周在统一北方后,于北周建德六年（577年）二月在吕梁大败陈军。太建十四年正月,陈顼病重,遗诏群臣,丧事要从简,同年五月十一日,陈顼病死。
56. 陈叔宝（552～604），字元秀,小字黄奴,582～589年在位,史称后主	吴兴长城（今浙江省长兴县）人,生于江陵。葬于今河南洛阳芒山	详见《江苏省志·人物志》115页。

续上表

姓名、生卒年、在位年代、谥号、庙号	籍贯或出生地,墓地	主 要 经 历
五代吴国都扬州,共有帝王4位。		
57. 杨行密(852~905),初名行愍,字化源,任吴国吴王902~905,谥号武忠,后又被追尊为武帝	庐州合肥(今安徽合肥)人,葬于兴陵(今地不可考)	杨行密唐末起兵据庐州。唐中和三年(883年)任庐州刺史。景福元年(892年),他取常、润,进兵擒斩孙儒,入扬州,为淮南节度使,占有淮南、江东之地。到扬州后,他选拔贤才,劝课农桑,轻徭薄赋,数年之后,江淮一带社会经济得以复苏。为阻止后梁朱温军南下,他还数次击败朱温的大军。唐天复二年(902年),唐昭宗封他为吴王,建吴国,沿用唐朝年号。天祐二年(905年)十一月,他病死于扬州。
58. 杨渥(886~908),字承天。905~908年在位,谥号景帝,庙号烈祖	庐州合肥(今安徽合肥)人,葬于绍陵(今地不可考)	武帝杨行密长子。曾任宣州观察使。他自幼贪玩,好饮酒。杨行密病重时,虽对他不满意,但因其他的儿子年幼,只得召回他嘱咐后事,并指定由右牙指挥使徐温,左牙指挥使张颢辅佐他。唐天祐二年(905年)十一月杨行密病死,他于同月继王位,称宏农王,仍沿用唐朝年号。他继位后,玩性不改,荒淫无度,不听徐温,张颢等大臣劝谏,又好猜忌。天祐五年五月(一说六月)。杨渥为张颢砍杀。
59. 杨隆演(897~920)初名瀛,又名渭,字鸿源,908~920年在位,谥号宣帝,庙号高祖	庐州合肥(今安徽合肥)人,葬于肃陵(今地不可考)	武帝杨行密第二子。唐天祐五年(908年)杨渥被杀后,徐温,张颢立他为宏农王,时年仅12岁。同年,徐温诱杀张颢,独专朝政。他继位后,长年处在受辱的地位,任人摆布,常怏怏不乐,借酒消愁。天祐十六年(919年)四月,徐温逼杨隆演称帝,号吴国王,建年号为"武义"。翌年五月他病死于扬州。

续上表

姓名、生卒年、在位年代、谥号、庙号	籍贯或出生地,墓地	主 要 经 历
60. 杨溥(901~938,一说900~937),920~937年在位,谥号睿帝	庐州合肥(今安徽合肥)人,葬于平陵(今地不可考)	武帝杨行密第四子。杨隆演继位后封杨溥为丹阳郡公。吴武义二年(920年)五月杨隆演死后,被徐温立为吴国王,翌年改年号为"顺义"。武义九年十一月,徐温病死,遂由权臣徐知诰(即李昪),徐景通(即李璟)父子专权。同年十一月,徐知诰又逼杨溥称帝,改年号为"乾贞"。天祚三年(937年)十月,徐知诰逼吴睿帝杨溥禅位。溥旋派江夏王杨璘从扬州捧着册籍、国玺到金陵(今南京)禅位给徐知诰,吴国亡。不久,杨溥被迁居润州(今江苏镇江)丹阳宫。翌年,杨溥抑郁成病而死(一说被杀)。
南唐共有3位皇帝,都城均在南京。		
61. 李昪(888~943),字正伦,937~943年在位,庙号为烈祖	彭城(今徐州)人,葬于南京祖堂山西南麓	详见《江苏省志·人物志》145页。
62. 李璟(916~961),初名景通,字伯玉,943~961年在位,庙号为元宗	彭城(今徐州)人	详见《江苏省志·人物志》148页。
63. 李煜(937~978),初名从嘉,字重光,号钟隐,别号莲峰居士,961~975年在位,史称后主	彭城(今徐州)人,葬于南京祖堂山西南麓	详见《江苏省志·人物志》152页。
南宋初高宗曾以建康为行都(1129-1138)。		

续上表

姓名、生卒年、在位年代、谥号、庙号	籍贯或出生地,墓地	主 要 经 历
64. 赵构（1107～1189,一说1107～1187）,字德基,1127～1162年在位,庙号为高宗	涿州（今河北涿县）人	宋徽宗赵佶第九子,钦宗赵桓弟。先后被封为广平王、康王。靖康元年（1126年）正月奉命与张邦昌赴金营求和。同年闰十一月,被钦宗任命为河北兵马大元帅,驻兵相州（今河南安阳）。翌年,金兵攻陷汴京,北宋亡,他逃至南京（今河南省商丘县南）即帝位,改年号为"建炎"。后在金兵追击下,匆匆撤离,南迁扬州。金兵攻下扬州后,又逃奔临安（今浙江杭州）。当他渡江南奔后,在抗金派李纲等人力主以金陵为都的情况下,于建炎三年（1129年）五月进驻江宁（今南京）,并把江宁府改为建康府,作为"行都",亦称"东都"。抗金派本希望他到建康主持抗金,但他还是嫌建康紧贴长江而惧怕金兵随时过江,置张浚等以"东南形势莫重于建康,实为中兴根本"的劝阻于不顾。终于绍兴八年（1138年）正月离开建康,"上至临安府,遂定都焉"。

明朝在南京称帝共3人。

65. 朱元璋（1328～1398）,幼名重八,改名兴宗,1368～1398年在位,谥为高皇帝,庙号为太祖	远祖籍沛国相县（今江苏沛县与安徽宿州符离集一带）,宋际迁句容县通德乡朱家巷,祖父朱初一迁居泗州城北孙家岗。朱元璋出生地盱眙县灵迹乡场津里（今属安徽嘉山明光区明东乡赵府村）。葬于孝陵（南京紫金山南麓）	详见《江苏省志·人物志》225页。

续上表

姓名、生卒年、在位年代、谥号、庙号	籍贯或出生地,墓地	主 要 经 历
66. 朱允炆(1377～?),1398～1402年在位,清乾隆年间,他被追谥为恭闵惠皇帝,史称建文帝	籍贯今安徽嘉山县	详见《江苏省志·人物志》226页。
67. 朱棣(1360～1424),1403～1424年在位,谥号孝文皇帝,庙号太宗;嘉靖十七年(1538年)九月改庙号为成祖,史称永乐皇帝	籍贯今安徽省嘉山县,葬于长陵(今北京市昌平县十三陵)	明太祖朱元璋第四子,封燕王,建藩北平。洪武三十一年(1398年),太祖病死,朱允炆继帝位,用齐泰、黄子澄等谋士,定策削藩,遭到他的反对。建文四年(1402)六月,靖难军攻克京师,朱允炆不知所终,他遂即帝位,改年号为"永乐"。他即位后,杀死皇宫中大部分宫人、女官、太监以及不愿服降的建文帝的旧臣齐泰等,并灭其家。对愿降服的建文帝旧臣则既往不咎,量才录用。永乐十九年(1421年)迁都北京,自此离开南京。在南京期间,他采取措施,解除藩王兵权,巩固中央集权;遣太监郑和出使西洋,两次亲征,消除元朝残余复辟势力的威胁,并设边疆指挥使,管理边陲地区,捍卫领土完整;组织编纂《永乐大典》,重修《太祖实录》。他又重用宦官开明代宦官干政之始。永乐二十二年七月,在北征返师(北京)途中病死于榆木川(今内蒙古多伦西北)。

南明共有6位皇帝,其中在南京称帝1位。

| 68. 朱由崧(?～1646),1644年6月19日～1645年6月8日在位 | 祖籍今安徽省嘉山县 | 详见《江苏省志·人物志》312页。 |

二、状元表

（隋至清）

序号	姓名	籍贯	及第科分	备注
1	张损之	江苏（具体不详）	隋炀帝大业年间（605～618年）	
2	萧颖士	南兰陵（今常州）	唐开元二十三年（735年）乙亥科	见本志128页
3	陆器	常熟	唐文宗开成五年（840年）庚申科	
4	归仁绍	长洲（今苏州）	唐懿宗咸通十年（869年）己丑科	
5	归仁泽	长洲（今苏州）	唐懿宗咸通十五年（874年）甲午科	
6	陆扆	吴县（今苏州）	唐僖宗光启二年（886年）丙午科	
7	归黯	长洲（今苏州）	唐昭宗景福元年（892年）壬子科	
8	苏检	吴县（今苏州）	唐昭宗乾宁元年（894年）甲寅科	
9	归佾	长洲（今苏州）	唐昭宗光化四年（901年）辛酉科	
10	归係	长洲（今苏州）	唐哀帝天祐二年（905年）乙丑科	
11	卢郢	金陵（今南京）	杨吴睿帝杨溥天祚元年（905年）乙丑科	
12	吕溱	扬州	宋仁宗宝元元年（1038年）戊寅科	
13	佘中	武进（一说 宜兴）	宋神宗熙宁六年（1073年）癸丑科	
14	霍端友	武进（今常州）	宋徽宗崇宁二年（1103年）癸未科	见本志174页
15	张纲	金坛	宋徽宗政和四年（1114年）甲午科	见本志190页
16	王昂	江都	宋徽宗重和元年（1118年）戊戌科	
17	叶祖洽	南京	北宋，及第科分不详	
18	秦桧	江宁（今南京）	北宋，政和年间（1111～1118年）	又一说秦桧为进士，见本志188页

续上表

序号	姓 名	籍 贯	及 第 科 分	备 注
19	秦 熺	南京	北宋,及第科分不详	
20	俞 栗	溧水	北宋,徽宗崇宁五年(1106年)丙戌年	见本志175页
21	王俊乂	如皋	宋徽宗钦点状元	见本志166页
22	李 易	江都	宋高宗建炎二年(1128年)戊申科	
23	朱起宗*	吴县(今苏州)	宋孝宗乾道八年(1172年)壬辰科	
24	魏汝贤	吴江	宋孝宗淳熙四年(1177年)丁酉科	
25	黄 由	吴县(今苏州)	宋孝宗淳熙八年(1181年)辛丑科	
26	卫 泾	昆山	宋孝宗淳熙十一年(1184年)甲辰科	见本志196页
27	林 嶸*	吴县(今苏州)	宋孝宗淳熙十一年(1184年)甲辰科	
28	周 虎*	常熟	宋宁宗庆元二年(1196年)丙辰科	
29	蒋重珍	无锡	宋宁宗嘉定十六年(1223年)癸未科	见本志1079页
30	刘必成*	昆山	宋理宗嘉熙二年(1238年)戊戌科	
31	阮登炳	长洲(今苏州)	宋度宗咸淳元年(1265年)乙丑科	
32	吴 潜	南京	南宋,宁宗嘉定十年(1217年)丁丑科	见本志194页
33	张孝祥	南京	南宋,高宗绍兴二十四年(1154年)甲戌科	见本志191页
34	束 狮*	丹阳	宋代,及第科分不详	
35	陈祖仁	晋陵(今常州)	元至正二年(1342年)壬午科	见本志213页
36	施 槃	吴县(今苏州)	明英宗正统四年(1439年)己未科	
37	吴 宽	长洲(苏州)	明宪宗成化八年(1472年)壬辰科	见本志246页

续上表

序号	姓名	籍贯	及第科分	备注
38	毛澄	昆山	明孝宗弘治六年（1493年）癸丑科	见本志252页
39	朱希周	昆山	明孝宗弘治九年（1496年）丙辰科	
40	顾鼎臣	昆山	明孝宗弘治十八年（1505年）乙丑科	见本志260页
41	沈坤	昆山	明世宗嘉靖二十年（1541年）辛丑科	见本志272页
42	李春芳	兴化	明世宗嘉靖二十六年（1547年）丁未科	见本志282页
43	丁士美	清河（今淮阴）	明世宗嘉靖三十八年（1559年）己未科	见本志280页
44	申时行	吴县（今苏州）	明世宗嘉靖四十一年（1562年）壬戌科	见本志294页
45	孙继皋	无锡	明神宗万历二年（1574年）甲戌科	
46	陈大猷*	吴县（今苏州）	明神宗万历十四年（1586年）丙戌科	
47	焦竑	江宁（今南京）	明神宗万历十七年（1589年）己丑科	见本志297页
48	周延儒	宜兴	明神宗万历四十一年（1613年）癸丑科	
49	文震孟	长洲（今苏州）	明熹宗天启二年（1622年）壬戌科	见本志303页
50	陈于泰	宜兴	明毅宗崇祯四年（1631年）辛未科	
51	史惇	金坛	明毅宗崇祯十五年（1642年）壬午科	
52	杨廷鉴	武进（今常州）	明毅宗崇祯十六年（1643年）癸未科	见本志327页
53	朱之蕃	南京	明神宗万历二十三年（1595年）乙未科	见本志299页
54	周旋*	南京	明，及第科分不详	
55	袁士*	南京	明，及第科分不详	
56	文质*	南京	明，及第科分不详	
57	尹凤*	南京	明，及第科分不详	

续上表

序号	姓名	籍贯	及第科分	备注
58	董永遂*	南京	明,及第科分不详	
59	解 元*	南京	明,及第科分不详	
60	吕 宫	武进(今常州)	清世祖顺治四年(1647年)丁亥科	见本志324页
61	邹忠倚	无锡	清世祖顺治九年(1652年)壬辰科	
62	孙承恩	常熟	清世祖顺治十五年(1658年)戊戌科	
63	徐元文	昆山	清世祖顺治十六年(1659年)己亥科	见本志351页
64	马世俊	溧阳	清世祖顺治十八年(1661年)辛丑科	见本志326页
65	缪 彤	吴县(今苏州)	清圣祖康熙六年(1667年)丁未科	
66	韩 菼	长洲(今苏州)	清圣祖康熙十二年(1673年)癸丑科	见本志363页
67	彭定求	长洲(今苏州)	清圣祖康熙十五年(1676年)丙辰科	见本志373页
68	归允肃	常熟	清圣祖康熙十八年(1679年)己未科	
69	陆肯堂	长洲(今苏州)	清圣祖康熙二十四年(1685年)乙丑科	
70	胡任舆	上元(今南京)	清圣祖康熙三十三年(1694年)甲戌科	
71	李 蟠	铜山	清圣祖康熙三十六年(1697年)丁丑科	见本志358页
72	汪 绎	常熟	清圣祖康熙三十九年(1700年)庚辰科	
73	王式丹	宝应	清圣祖康熙四十二年(1703年)癸未科	
74	王云锦	无锡	清圣祖康熙四十五年(1706年)丙戌科	
75	杨 谦*	仪征	清圣祖康熙四十五年(1706年)丙戌科	
76	赵熊诏	武进(今常州)	清圣祖康熙四十八年(1709年)己丑科	见本志1146页
77	王世琛	长洲(今苏州)	清圣祖康熙五十一年(1712年)壬辰科	

续上表

序号	姓　名	籍　贯	及　第　科　分	备　注
78	徐陶璋	长洲（今苏州）	清圣祖康熙五十四年（1715年）乙未科	
79	汪应铨	常熟	清圣祖康熙五十七年（1718年）戊戌科	
80	于　振	金坛	清世宗雍正元年（1723年）癸卯科	见本志1154页
81	彭启丰	长洲（今苏州）	清世宗雍正五年（1727年）丁未科	
82	陈　炎	仪征	清世宗雍正十一年（1733年）癸丑科	
83	于敏中	金坛	清高宗乾隆二年（1737年）丁巳科	见本志409页
84	钱维城	武进（今常州）	清高宗乾隆十年（1745年）乙丑科	见本志406页
85	张兆潘*	泰兴县	清高宗乾隆十三年（1748年）戊辰科	见本志1160页
86	秦大士	江宁（今南京）	清高宗乾隆十七年（1752年）壬申科	见本志408页
87	庄培因	阳湖（今常州）	清高宗乾隆十九年（1754年）甲戌科	见本志397页
88	毕　沅	镇洋（今太仓）	清高宗乾隆二十五年（1760年）庚辰科	见本志418页
89	张书勋	吴县（今苏州）	清高宗乾隆三十一年（1766年）丙戌科	
90	陈初哲	元和（今苏州）	清高宗乾隆三十四年（1769年）己丑科	
91	钱　棨	长洲（今苏州）	清高宗乾隆四十六年（1781年）辛丑科	
92	刘荣庆*	泰州	清高宗乾隆四十九年（1784年）甲辰科	
93	胡长龄	南通	清高宗乾隆五十四年（1789年）己酉恩科	
94	刘国庆*	泰州	清高宗乾隆五十四年（1789年）己酉科	
95	石韫玉	吴县（今苏州）	清高宗乾隆五十五年（1790年）庚戌科	见本志449页
96	潘世恩	吴县（今苏州）	清高宗乾隆五十八年（1793年）癸丑科	
97	顾　皋	金匮（今无锡）	清仁宗嘉庆六年（1801年）辛酉恩科	见本志1174页

续上表

序号	姓名	籍贯	及第科分	备注
98	吴廷琛	元和(今苏州)	清仁宗嘉庆七年(1802年)壬戌科	
99	吴信中	吴县(今苏州)	清仁宗嘉庆十三年(1808年)戊辰科	
100	徐开业*	阜宁县(今属响水县)	清仁宗嘉庆二十五年(1820年)庚辰科	见本志445页
101	吴钟骏	吴县(今苏州)	清宣宗道光十二年(1832年)壬辰恩科	
102	李承霖	镇江,一说丹阳	清宣宗道光二十年(1840年)庚子科	见本志1190页
103	陆增祥	太仓	清宣宗道光三十年(1850年)庚戌科	见本志498页
104	傅善祥(女)	天京(今南京)	太平天国三年(1853年)癸好女子科	
105	翁同龢	常熟	清文宗咸丰六年(1856年)丙辰科	见本志532页
106	翁曾源	常熟	清穆宗同治二年(1863年)癸亥恩科	
107	洪钧	吴县(今苏州)	清穆宗同治七年(1868年)戊辰科	见本志511页
108	陆润庠	元和(今苏州)	清穆宗同治十三年(1874年)甲戌科	见本志572页
109	黄思永	江宁(今南京)	清德宗光绪六年(1880年)庚辰科	见本志567页
110	张謇	南通	清德宗光绪二十年(1894年)甲午科	见本志628页
111	卞赓*	海州(今连云港市)	清德宗光绪三十年(1904年)甲辰科	见本志550页
112	林本直*	南京	清武状元,及第科分不详	

注:①*为武状元。②本表所载状元只是本省修志中已掌握的资料。

三、清代江苏历任巡抚表

康熙六年(1667年),江南省分为江苏、安徽两省,江宁巡抚改称江苏巡抚。光绪三十年(1904年),裁漕运总督,另设江淮巡抚与江苏巡抚分治江苏地方。至清末,江苏巡抚共历一百三十多任。历任巡抚详见《江苏省志·政府志》第一章第一节所附《历任巡抚一览表》。

四、民国江苏历任省长(民政长、省主席)表

辛亥革命后,江苏巡抚改为江苏都督。民国元年(1912年),军民分治,专设江苏民政长负责民政事务。民国3年,又改民政长为巡按使。民国5年,再改巡按使为省长。民国16年,省长公署又改为省政务委员会,设主席1人主持全省政务。自辛亥革命至1949年春全省解放,江苏历任都督、民政长、巡按使、省长、主席26人,详见《江苏省志·政府志》第三章《江苏都督府官员表》、《江苏省行政公署官员表》、《江苏巡使公署官员表》、《省长公署官员表》,以及该章第三节第一目第二子目《历届省政府官员》、第三目所附《南京(直辖)市政府官员表》。

抗日战争和解放战争时期,中共在江苏境内分别设立过抗日民主政权和边区政府及华中行政办事处。抗日民主政权历任领导人详见《江苏省志·政府志》第四章所附《苏北区领导人表》、《苏中区领导人表》、《淮南区领导人表》、《淮北行政公署领导人表》、《苏南区领导人表》,解放战争时期中共政权历任领导人详见同书第四章所附《苏皖边区政府领导人表》、《华中行政办事处领导人表》。中华人民共和国建立前夕,境内分设苏北、苏南行政公署和南京市人民政府三个省级政权。这些机构历任主要负责人详见同书第四章所附《苏北人民行政公署领导人表》、《苏南人民行政公署领导人表》、《南京市军管会领导成员表》、《南京市人民政府领导人表》。

五、清末与民国时期江苏省级议会、参议会、咨议局历任负责人表

清代末年,清政府迫于资产阶级革命派和改良派的压力,仿行君主立宪

制,在各省设立咨议局。辛亥革命后,江苏设立临时议会。民国2年(1913年),江苏省议会成立。民国14年,议会活动终止。民国35年,江苏省临时参议会在镇江成立。与此同时,中共领导下的抗日民主根据地和解放区先后成立过临时参政会、人民代表会议、参议会。这些机构历任主要负责人,详见《江苏省志·议会 人民代表大会志》第一章《咨议局》第二节第三目《议长、副议长》,第二章第一节《临时参议会》第二目第二子目《议长、副议长》,第二节《省议会》第二目第二子目《议长、副议长》、第三节《省临时议会》第二目第三子目《议长、副议长》,第三章第一节第一目所附《苏北临时参政会议长、副议长简介》、第二目《苏中区人民代表会议》,第二节第一目所附《淮海区第一、第二届参政会议长、副议长简介》,第三节第一目所附《盐阜区临时参议会议长、副议长简介》,第四节第一目所附《淮南津浦路东第一届临时参议会参议长、副参议长简介》,第五节第一目所附《淮北苏皖边区参议会参议长、副参议长简介》,第六节第一目所附《苏皖边区临时参议会议长、副议长简介》。

六、民国11年至民国38年(1922年7月至1949年9月)境内中共地方组织历任主要负责人表

中国共产党在江苏省上海市诞生以后,江苏地区陆续发展党员,建立党组织。民国11年(1922年)7月,中共中央将上海地方委员会改组为上海地方兼区执行委员会,领导上海、江苏、浙江两省一市党的工作。此后,省级党的领导机构的名称随着形势和管辖地区的变化而不断变更。这些机构历任主要负责人,详见《江苏省志·中共志》第二章附表一《民主革命时期中共江苏省(区)历任主要负责人》表,以及附表二《社会主义时期中共江苏省(区)领导人》表中的《苏北地区党委领导人》、《苏南地区党委领导人》、《南京市委领导人》。

人名索引

人名索引按音序排列

A

艾　侠	902
安　国	258
安友石	1224

B

巴玉藻	686
巴泽宪	804
白　昂	246
白居易	138
白桐本	960
白雅雨	557
柏文蔚	996
包桂芳	1107
包世臣	470
宝　志	105
保三娘	936
鲍　皋	1157
鲍　照	98
鲍令晖	98
贝　琳	1090
贝青乔	482
贝寿同	875
毕　沅	418
毕倚虹	636
边寿民	385
卞　赓	550
卞　壸	85
卞宝第	510
卞乃秋	1322
卞元亨	229
薄　珏	316
步　骘	74

C

蔡　洸	1077
蔡　璜	1145
蔡　寅	769
蔡　羽	263
蔡缄三	805
蔡克浑	1272
蔡千秋	1051
蔡文斗	1279
蔡一新	1337
蔡元培	858
曹　参	46
曹　顶	268
曹　宪	120
曹　寅	368

曹沧洲	709	陈　造	1078
曹典初	1272	陈　撰	1155
曹家达	1265	陈　勇	1075
曹俊鹏	559	陈阿金	772
曹起潜	728	陈霸先	113
曹雪芹	368	陈半亭	786
曹亚伯	806	陈秉恭	1321
曹玉彬	1249	陈伯之	103
曹仲容	1265	陈朝玉	1156
常德善	918	陈崇光	516
巢崇山	1203	陈处泰	815
巢元方	117	陈道复	1097
彻里燕只吉台氏	207	陈德才	1206
陈　登	62	陈斗南	1100
陈　东	176	陈发鸿	958
陈　铎	251	陈凤山	1318
陈　范	561	陈凤威	1295
陈　珪	1087	陈福俊	1278
陈　济	231	陈国藩	1242
陈　矫	70	陈国权	920
陈　烺	1199	陈函辉	1124
陈　琳	65	陈恒和	1266
陈　骞	70	陈厚耀	374
陈　球	1052	陈怀民	831
陈　容	1053	陈君起	645
陈　瑞	1165	陈坤书	486
陈　森	490	陈佩三	1315
陈　松	1170	陈鹏年	1148
陈　嵩	1157	陈乔年	675
陈　文	844	陈庆年	681
陈　瑄	233	陈庆之	1062
陈　婴	1049	陈去病	752

人名索引

陈三立	1264
陈韶华	1219
陈师道	170
陈实功	302
陈叔宝	115
陈叔璇	1232
陈廷焯	1194
陈为轩	1031
陈为倚	642
陈唯吾	1238
陈维崧	344
陈湘浦	1339
陈撷芬	618
陈兴芝	1206
陈延年	654
陈玉标	474
陈玉澍	538
陈原道	758
陈圆圆	356
陈贞慧	318
陈振东	899
陈志正	816
陈治平	1037
陈中柱	886
陈宗平	901
陈祖仁	213
陈作霖	602
成建军	1350
成肇麐	527
程 颢	162
程步凤	1028
程得龄	421
程德全	694
程国祥	304
程蕙英	1216
程晋芳	1159
程开聚	465
程立炜	465
程立昕	465
程善之	923
程廷祚	1157
程伟元	435
程锡庚	1273
程瞻庐	928
储 欣	1144
储 罐	248
储大文	1153
储光羲	130
褚少孙	1051
褚玉璞	697
崔 桐	267
崔聘臣	924
崔正瑶	791
崔宗泰	1128

D

笪重光	354
戴 逵	89
戴 颙	95
戴秉义	1292
戴联奎	439
戴善章	1269
戴叔伦	133
戴曙光	1307

戴蔚霞	791	董小宛	316
到 溉	1062	董亦湘	841
到 沆	1059	董永成	798
到 洽	1062	董正香	934
道 宣	122	董仲舒	54
邓邦述	833	独孤及	132
邓汉仪	1137	堵胤锡	314
邓廷桢	456	杜 堇	241
邓星伯	802	度 尚	1052
邓演达	714	端 方	549
刁 全	1303	段朝端	623
刁 约	160	段鸿谟	733
丁 凤	1121	段玉裁	429
丁 兰	1050		
丁 谓	156	**F**	
丁 锡	1072	法 融	121
丁 香	1255	法 显	93
丁 晏	494	樊 哙	46
丁宝铨	592	樊 炎	1210
丁传靖	696	樊兆程	1109
丁凤山	573	范 蠡	35
丁甘仁	632	范 冕	613
丁立钧	530	范 晔	1058
丁士美	280	范 缜	104
丁文江	799	范成大	192
丁效恭	1098	范纯仁	169
丁有煜	1156	范当世	536
丁元吉	1089	范鸿仙	570
丁祖庚	635	范士华	1172
董 康	993	范希曾	701
董 恂	510	范旭东	962
董 源	1069	范以煦	1183

范仲淹	157	傅仁宇	1104
范子侠	917		

G

方苞	1153		
方还	735	干将	37
方强	882	甘熙	465
方秉文	1292	甘凤池	386
方尔谦	1222	甘文堂	1131
方尔咸	1222	高谷	238
方寿颐	1261	高鲁	997
方孝孺	226	高启	216
费巩	966	高翔	389
费信	235	高阳	931
费伯雄	502	高秉钧	1172
冯班	330	高凤翰	384
冯舒	330	高凤英	1013
冯煦	639	高朗亭	442
冯道立	477	高攀龙	299
冯桂芬	493	高文华	1248
冯金妹	1248	高小生	725
冯立生	1348	高延第	506
冯梦龙	312	戈公振	785
冯汝南	1297	戈颂平	1202
冯硕仁	1255	葛洪	87
冯延巳	1069	葛玄	73
冯应京	288	葛节支	782
冯肇传	931	葛维垣	1129
冯子和	878	葛耀山	761
佛驮跋陀罗	1056	耿询	1064
伏龙	588	供青	1100
符恼武	1254	宫梦仁	1134
符竹庭	937	宫伟镠	1134
福文明	1112	龚开	206

龚 胜	58	顾宪之	1060
龚 贤	349	顾炎武	342
龚继成	964	顾野王	114
龚其伟	667	顾永田	871
龚午亭	1186	顾云臣	1197
龚振麟	496	顾贞观	369
巩 珍	235	顾正红	627
古 心	1112	顾仲起	691
谷大涛	1230	顾子扬	866
谷寿夫	1328	关盼盼	1067
谷振之	972	关天培	454
顾 皋	1174	管 崇	117
顾 衡	1260	管凤龢	820
顾 荣	82	管干贞	420
顾 毅	1334	管尚平	1260
顾 瑛	213	管有为	867
顾 雍	72	归 庄	334
顾臣贤	1258	归有光	277
顾鼎臣	260	郭 畀	1082
顾栋高	396	郭 猛	897
顾广圻	450	郭 璞	84
顾恺之	91	郭伯和	656
顾可久	274	郭大昌	433
顾麟士	695	郭纲琳	814
顾民元	895	郭光裕	1320
顾明道	952	郭国兴	1219
顾南洲	1285	郭坚忍	862
顾起元	1118	郭乐三	951
顾世澄	1158	郭培师	1004
顾述之	822	郭师吉	1103
顾锡九	589	郭锡康	1233
顾宪成	291	郭允观	1130

| 过探先 | 685 |

H

海龄	455
海瑞	282
韩恢	612
韩荧	363
韩信	43
韩政	217
韩准	1084
韩邦宪	1095
韩达哉	765
韩国钧	904
韩师愈	816
韩世忠	185
韩叔阳	1095
韩铁心	1241
韩熙载	150
韩秀三	1257
韩志正	764
韩仲雍	1095
郝鹏举	1003
何坤	700
何栔	1142
何游	1193
何正	1335
何承天	96
何复生	773
何孟雄	718
何嗣焜	525
阖闾	33
贺霖	1089
贺邦泰	1098
贺老太	998
洪钧	511
洪承点	803
洪亮吉	426
洪仁玕	484
洪秀全	483
侯景	112
侯绍裘	649
胡珪	250
胡宿	159
胡潆	240
胡瑗	157
胡抱一	930
胡笔江	826
胡恩燮	506
胡发坚	845
胡盉朋	461
胡简敬	356
胡明复	647
胡翘汉	461
胡石予	834
胡世将	181
胡寿海	1202
胡松年	184
胡特庸	1343
胡汀鹭	928
胡文臣	828
胡应嘉	1102
胡应炎	1081
胡雨人	1227
胡玉缙	855

胡曾钰	1300	黄竞西	650
胡正言	1133	黄龙士	1146
胡子良	1280	黄瑞生	705
华察	278	黄山寿	598
华瑑	834	黄思永	567
华佗	63	黄思珍	1025
华嵒	392	黄文旸	416
华蘅芳	528	黄祥宾	707
华金元	553	黄以霖	734
华秋苹	475	黄虞稷	1138
滑寿	221	黄毓琪	1126
桓彦范	1066	黄振均	515
皇象	1053	惠栋	395
皇甫冲	269	惠峻山	1324
皇甫濂	269	惠士奇	395
皇甫汸	269	惠周惕	395
皇甫冉	131	霍端友	174
皇甫涍	269		

J

黄人	563	姬夫差	35
黄慎	403	嵇安	1080
黄炜	1290	嵇宗孟	1132
黄歇	38	稽曾筠	381
黄鑫	1302	吉棠	1092
黄兴	585	吉亮工	1210
黄瓒	1093	吉中孚	135
黄振	1158	计成	301
黄葆年	622	计六奇	1135
黄朝飓	1184	纪瞻	84
黄承吉	1176	纪毓秀	1275
黄公望	209	纪振纲	976
黄家骏	763	季札	34
黄景仁	410		

季振宜 …… 1147
季芝昌 …… 478
季子莞 …… 723
郏　亶 …… 171
贾国维 …… 1151
鉴　真 …… 129
江　标 …… 521
江　村 …… 959
江　藩 …… 1174
江　谦 …… 909
江　淹 …… 103
江来甫 …… 559
江千里 …… 318
江上青 …… 849
江漱芳 …… 668
江小鹣 …… 840
江杏溪 …… 1034
江之蒝 …… 342
姜　垛 …… 1134
姜　谔 …… 1072
姜　亚 …… 1345
姜景义 …… 703
姜仁惠 …… 1072
姜任修 …… 1149
蒋　防 …… 137
蒋　衡 …… 382
蒋　捷 …… 205
蒋　溥 …… 377
蒋　伊 …… 1135
蒋　猷 …… 177
蒋　云 …… 743
蒋炳章 …… 695

蒋春霖 …… 490
蒋清翊 …… 1188
蒋如奇 …… 1121
蒋汝坊 …… 771
蒋瑞春 …… 1327
蒋师愈 …… 1328
蒋廷锡 …… 377
蒋重珍 …… 1079
蒋自明 …… 963
蒋宗海 …… 1166
焦　竑 …… 297
焦　循 …… 435
今野博 …… 1309
金　纯 …… 236
金　和 …… 504
金　濂 …… 238
金　农 …… 399
金秉祚 …… 1153
金兰升 …… 818
金圣叹 …… 321
金松岑 …… 995
金维映 …… 914
金玉山 …… 1304
金运昌 …… 504
金泽荣 …… 640
靳　贵 …… 250
巨　然 …… 1069

K

康国华 …… 1211
康僧会 …… 1053
柯剑霞 …… 1220

孔奂	1063	李仁	611
孔庆元	1198	李锐	432
孔尚任	372	李善	123
孔宪书	1198	李绅	139
蒯祥	243	李卫	379
匡才	1079	李文	723
况钟	236	李详	710
髡残	352	李新	1084
		李耀	1344
		李邕	123

L

来济	1065	李渔	341
老子	36	李玉	329
冷启英	843	李煜	152
冷士楣	1122	李植	1077
冷之曦	1122	李贽	1109
黎世序	1171	李鳝	398
李昇	145	李宝嘉	538
李斗	433	李炳荣	1205
李惇	1161	李伯敏	1295
李二	1083	李长庆	1203
李复	1281	李超时	727
李纲	180	李承霖	1190
李圭	1200	李楚江	564
李璟	148	李春芳	282
李珏	141	李德裕	141
李兰	607	李恩绶	1205
李林	717	李方膺	389
李蔙	401	李更生	644
李蟠	358	李耕川	1319
李清	345	李公朴	982
李球	1303	李光炘	500
李全	197	李广德	605

李桂五	747	李旸谷	842
李国辉	1189	李耀晶	759
李涵秋	616	李一阳	1115
李厚基	906	李毅士	910
李厚坤	521	李应升	1117
李金镛	508	李映庚	582
李竟成	783	李毓昌	425
李磐硕	1197	李云鹏	942
李培根	1287	李芸晖	1197
李平书	641	李耘生	745
李其祥	988	李增援	896
李汝镳	1276	李湛源	1163
李汝珍	443	李兆洛	453
李瑞清	604	李贞乾	913
李善长	223	李之椿	1127
李绍贤	1092	李枝翘	336
李慎柏	1329	李钟瑞	1270
李士达	297	李子通	118
李世贤	488	李宗昉	1178
李守维	867	利玛窦	1111
李寿铨	666	廉　泉	711
李素伯	1266	梁辰鱼	286
李庭芝	201	梁红玉	185
李维选	708	梁化农	987
李文广	1310	梁魏今	387
李文忠	219	梁学典	1179
李梧江	1170	廖海涛	884
李锡佑	1046	林　春	262
李先春	1267	林嘉美	974
李香君	340	林少克	1326
李信圭	239	林述庆	565
李秀成	485	林则徐	459

林肇灿	584	刘柏森	860
灵 一	1067	刘半农	771
凌 儒	1106	刘宝楠	471
凌 曙	1173	刘保罗	888
凌焕曾	1282	刘必成	199
凌廷堪	427	刘伯厚	977
凌文渊	948	刘承规	155
刘 安	52	刘旦诞	566
刘 邦	44	刘德威	121
刘 濞	51	刘逢禄	444
刘 彻	56	刘桂英	990
刘 鹗	545	刘惠馨	897
刘 璠	114	刘解忧	55
刘 福	154	刘金方	1191
刘 基	216	刘觐文	1110
刘 伶	1054	刘景韶	267
刘 纶	1158	刘君霞	1228
刘 宁	1090	刘牢之	90
刘 鹏	943	刘令娴	109
刘 荣	230	刘培元	1152
刘 颂	1055	刘清韵	573
刘 隗	85	刘群先	903
刘 庠	169	刘仁航	828
刘 向	57	刘仁赡	148
刘 效	1108	刘少甫	1211
刘 鳃	108	刘少猷	1236
刘 歆	59	刘师培	599
刘 毅	92	刘寿曾	468
刘 裕	93	刘台拱	425
刘 宰	198	刘天恨	571
刘 智	376	刘天华	742
刘 绖	296	刘文淇	468

刘熙载	497	卢象昇	303
刘细君	55	鲁　锐	1346
刘孝绰	109	鲁　肃	66
刘孝仪	112	鲁一同	481
刘行本	1065	陆　弼	1115
刘勋麟	875	陆　采	260
刘义庆	95	陆　机	80
刘永康	784	陆　绩	67
刘禹锡	137	陆　贾	49
刘煜生	757	陆　抗	78
刘毓松	468	陆　逵	1150
刘知几	125	陆　舜	353
刘治国	1298	陆　献	1175
刘重民	662	陆　骧	706
柳　流	872	陆　逊	73
柳宝诒	1198	陆　耀	1162
柳伯英	635	陆　云	81
柳敬亭	328	陆　治	280
柳如是	324	陆宝忠	541
柳肇珍	901	陆儋辰	353
龙　璋	596	陆德明	119
龙树林	851	陆尔奎	778
娄培儒	793	陆奋飞	1129
卢　栋	462	陆龟蒙	144
卢　顺	437	陆柬之	120
卢　绾	1049	陆镜若	577
卢　翊	271	陆廉夫	603
卢秉枢	912	陆培之	1249
卢德润	1234	陆润庠	572
卢瀚荫	738	陆世仪	332
卢锦珠	1344	陆松年	1214
卢廷兰	289	陆探微	99

陆铁强	1225
陆文椿	778
陆西星	287
陆秀夫	202
陆增祥	498
陆子冈	288
陆子遹	1080
路景荣	810
吕　布	1053
吕　畴	1320
吕　岱	76
吕　宫	324
吕　雉	48
吕昌际	1167
吕谷金	568
吕励之	707
吕万林	1250
吕彦直	686
吕又祥	416
罗　璧	1082
罗　聘	421
罗　适	1073
罗鸿慈	862
罗士琳	1181
罗亦农	676
罗振常	857
罗振玉	857
罗忠毅	892
骆继乾	1244
骆绮兰	445
骆腾凤	454

M

麻那惹加那乃	1086
马　林	992
马　伦	704
马光祖	200
马广山	1338
马继增	589
马建忠	523
马锦春	836
马培之	535
马如飞	496
马士杰	974
马士英	1125
马世和	1010
马世俊	326
马为瑗	574
马锡簪	821
马相伯	832
马义宏	1299
马玉仁	864
马曰琯	391
马曰璐	391
麦　新	1006
毛　澄	252
毛　晋	321
毛乃庸	712
毛培春	1026
毛宗岗	365
茅　浦	1085
茅　谦	1213
茅乃封	1277

人名索引 ·1397·

茅学勤	689
冒襄	354
枚乘	51
枚皋	51
梅巧玲	499
梅思平	981
梅雨田	499
孟森	819
孟士衡	1349
孟心如	1002
孟昭常	595
孟昭珮	743
孟佐天	1208
糜文浩	1224
米芾	171
闵锒青	1337
闵贞	1162
缪斌	982
缪沅	1151
缪昌期	1117
缪谷稔	953
缪荃孙	597
缪希雍	301
缪元珍	1247
缪遵义	413
莫邪	37
莫香传	1047
穆绍臣	1252
穆子奇	1245

N

倪德	1212
倪杰	1298
倪岳	1090
倪瓒	215
倪瑞璇	378
倪天荣	684
倪秀英	1329

O

| 欧阳渐 | 926 |
| 欧阳修 | 160 |

P

潘克	1290
潘耒	365
潘埙	1094
潘琰	968
潘德舆	451
潘恭寿	414
潘洪烈	793
潘家辰	744
潘思榘	386
潘月樵	668
潘稚亮	1293
潘祖荫	508
庞勋	143
庞树柏	1211
庞钟璐	495
裴励	893
裴松之	1058
裴天祐	1102
裴义理	794
裴荫森	514

彭　湃 …………………………… 687
彭　雄 …………………………… 941
彭　祖 …………………………… 31
彭定求 …………………………… 373
彭雪枫 …………………………… 954
彭诒孙 …………………………… 608
彭蕴章 …………………………… 480
浦　琳 …………………………… 387
浦起龙 …………………………… 397
浦文汀 …………………………… 1313

Q

齐　泰 …………………………… 1085
钱　贵 …………………………… 1089
钱　昕 …………………………… 231
钱　棨 …………………………… 276
钱　毅 …………………………… 1012
钱　曾 …………………………… 359
钱邦芑 …………………………… 333
钱伯炯 …………………………… 428
钱涤根 …………………………… 646
钱国华 …………………………… 1290
钱谦益 …………………………… 323
钱维城 …………………………… 406
钱相摩 …………………………… 1048
钱振标 …………………………… 670
钱振锽 …………………………… 947
强　博 …………………………… 921
乔　莱 …………………………… 1141
乔　林 …………………………… 408
乔心全 …………………………… 663
秦　超 …………………………… 1240

秦　观 …………………………… 166
秦　焕 …………………………… 509
秦　桧 …………………………… 188
秦　起 …………………………… 666
秦　梓 …………………………… 185
秦邦宪 …………………………… 985
秦大士 …………………………… 408
秦恩复 …………………………… 1178
秦蕙田 …………………………… 400
秦仁金 …………………………… 825
秦维瀚 …………………………… 1186
秦亚宾 …………………………… 1268
秦毓鎏 …………………………… 806
青　权 …………………………… 1261
丘　崇 …………………………… 193
丘东平 …………………………… 889
丘心如 …………………………… 463
邱　度 …………………………… 1105
邱　砺 …………………………… 1075
邱　陞 …………………………… 270
邱俊孙 …………………………… 1137
邱象升 …………………………… 1137
邱象随 …………………………… 1137
邱心坦 …………………………… 1200
仇　英 …………………………… 265
仇　垛 …………………………… 962
仇建忠 …………………………… 1235
仇一民 …………………………… 671
求那跋陀罗 …………………… 1058
裘廷梁 …………………………… 1301
裘毓芳 …………………………… 534
瞿　犊 …………………………… 853

人名索引 ·1399·

瞿　淑 …… 920	赛金花 …… 1264
瞿　镛 …… 449	僧　祐 …… 105
瞿启甲 …… 864	僧传悟 …… 373
瞿秋白 …… 787	沙　淦 …… 1210
瞿绍基 …… 449	沙培琛 …… 1029
瞿式耜 …… 315	沙杨氏 …… 1323
权德舆 …… 135	沙玉沼 …… 1221
	沙元炳 …… 641

R

	单　锷 …… 1074
任　敖 …… 1050	上官仪 …… 122
任　昉 …… 1059	尚承文 …… 1008
任　迈 …… 1288	尚胤调 …… 1142
任　瑗 …… 415	邵　宝 …… 255
任大椿 …… 412	邵长蘅 …… 362
任兰枝 …… 383	邵天雷 …… 1259
任三益 …… 1142	邵伟光 …… 1336
任孝恭 …… 110	申德辉 …… 969
任宗延 …… 1142	申时行 …… 294
荣月泉 …… 1283	沈　启 …… 275
荣宗敬 …… 823	沈　斌 …… 147
阮　式 …… 551	沈　琉 …… 1113
阮　元 …… 458	沈　纯 …… 1316
阮本焱 …… 1191	沈　汉 …… 323
阮大铖 …… 1124	沈　璟 …… 290
阮德山 …… 552	沈　坤 …… 272
阮葵生 …… 1163	沈　括 …… 164
阮应商 …… 1147	沈　鹏 …… 1204
阮芝生 …… 1163	沈　璞 …… 97
若　舜 …… 927	沈　起 …… 158
	沈　寿 …… 609

S

	沈　蔚 …… 1298
萨都剌 …… 210	沈　侠 …… 956

沈 毅	673	石 俊	1242
沈 约	1061	石 涛	363
沈 周	247	石达开	482
沈伯溥	856	石寿棠	479
沈宠绥	311	石延年	1071
沈德潜	404	石韫玉	449
沈恩孚	943	时大彬	313
沈法兴	118	时小福	524
沈方中	1251	史 常	1088
沈拱山	1181	史 崇	1051
沈既济	135	史秉直	1178
沈金鳌	407	史楚琪	1317
沈缦云	575	史德威	325
沈其生	871	史纪常	1218
沈起凤	423	史可法	309
沈万三	222	史量才	770
沈新萍	1278	史蔚馥	951
沈瑜庆	1201	史砚芬	678
沈云霈	598	史贻直	400
沈肇洲	680	史致谔	492
沈卓吾	713	释常惺	829
盛 仪	264	释僧伽	1065
盛时泰	1108	司马睿	83
盛宣怀	579	司石磐	1122
盛延祺	621	宋 曹	359
尸梨密	1055	宋 克	222
施 雠	1050	宋 濂	219
施 简	747	宋德宜	347
施耐庵	214	宋景煜	1244
施肇曾	1312	宋绮云	1041
施志远	487	宋希庠	1274
施宗淑	1285	宋泽夫	908

宋振中 …………………… 1041	孙小宝 …………………… 749
苏 峻 …………………… 1055	孙星衍 …………………… 434
苏 轼 …………………… 168	孙逊群 …………………… 651
苏 颂 …………………… 167	孙耀宗 …………………… 732
苏德馨 …………………… 679	孙一致 …………………… 327
苏光华 …………………… 896	孙毓修 …………………… 611
苏舜钦 …………………… 156	孙云球 …………………… 322
苏硕人 …………………… 1293	孙兆立 …………………… 1276
苏同仁 …………………… 935	孙振先 …………………… 1123
睢景臣 …………………… 208	孙中山 …………………… 624
孙 榘 …………………… 322	索家凤 …………………… 936

T

孙 觉 …………………… 163	
孙 宁 …………………… 1300	
孙 权 …………………… 75	太 伯 …………………… 31
孙 武 …………………… 35	太 虚 …………………… 998
孙 钺 …………………… 1301	谈荔孙 …………………… 755
孙 洙 …………………… 1159	谭德钟 …………………… 1032
孙宝墀 …………………… 1314	谭绍光 …………………… 1185
孙秉焘 …………………… 762	檀道济 …………………… 94
孙长源 …………………… 438	汤 垕 …………………… 208
孙大鹏 …………………… 1227	汤 鹏 …………………… 1136
孙德谦 …………………… 780	汤 用 …………………… 1101
孙凤鸣 …………………… 791	汤景延 …………………… 1020
孙过庭 …………………… 120	汤克宽 …………………… 279
孙津川 …………………… 669	汤鹏举 …………………… 190
孙居湜 …………………… 1143	汤汝贤 …………………… 1243
孙明瑾 …………………… 935	汤世澍 …………………… 1199
孙绍陶 …………………… 1034	汤仕伦 …………………… 1246
孙慎行 …………………… 302	汤仕佺 …………………… 1246
孙世实 …………………… 831	汤曙红 …………………… 854
孙天生 …………………… 555	汤显祖 …………………… 1113
孙文源 …………………… 703	汤心存 …………………… 1216

汤贻汾	467	脱希曾	807
汤应曾	284	**W**	
唐棣	1226		
唐驼	822	万树	347
唐寅	254	万益	661
唐保谦	796	万青选	519
唐德芳	1244	万寿祺	317
唐鹤徵	1114	万叶封	1185
唐汝明	449	汪椿	441
唐顺之	272	汪藁	501
唐雨生	916	汪琬	349
唐志契	1127	汪中	414
唐志尹	1127	汪伯乐	638
陶成	251	汪逢春	1035
陶烈	702	汪凤藻	593
陶澍	450	汪广洋	218
陶湘	863	汪精卫	949
陶逊	1213	汪懋麟	1137
陶弘景	108	汪懋祖	1035
陶季直	1060	汪明辰	1186
陶骏保	550	汪荣宝	753
陶懋立	769	汪士铎	1192
陶行知	979	汪士慎	396
陶贞怀	1121	汪廷珍	441
特莱克	602	汪同尘	878
田古	1009	汪文溥	626
田宝臣	1182	汪筱川	994
田守尧	940	汪懿余	1144
童世明	938	汪元臣	1323
屠寄	606	王鏊	253
屠宽	1214	王播	1068
屠绅	1166	王澄	1308

人名索引 ·1403·

王　赤	851	王　预	929
王　宠	258	王　振	1088
王　存	167	王　倬	1007
王　导	86	王　铁	266
王　觌	166	王安国	392
王　绂	228	王安石	163
王　艮	261	王柏龄	911
王　观	166	王伯沆	944
王　规	1085	王昌龄	127
王　衡	289	王朝福	1311
王　竑	243	王尘无	1271
王　华	1013	王大经	335
王　翚	371	王岱舆	1131
王　鉴	336	王得胜	540
王　进	853	王丰庆	869
王　珏	1339	王凤岗	1243
王　来	1102	王光夏	933
王　陵	47	王广业	1189
王　令	1073	王韩氏	1273
王　龙	1316	王汉勋	957
王　履	219	王荷波	643
王　磐	257	王洪垒	1297
王　起	140	王洪章	953
王　樵	287	王鸿寿	623
王　商	1318	王季同	1016
王　澍	382	王家驹	837
王　韬	518	王洁予	813
王　同	1099	王敬则	101
王　相	464	王俊义	166
王　祥	1330	王开疆	866
王　炎	1332	王肯堂	293
王　洋	179	王兰谷	1185

王胪卿	1234	王旭高	1184
王鸣鹤	308	王贻哲	1189
王鸣盛	418	王以昭	591
王念孙	392	王义方	123
王齐翰	1070	王引之	392
王其勤	1118	王玉如	1254
王钦霖	1180	王玉文	1240
王仁俊	561	王元标	1122
王仁堪	517	王原祁	370
王瑞云	1183	王云冈	1131
王少华	558	王兆芳	1196
王慎之	1222	王贞仪	419
王时敏	340	王之城	1109
王士禛	1144	王之政	1169
王世兰	1011	王仲安	1342
王世元	762	王周士	420
王世贞	284	王资深	179
王守仁	1094	韦 昭	77
王树璜	702	韦昌辉	472
王陶民	839	韦一平	967
王同愈	874	韦应物	134
王维德	385	卫 泾	196
王卫均	437	卫 朴	161
王文彬	847	卫哲治	1164
王文治	423	魏 胜	189
王无能	756	魏 源	473
王希文	452	魏良臣	1076
王锡阐	345	魏良辅	271
王锡爵	290	魏其虎	1333
王锡祺	560	魏筱泉	613
王羲之	88	魏荫塘	735
王谢长达	764	魏钰卿	975

姓名	页码	姓名	页码
魏云岭	776	吴 渊	194
魏正心	1139	吴伯超	1039
文 彭	269	吴长来	726
文化震	661	吴承恩	281
文天祥	204	吴翠轩	1284
文震孟	303	吴大澂	529
文徵明	269	吴待秋	1033
闻兰亭	1015	吴德旋	1175
翁 遴	294	吴甸华	447
翁同龢	532	吴凤标	1187
巫恒通	884	吴凤柱	520
巫钲一	1225	吴观岱	681
毋将隆	1051	吴光新	837
吴 炳	314	吴继光	811
吴 芳	1234	吴嘉纪	345
吴 灴	1169	吴甲寅	850
吴 晋	1348	吴介璋	634
吴 宽	246	吴敬梓	390
吴 焜	846	吴静煮	774
吴 历	371	吴昆田	498
吴 梅	837	吴乐群	1280
吴 楠	876	吴丽石	720
吴 平	1335	吴笠仙	1267
吴 普	79	吴绮缘	1038
吴 绮	1140	吴柔胜	194
吴 潜	194	吴汝连	1258
吴 甡	1133	吴三桂	337
吴 涑	1215	吴森仁	1284
吴 棠	495	吴师机	505
吴 璘	448	吴士恺	1208
吴 伟	1091	吴世煮	1148
吴 翼	1325	吴双热	777

吴廷燮	1326
吴同甲	1217
吴伟业	331
吴文镕	470
吴熙载	491
吴学连	1334
吴亚鲁	691
吴亚苏	691
吴荫培	709
吴友如	512
吴有性	320
吴玉搢	406
吴郁生	854
吴载文	898
吴兆骞	346
吴振勃	1179
吴芝瑛	766
吴志骞	845
吴致民	1262
吴子敬	585
吴宗鲁	679
吴遵路	1073
伍长华	1176
伍子胥	33
武同举	961
武同儒	725
武仲芳	1226

X

席上珍	266
夏昺	241
夏雷	1101
夏霖	648
夏荃	1177
夏升	234
夏云	1204
夏定才	1288
夏凤山	731
夏侯婴	49
夏敬渠	1162
夏慕尧	1017
夏孙桐	1282
夏诒霆	1305
夏雨初	1237
夏兆麐	1341
夏之蓉	1160
向鸿干	1293
项伯	39
项梁	40
项燕	39
项羽	41
项尧仁	739
萧何	45
萧宏	106
萧璞	1027
萧统	107
萧衍	111
萧绎	113
萧逸	1350
萧禹	1018
萧道成	98
萧美人	1165
萧山令	809
萧万才	741

人名索引 ·1407·

萧颖士 …………… 128	徐　锴 …………… 150
萧子良 …………… 100	徐　恪 …………… 249
萧子显 …………… 109	徐　硆 …………… 444
萧子云 …………… 109	徐　陵 …………… 115
肖国生 …………… 854	徐　邈 …………… 90
谢　安 …………… 89	徐　溥 …………… 244
谢　燮 …………… 1307	徐　祺 …………… 328
谢　朓 …………… 102	徐　璆 …………… 60
谢景鸿 …………… 1325	徐　瑞 …………… 1168
谢灵运 …………… 1057	徐　寿 …………… 500
谢文锦 …………… 647	徐　淑 …………… 60
谢荫昌 …………… 698	徐　玮 …………… 678
谢应芳 …………… 223	徐　温 …………… 1068
谢远定 …………… 1228	徐　熙 …………… 154
谢钟英 …………… 1199	徐　宣 …………… 69
解　缙 …………… 1087	徐　铉 …………… 150
解慕唐 …………… 721	徐　燿 …………… 306
解舜臣 …………… 939	徐　鼒 …………… 480
欣澹庵 …………… 534	徐宝山 …………… 562
欣汝明 …………… 1283	徐秉义 …………… 366
邢　昉 …………… 1128	徐常遇 …………… 320
熊成基 …………… 547	徐大椿 …………… 405
虚　谷 …………… 1195	徐大榕 …………… 1167
徐　达 …………… 220	徐芳德 …………… 690
徐　德 …………… 760	徐复祚 …………… 1120
徐　铎 …………… 1155	徐冠苏 …………… 1045
徐　蕃 …………… 1095	徐光启 …………… 1120
徐　福 …………… 39	徐国安 …………… 1340
徐　广 …………… 1056	徐国灿 …………… 957
徐　积 …………… 173	徐国泰 …………… 554
徐　嘉 …………… 1209	徐浩泉 …………… 1324
徐　俊 …………… 328	徐鸿英 …………… 1257

徐佳标	971	许　晴	894
徐家瑾	1246	许包野	790
徐建寅	526	许德祐	1306
徐九思	275	许鼎霖	574
徐开业	445	许桂林	439
徐林侠	1041	许金元	664
徐梦影	660	许联镖	489
徐名章	1233	许乔林	463
徐名正	1263	许叔微	187
徐明富	950	许树枌	1283
徐乾学	355	许嗣隆	1140
徐庆烈	1328	许午阳	970
徐上瀛	307	许指严	617
徐绍桢	795	许自昌	299
徐天啸	877	薛　斌	1023
徐文灿	1159	薛　己	268
徐霞客	305	薛　雪	404
徐小香	511	薛宝润	1231
徐岫青	926	薛宝田	1190
徐血儿	578	薛鼎臣	339
徐友泉	313	薛福辰	1193
徐有贞	242	薛福成	513
徐元文	351	薛福基	809
徐祯卿	247	薛衡竟	1239
徐枕亚	808	薛南溟	682
徐正明	367	薛应旂	278
徐致靖	592		
徐子容	458	**Y**	
徐宗汉	1305		
许　浑	144	严　澂	1116
许　佶	143	严　忌	54
许　珏	579	严　畯	70
		严　讷	281

严　朴	1036	杨凤翮	476
严　助	53	杨福臻	1202
严彭祖	57	杨光銮	722
严绳孙	360	杨惠之	127
严延年	57	杨梅汀	1217
言　偃	37	杨妙真	197
阎　圻	1153	杨名时	379
阎尔梅	338	杨瑞年	941
阎海如	829	杨瑞文	768
阎汉亭	1302	杨瑞云	1108
阎若璩	361	杨士琦	545
阎应元	310	杨士骧	545
颜　彪	242	杨世桢	1214
颜　辉	729	杨泗洪	516
颜承烈	568	杨廷鉴	327
颜秀五	1030	杨昧云	1014
颜真卿	132	杨文骢	1126
杨　斌	1342	杨文会	548
杨　冰	564	杨秀清	472
杨　法	1155	杨学富	991
杨　果	256	杨循吉	263
杨　介	175	杨一清	257
杨　靖	224	杨沂孙	1189
杨　荣	1183	杨荫杭	1313
杨邦彦	1263	杨荫榆	1270
杨邦乂	178	杨玉英	1252
杨保恒	584	杨正经	1130
杨葆寅	750	杨芷江	999
杨潮观	411	杨宗瀚	546
杨道生	1296	杨宗濂	537
杨殿邦	1182	姚承祖	818
杨殿玉	798	姚公铭	1321

姚广孝	229	尤 袤	193
姚锡光	606	尤先甲	610
姚锡舟	947	于 咸	730
姚序镛	1218	于 湛	248
姚竹修	915	于 振	1154
姚佐唐	673	于敏中	409
叶 淇	244	于仕廉	308
叶 适	1078	于以振	800
叶邦瑾	991	余 慎	986
叶昌炽	590	余保纯	466
叶楚伧	978	余少春	1315
叶峻嵋	1180	余思诒	540
叶梦得	185	余听鸿	1201
叶梯青	1333	鱼 侃	231
叶天底	672	鱼崇谅	152
叶天士	383	俞 锷	800
叶玉森	754	俞 瀔	1149
伊秉绶	431	俞 栗	175
易乃千	1331	俞 梅	1149
易之瀚	1181	俞 樾	539
裔步銮	524	俞海清	1238
殷 逸	1310	俞菊笙	567
殷宝山	1167	俞庆恩	699
殷湉深	1195	俞颂华	1001
殷绍礼	1023	俞粟庐	693
殷自芳	522	俞希鲁	1083
尹 杰	812	虞 姬	42
尹耕云	1187	虞 谦	232
印 光	856	虞 硕	1216
印司奇	1123	虞奕绶	1164
应 星	1101	禹之鼎	370
尤 侗	361	庾 信	1063

玉琳琇	335	臧荣绪	100
郁芑生	633	臧纡青	468
郁仁治	830	臧在新	587
郁永言	1286	曾　怀	192
喻文伟	1104	曾　鲁	712
喻兆琦	880	曾　朴	779
袁　江	384	曾　铣	264
袁　枚	417	曾　樱	1116
袁桂生	877	曾国藩	493
袁康侯	1223	曾玉良	619
袁励准	781	曾中生	789
袁润之	1205	翟　善	1087
袁世钊	1244	湛　然	1067
袁于令	331	张　瓛	1096
袁毓棠	1314	张　忭	1145
袁兆瑞	879	张　弨	351
岳　飞	182	张　斗	1114
岳荣烈	922	张　纲	190
恽　敬	432	张　肱	388
恽　珠	446	张　翰	82
恽代英	715	张　紘	64
恽南田	350	张　洪	237
恽铁樵	781	张　鸿	874
恽彦彬	1216	张　籍	136
恽雨棠	723	张　謇	628
恽毓鼎	594	张　耒	174
恽祖翼	530	张　鲁	65
		张　纶	1070
Z		张　明	923
臧　洪	61	张　溥	306
臧　旻	61	张　琦	446
臧　质	97	张　荣	1100

张 守	183	张怀瓘	1066
张 玮	1119	张怀瑰	1066
张 醒	1289	张惠言	424
张 旭	126	张积中	488
张 铉	1083	张绩之	775
张 勋	615	张集馨	1188
张 埙	1140	张劲枢	1232
张 逸	1201	张敬轩	1183
张 崟	1173	张靖诚	1306
张 婴	61	张丽夫	1218
张 羽	1096	张联桂	519
张 璪	139	张鹏举	1330
张 昭	68	张荣生	1261
张 蓁	740	张若虚	125
张 翕	116	张僧繇	110
张伯英	1031	张少南	767
张朝瑞	1119	张胜武	1318
张成龙	457	张士诚	211
张春帆	801	张守约	1097
张大复	348	张叔夜	1075
张大烈	527	张太雷	652
张大烈	870	张腾龙	756
张道陵	61	张廷仁	1231
张道平	970	张文卿	1099
张栋梁	808	张文生	626
张芳久	852	张相文	751
张凤翼	292	张孝祥	191
张符骧	376	张孝忠	1081
张符元	1207	张新华	899
张公任	1280	张养重	1130
张国运	988	张一鹏	945
张鹤龄	542	张一麐	925

张应春	657	赵念伯	601
张幼夫	1218	赵申乔	374
张玉书	366	赵师旦	1071
张兆潘	1160	赵世炎	658
张兆山	1230	赵寿先	1346
张肇桐	1269	赵万庆	1275
张贞观	298	赵锡蕃	780
张之洞	544	赵熊诏	1146
张竹坡	357	赵玉森	1312
张佐臣	665	赵振祚	478
章　辅	873	甄遇都	543
章　钰	804	震　华	1006
章太炎	796	郑　和	235
章学廉	1229	郑　亨	234
召　平	39	郑　谦	683
赵　芬	1215	郑　燮	402
赵　幹	145	郑朝征	1220
赵　嘏	142	郑文焯	593
赵　葵	199	郑显正	1150
赵　立	178	支　谦	77
赵　声	551	芝麻李	209
赵　石	753	植品三	1024
赵　翼	428	智　旭	318
赵邦秩	1107	钟　嵘	1061
赵椿年	907	钟离昧	42
赵得臣	946	钟培贤	1259
赵凤昌	817	仲　本	259
赵海仙	531	仲　雍	31
赵怀玉	440	仲鹤庆	1154
赵敬之	1005	仲统纶	1178
赵克明	1250	仲云鸾	1132
赵龙云	704	仲振奎	1169

仲振履	1174	周舜卿	614
周喆	922	周苏平	888
周斌	1259	周文矩	151
周勃	50	周文科	1331
周忱	238	周祥骏	569
周处	80	周小农	910
周镐	1196	周应合	1081
周广	126	周应时	699
周虎	196	周玉珍	1304
周济	1175	周遇吉	311
周苛	41	周振采	1152
周山	989	周振铎	1209
周实	551	周之祯	1281
周纡	59	周趾麟	1256
周振	1093	周至堃	1341
周礦	1171	朱㒥	358
周阿生	1207	朱榮	973
周邦彦	1074	朱桓	71
周伯义	1194	朱笈	1104
周存朴	703	朱平	923
周发乾	1022	朱前	959
周粉英	1347	朱清	205
周甘尘	620	朱瑞	1021
周家禄	1203	朱恕	1105
周家楣	1191	朱真	900
周奎麟	915	朱梓	295
周乐生	1289	朱爱周	868
周麟之	1076	朱柏庐	357
周木斋	891	朱宝奎	631
周人菊	1279	朱葆诚	566
周水平	637	朱长文	165
周顺昌	300	朱德润	211

朱骏声	476
朱廉贻	886
朱良钧	1221
朱龄石	1056
朱买臣	53
朱慕萍	1044
朱南山	1268
朱岐山	1291
朱启勋	919
朱穰丞	932
朱守成	583
朱守仁	227
朱树屏	1294
朱松寿	881
朱文鑫	827
朱文中	840
朱锡梁	740
朱惺公	1274
朱杏南	719
朱一冯	1115
朱由崧	312
朱虞生	749
朱元璋	225
朱允炆	226
朱者赤	1253
朱之蕃	299
朱子卿	1277
朱自清	1019
朱佐朝	325
诸葛颖	1064
祝大椿	630
祝丹卿	835
祝允明	254
专诸	32
庄昶	245
庄械	1188
庄存与	412
庄赓良	1212
庄培因	397
庄曜孚	821
庄蕴宽	736
庄臻凤	326
宗臣	274
宗仰	608
宗泽	177
宗益寿	775
邹浩	172
邹澍	455
邹嘉来	605
邹一桂	405
祖冲之	102
左唐	256
左宝贵	512
左锡惠	1194
左锡嘉	1194
左锡璇	1194
左宗棠	503

《江苏省志·人物志》编纂始末

《江苏省志·人物志》编写工作起步于1995年6月,大体上经历了四个阶段。

1995年6月至2002年底为第一阶段,主要工作是收集、整理资料,编写初稿。其间,1995年6月落实编写,成立《江苏省志·人物志》编辑室,召开《江苏省志·人物志》编纂座谈会,印发《江苏省志·人物志》编纂实施方案(试行稿),确定断限和收录标准。各省辖市根据省志办要求,按人物传、简介、表三个层次推荐入志人物。经上下几轮协商,初步确定了入志人物名单。与此同时,各承编人员按照初定的收录范围,边收集、边核实、边整理资料,边撰写初稿。

鉴于人物志政策性强、社会关注面广、编写难度大的特点,通过一段时间的试写之后,起草制定了《江苏省志·人物志》编写意见,对人物志的政治标准、资料标准、记述标准和文字标准都提出了明确意见。

政治方面:一是坚持实事求是地写人物,用唯物史观正确认识和记述人物在历史上的作用。二是要符合《关于建国以来党的若干历史问题决议》的精神,注意把握政府修志的特殊性。三是凡涉及政治性背景的问题,一律严肃对待,认真研究,慎重下笔。

资料方面:要求入志的内容要全面、翔实、准确。人物志的资料出处,大部分是市、县已出版的志书,也有一部分是市县志的送审稿和手稿。对于这些资料,一是要严格考证、辩伪、提炼、概括,保持传主的历史本来面目,不能在可信度上出问题。二是要注意由于资料的来源不同而出现的学术及口径上的分歧,努力通过科学的考证得出准确的结论。

记述方面:坚持人物传记整体性和多样性。要大力歌颂劳动人民,充分反映正面人物,同时注意其他人物的收录。对反面人物和两面人物的记述,坚持秉笔直书的传统和实事求是的原则,正确对待那些在历史上影响较大、毁誉参半人物的收录和记述。

文字上要求语言规范准确、精炼生动、严谨朴实、简洁通畅,避免艺术虚构、空头议论和枯燥说教,切忌套话、假话、废话。

经过广大编写人员的多年努力,到2002年底,《江苏省志·人物志》的初稿基本形成。

2003年初至2004年11月为第二阶段,主要工作是核稿、内审。 具体的工作任务,一是将志稿分送传主所在地、所在单位或初稿撰写人,对稿件的史实进行核实、文字进行校对;二是根据人物志的收录标准和下限,进行查漏补缺;三是整合资料,初步编排人物目录。

2003年初至当年8月底,我国经受了"非典"疫情考验。人物志编写人员坚守岗位,努力工作,为人物志的最终成稿奠定了基础。

2004年12月至2005年12月为第三阶段,主要工作是总纂和统稿。 一是对各地重复出现的人物进行删减。一些名人活动范围较大,往往涉及多个地区,难免出现重复收录的现象,必须细心、耐心处理。二是对生卒年不详的数百个人物,逐一研读原文,判断其可能的活动年代,努力确定其科学的"历史坐标点"。三是对全稿纪年及事件、事迹等记法诸要素进行统一。

2006年初至2007年底为第四阶段,主要工作是评审、修改、定稿。 2006年7月,志稿第二次分送省辖市征求意见。此后,又经历了省志办人员、省辖市志办人员、专家等多次评审。根据评审意见,主编班子、特邀编审进行了相应修改。2007年底,志稿终审定稿,交付出版。

《江苏省志·人物志》编纂工作历时10余年,编写人手较少,而且基本上都是兼职。多年来,编写人员经常一天工作10个小时以上,兢兢业业,辛勤笔耕。省各有关单位和各市、县志办对人物志的编写也给予了大力帮助。各市志办不厌其烦,几度派人校核评审;省委组织部、省档案局等部门为查阅资料提供种种便利;许多专家、学者和老同志认真审读志稿,发表了许多很有价值的修改意见;省志办各个处室社的同志全力支持编纂工作,不少人还直接参加了评审。这些都为本志书的顺利完成创造了条件。

在最后定稿阶段,我们还得到了原中国地方志指导小组办公室主任、《中国地方志》主编诸葛计先生的指导。原省委副秘书长、政策研究室主任朱通华,省政府副秘书长蔡秋明、许京安,省政协秘书长吴镕,省委组织部常务副部长孙富中,著名历史学家茅家琦,也对志稿的修改提出了一系列宝贵而又中肯的意见。在此,我们对所有参与志稿编纂,为人物志成书付出了辛勤劳动、作出贡献的同志表示深切的谢意。对多年来支持和关心人物志工作的单位与同志,表示衷心的感谢和真诚的敬意。

江苏历史悠久,人文荟萃,著名人物众多,涉及面广,加之志书篇幅宏大、资料较为匮乏等原因,本书不足之处在所难免,敬请读者不吝赐教。

《江苏省志·人物志》编辑室
2007年12月